Dietmar Kamper Zur Geschichte der Einbildungskraft

Dietmar Kamper

Zur Geschichte der Einbildungskraft

Carl Hanser Verlag

ISBN 3-446-13118-3

Umschlag: Klaus Detjen unter
Verwendung eines Gemäldes von Hieronymus Bosch
Herstellung: Kösel, Kempten
Printed in Germany

Inhalt

Ereignis, Geschichte, Struktur, Praxis: die Einbildungskraft als »Gegenstand« und »Methode«

»Nie geboren zu sein. Höheres denkt kein Geist. Doch das Zweite ist dieses: schnell zu kehren zum Ursprung.«

(Sophokles)

I

Die Einbildungskraft (nach dem Griechischen »Phantasie«; nach dem Lateinischen »Imagination«) gilt einer esoterischen Tradition als vor-diskursive Erkenntnisweise des Paradieses. Das Paradies aber gibt es – wie jeder weiß – nur als verlorenes; es muß seine Wirksamkeit im Untergründigen entfalten und steht vielleicht nur noch den Wahnsinnigen offen. Seitdem die Menschen vom Baum der Erkenntnis gegessen haben, ist die Einbildungskraft vor aller Augen ins Hintertreffen geraten, sie fristet – aufs Ganze gerechnet – nur ein kümmerliches Dasein, abseits des großen historischen Fortschritts, am Rande der Ruinen, die er hinterlassen hat, aber auch in den Rissen, die am Weltgebäude der Vernunft inzwischen unübersehbar geworden sind.

Aus solcher Spannung zwischen der Wildnis und der Zivilisation, zwischen dem Heiligen und dem Profanen, zwischen der Dunkelheit der Nächte und dem vollen Lichte des Tages, zwischen dem Wahnsinn einer bedrohlichen Zukunft und dem teilweise geretteten Sinn einer versteinerten Vergangenheit, zwischen dem Geheimen also und dem Offensichtlichen nähren sich die sechzehn Essays dieses Buches. Sie nehmen das sophokleische Motto – nachdem die Rückwege unauffindbar sind und die Illusionen einer dritten Möglichkeit des versöhnlichen Vergessens sich zerstreut haben – als Anlaß, weiterzugehen und Wege über die Grenze ins Freie, nach Draußen zu erproben. Es geht um ein Viertes: um die Sprengung der Dialektik, jener illusionären Immanenz der diskursiven Erkenntnis.

Im erklärten Unterschied jedoch zur Geheimniskrämerei einer neuen Innerlichkeit und zur aktuellen Propaganda für das Wunderbare, versuchen sich die Essays an einer Kritik des Offensichtlichen und des Augenscheins und am Begreifen dessen, was heute geschieht. Denn nur das Selbstverständliche ist geheimnisvoll. Die Spur nach Draußen wird immer dort aufgenommen, wo die vielversprechenden Entdeckungen der Esoterik bereits in die Leere der Innerlichkeit geführt haben, um erstens zu zeigen, daß keine Demaskierung das wahre Gesicht der Dinge freilegt und zweitens das vermeintlich wahre Gesicht hinter der Maske immer schon ein Ergebnis der produktiven Einbildungskraft darstellt. So kann eine kritische Theorie der Zivilisation es vermeiden, zum Plädoyer für die Wildnis zu werden; das Ziel ist nicht die Heimkehr ins Heilige, sondern eine entschiedene Übertreibung des Profanen; auch wollen die Einwände gegen das Licht der Aufklärung keineswegs wie »Hymnen an die Nacht« (Novalis) gelesen werden; und die Ruinierung der Ruinen geht nicht Hand in Hand mit der Ausbreitung des Wahns. Quer zur Alternative von Fortschritt und Regression soll gezeigt werden, warum es – wie Kleist annahm – notwendig ist, zum zweiten Mal vom Baum der Erkenntnis zu essen.

Insofern die passierende Geschichte als das Geschehen definiert werden kann, das gegen den eigenen Ursprung längst gleichgültig wurde und im geschlossenen System der Vernunft kontinuierlich fortschreitet, wäre eine »Geschichte der Einbildungskraft« schon aufgrund ihrer Diskontinuitäten ein Ding der Unmöglichkeit. Wenn man sich jedoch ausdrücklich den überkommenen »Abfällen« zuwendet, jener aufgeschichteten, überlagerten, verworfenen Konkursmasse Europas, dann könnte eine entsprechende archäologisch-detektivische Anstrengung trotz ihrer Identifikationsprobleme derart fündig werden, daß sie niemand gleichgültig läßt. Man darf zwar – um methodisch dem »Polytheism der Einbildungskraft« (Hölderlin/Schelling/Hegel) gerecht zu werden – keine Geschichte aus einem Guß erwarten, sondern ein Vielfältiges. Die einzige Chance, die in der Dialektik verfehlten Punkte des ältesten Systemprogramms des deutschen Idealismus auch theoretisch zu berücksichtigen (wie es der späte Hölderlin poetisch versuchte), liegt in einem offenen Tableau kreuzweise angeordneter Reihen, das jedem einzelnen Essay seine Besonderheiten zugesteht, ihn also nicht zu einem Brei des Allgemeinen vermengt. Gleichzeitig bietet es, anders als alle Dreischritthierarchien des Monotheismus der Vernunft, jedem Teil einen eigenen Stellenwert im »Ganzen« und läßt ihn in Relationen zur Geltung kommen, statt in Reduktionen verschwinden.

Das Prinzip der Anordnung dieses eigenartigen Bauwerks ist zweifelsfrei musikalischer Herkunft, was bei einem Versuch, die Übermacht des Auges zu kritisieren, naheliegt. Allerdings geht es eher um serielle Musik, um die unabgeschlossenen Formen nicht-identischer Wiederholung von Themen, die immer wieder einem Grundmuster folgen, ohne es je vollends verkörpern zu können.

Das Tableau ergibt sich aus vier Reihen. Die Verbindung der Vierzahl mit dem Kreuz ist *das* systemtranszendierende Moment einer hierarchischen Gedankenordnung, denn Systematiken, die immer auf drei Teile beschränkt sind, bilden nur die Richtung von oben nach unten aus, sind gleichsam körperlose Vektoren. Wenn man aber auf den großen Körper der Einbildungskraft (mit vielen Richtungen und Seiten) kommen möchte, ist womöglich noch eine weitere Verräumlichung und damit im Entscheidenden das Verlassen des flächigen Tableaus fällig.

Die nähere Bestimmung der Reihen folgt unter Ergänzung einer vierten Position dem Geschichtskonzept der französischen Historiker-Schule der »Annales«. Es wird differenziert nach: Ereignis, Geschichte (Verlauf), Struktur, Praxis, was dann in zweierlei Hinsicht zur Geltung kommt: erstens in der inneren Gliederung jedes Essays, zweitens – durch besondere Akzentuierung – in deren Folge in den Viererreihen. Das bedeutet, daß – unter Vermeidung gewaltsamer oder stereotyper Zurichtung – ein Grundmuster doppelt sich auswirkt: es wird beim Ereignischarakter eines Problemkomplexes begonnen und zunächst erzählt, dann die Genese solcher Ereignisse verfolgt und rekonstruiert, darauf in meist thesenhafter Verknappung die Struktur historischer Prozesse und Resultate vergegenwärtigt, schließlich eine mögliche Praxis beschrieben, in der die Wege geschichtlich münden oder münden könnten.

II

Damit ist die Komplexität groß genug, um einem »Gegenstand« gerecht zu werden, der nicht dingfest zu machen ist. Das angedeutete Muster unterläuft jede simple Auffassung von Erkenntnis, die nun auf keinen Fall mehr ein Netz sein kann, mit dem man die Welt fängt (Popper). Das erkennende Subjekt ist überall und jederzeit zerstreut und kann die Position der Spinne nicht mehr halten. Andererseits haben sich die Objekte dem direkten Zugriff entzogen und lassen beim Versuch, ihrer habhaft zu werden, bestenfalls »Ansichten« zurück. Die Einbildungskraft ist kein Welt-Ding, kein Gegenstand, der zu fischen wäre, sondern bestenfalls das Wasser, das immer durchläuft – oder gar das Netz ...

Die hier aufblitzende Notwendigkeit, mindestens nach zwei Seiten zu denken, bringt den Anspruch ins Spiel, der schon lange nicht mehr abzuweisen ist: für eine Erkenntnis auf der Höhe der Zeit ist nur noch eine Form akzeptabel, die es erlaubt, das Denken in seinem Gedachten unterzubringen. Sich selbst von der Regel auszunehmen, die man erklärt, erscheint immer deutlicher als die Crux des Akademischen. Ist das, was einer mit seiner Erkenntnis anrichtet, ist überhaupt die Tatsache, daß einer so denkt, wie er denkt, mit Hilfe seiner eigenen Erkenntnis begreifbar? So lautet die Frage, der angesichts des Themas nicht mehr ausgewichen werden kann.

Für das Verhältnis von Einbildungskraft und Methode gilt, daß alle Verdächtigungen, die auf »Anarchie« zielen, an der Phantasie vorbeigehen. Wer sich wirklich erinnert und »wie wild« zu spekulieren anfängt, »das Tollste« sich ausdenkt und dem »Unwahrscheinlichsten« nachhängt, kann sich doch nur gesetzmäßig verhalten. Gerade eine von bloßen Verstandeszugaben befreite Einbildungskraft folgt eigenen strengen Gesetzen – und es ist der mangelhaften Kapazität der Theorien zuzuschreiben, daß derartiges bis heute kaum erkannt werden konnte. Man muß Lacans symbolische Ordnung auf Kants transzendentalen Schematismus projizieren und ihr dann Kassners Lehre vom Gottmenschen unterstellen, dann erhält man eine Vorstellung von der genannten Gesetzmäßigkeit und lernt (mühsam zwar) begreifen, daß solche Gesetze inkorporierte sind, körperliche, jenseits der Welt des Verstandes, die für das erkennende Subjekt dasselbe ist wie für die Spinne das Netz. Das soll heißen: hier geht es nicht um Herrschaft, sondern um Leidenschaft, und die passiert nur dem, der seinen fixen Ort im Zentrum verläßt, durchs maßlose Elend vagiert und sich tapfer in die »Mitleidenschaft« ziehen läßt ...

Von der im Leiden wurzelnden Kraft muß zunächst im weitesten

Sinne gesprochen werden. Definitionen kann man sich anfangs nicht leisten. Einbildungskraft, Phantasie, Imagination und deren Derivate sollen also uneingeschränkt als viele Namen für das eine Thema gelten, von dem die Rede ist, seitdem es die nachparadiesische Menschheit gibt. Das soll heißen, daß menschliches Denken, Reden, Schreiben sich eben der »Lichtung« verdankt, die es thematisiert, weshalb – bezogen auf die Geschichte der Einbildungskraft – ein größeres Bewußtsein als das eröffnende unmöglich ist. Ihre Geschichte, die hier Problem ist, muß vorrangig als Geschichte genau der Verdrängungen, der inadäquaten Verkürzungen und der folgenreichen Verdächtigungen gelesen werden, die mit Definitionen verbunden sind. Das »On-dit« der Einbildungskraft ist schon lange schlecht. Ihr gesellschaftlicher Leumund hat immer zu Besorgnis Anlaß gegeben. Fast durchweg ist da ein »bloß« im Spiel, als handele es sich um etwas Nacktes, das aus dem Kreis der wohlanständig gekleideten Themen auszuschließen sei. Und in der Tat gibt es die uralte Feindschaft von Begriff und Bild, in deren Verlauf ganz unglaubliche Geschichten (– nicht bloß die des Sündenfalls und der Erlösung –) passiert sind (laute Bilderstürme und leise Sanktionen) – und vergessen wurden.

Gegenwärtig steht es so (und das ist das Neue), daß die große gesellschaftliche Abstraktion, die man Bürgertum nennt und die im wesentlichen eine Abstraktion vom Körper darstellt, an den Punkt ihrer Zersetzung gekommen ist und in ihrem Auflösungsprozeß auch ihre eigene vergessene Wirksamkeit preisgeben muß, wie wenn das Eis schmilzt, das seit Jahrhunderten über einer Stadt lag und der Müll und der Schutt nun aufgeräumt werden können. Da zeigt sich aber auch folgendes: Zivilisationsgeschichte als Abstraktionsgeschichte hat von dem gelebt, was sie verdrängte, ausschloß, vernichtete. Die Kraft für die Arbeit des Begriffs stammte immer aus dem, was »begriffen« werden sollte, beherrscht, unterdrückt, verdrängt... Die Einbildungskraft als Kraft des körperlichen Lebens war auf der Jen-Seite der Gegenstände, ihr gleichsam unerkanntes Inneres, das – im Griff der verwertenden Analyse – angezapft wurde für parasitäre Nutzungen. Es ist einigermaßen rätselhaft, wie dies geschehen konnte: was für eine »Dummheit« auf der Seite der Bilder die Figur des Parasiten derart tolerierte, daß eine ganze Kultur auf der Grundlage des durchgehenden Prinzips des Verzehrs und des Verbrauchs solange funktioniert hat; wie es dazu kam, daß die Ausbeutung nicht nur die auf dem Markt gehandelte Arbeitskraft der Arbeiter, sondern auch die in Leib und Seele investierten Schätze der traditionellen, feudalen Kultur betraf; warum eine bestimmte Weise des Wahns fast unbestritten für die »Wirklichkeit« gelten konnte.

Dreifach also taucht die Phantasie hier auf: erstens als »Stoff«, nicht nur für Träume, sondern auch für Kulturen und Zivilisationen; zweitens als transzendental wirksame Ordnung für Erkenntnisse (Anschauungen und Begriffe); drittens als beschimpftes, kleines Vermögen des Tagträumens, das im wesentlichen kompensatorische Aufgaben hat und die schlimme Realität besser ertragen lassen soll. Wenn es nur ab und zu gelänge, diesen Zusammenhang zu zeigen, daß etwa in der Sehnsucht eines kleinen Mädchens der große Körper der erfahrenden Menschheit und das Geheimnis der Weisheit jenseits der Gegenstände wissenschaftlicher Disziplinen mitspielen, wäre das Schreiben nicht umsonst.

Geschichte der Einbildungskraft meint also nicht nur den lesbaren und beschreibbaren Verlauf, der seit dem Ende des Mittelalters katastrophisch genannt werden muß, sondern auch die Lesart und die Beschreibung selbst. Darin steckt das Problem von »Gegenstand« und »Methode«. Eine Geschichte (Lesart), die gegen ihre Geschichte (Verlauf) gleichgültig oder rücksichtslos bliebe, wäre nur ein weiteres Kapitel der letzteren. Man muß aber gerade in Anbetracht der Einbildungskraft auf der Differenz insistieren, die zwischen Prozeß und Praxis besteht, wenn man nicht bewußtlos teilnehmen will an der Katastrophe. Auf den kleinen Unterschied kommt es an; in diesem Spalt liegt die Möglichkeit klärenden Nachdenkens, hörfähigen Sprechens und distanzierenden Schreibens; es gilt also: keine Geschichte der Einbildungskraft ohne Einbildungskraft – aber auch nicht ohne Kopfzerbrechen.

Der Unterschied zwischen dem Prozeß-Typ der Phantasie (mit dem Signum der Dummheit und Blindheit) und ihrem Praxis-Typ läßt sich am Beispiel des »Heiligen« verdeutlichen: Während Hölderlin sagen konnte: mein Wort sei das Heilige, ist es heutzutage bestenfalls noch Gegenstand, nicht mehr Methode. Deshalb mußte Batailles Konzept einer »heiligen Soziologie« scheitern. Deshalb auch müssen die Werke Zieglers und Rosenstock-Huessys, die methodisch das Heil in Anspruch nehmen, übersetzt werden. Es liegt an dieser Unmerklichkeit, mit der das

Geistige ins Geistliche changiert, daß die Wiederverzauberung der Welt auf eigene Faust zum Krampf wird. Ein Einzelner, sagt Kierkegaard, kann seiner Zeit nicht helfen, er kann nur zeigen, daß sie untergeht. So sehr nahe es liegt, den gesprengten Kreis von Sündenfall und Erlösung zu schließen, so unmöglich ist es. Die Entheiligung der Welt ist weder rückgängig zu machen, noch vollends zu vergessen. Alle Kräfte, die in der herkömmlichen Phantasie mobilisiert werden können, tendieren zu jenem Schluß, der als säkulares Verhängnis über der Geschichte des Abendlandes lastet (wie das Motto des Sophokles signalisiert). Doch wehe den Nachdenklichen, wenn sie die Lücke des Heils eigenmächtig schließen, sie werden zu geistlichen Salbadern bzw. geistigen Phantasten und verspielen damit die Chance, die im katastrophal Offenen liegt. Auch christlich betrachtet gibt es vor der Parusie des Herrn den endlosen Karfreitag der Geschichte. Die Schlußform des Geistes war immer und ist heute erst recht ideologisch. Das kann nach Benjamin und Adorno nicht mehr übergangen werden.

Nun ist – im Gegenlauf dazu – auch die Bekräftigung des Unheils, seine »nicht-positive Affirmation« (Foucault) eine Farce. Die Katarakte der Geschichte, auf die neuerdings so viele junge Menschen ihr Leben setzen, können durch Mimesis und Mimikry nicht überboten, erst recht nicht umgelenkt werden. Die »fröhliche Wissenschaft« des Untergangs ist mit der Vergeßlichkeit im Bunde, trinkt Lethe aus jedem Ereignis, ist – ohne ein Wissen des Tuns – Totengräber des verwesenden Leichnams, der einmal der Körper der Menschheit war. Daran sich zu beteiligen, heißt diesseits der Resignation stehen bleiben. Wer sich hindurcharbeiten will, muß sich an einer möglichst genauen Reflexion des Geistes auf das Geistliche, an einer rationalen Durchdringung des »Irrationalen« (denn die geschieht *nicht*, trotz der Propaganda der fortgesetzten Aufklärung), an einer Wahrnehmung der religiösen Einbildungskraft mit säkularisierter Phantasie versuchen, selbst in dem Fall ihrer endgültigen Verwesung. Geschichte ist keineswegs mehr Sinngebung des Sinnlosen (Theodor Lessing). Auch Wahrheiten, die vernichten, sind akzeptabel. Es muß einen Weg geben zwischen der Beschönigung des Heils und der Beschönigung des Unheils. Deshalb ist E. M. Ciorans Konzept, ohne Sinn zu leben und zu schreiben, so weit voraus. Seine Syllogismen der Bitterkeit tun weder der Erkenntnis noch dem Leid Abbruch, sie sind beispielhaft für ein kommendes Leben. Es geht also nicht um eine Verlängerung der Esoterik, die, im vermeintlichen »Besitz« der Geheimnisse, der Imagination doch nur Gewalt antut, auch nicht um eine Unterstützung jener wahnhaften Aufklärung der bürgerlichen Gesellschaft, die ihr Anderes so gut versteckt hat, daß sie es nicht mehr findet. Am Ende dieser »Geschichte« wird das Weder – Noch hoffentlich deutlich geworden sein.

Aufgenommen werden muß die Diskussion im Zweifel daran, ob die Mühe, die zu investieren ist, sinnvollerweise unter dem Stichwort »Arbeit am Mythos« (Blumenberg) subsumiert werden kann. Wenn Denken auch Arbeit ist, so doch nicht nur das, und Arbeit ist – in Anbetracht der Phantasie – gewiß nicht alles. Freuds Kennzeichnung der Leistungen der Vegetation im Menschen als Traum*arbeit* oder gar Trauer*arbeit* liegt eher schief, ist die Totalisierung eines beschränkten Sinns. Momente der Vergeudung und der Verschwendung gehen dabei verloren. Insofern soll das Spiel im Spiel bleiben. Man muß die Frage reformulieren, was man tut, wenn man eine Geschichte der Geschichte der Einbildungskraft, oder eine Erinnerung an das Vergessen der Erinnerung verfaßt. Keineswegs ist das einerseits eine neue Mythologie, aber keineswegs ist das andererseits eine weitere Aufklärung. Aus dieser alten Dialektik ist die Menschheit durch Radikalisierung des Problems vertrieben. Unaufhaltsam vollzieht sich in den Träumen der Menschen, an der Spitze der Wissenschaften und im Schatten des Gesellschafts-Körpers ein Geschehen, das gemacht wird, ohne gewollt zu werden, und das den Bezeichnungen voraus ist, das jeden Betroffenen deshalb mitnehmen kann, jedenfalls so brandneu sich ausnimmt, daß ihm keine alten Kleider passen. Wer darauf antworten will, muß sich verwandeln lassen, mit unbekanntem Ziel in Bewegung setzen und auf zunächst rätselhafte Einsichten einstellen. Vor allem muß er damit rechnen, auch von sich selbst Dinge zu erfahren, die er noch nicht wußte. Das heißt Schreiben in kreuzweise verschränkten Reihen.

III

Als Geschichte der Einbildungskraft soll der Versuch gelten, zu begreifen, was *heute* geschieht. Damit ist unterstellt, daß sich im Schicksal der Phantasie gegenwärtig etwas vollzieht, das eine lange

Vorgeschichte hat, aber nur als bestimmte *Struktur* begriffen werden kann. Gerade weil dieses »Etwas« ein unausweichliches, betreffendes Geschehen ist, fordert es zum *Handeln* heraus. Einbildungskraft als Ur-Sache mit Wirkungen provoziert längst reale, imaginäre und symbolische Praktiken (zu denen auch das Schreiben gehört). Damit ergibt sich aufs neue die Vierfach-Struktur.

Ereignis ist Gegenwart, Gegenwart Ereignis, was in Erzählungen vergegenwärtigt werden kann. Darin kommt immer ein unverfügbares, aber auch ein kontingentes Datum zum Vorschein, das als lange vergangenes noch nicht vollends gewesen ist. Deshalb kann man, auch mit der Zukunft im Blick, von einem konkreten Umstand in der Geschichte der Einbildungskraft ausgehen, dann dessen nach wie vor ambivalentes Zustandekommen zeigen, danach das Bestimmte der Struktur, das im Prozeß nach Art des blinden Flecks marginal und nebensächlich fungiert, herausarbeiten, und schließlich die Wehr oder die Gegenwehr nachweisen, die Menschen schon immer versucht haben und auch heute versuchen.

Die vier Daten, von denen aus – unter Benutzung der bestehenden Grund-Risse – die jeweils vierfach gestuften Stollen in den gewaltigen Schuttberg des untergegangenen Abendlandes hineingetrieben wurden, sind 1968, 1803, 1529, 1231. Es handelt sich dabei weniger um Ausgangs- oder End-Punkte von Geschichten, sondern um die Bruchstellen, an denen historische Bewegungen »kritisch« geworden sind. Das ist in der Formulierung der Kapitelüberschriften festgehalten: die »verwegene Moderne«, die »blendende Aufklärung«, die »endlose Säkularisation«, die »entzauberte Wildnis«. Die Bruchstellen markieren ein Scheitern, das von innen kam, so wie die Übertreibung eines hochgeschätzten Vormögens zur allseits befürchteten Ohnmacht führt: die Moderne hat sich durch den Mut, bis zum Äußersten zu gehen, verlaufen; die Aufklärung ist durch ihr eigenes Licht blind geworden; die Säkularisation hat dadurch, daß sie sich selbst zum Ersatz anbot, das Ende des Heiligen nie erreicht, das sie versprach; und der Zivilisationsprozeß ist in dem Moment, als er die Entzauberung der archaischen Logik praktizierte, in den Wildwuchs der Zwangsverhältnisse zurückgefallen.

Fürs erste steht die Pariser Mairevolte (1968) mit ihrem Aufruf »L'Imagination au pouvoir«, die zwar politisch unwirksam blieb, jedoch den Zweifel am europäischen Fortschritt und Wachstum verbreitete und die Kritik an der Moderne wieder auf die Tagesordnung setzte. Fürs zweite kann man jene Romantik (1803) nehmen, die im Verhalten ihrer sensibelsten Anhänger den gesellschaftlichen Anspruch der Subjektivität blockiert hat, und zwar so radikal, daß der Weg in den »hellen« Wahnsinn unvermeidlich wurde. Fürs dritte mag der Wechsel von Präsenz und Repräsentation, von körperlicher Gegenwart und einer Semiotik der Zeichen gelten, wie er in der fortgeschrittenen Säkularisation zunächst die Religionsgespräche (1529) schließlich nur noch den Sinn der Liebe und des Selbstopfers beschwert hat. Fürs vierte schließlich ist die Gestalt Kaiser Friedrichs des Zweiten ausschlaggebend, der besonders in den Konstitutionen von Melfi (1231) sich selbst als Garant des leuchtenden Körpers der Christenheit ausgab und in Konkurrenz mit dem Papst die archaische Trennung von Himmel und Erde rückgängig gemacht hat.

Es ist unbestritten, daß die Termini »Moderne«, »Aufklärung«, »Säkularisation«, »Zivilisation« ohne allzu große Trennschärfe dieselbe Geschichte bezeichnen, aber es sind je andere Akzente vorrangig. Auf Stichworte gebracht, lauten die internen Leitlinien der vier Kapitel, die – wie angedeutet – in der Folge Ereignis, Geschichte, Struktur, Praxis ein Grundmuster durchspielen und somit die zugehörigen Essays verbinden: »körperlose Abstraktion«, »gespaltene Subjektivität«, »Opfer mit kaltem Herzen«, »permanente, archaische Logik«.

Die »körperlose Abstraktion« zeigt sich in Anbetracht der verlorenen Unschuld der Phantasie (1.) ebenso wie in einer Bestandsaufnahme des Zivilisationsprozesses (2.), im Verhältnis von Arbeit und Angst (3.) wie in der Form der »Übermacht der Räume« bei den Protagonisten der Moderne (4.) als das zentrale Problem der Verwegenheit. Die »gespaltene Subjektivität« ist Ergebnis der Blendung der Aufklärung: es läßt sich von der Romantik an (5.) als offenes Schicksal, doch auch angesichts des Elends der Einbildungskraft in der Geschichte (6.), in der maßgeblichen Anthropologie des Bürgertums (7.) und im wiederentdeckten Phantasma vom ganzen und zerstückelten Körper (8.) aufspüren. Im »Opfer mit kaltem Herzen« kömmt ein fortschreitender Leerlauf des zentralen abendländischen Mysteriums zum Ausdruck: seit dem berühmten Marburger Religionsgespräch (9.) läuft der rituelle Mythos vom »leidenden Gottmenschen« (10.) über eine

»Abstraktion des Herzens« (11.) auf die endgültige »Inversion des Opfers« (12.), damit auf dessen Sinnlosigkeit hinaus. Mit der »permanenten, archaischen Logik« ist schließlich das paradoxe Geschehen der Zivilisation angedeutet, das sowohl den »Körper des Königs« (13.) wie das »Leben des Geistes« (14.), auch noch die Niederlagen der Männlichkeit (15.) und neuere Strategien der »Wiederverzauberung« (16.) überdauert.

Diese Stichworte stehen (wie die Kapitel) in einem Verhältnis fortschreitender Vertiefung zueinander. Die Grabungen setzen also jeweils tiefer an und umfassen fortschreitend auch größere Zeiten, so daß Kapitel nach Kapitel mit den sich ergebenden Einübungsfolgen eine immer intensivere Darstellung der Geschichte der Einbildungskraft erlaubt. Dabei ist der Krebsgang der Erinnerung mit der Absicht gewählt worden, den Ausweg in die weiteste Weite zu finden. Auch hier gilt: je mehr Vergangenheit, desto mehr Zukunft.

IV

Schließlich ist es nötig, die Heterogenität der einzelnen Essays zu erwähnen. Zwar ist deren Charakter in der Querverbindung immer ähnlich: die »Ereignisse« wurden aus Erzählungen und zitierten Gedanken komponiert; die »Geschichten« haben mancherlei verstreutes Wissen zusammengebracht und zeigen in Wiederholung verschlungene Grundlinien, die »Strukturen« sind eher thesenartig verdichtete Problemstellungen, die bewußt nicht expliziert wurden; die »Praktiken« wiederum holen weiter aus und berichten von den Chancen des Widerstandes gegen das Verhängnis der Geschichte. Aber in der Folge sind die Essays nicht ineinander eingepaßt. Das Bauwerk, das sich ergibt, ist kein Ganzes; es folgt den Manifesten der Ruinenarchitektur. Bestenfalls Bezüge nach musikalischem Muster lassen – wie eingangs angedeutet – das gemeinsame Thema aufleuchten und wieder untergehen. Dadurch enstehen Lücken und Nischen, die dem Leser gehören.

Der Widerspruch, der in der exorbitanten Verräumlichung der Anordnung eines tendenziell raumlosen Themas liegt, klärt sich durch die unaufhebbare Differenz des Nachdenkens zum Leben. Man bilde sich also nicht ein, daß dieses Leben schreibend ersetzt werden könnte. Insofern darf man es in Kauf nehmen, eine Art Tempel mit Säulen für die »zeitigende Zeit«, die produktive

Einbildungskraft konstruiert zu haben, obwohl klar ist, daß man darin nicht wohnen kann. Denn die Rettung vor dem Wahnsinn des Zerfalls ist und bleibt die mühsam errungene gemeinsame Zeit von Leser und Autor. Die Menschen brauchen eine Phantasie unter all den möglichen als Wirklichkeit, um nicht verrückt zu werden (das zumindest ist klar am Wunderbaren). Allerdings ist die geheime Melodie, welche diese Wirklichkeit bestimmt, phantastisch genug und genau mit den Farben gefärbt, die das Tableau zeigt: daß die Realität des Schreibens, die den Autor am Leben hält, eine Fiktion ist, daß sie ihn nur solange hält, wie er sich dem Leiden nicht verschließt, daß eben dieses Leiden der Name für die Einbildungskraft ist, die um den Preis ihres Untergangs schöpferisch wirkt und daß diese Wirkung eine Schrift in den Körpern ist, die nach allem gelesen werden kann.

Der Glaube, der Berge versetzt, ist auch in der Lage, das zweifach überbotene Motto des Sophokles zu ertragen: das Phantasma vom ungeborenen Leben, das das erste und höchste Problem allen Denkens enthält und die Kehre zum Ursprung, die das Zweitbeste darstellt, sind gelassen zu erweitern um das Vergessen dieses Ursprungs, das massiv und undurchdringlich auf allem Gegebenen lastet, und um jene Erinnerung, die das Kommende meint. Vielleicht bietet Bosch der vierten Anstrengung eine kleine Hilfe der Orientierung: er malte gelegentlich so, als ob das Paradies gar nicht verloren wäre...

Die verwegene Moderne

1. Die Phantasie an die Macht? Skeptische Überlegungen zur Macht der Phantasie

I

Das Motto von Ulrich Sonnemanns »Negativer Anthropologie« [1], die »Vorstudien zur Sabotage des Schicksals« enthält, lautet »L'imagination au pouvoir (Parole der Pariser Studenten, Mai 1968)«. Das Buch, das auf dem Höhepunkt der deutschen Studentenrevolte erschien, versucht sich an einer Rehabilitierung der Spontaneität gegen den Schicksalsüberhang von geschichtlich-biographischen Prozessen, die – bei Marx wie bei Freud – einer zwingenden Logik der Vergangenheit unterstellt werden. Sonnemann sieht in diesem (wohl Hegelschen) Erbe einer nach rückwärts gerichteten, aber über die Gegenwart hinausreichenden Perspektive die Gefahr der Selbstlähmung jeglicher Bewegung. Die Hoffnung geht darauf, durch Einsatz einer produktiven Phantasie die trotz aller Emanzipation wirksamen Mächte archaischer Vergesellschaftung zu sabotieren.

In Anbetracht des Verlaufs der Studentenbewegung läßt sich nachträglich konstatieren, daß die Markierung der Gefahr, die Sonnemann vornahm, treffend war, wenn auch der Streit über die Gründe des Scheiterns nach wie vor unentschieden ist. Wer es heutzutage unternimmt, die vordergründige Ambivalenz, dieses Schwanken zwischen der Diagnose mangelnder Radikalität und der einer politischen Naivität zu unterlaufen, sieht sich in eigenartige Schwierigkeiten verstrickt: entweder legt sich eine Resignation des »grauen Einerlei« nahe oder das pure Besserwissen der skeptischen Distanz. Beides ist zu vermeiden.

Denn nicht der genannten Hoffnung Sonnemanns soll im folgenden Beitrag eine Skepsis, die auf präzisere, notfalls schneidende Unterscheidung drängt, gegenübergestellt werden, sondern der Ungenauigkeit des allerorts verwendeten Machtbegriffs. Ähnlich wie das kursierende Motto »Make love not war!« gut gemeint und allgemeinverständlich war, aber gerade deswegen mit dem Wort »make« eine ganze Welt von Selbstherrlichkeit, Aggressivität und Krieg in die Liebe einschmuggeln konnte, so bleibt hier unklar, an welche Macht die Phantasie kommen soll; was weiterhin impliziert, daß die Frage überhaupt nicht gestellt werden kann, ob etwa die Phantasie, oder doch eine ihrer Varianten, nicht längst an der Macht ist. Es wird also darum gehen müssen, das Verhältnis von Phantasie und Macht unter Einschluß der inneren Differenzierung beider zu thematisieren.

Auch bei hochgehaltener Hoffnung auf eine Unterbrechung des Zwanges archaischer Logik ist der Verdacht nicht mehr von der Hand zu weisen, daß nach der »(Geld)-Spekulation« und dem »(Waren)-Fetisch« nun eine neuartige Form von tiefgreifender »(Bedürfnis)-Simulation« in den Zentren der Macht vorherrscht, daß die Prinzipien der kapitalistischen Gesellschaft also beileibe nicht mehr vernunftgeleitet sind und daß sich – unter der Perspektive der Vernunft – sämtliche Grundorientierungen bestenfalls als paradox darstellen. Wenn aber das Kapital (als das bestimmende gesellschaftliche Verhältnis) nicht mehr der Hort der Rationalität ist, sondern selbst hauptsächlich »spekulierend«, »fetischisierend«, »simulierend« verfährt, dann ist es erforderlich, auch die Gegen-Macht, auf die gesetzt wird, genauer in Augenschein zu nehmen und an der Unschuld der Phantasie zu zweifeln.

In zwei Argumentationssträngen, die zentrale Zitate der Diskussion der vergangenen zehn Jahre aneinanderreihen, wird also versucht, Hoffnung und Skepsis aufeinander zu beziehen, und zwar so, daß keine billige Ausflucht möglich ist: in der einen Hinsicht das utopische Programm eines fortschreitenden Ersatzes der Vernunft – als des vermeintlichen Realitätsprinzips der bürgerlich-kapitalistischen Gesellschaft – durch die Phantasie, in der anderen Hinsicht das Überhandnehmen einer »Gesellschaft des Spektakels« (Debord), in der eine neue Macht des Imaginären die uralten Zwänge prolongiert. Es wird sich zeigen, ob aus dieser Klemme zwischen Utopie und Schicksal ein Entkommen möglich ist. Einem Hinweis von Ulrich Sonnemann, der »die Schlüsselstellung der ... Einbildungskraft für die Revolutionierung des Menschen ins Auge faßt«, könnte dabei gefolgt werden: »Vergegenwärtigung ist Spontaneität, nicht obwohl sie reflexiv ist, sondern weil sie es ist ...« [2]

II

Die Parole des Pariser Mai 1968, die auch in anderer Fassung, nämlich »L'imagination prend le pouvoir« überliefert ist [3], stammt nicht wörtlich, aber dem Sinne nach von Novalis. An drei Stellen seiner romantischen Enzyklopädie ist auf einen solchen Sinn Bezug genommen:

1. »Aus der produktiven Einbildungskraft müssen alle innern Vermögen und Kräfte – und alle äußern Vermögen und Kräfte deduziert werden.« [4]
2. »Psychologische Zukunftslehre. Gedächtnis, Verstand und Einbildungskraft sollen sich künftig nicht mehr einander nötig haben – sie sollen aus Elementen unseres Geistes – Bestandteile, Glieder, selbständige Geister gleichsam werden.

   Gedächtnis ist direkter (positiver) Sinn – Verstand indirekter (negativer) Sinn. Die Einbildungskraft ist das wirkende Prinzip. – Sie heißt Phantasie, indem sie auf das Gedächtnis wirkt – und Denkkraft, indem sie auf den Verstand wirkt. Die Einbildungskraft soll direkter (äußerer) und indirekter (innerer) Sinn zugleich werden. Der indirekte Sinn soll direkter Sinn und selbstwirkend – lebendig, und der direkte Sinn indirekter Sinn und selbstwirkend zugleich werden. Diese drei Verwandlungen werden und müssen zugleich – in demselben Momente geschehen.« [5]
3. »Die Einbildungskraft ist der wunderbare Sinn, der uns alle Sinne *ersetzen* kann – und der so sehr schon in unserer Willkür steht. Wenn die äußern Sinne ganz unter mechanischen Gesetzen zu stehn scheinen – so ist die Einbildungskraft offenbar nicht an die Gegenwart und Berührung äußrer Reize gebunden.« [6]

Während die philosophischen Grundannahmen durchaus traditionell sind, ist die Strategie, in die Novalis die Einbildungskraft als das »wirkende Prinzip« eingespannt, auf einen »magischen Realismus« aus, der die äußeren Verhältnisse nach inneren Bildern umgestalten will, zumindest aber – sofern die Zeiten ungünstig sind – Widerstand leisten kann. Herbert Marcuse hat bei seiner Verdeutlichung der strategischen Formel der »großen Weigerung« diesen romantischen Kerngedanken einer Wiederverzauberung der Welt mit Hilfe einer magisch wirksamen Einbildungskraft mehrfach aufgegriffen (vgl. auch Faber [7]).

Zuletzt in seiner Schrift zur »Permanenz der Kunst« [8] wird deren Wahrheit als »Durchbrechung des Realitätsmonopols« gefaßt, »wie es in der bestehenden Gesellschaft ausgeübt wird«. [9] Dies aber könne nur in Treue zu einer »Innerlichkeit« geschehen, die mit der bürgerlichen Rückzugsideologie nur den Namen gemein habe, hingegen »genauer betrachtet« als die gerettete Traumkraft des Paradieses anzusehen sei, die bis zum Beginn der Neuzeit eine kontinuierliche Überlieferung erfahren habe und erst dann in ketzerische Traditionen abgedrängt worden sei [10]. Die Frage, die seitdem die Existenz der Phantasie begleitet, gehe auf die Alternative: Kompensation von Realität oder Produktion von Wirklichkeit, und sei es vorerst unentscheidbar.

Es war Peter Schneider, der in seinem Kursbuch-Aufsatz von 1969 die alternierende Grundfrage für die Studentenbewegung reformuliert hat. [11] Ausgehend von der Annahme Freuds, daß nur der Unglückliche phantasiert, wird mit Entschiedenheit eine Bresche in das Diskussionsdickicht geschlagen, damit wenigstens die Ambivalenz der Einbildungskraft wieder erreicht werden kann. Um einen Eindruck davon zu vermitteln, wie sehr gerade die Psychoanalyse des späten Freud und seiner Nachfolger das romantische Konzept verdrängt hatte und nur noch die »regrediente« Seite des puren Ersatzes tolerierte, sei die Zusammenfassung wiedergegeben, wie sie Pohlen und Wittmann in ihrem »Versuch über Wahrnehmung und Phantasie in der Psychoanalyse« [12] gegeben haben.

»Die Doppelnatur der Phantasie, regredient und progredient zu sein, wurde von Freud selbst, und dann in seiner Nachfolge verstärkt von der psychoanalytischen Tradition in den offiziellen Vereinigungen, zum Verschwinden gebracht: Das Reich der Phantasie blieb in seinem regressiven Aspekt nur noch dem Neurotiker, dem Kranken, als Naturschutzreservat zugewiesen; das Reich der Phantasie blieb in seinem progressiven Aspekt nur noch dem Künstler, der randständigen Existenz der bürgerlichen Gesellschaft zugeteilt. Der Aufstand darf auf dem Papier geprobt werden. Aber selbst hier ist die Phantasie, wenn auch produktiv umgesetzt, nur Mittel einer Ersatzbefriedigung...

Diese Widersprüchlichkeit im Phantasiekonzept zwischen regressiven und progressiven Aspekten verengt sich im Laufe der Entwicklung bei Freud zu den negativ-regressiven Aspekten der Phantasie als bloßem Naturschutzpark... Damit wird die Phantasie zu einer bloß resignativen Abwehrbewegung (Kompensation) gegenüber einer unbefriedigenden gesellschaftlichen Realität. ›...die Befriedigung wird aus Illusionen gewonnen, die man als solche erkennt, ohne sich durch deren Abweichungen von der Wirklichkeit im Genuß stören zu lassen. Das Gebiet, aus dem diese Illusionen stammen, ist das des Phantasielebens; es wurde seinerzeit, als sich die Entwicklung des Realitätssinnes vollzog, ausdrücklich den Ansprüchen der Realitätsprüfung entzogen und blieb für die Erfüllung schwer durchsetzbarer Wünsche bestimmt‹ (Freud, Das Unbehagen in der Kultur, 1930, Gesammelte Werke 14, Frankfurt/M. 1975, S. 439).

Der Perversionstheorie mit ihrer hierarchischen Abfolge in der moralischen Klassifikation von kulturell-zulässigen, leichten Abweichungen bis zu gesellschaftlich-geächteten, kriminalisierten Abweichungen (wie der Homosexualität) entspricht im Phantasiekonzept die Rangfolge von sozial-zulässigen, leichten Abweichungen von der Realität in den Tagträumen guter Bürger bis hin zu den grenzenlosen Träumen der gesellschaftlich-ausgeschlossenen Verrückten. Wird also die Phantasie im Allgemeinpsychologischen (der Gewöhnlich-Gesunden) in den ›Zoo‹ (Naturschutzreservat) verbannt, so führt das Überwuchern von Phantasie im Psychopathologischen (der Ungewöhnlich-Ungesunden) zur Freisetzung des ›Tieres‹ aus dem Käfig: ›Das Überwuchern und Übermächtigwerden der Phantasien stellt die Bedingungen für den Verfall in Neurose oder Psychose her; die Phantasien sind auch die nächsten seelischen Vorstufen der Leidenssymptome, über welche unsere Kranken klagen. Hier zweigt ein breiter Seitenweg zur Pathologie ab‹ (Freud, Der Dichter und das Phantasieren, 1908, Gesammelte Werke 7, Frankfurt/M. 1975, S. 218). Diesen Diskussionsstand hat die Psychoanalyse bis heute nicht überschritten.

Wird der progressive Aspekt behandelt, so wird wiederum die Phantasie als eigene Realität mit abgehobenen Gesetzen den anderen Realitäten gegenübergestellt, d. h. wiederum in ein Reservat der Sublimation verwiesen.

Dieser Rückzug von der Welt der Phantasien, die unter den Bedingungen unserer Kultur immer schon ins Perverse hineinreichen, mündet konsequent in die verstärkte Bemühung um eine metapsychologische Ausformulierung des Strukturmodells von Ich-Es-Überich, d. h. Psychoanalyse fährt sich zunehmend als eine Abwehrpsychologie fest: Die psychischen Phänomene erstarren zu Abwehrphänomenen, selbst das Ich ist zu einem Bündel von Abwehrfunktionen geronnen. Und auch die Phantasien haben nur noch die Bedeutung einer Abwehrfunktion.« [13]

Der von Peter Schneider eingeschlagene Weg wurde kurze Zeit später durch ein Buch fortgesetzt, das dem Gedenken Adornos gewidmet ist und sich bereits bald nach Erscheinen als ein exzellentes Medium der Selbstverständigung der revoltierenden Studenten herausstellte: »Öffentlichkeit und Erfahrung« von Oskar Negt und Alexander Kluge. [14] Der progressive Zug der Phantasie wird – ohne ihren Regressionsaspekt zu verharmlosen – eingeholt und aus der »gesellschaftlichen Bedingtheit«, also den Sonnemannschen Schicksalsbahnen herausgenommen. Unter dem

Titel »Phantasietätigkeit als Produktionsform authentischer Erfahrung« schreiben die Autoren:

»Die lebendige Arbeit hat neben der ihr abgepreßten Mehrwertproduktion in der gesamten bisherigen Geschichte eigene Produktion betrieben – in der Phantasie. Der Charakter dieser Phantasietätigkeit ist mehrschichtig. Sie entsteht als notwendige Kompensation zur Erfahrung des entfremdeten Arbeitsprozesses. Die Unerträglichkeit der Erfahrung seiner wirklichen Situation produziert beim Proletariat einen Abwehrmechanismus, der das Ich gegen die Erschütterung durch die entfremdete Realität absichert. Da lebendige dialektische Erfahrung diese Realität nicht aushalten könnte, drängt sich ihr bedrückender Teil in die Phantasie; hier erscheint er auf Grund der libidinösen Triebstruktur dieser Phantasie nicht als Alpdruck. Um die in der Phantasie gebundene Erfahrung in kollektive praktische Emanzipation zu verwandeln, reicht es nicht aus, das phantastische Resultat zu verwenden, sondern man muß theoretisch das Abhängigkeitsverhältnis zwischen Phantasie und Erfahrung der entfremdeten Realität begreifen; nur so kann die in der Phantasieform gebundene Erfahrung rückbesetzt werden. In ihrer unaufgehobenen Form, als bloß triebökonomisches Gleichgewicht gegenüber unerträglichen entfremdeten Verhältnissen, ist die Phantasie selber bloß ein Ausdruck dieser Entfremdung. Ihre Inhalte sind deshalb verkehrtes Bewußtsein. Der Form ihrer Produktion nach ist diese Phantasie jedoch unbewußte praktische Kritik an den entfremdeten Verhältnissen.« [15]

Um sich der Autorität von Marx zu versichern, zitieren Negt/Kluge zur Stützung dieser These eine Briefstelle aus den Deutsch-Französischen Jahrbüchern:

»Unser Wahlspruch muß also sein: Reform des Bewußtseins nicht durch Dogmen, sondern durch Analysierung des mystischen, sich selbst unklaren Bewußtseins, trete es nun religiös oder politisch auf. Es wird sich dann zeigen, daß die Welt längst den Traum von einer Sache besitzt, von der sie nur das Bewußtsein besitzen muß, um sie wirklich zu besitzen. Es wird sich zeigen, daß es sich nicht um einen großen Gedankenstrich zwischen Vergangenheit und Zukunft handelt, sondern um die Vollziehung der Gedanken der Vergangenheit. Es wird sich endlich zeigen, daß die Menschheit keine neue Arbeit beginnt, sondern mit Bewußtsein ihre alte Arbeit zustande bringt« (Marx an Ruge, in MEW, Band 1, S. 345 f).

Sie fahren dann fort:

»Es handelt sich hierbei keineswegs um eine von der materialistischen Methode noch nicht durchdrungene Textstelle, die etwa nur ein Gleichnis bringt, wenn sie zum Beispiel von ›Traum‹ spricht. Vielmehr geht es um eine sich im individuellen Bewußtsein materialisierende Bewegung, die allerdings noch nicht die Form des Bewußtseins hat. Empirisch kommt diese nicht nur in dem den lebenslänglichen Arbeitsprozeß begleitenden Assoziationsstrom, sondern auch in den geschichtlichen Sedimentierungen dieses Bewußtseinsstromes in Form des Kulturprodukts und der Lebensweise zum Ausdruck.« [16]

Vor allem in Anbetracht der Zeiterfahrung wird die produktive Einbildungskraft wichtig:

»Die Phantasietätigkeit legt sich nämlich quer zur verwerteten Zeit. Ihre spezifische Bewegung, wie Freud sie beschreibt, verbindet in jedem Moment aktuellen gegenwärtigen Eindruck, vergangenen Wunsch und zukünftige Wunscherfüllung. Unter dem Gegensatz von Lustprinzip und Realitätsprinzip wird die Phantasie bei allen Menschen diesen Mechanismus, der Gegenwart, Vergangenheit und Zukunft zu assoziieren versucht, aufweisen; dieser Mechanismus selber ist nicht klassenspezifisch. Das Phantasiematerial jedoch, das auf dem Wege dieser Assoziationen sich umsetzt, und insbesondere der Verzerrungsgrad dieser Phantasien unter dem Druck des gesellschaftlichen Realitätsprinzips, unter dem Einfluß der zerstückelten Lebenszeit, dürfte von der Stellung im Produktionsprozeß absolut abhängig sein. Das gleiche gilt im Hinblick darauf, ob die Phantasien einen verkümmerten oder einen entfalteten Ausdruck finden.

Wichtig ist, daß Phantasie in dreifachem Sinne auf eine konkrete Situation sich bezieht: die konkrete Situation der Wunschentstehung, die konkrete Situation des verarbeiteten aktuellen Eindrucks und die konkret vorgestellte Situation der Wunscherfüllung.« [17]

So kommen die beiden Autoren zu einer differenzierten Annahme: gerade die Unterdrückung der Phantasie kann als Bedingung ihrer freieren Existenz in der Gesellschaft angesehen werden; unbewußte praktische Kritik an den entfremdeten Verhältnissen ist die Voraussetzung für die utopische Kraft, wobei die Bedeutung von U-topie, Nicht-Ortschaft in Rechnung zu stellen ist; Phantasie ist unter dem Druck der Vergangenheit das Vermögen des Noch-Nicht, einer anderen (besseren) Zukunft. [18]

Damit war Platz geschaffen für jenes Prinzip Hoffnung, das Ernst Bloch schon nach dem ersten Weltkrieg als den »Geist der Utopie« namhaft gemacht hatte. Für Augenblicke war die Studentenbewegung des messianischen Grundzuges fähig, der sowohl bei Marx als auch bei Novalis – wenn auch in unterschiedlicher Fassung, eine große Rolle gespielt hat. In solcher Rolle wird die Einbildungskraft geradezu zum Messias der inneren Menschheit:

»Wir leben und wissen nicht, wozu. Wir sterben und wissen nicht, wohin.

Leicht ist zu sagen, was man jetzt und nachher will. Aber niemand kann angeben, was er überhaupt will, in diesem doch so sehr zweckhaften Dasein. Mich wundert, daß ich fröhlich bin! sagt ein alter Türspruch.

Und doch, es bleibt uns hier, die wir leiden und dunkel sind, weit hinaus zu hoffen. Wenn sie stark genug bleibt, rein wird, sich selbst unabgelenkt inne hat, läßt sie nicht zuschanden werden –, die Hoffnung läßt uns nicht zuschanden werden. Denn die menschliche Seele umspannt alles, auch das Drüben, das noch nicht ist. Sie allein wollen wir und das Denken dient ihr, sie ist sein einziger Raum, sein Sprachinhalt und Gegenstand, verstreut in allen Teilen der Welt, verborgen im Dunkel des gelebten Augenblicks, verheißen in der Gestalt der absoluten Frage. Und darum, weil das, was ist, nicht mehr zu denken, sondern nur noch umzudenken, auf Seelisches hin gebracht werden kann, weil die guten Wünsche wie die Väter des Gedankens, so auch der Dinge werden können, die allein wahrhaft sind, wegen dieser schließlich tatsachenfremden, weltfeindlichen, weltaufteilenden Homogenität des Denkens und des nicht-Seins, noch-nicht-Seins zeigt sich dem schöpferischen Begriff nur mehr das empirisch Tatsächliche und seine Logik, aber nicht mehr das utopisch Tatsächliche, das phantastisch Konstituive als unzugänglich oder transzendent, ja als die von Kant verbotene ›Metaphysik‹. Das ist nicht so zu verstehen, als ob sich das Drüben bloß als ›möglich‹ erweisen ließe; denn daß ein Fluß zufrieren kann, ist möglich, bedingt möglich, oder daß die Pflanzen empfinden können, ist hypothetisch bedingt möglich, unter Voraussetzung gewisser noch nicht bestätigter Vordersätze, oder daß es Wüstengeister geben kann, ist problematisch bedingt möglich, unter Voraussetzung noch unbekannter Vordersätze, vielleicht gänzlich außerhalb des Umkreises gegenwärtiger Erfahrbarkeit überhaupt; aber daß wir selig werden, daß es das Himmelreich geben kann, daß sich der evident eingesehene Trauminhalt der menschlichen Seele auch setzt, daß ihm eine Sphäre wie immer bestimmter Realität korrelativ gegenübersteht, das ist nicht nur denkbar, das heißt formal möglich, sondern schlechterdings notwendig, weit entfernt von allen formalen oder realen Belegen, Beweisen, Erlaubnissen, Prämissen seines Daseins, aus der Natur der Sache a priori postuliert und demnach auch von utopischer, intensiver Neigung genau gegebener, essentieller Realität. Das im Begriff der hellen, heiligen Seele, der schönen Zeitenlosen, die zu deuten und zu lehren hier mit den Methoden des Denkens, an den Gegenständen des Glaubens allein unternommen wurden: ›Wer überwindet, der soll mit weißen Kleidern angelegt werden, und ich werde seinen Namen nicht austilgen aus dem Buch des Lebens, und ich will seinen Namen bekennen vor meinem Vater und vor seinen Engeln.‹ Der gute Wille hat so keine Grenze und der wahre Gedanke ruft das eine, einzige Zauberwort, das wir suchen, auf dessen Ertönen alle Kreatur den Schleier abwirft, mit dessen

Zuckung sich die gottesträgerische Seele ihren Traum, den Traum der Ahnung aufschließt, als welcher zuletzt die Wahrheit der ganzen Welt sein wird. Darum zum Ende: wir selber schreiten, indem wir das Leid und die Sehnsucht denken, in unseren inneren Spiegel hinein.« [19]

Die Leuchtkraft des inneren Spiegels hat nicht lange gedauert. Entsprechend der Grundfigur des Messias, der für die Resurrektion der Natur und der Geschichte der Menschen einsteht, könnte man vom Sterben Gottes reden. Hans Magnus Enzensberger gab das Stichwort mit seiner »Negativen Utopie« [20]: die Phantasie in ihrer Fixierung auf »science fiction« entwickelt die Kompetenz fürs Katastrophische. Ein Weltuntergang in Zeitlupe wird zum Inbegriff einer ins Schwarze versinkenden, verlöschenden Einbildungskraft. Bestenfalls »Freibeuter« fechten noch gegen das allbeherrschende Realitätsprinzip eines sich schnellwiederholenden Stumpfsinns [21]. Und wie ein nicht mehr ernstgemeinter Nachschlag liest sich Nicolas Borns Paraphrase auf »Die Phantasie an die Macht«. Literatur als Utopie: »Wo ist der harte Kern der Imagination? Wo liegen die inneren Kontinente?« [22]

Immerhin wird noch deutlich, was sich trotz zunehmender Klage an gemeinsamen Fundamenten der romantischen Ausgangsstrategie beschreiben läßt: daß zur Überwindung der Kälte der äußerlichen Welt (des »kalten« Verstandes) die Herzwärme einer inneren Kraft taugt und auch gebraucht werden kann, daß ein vernünftig-allgemeines Ordnungsprinzip die Lebenswünsche der Menschen zu ersticken droht und deshalb wie eine Fessel aufgesprengt werden muß, daß gegen das Gefängnis einer isolierenden Vergesellschaftung die Macht der Sinnlichkeit und der körpernahen Phantasie mobilisiert zu werden vermag.

Diese Strategie – unter Einschluß ihrer diagnostischen Kriterien – findet ihre subtile und schleichende Konterkarierung durch eine objektive Gewalt der Bilder, wie sie bisher kaum bekannt war. Deren subjektive Seite hat Herbert Marcuse schon vorformuliert, als er den Gesetzmäßigkeiten der »eindimensionalen Gesellschaft« auf der Spur war. Allerdings ist die volle Paradoxie der prekären Situation noch verschoben auf die Identifizierung und Abgrenzung »verstümmelter« Individuen. Es muß jedoch klar werden, daß nicht die Behinderung der Fall ist, um den es geht, sondern die Normalität.

»Die Phantasie ist gegenüber dem Prozeß der Verdinglichung nicht immun geblieben. Wir sind besessen von unseren Imagines und leiden unter ihnen. Das wußte die Psychoanalyse und kannte die Konsequenzen. Es wäre jedoch Regression, wollte man ›der Phantasie alle Ausdrucksmittel gewähren‹. Die verstümmelten Individuen (verstümmelt auch in ihrer Einbildungskraft) würden noch mehr organisieren und zerstören als ihnen jetzt gestattet ist. Eine solche Freisetzung wäre das ungemilderte Grauen – nicht die Katastrophe der Kultur, sondern das freie Spiel ihrer regressivsten Tendenzen. Rational ist diejenige Phantasie, die zum Apriori werden kann, das darauf abzielt, den Produktionsapparat umzubauen und umzudirigieren in Richtung auf ein befriedetes Dasein, ein Leben ohne Angst. Und das kann niemals die Phantasie jener sein, die von den Bildern der Herrschaft und des Todes besessen sind.« [23]

III

Entdeckt wurde die imaginäre Überflutung als Normalfall (und als Wirkung des »normalen« Vergesellschaftungsprozesses) von Friedrich Nietzsche. Er sah diesen Prozeß als Verwesung des toten Gottes. Am unendlich ausgedehnten Sozialkörper der Bourgeoisie, dem »corpus mysticum« der Warenwelt geht eine Auflösung und Zersetzung vor sich, die als Scheinen, Strahlen und Blitzen ins Auge fällt. Zunächst jedoch konnte eine solche Sicht noch einmal für Jahrzehnte als bloß metaphorisch abgetan werden.

Was dann Horkheimer und Adorno als das (Ver-)Wesen der Kulturindustrie beschrieben haben [24], nahm bald immer mehr »dingliche« Konturen an. Die ohnehin vertrackte »Realität« der Ware, der Marx soviel Aufmerksamkeit gewidmet hatte, weil auch er dort die metaphysischen Mucken eines (pseudo)heiligen Fetischs vermutete, war gleichsam in einen Zustand spektakulärer Abstraktheit geraten, die Anlaß zu dauernd neuen ästhetischen Inszenierungen bot. Einer der ersten, der im Rahmen der Studentenbewegung auf diese Veränderung reagierte, war Wolfgang Fritz Haug. Sein Thema »Warenästhetik« ist jedoch nicht dazu angetan gewesen, den Umbrüchen und Einbrüchen wirklich Rechnung zu tragen. Vielmehr hat er versucht, das Problem im Sinne einer immer schon kapablen Orthodoxie zu domestizieren. Er schreibt rückblickend:

»Die Aufgabe, die ich mir stellte, war es also, die Erscheinungen der Warenästhetik ökonomisch abzuleiten und im Systemzusammenhang zu entwickeln und darzustellen. Dies konnte nicht auf dem Wege einer empirischen Analyse geschehen. Wenn empirisches Material herangezogen wird, dann nur punktuell, in der Art von Stichproben, als Material für exemplarische Analysen. Dies Verfahren hat den – wie mir schien unvermeidlichen – Nachteil, daß falsche Gewichtungen entstehen, wenn der Leser sich diesen begrenzten Stellenwert der herangezogenen Beispiele nicht ständig vor Augen hält. Dem Leser werden zu jedem Punkt der Entwicklung andere – vielleicht bessere – Beispiele einfallen. Der Stoff ist nämlich schlagend; er übertrifft alle Fantasie an Fantastik und alle lehrhafte Verdeutlichungsabsicht an Deutlichkeit. Doch gerade darin liegt die Gefahr für ein untheoretisches Herangehen, das sich seine Begriffe nicht sorgfältig entwickelt. Das Material mag überdeutlich sein – aber oft deutet es in die falsche Richtung; es ist fantastisch – aber wenn man sich davon faszinieren läßt, entstehen wahnhafte Theorien.« [25]

Die erhobene Warnung zeigt eher die Angst des Autors als die wirkliche Gefahr, die doch immer dann auftritt, wenn sehkräftige Menschen im entscheidenden Moment die Augen schließen. Es wäre vielmehr wichtig, seine Sehgewohnheiten zu ändern, wie Guy Debord es in seiner Schrift »Die Gesellschaft des Spektakels« als notwendig vorschlägt. [26] In der folgenden Reihe von Gedanken, die der vorgenommenen Numerierung Debords aus Gründen der Abkürzung nicht folgen kann, wird der Fortschritt der großen Täuschung, die den Gebrauchswert zu einer abhängigen Variable des Tauschwerts werden läßt und eine Simulation ohne Substrat vorbereitet, zu belegen versucht.

»Das Prinzip des Warenfetischismus ist es, d. h. die Beherrschung der Gesellschaft durch ›sinnliche übersinnliche Dinge‹, das sich absolut im Spektakel vollendet, wo die sinnliche Welt durch eine über ihr schwebende Auswahl von Bildern ersetzt wird, welche sich zugleich als das Sinnliche schlechthin hat anerkennen lassen.« [27]

»Das Spektakel ist der Moment, in welchem die Ware zur völligen Beschlagnahme des gesellschaftlichen Lebens gelangt ist. Das Verhältnis zur Ware ist nicht nur sichtbar, sondern man sieht nichts anderes mehr: die Welt, die man sieht, ist seine Welt.« [28]

»Das ganze Leben der Gesellschaften, in welchen die modernen Produktionsbedingungen herrschen, erscheint als eine ungeheure Sammlung von Spektakeln. Alles was unmittelbar erlebt wurde, ist in eine Vorstellung entwichen.« [29]

»Die Bilder, die sich von jedem Aspekt des Lebens abgetrennt haben, verschmelzen in einen gemeinsamen Lauf, in dem die Einheit dieses Lebens nicht wiederhergestellt werden kann. Die teilweise betrachtete Realität entfaltet sich in ihrer eigenen allgemeinen Einheit als abgesonderte Pseudo-Welt, Objekt der bloßen Kontemplation. Die Spezialisierung der Bilder der Welt findet sich vollendet in der autonom gewordenen Bildwelt wieder, in der sich das Verlogene selbst belogen hat. Das Spektakel überhaupt ist als konkrete Verkehrung des Lebens, die eigenständige Bewegung des Unlebendigen.« [30]

»Das Spektakel hat die ganze Schwäche des abendländisch-philosophischen Entwurfes geerbt, der in einem von den Kategorien des Sehens beherrschten Begreifen der Tätigkeit bestand; sowie es sich auch auf die unaufhörliche Entfaltung der genauen, technischen Rationalität, die aus diesem Gedanken hervorgegangen ist, gründet. Es verwirklicht nicht die Philosophie, es philosophiert die Wirklichkeit. Das konkrete Leben aller ist es, welches sich zu einem spektakulären Universum degradiert hat.« [31]

»Als Gewalt des getrennten Gedankens und als Gedanke der getrennten Gewalt, ist es der Philosophie nie durch eigene Kraft gelungen, die Theologie aufzuheben. Das Spektakel ist der materielle Wiederaufbau der religiösen Illusion. Die spektakuläre Technik hat die religiösen Wolken nicht aufgelöst, in die die Menschen ihre von ihnen losgerissenen, eigenen Kräfte gesetzt hatten: sie hat sie nur mit einer weltlichen Grundlage verbunden. So ist es das irdischste Leben, welches undurchsichtig und erstickend wird. Es verweist nicht mehr auf den Himmel, sondern beherbergt bei sich seine absolute Verwerfung, sein trügerisches Paradies. Das Spektakel ist die technische Verwirklichung der Verbannung der menschlichen Kräfte in ein Jenseits; die vollendete Entzweiung im Innern des Menschen.« [32]

»Der Arbeiter produziert nicht sich selbst, sondern eine unabhängige Macht. Der Erfolg dieser Produktion, ihr Überfluß, kehrt zum Produzenten als Überfluß der Enteignung zurück. Die ganze Zeit und der ganze Raum seiner Welt werden ihm bei der Akkumulation seiner entfremdeten Produkte fremd. Das Spektakel ist die Landkarte dieser neuen Welt, eine Landkarte, die genau ihr Territorium deckt. Eben die Käfte, die uns entgangen sind, zeigen sich uns in ihrer ganzen Macht.« [33]

»Das Spektakel ist das Kapital, das einen solchen Akkumulationsgrad erreicht, daß es zum Bild wird.« [34]

Man mag es drehen und wenden, wie man will (oder die Augen verschließen): der Idealismus hat auf eine infame Weise gegen den Materialismus rechtbekommen. Unter den Bedingungen eines fortgeschrittenen Kapitalismus kann das »Wirkliche« nicht mehr vom »Vorgestellten« unterschieden werden, oder präziser: auch das Wirkliche ist bloß ein bestimmtes Vorgestelltes. Seitdem die »Bilder« sich als das Sinnliche ausgeben können und die Vorstellung als Erfahrung sich aufspielt, fällt der harte Kern der Dinge aus. Das Leben der Menschen gerät zu einem bebilderten Gefängnis. Die geschlossene Welt der Monade, auf deren fensterlosen Wänden die Urszenen und ihre Varianten wie in einem Film ablaufen, tritt mit dem Anspruch auf, alles zu sein. Das Sehen als »oberster« und hauptsächlich zugerichteter Sinn fungiert als Agentur einer restlosen Selbsttäuschung. Was vorgespielt wird, ist das alte Theater der Götter in neuen Kostümen. Der Himmel, jene enorme Projektion der frühen Zeit, ist gleichsam auf die Erde zurückgekommen und hat sie usurpiert. Die Materie selbst ist in die Form der reinen Strahlung übergegangen. Das Kapital als Bild hat mit seiner Spekulation, Fetischisierung, Simulation nicht in der Vorstellung, sondern in der Wirklichkeit den Platz des »Heiligen« eingenommen, aber diese Wirklichkeit bekam durch reale Abstraktion Vorstellungscharakter.

Damit ist ein Ende der Differenz, der Referenz, der Repräsentation angezeigt, auf das die betroffenen Menschen zunächst mit Abwehr reagieren. Auch diejenigen, die ihm entsprechen wollen, müssen immer öfter gegen sich und gegen die Gewohnheiten abendländischer Theorie denken. Reflexion wird selbst zu einem Spektakel der Irritation, das in Etappen fortschreitet und eine vermeintliche Sicherheit nach der anderen auflöst. Dabei werden die im Äußersten errichteten Bastionen von den nachfolgenden Denkern als Ausgangspunkt genommen und – geschleift.

So war Jean Joseph Goux in seinem Buch über »Ökonomie und Symbolik« [35] genau auf der Spur jener Ent-Materialisierung der Materie, die Guy Debord vorschwebte. Aber er hat sie unter dem Titel einer anthropologischen Symbolfunktion und eines historisch-genetischen Symbolisierungsprozesses erneut schematisiert. Seine Absicht, die Isomorphie der höchsten Schlüsselzeichen des subsumierenden Kapitalismus: »Gold«, »Sprache«, »Monarch«, »Vater«, »Phallus« auf der Folie einer Logik der Verwertung herauszuarbeiten [36], verstellt ihm den Blick dafür, daß die Abstraktionsbewegung insgesamt ins Leere führt, auch wenn historische Ungleichzeitigkeiten der verschiedenen gesellschaftlichen Sphären den Anschein der Einholbarkeit der Formalisierung erwecken.

Entschiedener ist Jean Baudrillard, der mit einem Beitrag zu »Objekte des Fetischismus« [37] sein deutsches Debut hatte. In der

Einleitung zu seiner Schrift »Agonie des Realen«, die sich bemüht, der Wirkung der vollendeten Verwertung standzuhalten, nimmt er Bezug auf jene Phantasie der Landkarte, die auch Debord zur Kennzeichnung der Verkehrung von Urbild und Abbild benutzte.

»Früher war die schönste Allegorie der Simulation für uns jene Fabel von Borges, in der die Kartographen des REICHES eine so detaillierte Karte anfertigen, daß Karte und Territorium schließlich exakt zur Deckung kommen. (Der Verfall des REICHES jedoch bringt es mit sich, daß die Karte nach und nach ausfranst und verfällt, bis schließlich nur noch Fetzen in den Wüsten erkennbar sind. Die metaphysische Schönheit dieser verfallenen Abstraktion ist wie das REICH Zeuge eines Übermutes, der sich auflöst, wie ein Kadaver verfault und schließlich wieder in die Substanz der Erde eingeht – ein bißchen wie sich das Duplikat in zunehmendem Alter schließlich mit dem Realen vermischt.) Für uns ist diese Fabel überholt. Sie besitzt nur noch den diskreten Charme von Simulakra zweiter Ordnung.

Heutzutage funktioniert die Abstraktion nicht mehr nach dem Muster der Karte, des Duplikats, des Spiegels und des Begriffs. Auch bezieht sich die Simulation nicht mehr auf ein Territorium, ein referentielles Wesen oder auf eine Substanz. Vielmehr bedient sie sich verschiedener Modelle zur Generierung eines Realen ohne Ursprung oder Realität, d. h. eines Hyperrealen. Das Territorium ist der Karte nicht mehr vorgelagert, auch überlebt es sie nicht mehr. Von nun an ist es umgekehrt: (PRÄZESSION DER SIMULAKRA:) Die Karte ist dem Territorium vorgelagert, ja sie bringt es hervor. Um auf die Fabel zurückzukommen, müßte man sagen, daß die Überreste des Territoriums allmählich Ausdehnung und Umfang der Karte annehmen. Nicht die Karte, sondern Spuren des Realen leben hier und da in den Wüsten weiter, nicht in den Wüsten des REICHES, sondern in unserer Wüste, in der Wüste des Realen selbst.

Auch wenn man sie umkehrt, ist die Fabel heute im Grunde nicht mehr zu gebrauchen. Vielleicht lebt nur die Allegorie des REICHES weiter. Denn wenn die Simulatoren von heute versuchen, das Reale, das gesamte Reale, mit ihren Simulationsmodellen zur Deckung zu bringen, so handeln sie nicht weniger imperialistisch als die Kartographen von damals. Allerdings geht es nicht mehr um die Karte oder das Territorium. Denn etwas ist verschwunden: die souveräne Differenz zwischen beiden, und damit der Charme der Abstraktion.« [38]

Damit dürfte die Bewegung an ein Ziel gekommen sein, das sogar noch die Spur tilgt, die zu ihm hinleitet. Die Simulation verschluckt gleichsam sämtliche Vorstufen und spuckt sie als ihr Werk wieder aus. Jeder Rekonstruktionsversuch scheint zu scheitern angesichts eines Ergebnisses, das sich als Ur-Sache aufspielt. Baudrillard hat das Problem dieser spurlos verschwundenen Genese vor sich, wenn er schreibt:

»Ausgangspunkt der Repräsentation ist ein Prinzip der Äquivalenz zwischen Zeichen und Realem (dies ist ein grundlegendes Axiom, auch dann, wenn die Äquivalenz nur utopischen Charakter besitzt). Ausgangspunkt der Simulation dagegen ist die Utopie des Äquivalenzprinzips, die radikale Negation des Zeichens als Wert, sowie die Umkehrung und der Tod jeder Referenz. Während die Repräsentation versucht, die Simulation aufzusaugen, indem sie sie als falsche Repräsentation interpretiert, schließt die Simulation das gesamte Gebäude der Repräsentation als Simulakrum ein.

Die Phasen, die das Bild dabei sukzessive durchläuft, sind folgende:
- es ist Reflex einer tieferliegenden Realität;
- es maskiert und denaturiert eine tieferliegende Realität;
- es maskiert eine Abwesenheit einer tieferliegenden Realität;
- es verweist auf keine Realität: es ist sein eigenes Simulakrum.

Im ersten Fall ist das Bild eine gute Erscheinung – die Repräsentation gehört zur Ordnung des Sakraments. Im zweiten Fall ist es eine schlechte Erscheinung und gehört zur Ordnung des Verfluchens. Drittens spielt es, eine Erscheinung zu sein und gehört zur Ordnung der Zauberei. Im vierten Fall gehört es überhaupt nicht mehr zur Ordnung der Erscheinung, sondern zur Ordnung der Simulation.« [39]

Die genannten Phasen sind keineswegs ausgedacht, sondern entsprechen präzise den Stufen der symbolischen Logik, wie Goux sie an der Marxschen Wertformanalyse herausgearbeitet hat [40] und wie sie in Hegels Wissenschaft vom Geist (im Reflex einer säkularisierten christologischen Spekulation) als Bewegung der Geschichte Europas vorgebildet sind. Das Kapital als Bild (Debord) fungiert wie eine Apotheose der Form, in der das Materielle bis auf einen verschwindenden Rest getilgt ist. Damit ist der Spiegel der Realität zu jener »Realität« geworden, welche die Realität zum Spiegel ihrer selbst machen konnte – eine Inversion der Einbildungskraft, die als absolute Formung, Formierung, Formalisierung gegenstandslos wurde...

IV

Auf eine solche Macht der Phantasie ist die romantische Strategie: »Imagination au pouvoir!« nicht vorbereitet. Wie im Märchen vom Hasen und vom Igel kann sie sich zu Tode hetzen, ohne mit ihrer

Konzeption eines phantasievollen Lebens die Gegeninstanz einer phantastischen Realität, die ins Imaginäre verschwimmt, je überholen zu können. Spekulation, Fetischisierung, Simulation und die entsprechenden Urszenen, wiederkehrenden Mythen und leeren Formen sind in ihrer Art nicht überbietbar. Man kann sagen, daß sich der Traum des Novalis als ironische Revozierung aller investierten Hoffnungen erfüllt hat. Die Phantasie ist an der Macht, wenn auch in einer Pseudo-Gestalt, und die Macht der Phantasie hat deren Freiheit haltlos hintertrieben.

Vielleicht kommt darin eine subtile Rache der aus der Vernunft ausgeschlossenen Bilder (Vorbotin einer Rache der malträtierten Natur) zum Ausdruck. Vielleicht liegt in der Kollaboration der Bild-Magie mit den politisch-ökonomischen Mächten ein Grund für die gegenwärtige Klemme von blindgewordener Utopie und nichtssagendem Schicksal. Gewiß aber ist es nötig, in einer neuen Weise die Kraft der Unterscheidung einzusetzen: gegen die Verschwommenheit des Ganzen hilft weder die aktuelle Partikularisierung positiver Erkenntnisse noch das alte Insistieren auf einer Totalisierung der Kritik. Mir scheint, daß Roland Barthes schließlich – unter Vermeidung des rechten und des linken Weges der Erkenntnis – zu lernen begonnen hatte, wie man der Macht entkommen kann. Seit seiner berühmt gewordenen Antrittsvorlesung [41] im »Collège de France« erprobte er ein Wissen seines Tuns.

»In der Sprache verschmelzen also unvermeidlich Unterwerfung und Macht. Wenn man Freiheit nicht nur die Kraft nennt, sich der Macht zu entziehen, sondern auch und vor allem die, niemanden zu unterwerfen, kann es also Freiheit nur außerhalb der Rede geben. Unglücklicherweise besteht für die menschliche Rede kein Außerhalb: sie ist ein geschlossener Ort: Man kann ihn nur um den Preis des Unmöglichen verlassen: durch die mystische Einzigartigkeit, wie sie Kierkegaard beschrieben hat, als er das Opfer Abrahams als einen unerhörten Akt definierte, bar allen Sprechens, selbst des inneren, gerichtet gegen die Allgemeinheit, das Herdenhafte, die Moralität der Rede; oder auch durch Nietzsches Amen, das wie ein triumphierender, der Unterwürfigkeit der Sprache versetzter Stoß ist, dem, was Deleuze ihren Reagenzmantel nennt. Uns jedoch, die wir weder Ritter des Glaubens noch Übermenschen sind, bleibt nichts, wenn ich so sagen kann, als listig mit der Sprache umzugehen, als sie zu überlisten. Dieses heilsame Überlisten, dieses Umgehen, dieses großartige Lockmittel, das es möglich macht, die außerhalb der Macht stehende Sprache in dem Glanz einer permanenten Revolution der Rede zu hören, nenne ich Literatur.« [42]

»Die Wissenschaft ist grobschlächtig, das Leben ist subtil: um diesen Unterschied auszugleichen, bedürfen wir der Literatur.« [43]

Der Weg geht also – wenn auch mit Skepsis – in die Einbildungskraft zurück. Gleichwohl hält er Fühlung mit dem listigen Verstand. »Literatur« im Barthesschen Sinne ist ein Rekurs auf Musils »Erdensekretariat für Genauigkeit und Seele« [44] und die Probe aufs Exempel einer »dialektischen Phantasie« [45], welche die phantastische Dialektik des Realen ironisierend brechen kann. Das wird bis auf Sprechen und Hören konkretisiert, wohlwissend, daß das Grundvermögen der Phantasie die Gegenwart ist:

»Ich wünschte also, daß Sprechen und Zuhören, die sich hier miteinander verflechten, dem Hin und Her eines Kindes glichen, das in der Nähe der Mutter spielt, sich von ihr entfernt, dann zu ihr zurückkehrt, um ihr einen Stein, einen Wollfaden zu bringen, so rings um ein friedliches Zentrum einen Spielraum schaffend, innerhalb dessen der Stein oder der Wollfaden letztlich weniger bedeuten als das von Eifer erfüllte Geschenk, das daraus gemacht wird.

Wenn das Kind so handelt, tut es nichts anderes als das Hin und Her einer Begierde abrollen zu lassen, die es unablässig präsentiert und repräsentiert. Ich glaube aufrichtig, daß man von jeher akzeptieren muß, an den Anfang eines solchen Lehrens ein Phantasma zu stellen, das von Jahr zu Jahr variieren kann. Das mag provozierend sein: wie kann man im Rahmen einer Institution, so frei sie auch sein mag, von phantasmatischem Unterricht sprechen? Doch wenn man für einen Augenblick die sicherste der Humanwissenschaften betrachtet, die Geschichte, wie soll man dann nicht erkennen, daß sie eine ständige Beziehung zum Phantasma unterhält? Gerade das hatte Michelet verstanden: die Geschichte ist letztlich die Geschichte jenes im höchsten Grade phantasmatischen Ortes, nämlich des menschlichen Körpers; ausgehend von diesem Phantasma, das bei ihm mit dem lyrischen Wiederaufleben der vergangenen Körper verbunden ist, hat Michelet aus der Geschichte eine immense Anthropologie machen können. Die Wissenschaft kann also aus dem Phantasma entstehen. Auf ein Phantasma – ausgesprochen oder nicht – muß der Lehrende alljährlich in dem Augenblick, da er über den Sinn seiner Reise entscheidet, zurückkommen; auf diese Weise weicht er ab von dem Ort, wo man ihn erwartete, dem Platz des Vaters, des bekanntlich immer schon toten, denn nur der Sohn hat Phantasmen, nur der Sohn ist lebendig.« [46]

In Aufkündigung der Autorität und in Anspielung auf den immer schon vagierenden, nomadisierenden – eben den »verlorenen Sohn«, gibt Barthes das Beispiel eines Phantasmas, das wenig mit der Repräsentation aber viel mit der Präsenz zu tun hat. Die Einbildungskraft, die die Schrecken ihrer Herkunft aus dem Tod und aus dem Geschlecht mildern konnte, bleibt um den Preis ihres Machtwillens und ihres Wissensanspruchs auf der Umkehrspur körperlichen Lebens und ist der erotischen Gegenwart jederzeit fähig.

»Ich unternehme es also, mich durch die Kraft allen lebendigen Lebens tragen zu lassen: das Vergessen. Es gibt ein Alter, in dem man lehrt, was man weiß; doch danach kommt ein anderes, in dem man lehrt, was man nicht weiß: das nennt man Forschen. Es kommt jetzt vielleicht das Alter einer anderen Erfahrung: der des Verlernens, die nicht vorhersehbare Umarbeitung wirken zu lassen, durch die das Vergessen die Ablagerung des Wissens, der Kulturen, der Glaubensüberzeugungen, durch die man hindurchgegangen ist, prägt. Diese Erfahrung hat, glaube ich, einen berühmten und altmodischen Namen, den ich hier ohne Komplexe am Kreuzungspunkt seiner Etymologie aufzugreifen wage: Sapientia: keine Macht, ein wenig Wissen, ein wenig Weisheit und soviel Würze wie möglich.« [47]

2. Die Wiederkehr des Körpers. Notizen zu einer Bestandsaufnahme des Zivilisationsprozesses

»Der Geist ist die existierende Wahrheit der Materie, daß die Materie selbst keine Wahrheit hat.«

(Hegel) [1]

I

Wenn man es unternimmt, die nötige Skepsis hinsichtlich einer aktuellen Macht der Phantasie auf den Körper in der Geschichte, auf den »im höchsten Grade phantasmatischen Ort« (Barthes) zu projizieren, dann muß man sich an einer konkreten Kritik des Abstrakten versuchen. Der Verdacht geht dahin, daß die hochgespielte Phantastik gegenwärtiger Realität das Spiel der Einbildungskraft nur deshalb konterkarieren kann, weil sie im Bunde mit der gesellschaftlichen Abstraktion die menschlichen Körper, die – streng genommen – nicht wegzudenken sind, zu überspringen vorgibt und trotz ihrer parasitären Stellung den Anschein »produktiver« Tätigkeit behauptet.

Allerdings ist da ein irritierendes Ereignis zu verzeichnen. Während vor Jahren noch von einem partout schweigenden Körper die Rede sein konnte, ist nun – so scheint es – die Zeit seiner Wiederkehr da. Zumindest mehren sich die verschiedenartigsten Strategien, die den Körper theoretisch und praktisch in Anspruch nehmen und auf seine »Sprache« reflektieren. So wäre es angebracht, eine Bestandsaufnahme des Klimas, des Geistes der Zeit zu versuchen, in dem eine neue Körperlichkeit sich ankündigen kann, ohne daß die alten Feindschaften schon verschwunden wären.

Bisher ist das Charakteristikum des Zivilisationsprozesses als Abstraktion gefaßt worden, als »Absehen von« den eher beklemmenden Umständen eines ins Konkrete verstrickten körperlichen Lebens. Erst durch diese Verallgemeinerung identischer und identifizierbarer »Knochengerüste« des Handelns und Denkens hat sich jene aufs Tote gerichtete Kontrolle installieren lassen, die im Überhandnehmen nun ins Gegenteil lebendiger Ordnung ausschlägt. Allenthalben gerät deshalb die bloße Fortsetzung des Prozesses in die Krise. Der menschliche Körper leistet so etwas wie eine »praktische Kritik der Verhältnisse«, indem er seine Willfährigkeit aufkündigt.

Es geht also um ein Ereignis im Rahmen des fortgeschrittenen Zivilisationsprozesses: der Körper meldet sich, zunächst wie unwillentlich und absichtslos, und hat zumindest als Störfaktor, wenn nicht als Anlaß für Subversives zu wirken begonnen. Das kann so interpretiert werden, daß die gesellschaftliche Abstraktion eine Grenze überschritten hat, jenseits derer das gewohnte Schweigen des Körpers nach und nach aufhört. Das zivilisatorische Konzept einer zunehmenden Distanzierung, Repression und Normalisierung körperlichen Lebens zum Zwecke hoher praktischer und theoretischer Arbeits- und Dienstleistungen scheint nicht mehr aufzugehen. Die potenzierte Unkörperlichkeit der dritten, der elektronischen Revolution der Produktivkräfte wird offenbar mit einer großen Vielfalt körperlicher Symptom- und Symbolbildungen beantwortet, die aufs neue die wirkliche Produktivkraft – wenn auch nur destruktiv – ins Spiel bringt, allerdings das bereitwillige Nachdenken vorerst zu bloßer Nachträglichkeit verurteilt. Dieser andere, kaum begriffene Zustand in der Geschichte des Körpers fußt auf einer Entwicklung, die für die theoretische Aufarbeitung einige Schwierigkeiten mit sich bringt. Einerseits war nämlich auch diejenige Theorie, die sich mit einschlägigen Fragen befaßte, bislang völlig im Banne der cartesianischen Trennung von res cogitans und res extensa, andererseits hat gerade die Schweigsamkeit des »Objektes« eine zulängliche Historiographie verhindert. Erst seit dem zweiten Weltkrieg, seit der »Dialektik der Aufklärung« (Horkheimer und Adorno) [2], die im Abgesang der Subjektivitätsphilosophie des Descartes das Stichwort von der »unterirdischen Geschichte des Körpers« gab, ist eine Rückbesinnung auf das Grundlegende und das Parasitäre in der Gesellschaft möglich geworden.

II

Die Thematisierung der für Körper und Geist neuerdings verheerenden Konsequenzen des gesellschaftlichen Umgangs mit äußerer und innerer Natur ist hauptsächlich in zwei Etappen vorgegangen.

Während in einer ersten Etappe Konturen jener unterirdischen Geschichte angezielt und der verdrängte, ausgeschlossene Aspekt in einem mühsamen Rekonstruktionsversuch der säkularen Unterdrückung an historischen Details erinnert und erschlossen wurde [3], ist die zweite Etappe insbesondere von Foucault [4] forciert worden: in ihr ging es und geht es um einen Aspekt des Verhältnisses von Macht und Körper, der die Seite der *Repression* des Körperlichen ergänzt und korrigiert, nämlich um die Dimension einer mikrophysikalischen *Produktion* neuer Körperzustände unter den (nicht bestrittenen) Bedingungen der Unterdrückung. Die Befunde beider Etappen lassen sich kurz wie folgt zusammenfassen.

Ähnlich wie im Umgang mit Natur, mit deren Stoffen und Gestalten, setzt sich – geschichtlich seit dem Mittelalter – auch im Umgang mit dem Körper des Menschen ein tendenziell feindschaftliches Organisationsprinzip der Beherrschung und Ausbeutung durch, das einerseits die genuinen Gesetzmäßigkeiten seines »Gegenstandes« erforscht, andererseits ohne Rücksicht auf irgendwelche Spätfolgen mißachtet. In einer zunächst langsam und unspezifisch anhebenden Zurichtung von körperlichen Funktionen und Expressionen (Tischsitten, Umgangsformen, Anstandsregeln) wird die »innere Natur« für Zwecke eingesetzt, die außerhalb ihrer liegen und der Körper einer weitgehenden gesellschaftlichen Abstraktion so unterworfen, daß er in Einverständnis *und* Widerstand funktioniert. Seine Spontaneität wird auf Dauer angeschirrt und zur Energiegewinnung genutzt. In Fabriken, Kasernen, Schulen, Gefängnissen, Spitälern kommt es zu einem erstaunlich einheitlichen Training, dessen nach und nach sichtbar werdender Sinn die freiwillige Mithilfe der Menschen ist. Die Kontrolle soll in Selbstkontrolle übergehen, die Feindschaft zwischen dem formenden Geist und der Materialität des Körpers zu einer inneren Angelegenheit werden.

Diese Instrumentalisierung beschleunigt sich immer mehr (gewiß seit der Industrialisierung) und überschlägt sich heutzutage dadurch, daß der Körper – der nach wie vor als unüberholbare Grundlage der Vergesellschaftung fungiert – seine hilfreiche Unterstützung für eine weitere Eskalation der Zurichtungsprozesse zu verweigern scheint. Der menschliche Leib ist als Arbeitskraft, als Befehlsempfänger, als Lernwilliger, als Beobachtungs- und Sexualobjekt, als Krankheitsherd usf. anscheinend über die Grenze des Zuträglichen hinaus in Dienst genommen. Er streikt, wird impotent oder frigide, produziert chronische Symptome, sendet immer hilflosere und unverständlichere Signale aus und entzieht somit dem gesellschaftlichen Organisationsprinzip, jener abstrakt-allgemeinen Instanz der Naturbeherrschung nach und nach die Fundamente. Hier scheint der entscheidende Umstand für das Flüchtigwerden des Festen, für die Furie des Verschwindens alles Verläßlichen zu liegen. Konnte Nietzsche noch – gleichsam »am Leitfaden des Leibes« [5] – aus den blutleeren Räumen einer Verstandesbürokratie entkommen, so hat sich eine körperlose Geistigkeit als absolutes, d. h. losgelöstes Kontrollverfahren derart über den Planeten ausgebreitet, daß Ausnahmen von der Regel des Abstrakten nur noch in Reservaten aufzuspüren sind. Schier unausweichlich wird die »Produktivität der Macht« dadurch, daß sie sich wegen der Undurchschaubarkeit der Folgen immer aufs neue als Lösungsstrategie für alle jene Probleme anbieten kann, die sie verursacht hat.

In solcher Zuspitzung droht die Trennung von Körper und Geist total zu werden und nach beiden Seiten irreparable Konsequenzen zu zeitigen. Die Chancen einer einfachen Gegenwehr mit Hilfe des Körpers: also die Mobilisierung der Sinnlichkeit oder einer als positiv angesetzten »natürlichen Unmittelbarkeit«, wie sie vor allem im Umfeld der »Kritischen Theorie« zunächst noch hoch angesetzt wurden, können inzwischen als minimal gelten, seitdem eine Mikrophysik der Macht (Foucault) die historische Produktivität von Selbstdisziplin und Selbstkontrolle über den Körper als durchdringend und ihre Effekte als weitgehend irreversibel verdeutlicht hat.

Es besteht sogar Grund zu der Annahme, daß gerade die gängigen Emanzipationsbewegungen (Humanisierung der Arbeitswelt, Bürger in Uniform, Schulreform, moderner Strafvollzug, sexuelle Befreiung, Verbesserung der medizinischen Versorgung usf.) die historisch entstandene Dummheit des Körpers nur eskalieren lassen und die laufenden Spaltungsprozesse keineswegs unterbinden.

Strategien sind überhaupt angesichts der geschilderten Befunde eher ratlos. Weder kann es darum gehen, die Verwertungsprozesse ahnungslos fortzusetzen, noch scheint es möglich zu sein, irgendeine angebbare Alternative zur gesellschaftlichen Abstraktion zu praktizieren, die nicht endlich unter das Prinzip, das sie bekämpft, subsumiert wäre. Eine konkrete Kritik des Abstrakten ist – so betrachtet – unmöglich, da schon zur Identifizierung der Subsumptionslogik ein logisches Vorgehen unerläßlich ist und damit das Einfallstor für die Einvernahme offensteht. Solange der »Gegner« die Waffen bzw. das Waffenarsenal bestimmen kann, ist die Falle unvermeidlich. Die einzige Möglichkeit scheint vorerst darin zu liegen, den »Körper zur Sprache kommen zu lassen«, wenigstens die Reste seiner genuinen Produktionsweise auf den Feldern der Arbeit und der Angst zu tolerieren und zu ermöglichen. Als Vorarbeiten dazu können die mannigfaltigen Rekurse auf Bruchstücke einer (weitgehend zerstörten) Körpersprache, auf Gesten, auf a-verbale Kommunikationsformen angesehen werden, daber auch die vielen Körpertherapien, seien sie asiatischer oder europäisch-amerikanischer Herkunft. In derselben Rücksicht wäre ein Ziel ersten Ranges die Wiederentdeckung des Körpers als eines »Archivs der Menschheitsgeschichte« (Nietzsche), wie es sich in der Theaterarbeit, in der Körperkunst und auch in den gesellschaftswissenschaftlich orientierten Humanwissenschaften gegenwärtig zeigt.

Aufs Ganze gerechnet ergibt sich aber aus solchen Bemühungen nur ein Zeitgewinn. Der Widerstand, auf den es ankommt, kann nicht vom Körper ausgehen. Vielmehr bedarf es an der Spitze der Reflexion, dort wo sie am weitesten in der Diskursivität der Teilungen, Trennungen und Spaltungen fortgeschritten ist, der Umkehr. Zwar muß sich eine solche Denkbewegung der Hilfe bewegter Körper versichern, aber den Gegner, der einer zivilisierten Menschheit buchstäblich im Nacken sitzt, kann nur eine Kraft abschütteln, die an seiner Inthronisierung beteiligt war.

Fällig ist eine nicht-reaktionäre Kritik der Moderne, eine Umkehr nicht zu historischen Zuständen, sondern zu geschichtlichen Kräften. Bislang waren die Kritiker der neuesten Zeit eher konservativ, haben gegen das Verhängnis wirkliche oder vermeintliche »Wahrheiten von alters her« mobilisiert. Neuerdings wird vom

Standpunkt einer »Post-Moderne« aus kritisiert, eine Auflösung des restlichen Sinns von Geschichte (nach dem Motto: »Was fällt, muß man umstoßen«) betrieben und vorgeschlagen, statt der Zukunft die Büsche zu wählen, seitlich, mittels Traversen ... Beide Aussichten bzw. Herkünfte negieren die Geschichte, sei es ihren faktischen Verlauf seit dem Ende des Mittelalters, sei es den »transzendentalen Grund« ihrer Ermöglichung: das mysteriöse Phantasma des Körpers.

Es müßte aber gelingen, eine lineare Fortschrittskonzeption zu dekonstruieren, ohne damit jegliche Zukunft suspendiert zu haben. Ausschlaggebend dafür bleibt die Annahme der Reversibilität historischer Grundrichtungen. Nicht, daß sich die Linie zum Kreis wieder schließt, sondern daß die bewegliche Mitte eines körperlichen Mysteriums um so mehr Zukunft eröffnet, je mehr Vergangenheit präsent bleibt, ist der Leitstern solcher Rekonstruktionen.

IV

Die Kritik der Gewalt, die das Denken selbst darstellt, kann nur ein Denken sein: exakte Phantasie (Goethe). Daran muß – um die alten Rückfälle in rational bestimmte Irrationalismen zu vermeiden – erinnert werden. Die Kraft, auf die es geschichtlich ankommt, ist die Einbildungskraft, ein Vermögen, das Goethe nach den Maßen des menschlichen Körpers konstruiert sieht: eine konkrete Synthesis der Sinne, einerseits zur planmäßigen Aneignung einer mangelhaften Welt ebenso wie zur Verausgabung von Überschüssen determinierend, andererseits nur um den Preis des Versagens aus körperlicher Konkretheit in Raum und Zeit ablösbar. Erst unter der Bedingung, daß der Körper nicht verlassen wird, ist »exakte Phantasie« verläßlich. [6] Darüber hinaus jedoch mutiert sie zu jener vagen Phantastik, die mit der Macht kollaboriert und das Ende jeder Sinnlichkeit bedeutet. Nur unter der Bedingung kontingenter Körper also kann eine Desavouierung der herrscherlichen Vernunft dem Schatten der Macht entkommen und zur Selbstkritik vorstoßen. Allerdings ergeben sich zwangsläufig blinde Flecke, die es verhindern, daß die Geschichte der feindseligen Trennung von Körper und Geist vollständig sichtbar wird. Denn wie bei jeder theoretischen Rekonstruktion, die auch das Schicksal der Theorie betrifft, steht sich diese letztlich selbst im Wege.

Damit ist eine Kontingenz angegeben, die der Endlichkeit der Diskurse endlich Rechnung trägt und sie nicht länger – wie im Falle einer außerräumlichen und außerzeitlichen Vernunft – unterschlägt. Die exakte Phantasie ist mithin eine körperliche Einbildungskraft, die sich nur an bestimmten Orten und zu bestimmten Zeiten entfalten kann, physiognomisch bis ins Herz, vereidigt auf die Schriftzeichen, die der Körper darstellt, und immer auf der Spur der Korrespondenzen, die auch nach der Zerrissenheit noch lesbar sind. Die Einbildungskraft erweist sich in solcher Hinsicht als der reflexive Spiegel des Lebens selbst: an der Nahtstelle von Körper und Geist spielen jene Szenen, die als Folie aller Nach- und Vorahmungen für historische und biographische Dramen anzusehen sind. Im übrigen verfährt die Rekonstruktion wie eine Archäologie. Ihr Material sind die (stummen) Zeugnisse auf dem Wege des Verstummens des Körpers, jene denkbilderartigen Chiffren, die im Kontext der bekannten Geschichte rätselhaft blieben und in eine andere, noch wenig geübte Sprache übertragen werden müssen. Auch in diesem Konflikt zweier Lesarten wirkt die säkulare Spaltung nach, um die es hier geht.

Es geht um die Ambivalenz der Zivilisation, die in der ersten Lesart als planvolle Aneignung der Natur, als (geistige) Verallgemeinerung des (körperlich) Besonderen, in der zweiten Lesart als unaufhaltsame Abstraktion, als Formalisierung jeglichen Inhalts auftaucht. Von Hegel noch als das Konkret-Allgemeine gefaßt, hat sich das vollendete System der geistigen Vermittlung inzwischen als leerlaufende Bewegung herausgestellt, die – permanent sich wiederholend – ein geistlos Körperliches unter ein körperlos Geistiges subsumiert. (Die im Motto angegebene »Wahrheit« ist wegen solcher Verzerrungen längst inakzeptabel geworden.)

Dieser ambivalente Prozeß hat übrigens, da er per se eine Formalisierung bedeutet und gegen alle Inhalte (Gegenstände, Dinge, Körper) gleichgültig bleibt, bisher vor keiner Gesellschaftsformation haltgemacht. Und er wird sich mit einiger Wahrscheinlichkeit über die gesamte Welt ausdehnen, nicht zuletzt mittels derjenigen, die ihm entkommen wollen.

Um so wichtiger ist es also, seine Selbstverständlichkeit von innen her aufzubrechen, damit nicht weiterhin stategisch unzulängliche Widerstandsprojekte als »Stoff« für eine gierige »Einverleibung«, für den »Bauch des Systems« (Adorno) [7] dienen müssen.

Die Chancen für den Zusammenbruch dieses Geistes sind zur Zeit insofern günstig, als eine Grenze sichtbar wird, die nicht mehr produktiv genutzt werden kann. Diese Grenze ist der Körper in seiner Geistlosigkeit. Ob es sich um die Aneignung von Natur (Arbeit) oder um die Vergesellschaftung von Natur (Erziehung) handelt, das große Unternehmen der bürgerlichen Weltveränderung ist an der Brandmauer der Moderne angekommen. Wirtschaftskrisen und Lernkrisen, längst nicht mehr zyklisch, sondern konstitutionell, sind Symptome einer sich andeutenden Blockade ungeheuerlichen Ausmaßes, die keinen Sinn mehr hat und damit für den weiteren Fortschritt ausfällt. Schon schwinden auch die Sinne (solche des Körpers), die derartiges wahrnehmen könnten. Es scheint, daß der Körper in vorderster Front nun endgültig nicht mehr mitspielt, jedenfalls nicht nach den Spielregeln des Geistes.

Doch die Hoffnungen, die sich auf dieses Ereignis richten, sind ebenso ambivalent: während der Körper einerseits noch immer gegen eine auf Totalität drängende gesellschaftliche Vermittlung als ursprüngliche Quelle authentischer Erfahrung in Anspruch genommen wird, gilt er andererseits schon als »Ort für Fiktionen«, d. h. sowohl als ein Brennspiegel einer sich beschleunigenden Auflösung von aller Kultur wie auch als ein Medium künstlerischer Produktion von neuartigen, postmodernen Wirklichkeiten. Die Spannung reicht hier von der stummen Revolte in Krankheiten mit tödlichem Ausgang (Infarkt oder Krebs), über halbbewußte Körpertechniken der Arbeits- und Leistungsverweigerung und inszenierte Abschiede von den noch immer hochgehaltenen geistigen Werten, bis zum Versuch der Rückkehr in die Wildnis und zum gezielten Durchkreuzen der absoluten Kontrolle durch körperlich maskierte Formen des Widerstandes, für die sich bereits reflektierte Körper-Avantgarden ohne Gewissen gebildet haben.

In Anbetracht eines solchen Bestandes, der sich immer noch restlos umwälzt, muß mit der Möglichkeit gerechnet werden, daß die herkömmlichen Versuche der Rechenschaftslegung: also das »Stellen« von Schriften und das »Halten« von Reden über kurz oder lang obsolet ... und daß die Betroffenen ihren eigenen Körper dann wieder als Buch zum Vorzeigen benutzen werden. Nicht von Schreibtischen und Lehrstühlen aus scheint Veränderung hier möglich zu sein, sondern in einer Bewegung, die die Körper mitnimmt, sie in Mitleidenschaft zieht.

3. Arbeit und Angst.
Zur Unterscheidung von ökonomischer und symbolischer Vergesellschaftung

I

Das Verhältnis von »Ökonomie und Symbolik« markiert eine der offen gebliebenen Problematiken der sozialwissenschaftlichen Grundlagendebatte um »Marxismus und Psychoanalyse«. Es ist nach wie vor unentschieden, ob für die Gesetzmäßigkeiten der Prozesse, in denen die Menschen vergesellschaftet werden, *eine* Basis ausschlaggebend ist oder *zwei* Quellen berücksichtigt werden müssen. Die »Ökonomisten« behaupten die Einheitlichkeit der Logik der Vergesellschaftung, ohne die Heterogenität des Realen hinreichend zu erklären; die »Symbolisten« plädieren für eine logische Doppelstruktur, ohne das damit gegebene interne Beziehungsgefüge verständlich darzulegen. Eine Neuauflage der Problematik müßte versuchen, die Schwächen beider Seiten zu vermeiden.

Es war die Absicht von Marx, die Logik der Vergesellschaftung – entsprechend der Evolutionstheorie Darwins – »äußerlich«, als zweckrationale Folge eines vorausgesetzten Mangels zu begreifen. Die Not der Menschen, die Mittel ihrer Lebensfristung selbst produzieren zu müssen, soll alles weitere – bis zum »Überbau« von Religion, Kunst und Philosophie – konsequent nach sich ziehen. Bei der materialistischen Rekonstruktion dieser Naturgeschichte der Arbeit werden die Produktionsverhältnisse, die sozialen Beziehungen mit ihren historischen Diskontinuitäten zugunsten der kontinuierlichen Produktivkraftentwicklung vernachlässigt: statt um »Inhalte« des Sozialen und der Sozialisation geht es bei der Marxschen Kritik der politischen Ökonomie um Formbestimmungen.

Spätestens seit Freud ist es jedoch unzulässig, die »Innenansicht« der Vergesellschaftungsprozesse als selbstverständlich zu unterstellen. Die Beschäftigung mit den menschlichen Wünschen und Leidenschaften zeigt eine genuine, zunächst irreduzible Realität: die Erfahrung einer mit Tod und Sexualität zusammenhängenden Angst, die immer schon in symbolischen Kontexten gedeutet ist und von der Not der Lebensfristung nur »äußerlich« tangiert wird.

Das Gesellschaftliche unterliegt »inhaltlich« offenbar einer anderen Logik als die Arbeit mit ihrem ökonomischen Kalkül. Anders als Freud, der noch von Triebökonomie sprach, hat Bataille sie (nach Nietzsche) als Logik des Überflusses, der Verschwendung, des Zerfalls kenntlich gemacht. [1]

Verstärkt wurde diese Akzentuierung durch die strukturalistische Anthropologie, die zu dem Resultat kam, daß die in Totenkult und Heiratsregeln sich manifestierende Ordnung nicht auf den wirklichen Stoffwechsel mit der Natur, auf die Arbeit, sondern auf einen symbolischen Austausch zurückgeführt werden muß, der sich für die Sozialstruktur archaischer Gesellschaften mindestens ebenso wichtig ausnimmt wie die Notwendigkeit der Ökonomie. [2]

Gelegentlich wird sogar auf einem Überhang des Symbolischen insistiert, insofern z. B. die Anfänge des Werkzeuggebrauchs zweifellos kultisch seien (Feuerstab und Pflugschar als Darstellungsmittel der Hochzeit von Himmel und Erde) und keineswegs im Horizont der Zweckrationalität interpretiert werden könnten.

II

Die offene Frage, wie sich die beiden Logiken, die des Mangels und die der Verschwendung zueinander verhalten, vermag also keine einfache Antwort zu finden. Die simple Entgegensetzung in der Außen-Innen-Verschränkung verbietet sich ebenso wie der Rekurs auf die Form-Inhalt-Debatte. Die Problematik ist, wie sie sich stellt, schon mehrfach gebrochen: nicht allein das Verhältnis zwischen der Theorie der Arbeit von Marx und Freuds Psychoanalyse der Angst bzw. der strukturalen Anthropologie einer symbolischen Ordnung der Angstverarbeitung (Lévi-Strauss) [3] steht in Frage, sondern auch die je anders akzentuierten, mehr oder weniger reflektierten Traditionen des Verständnisses, in denen die Beziehung von Ökonomie und Symbolik überliefert wurde. Deshalb ist es adäquater, bei bereits vermittelten Positionen anzufangen.

Jürgen Habermas hat die Problematik von »Arbeit und Interaktion« [4] an Hegels früher Philosophie verdeutlicht: In Arbeit geht jene spezifische Weise der menschlichen Triebbefriedigung ein, die den Geist von Natur unterscheidet. Die unterbrochene Begierde läßt ein »listiges Bewußtsein« entstehen, das im »Werkzeug« zu einem Allgemeinen erhoben werden kann. Zwar zwingt der Umgang mit Natur die Menschen zur scheinbaren Unterwerfung. Das menschliche Subjekt macht sich jedoch nur deshalb zum Ding, damit es sich die Natur besser unterwerfen kann. Diese Instrumentalisierung, die eine Selbstinstrumentalisierung einschließt, gilt nicht für den Umgang mit anderen Menschen. Hier herrscht vielmehr der Kampf um Anerkennung: ein Erkennen, das sich im anderen um den Preis seines Untergangs gewinnt und erkennt, nach dem Gesetz des Opfers und der Liebe.

So ist Arbeit auf Gegenstände aus und Interaktion auf Gegenspieler. Die Technik unter Einschluß aller Strategien der Naturausbeutung ist von kommunikativer Praxis zu trennen. Eine instrumentelle Logik hat auf dem Gebiet des ethisch bestimmten sozialen Umgangs nichts verloren. Hegel sieht die Gesetzmäßigkeiten der Interaktion in der einfachen Sittlichkeit vorgebildet, in der die archaische Gesellschaft überlebt hat. In diese Ordnung aber kann sich umgekehrt die Arbeit nicht zwanglos einfügen. Deshalb plädiert Habermas für eine Unterscheidung von Arbeit und Interaktion und wirft Marx vor, er habe unter dem unspezifischen Titel einer »gesellschaftlichen Praxis« beides vermischt und dann der Logik der Instrumente unterworfen.

Edgar Morin [5] sieht einen anderen Grund für die Existenz der beiden Ordnungen als das Aufkommen der bürgerlichen und das Nachleben der archaischen Gesellschaft. Er unterscheidet schon für die Anthropogenese zwei unterschiedlich lange Phasen, die als mangel- bzw. verschwendungsorientiert charakterisiert werden können: in der über ungeheure Zeiträume sich erstreckenden Phase der Hominisation, die nach einem bereits komplexen Muster verschiedener Systeme (Genetik, Ökologie, Kultur, Gehirn) organisiert, doch im wesentlichen durch äußere Bedingungen angetrieben gewesen sei, habe vor etwa 100000 Jahren ein Einbruch – vermutlich durch einen genetischen Zerebralisierungsschub – stattgefunden, der von nun an dem hyperkomplexen Menschentyp eines »homo sapiens – homo demens« die Bahn der Evolution freimachte.

Im Blick hat Morin die durch Gräberfunde und Höhlenmalereien bezeugte Erfahrung des Todes und der Sexualität, die ein bis dahin »rationales«, in natürliche Umwelten eingepaßtes und auf soziale Stabilitäten angelegtes Verhalten buchstäblich zum Wahnsinn getrieben hat. Der Einbruch der Angst sei dann zwar durch Kulte, strenge Riten und stereotype Mythen, in eine vorläufige »symbolische Ordnung« eingefaßt worden, habe jedoch zyklisch immer wieder zu einer »dementen« Praxis des Rausches und der Zerstörung geführt. Es ist Morins These, daß solche Hyperkomplexität des Verhaltens im Verlauf der Evolution einerseits sehr erfolgreich war (also z. B. die anderen Menschenarten der Hominisationsphase hat ausrotten helfen), andererseits in alle menschlichen Handlungen, auch in die für die Lebensfristung notwendigen eingedrungen ist.

III

Die Befunde von Habermas und von Morin sind spiegelverkehrt: während Habermas die Überwältigung der gesellschaftlichen Praxis durch Techniken der Instrumentalisierung moniert, läßt Morin für die Zeit nach der »anthropologischen Kluft« Zweifel daran aufkommen, ob die Arbeit überhaupt einer eigenen Logik folgt und nicht vielmehr nur der Angstbeschwichtigung dient; während Habermas für eine der Quellen der menschlichen Sozialordnung die Gefahr der Vermauerung im harten Fundament der Naturausbeutung kommen sieht, ist Morin darüber besorgt, wie die Menschheit im permanenten Wechsel von konservierender Verhärtung und zerstörerischer Ekstase überhaupt zur Ruhe kommen soll. Die Auffassungen widersprechen sich nicht.

Denn durch die Einbeziehung einer dritten Perspektive lassen sich das Überhandnehmen von Zweckrationalität und die Unauslöschlichkeit »irrationaler Angst« als Momente einer einzigen Zeitstrecke der Evolution und des Zivilisationsprozesses deuten. Man muß dazu allerdings annehmen, daß sowohl die Ökonomie als auch die Symbolik der gesellschaftlichen Abstraktheit fähig sind und von ihr eingeholt werden können. Unter dieser Annahme erweist sich die formale Verallgemeinerung des Konkreten nicht als Wirkung einer Seite (so daß die symbolische Ordnung durch die Logik des Ökonomischen oder die lebendige Arbeit durch abstrakte Symbolisierungsprozesse verändert wird), sondern als Spur einer konsequent fortschreitenden Entzauberung der Wildnis, die selbst zum wilden Zauber wird.

Jean Joseph Goux hat die eine Seite dieser Prozedur, also die

Formalisierung aller Inhaltlichkeit mit Hilfe seines Konzeptes der Isomorphie oder Homologie der Entwicklungslogiken in den unterschiedlichen gesellschaftlichen Realitäten freigelegt. Dabei ist es ihm gelungen, die prinzipielle Gleichartigkeit der Abstraktionsschritte in Ökonomie, Politik, Sprache, Psyche verständlich zu machen, die lediglich aufgrund von Ungleichzeitigkeiten miteinander in Konflikt geraten können. Was Goux jedoch – wahrscheinlich fasziniert durch seine Entdeckung der Invarianzen: Gold, Phallus, Vater, Sprachzeichen, König – nicht berücksichtigt hat, ist die schleichende Abstraktion des Symbolisierungsprozesses selbst, der auf allen Spuren ins Leere führt und sich selbst als Ersatz für Inhalte anbietet. Damit ist jedoch die Zwangslogik des Archaischen bloß perpetuiert.

IV

In der Entgegensetzung von Arbeit und Interaktion, von Ökonomie und Symbolik verschwindet das Motiv, um das es in der Geschichte wirklich geht: die Befreiung von unbegriffenen Zwängen und seien es solche des Begriffs. Weder dem Stoffwechsel mit der Natur noch dem symbolischen Austausch der Geschlechter bzw. der Lebenden und der Toten haftet per se ein Zwang an: sie stehen miteinander in der langen Kette jener »Arbeit am Mythos« (Blumenberg), die auf die Schrecken des Ursprungs reagiert. Erst das planvolle Absehen von den Gesetzmäßigkeiten des Stoffwechsels und des Austausches, die Vereinseitigung der Lasten zugunsten aufgehäufter, zentralisierter Macht und der Mißbrauch der Äquivalenzen zum Schaden der Opfer haben dazu geführt, daß eine verblendende Schuld sich ansammelte, die selbst durch die erzwungenen maßlosen Vergeudungen von Lebenskraft in Kriegen und Katastrophen nicht mehr aufzuwiegen ist.

Die Arbeit hat zwar die Angst zersetzt, aber ebenso die Angst die Arbeit. Das ist der Stand der Dinge: einerseits stoßen alle »archäologischen« Rekonstruktionen einer der bürgerlichen Not und dem kapitalistischen Mangel vorausgehenden Menschheitsverfassung auf ritualisierte Verschwendungen, auf zwanghafte Opferhandlungen, auf magische Machtpraktiken usf., die es sehr unwahrscheinlich machen, daß der Sinn von Arbeit in einer Logik der Bedürfnisbefriedigung, formalisierender Organisation, Profitstreben, Mehrwertproduktion, reeller Subsumption der Arbeitskraft usf. aufgeht; andererseits steckt in der Magie, in den Opfern, in den ebenso verschwenderischen wie verzehrenden Riten schon jene abstrakte Symbolik, die in der Moderne dann spiegelbildlich kulminiert. Insofern sind die Ordnungen des Überflusses und der Knappheit nur unter einer Zusatzprämisse verschieden, deren Wegfall sie zu bloßen Stufen einer einzigen Logik der Abstraktion machen würde.

Diese Zusatzprämisse betrifft eine konkrete Realität, nämlich jene Fähigkeit zu Symbolbildung, die vom menschlichen Körper nicht ablösbar ist: die produktive Einbildungskraft. Im Unterschied zur alternativ-verfaßten Computer-Logik der Maschinen und anderer Symbolsysteme beruht sie immer auf drei und mehr Möglichkeiten, vor allen Dingen aber auf der lebendigen Zeit. Deshalb ist sie nicht identisch zu setzen mit der menschlichen Erkenntnisfähigkeit überhaupt, wie es viele Symboltheoretiker tun. [8] Erst durch die Wendung des Blicks aber auf die Produktivkraft der körperlichen Einbildung wird die verworrene Ausgangsproblematik klar: ökonomische und symbolische Vergesellschaftung fallen – für den Fall der vollendeten Abstraktion vom Körper – in eins und in sich zusammen.

In erster Linie bedeutet Abstraktion deshalb – wie Jean Baudrillard konstatiert hat [9] – das Übergewicht des Toten. Dieser aus Vergehen und Versagen der Menschen resultierende Widerspruch steckt in jeder Ökonomie und in jeder Symbolik – und nur deshalb auch im Verhältnis ihrer Ordnungen. Wenn also Vergesellschaftungsprozesse nicht der Perpetuierung des unfruchtbaren Todes dienen sollen, dann kommt es darauf an, die paradoxe Struktur zu berücksichtigen, die in ihnen von alters her sich bricht. Die vier anfangs genannten Denker: Darwin, Marx, Freud, Nietzsche waren auf der Spur, ohne je für sich der Gewalt gewachsen zu sein, die in der Entkörperlichung und Entmaterialisierung der Geschichte herrscht. Vielleicht aber muß man sie zusammennehmen und ihre Kräfte vereinigen, um einen Ausweg in die Zukunft zu finden.

4. Der Einzelne nach dem Ende des Individuums. Eugen Rosenstock-Huessys Argonautenzug ins dritte Jahrtausend

I

Der zweite Band der »Soziologie« von Eugen Rosenstock-Huessy [1], der unter dem Titel »Vollzahl der Zeiten« gesellschaftliche Mächte und Institutionen auf ihren jeweiligen Kalender hin befragt, beginnt mit einer Bestimmung des Zeitpunktes, die eine Provokation enthält: »*Unser* Zeitpunkt: *Nach* Darwin, Marx, Freud, Nietzsche.« Rosenstock nennt die vier Genannten die »Dysangelisten« einer Zukunftslosigkeit Europas und verspricht seinen Lesern einen Ausblick, der durch keinen der Vier entscheidend getrübt ist. Das ist insofern provokatorisch, als es in der Diskussion, wie sie in Universität und Öffentlichkeit vorkommt, keineswegs eine solche Aussicht gibt.

Denn die Diskussion um den Zeitpunkt, um das, was heute geschieht, bleibt – wo sie überhaupt geführt wird – völlig im Schatten der genannten Exponenten einer Seismographie der Moderne. Nirgends ergibt sich ein Hinweis, daß einer von ihnen überholt wäre. Im Gegenteil: Nach Marx und Freud, die ein Jahrzehnt lang das Leben an den Hochschulen unseres Landes ausgemacht haben, wird gegenwärtig aufs neue Friedrich Nietzsche buchstabiert. Auch Darwin scheint – in den angelsächsischen Ländern – wieder in Mode zu kommen. Doch dabei handelt es sich bereits um Höhepunkte; zumeist tendiert das geistige Klima in der Reflexion dessen, was ist, zu Stagnation und Resignation. Die Mehrheit verharrt weit *vor* Marx und Freud.

So ist z. B. der von Jürgen Habermas herausgegebene, breitangelegte Versuch, von links her »Stichworte zur ›Geistigen Situation der Zeit‹« (Band 1000 der edition suhrkamp) zusammenzubringen, in Anbetracht der Zukunft das Dokument einer Erschöpfung. Schon im Ansatz durch lauter Apostrophierungen und Ironisierungen eingeengt – »Die Zeitdiagnose ist kein Geschäft, das sich noch ungestraft intentione recta betreiben ließe« (Habermas) – kommen die einzelnen Beiträge bestenfalls zu jener Spannweite zurück, die sich vorübergehend zwischen Marx und Freud (wie angedeutet) ergeben hatte. Normalerweise haben sie aber die Form von Fluchtburgen, in denen sich Parteigänger der europäischen Aufklärung verschanzen. Auf der Außenmauer kann man Habermas' prägnanten Satz lesen: »Begriff und Würde der Moderne bestehen in ihrer unverkürzten Rationalität«. Da wäre Nietzsche, wenn er »intentione recta« gelesen, diskutiert und verstanden würde, schon eine Gefahr. Man hat den Eindruck, daß die Angst vor dem, was kommt – sei es die Regression in vorbürgerlich-agrarische Traditionen, sei es der Herausfall in eine post-moderne, subjektlose Anonymität – den Blick für das verstellt hat, was geschieht. Die Last der Vergangenheit, der überkommenen und selbstgemachten Konsequenzen, dieses eigenartige Verhängnis einer ehernen Gesetzmäßigkeit der Zeit, von dem auch Darwin, Marx, Freud, Nietzsche schon unentwegt geredet haben, scheint nun zu schwer geworden zu sein – für Einzelne.

Aber es muß – soll überhaupt noch Zukunft sein – von einem weiteren Kapitel jenes Prozesses berichtet werden, den die Menschheit der Moderne sich selbst macht: vom Ende des Individuums. So nämlich lautet seit einigen Jahren das geheime Stichwort all derer, die sich nicht mehr mit fertigem Wissen und gebahnten Methoden in der Wissenschaft abfinden wollen. Ob nun beklagt oder bejubelt, der Stich, der von dem Wort ausgeht, hat getroffen und ist momentan unverwindbar. Man kann darum herumreden, ihn verleugnen oder sich selbst totstellen, aber aus der Welt zu schaffen ist er nicht mehr.

Dabei ist soviel klar, daß dieses Ende des Individuums mit dem Tod Gottes (Nietzsche) und seinen außerordentlich einschneidenden Konsequenzen der Verzweiflung, der Desorientierung und der Verhärtung zusammenhängt. Jenes globale Experiment (das historisch mit dem Bürgertum verbunden ist), die Welt auf den Verstand zu gründen, die Herrschaft der Menschen auf Erden anstelle des toten Gottes zu übernehmen und eine schleichende Vergöttlichung des »Ich denke« zu betreiben, ist in seine kritische Phase eingetreten. Die rasende Beschleunigung im Vollzug scheint die geschichtlichen Bedingungen des Experimentes aufzulösen. Zunehmend spiegeln die Reste des Bewußtseins das Scheitern dieser fundamentalen Emanzipationsbewegung, die von den Schranken der Erde und den Grenzen des Himmels frei sein wollte – wenn auch nur undeutlich und so, daß sich kein einheitliches Bild mehr ergibt.

Dennoch läßt sich konstatieren, daß der allgemeine Zustand der Zukunftslosigkeit, d. h. des Verlustes aller Kriterien für die Bestimmung lebendiger Zeit, sich in der Selbsterfahrung Einzelner reflektiert: der Mensch als Individuum ist in der Zersetzung. Es ist die Zeit der Spaltungen, der nicht bestandenen Zerreißproben. Gerade an den Stellen, an denen der höchste Sinn investiert wurde, bricht zunehmend der Wahnsinn aus. Die unterstellte Einheitlichkeit des Menschen (und was heißt Individuum anders?) gibt es sowenig wie die Einheitlichkeit der Materie in ihren Elementen, wenigstens nicht als Naturtatsache.

So kommt es zu dem eigenartigen Verdacht: es könnte im Gegenlauf zur offiziellen Geschichte der Moderne eine andere passiert sein, die im wesentlichen verzehrend, verbrauchend, verwertend war, in der die Menschen etwas vollzogen haben, was sie weder wollten noch wußten, eine Art Selbstwiderlegung mit beinahe tödlichem Ausgang. So betrachtet, wäre das Individuum weder ein außergeschichtlicher Wert noch eine unverlierbare historische Errungenschaft, sondern ein Programm, genauer: eine programmatische Skizze, die faktisch eine andere Rolle gespielt hat als gedacht. So betrachtet erscheint der Inbegriff der Moderne als ein Deckmantel, unter dem aufgehäuftes menschliches Kapital in ebensolcher Weise verbraucht worden ist wie die Bodenschätze der Erde und die Reichtümer des Himmels.

Rückblickend würde das bedeuten, daß die vier Seismographen Darwin, Marx, Freud, Nietzsche – sensibel für alle Erschütterungen der Neuzeit – dieses Ende des Individuums mitbewirkt haben, obwohl sie sich bemühten, seiner Gestalt Ausdruck zu verleihen.

Alle vier haben – gegen ihre Absicht – etwas entdeckt, das in seiner Konsequenz der Hypertrophie des Individuums als Programm der Moderne Einhalt geboten hat: die Maßgeblichkeit einer nicht-individuellen Ordnung. Bei Darwin ist es die Gattung und ihre langzeitige Evolution, bei Marx die Gesellschaft und ihre eherne Dialektik, bei Freud das Unbewußte und seine zwingende Macht, bei Nietzsche das Leben und sein sinnloser Kreislauf. Aber es ist die Eigenart solcher Entdeckungen, daß sie die Entdecker nicht verschonen. Das Verhängnis, das in ihnen sich anzeigt, trifft auch jene, die es zur Sprache bringen, und überrollt mit unausweichlicher Konsequenz den konkreten Menschen wie das abstrakte Individuum. Deshalb hat Nietzsche gegen die »ewige Wiederkehr des Gleichen«, hat Freud gegen »Todestrieb und Wiederholungszwang«, hat Marx gegen die im Kapital aufgehäufte »tote, abstrakte Arbeit« und hat Darwin gegen den »Egoismus der Gene« schließlich keine Chance. Auch ihre Geschichts- und Zeitauffassung ist von diesem Gegenlauf tangiert.

Insofern ist die Bezeichnung »Dysangelisten« (»Unheilsverkünder«) zutreffend. Aber es geht darum, genauer zu wissen, was es mit dieser »Schuld« auf sich hat, mit diesem exzessiv-intensiven Zustand des Einzelnen nach dem Ende des Individuums: wer ist hier Ankläger, wer Angeklagter und wer hat den Mut zu richten? Der Prozeß ist im Gange, aber die Charaktere und die Kategorien verschwimmen. Es ist deshalb erforderlich, näher an das Geschehen heranzukommen.

Zuerst handelt es sich – eher am Rande – um den »äußeren« Zusammenhang, wie er sich bei einer nochmaligen Lektüre der einschlägigen Schriften [2] ergeben hat: *Marx*, neun Jahre jünger als *Darwin*, widmet ihm ein Exemplar seines »Kapital« und verständigt sich mit Engels über die von Darwin entworfene »naturhistorische Grundlage für unsere Arbeit«; beide begrüßen die damit vollzogene Zerstörung der »Teleologie« in der Evolution und wollen Darwin, der bereits berühmt war, für ihre politischen Pläne gewinnen; doch dieser hält sich – wie es seine Art war – zurück; er versteht sich exklusiv als Naturforscher. *Freud* weiß sich mit Darwin in der grundlegenden Perspektive auf die Notwendigkeiten der Naturgeschichte der Menschen einig und bekundet dies an mehreren Stellen seiner Schriften. Er kritisiert allerdings den Optimismus von Marx, dessen Hoffnung auf einen »dialektischen« Umschlag in der kommenden Geschichte er für dunklen Hegelianismus hält; er moniert auch die – wie er es nennt – »ökonomistische« Verengung in der Sicht der Kultur, zeigt sich jedoch gegenüber den sozialistisch-kommunistischen Versuchen einer Veränderung der Lebensverhältnisse der Menschen aufgeschlossen; von Nietzsche übernimmt er die Bezeichnung »Es« für die zweite Topik des Seelenlebens, rühmt auch immer wieder dessen psychologische Einsichten. *Nietzsche* endlich, seinerseits 12 Jahre älter als Freud, hält Darwins Annahme einer not-wendigen, stufenweisen Steigerung des Lebens für die Verallgemeinerung eines Sonderfalls – nicht die Notlage, sondern der Überfluß regiere das Leben –; er verkennt die Bedeutung von Marx, weil er die sozialen Unruhen der Zeit als Massenphänomene nur verächtlich zur Kenntnis nimmt, und als Freud am Ende des Jahrhunderts berühmt zu werden beginnt, dämmert er bereits in der Umnachtung seinem Tod entgegen.

Die Dürftigkeit derartiger Berührungspunkte in den Biographien fordert dazu heraus, nach einem anderen, »inneren« Zusammenhang zu suchen. Der Grund dafür, daß Eugen Rosenstock-Huessy die vier Namen in einem Atemzug nennt, ist folgender: jeder der Genannten setzt in der gleichen Weise – wenn auch mit unterschiedlicher Akzentuierung – die Bedingungen der menschlichen Wirklichkeit als Momente einer räumlich verstandenen, externen Logik der Zeit. Das Verhängnis, das lastet und das als erfahrene Not zum Anlaß für das Nachdenken wird, stellt sich bei ihnen zunehmend als ein Übergewicht des Todes über das Leben heraus. Wie ein Alp (der zumindest seit Marx auch begriffen wird) setzt sich die Vergangenheit über äußere Gesetzmäßigkeiten in langen Ketten bis in die Lebensverhältnisse der Menschen fort und verlangt deshalb »mechanische«, »anatomische«, »(psycho-)analytische«, »genealogische« Erkenntnismethoden. Zwar wird ein Durchschlagen der Wirkungsketten nach »Innen« nicht bestritten; das aber ist nicht Thema, interessiert bestenfalls prophylaktisch für irgendeine Philosophie der Zukunft; vielmehr entsprechen sich die jeweilige Geschichtskonstruktion bzw. Logik der Zeit und die Kritik der Religionen angesichts der Erfahrung: es gibt keine Offenbarung, die betrifft; die Stimmen der Götter sind verstummt; vom Alten und vom Neuen Bund ist keine Rede mehr; das Wort, das Fleisch geworden ist, kann nicht gehört, um wieviel weniger inkorporiert werden – jedenfalls nicht unter den herrschenden Bedingungen der toten, leeren, abstrakten Zeit.

Um kein Mißverständnis aufkommen zu lassen, muß man betonen: Darwin, Marx, Freud, Nietzsche sind außergewöhnlich »redliche« Denker. Von ihrer Sache durchdrungen, haben sie weder sich selber noch anderen etwas vormachen wollen. Insofern stehen sie beispielhaft für eine ganze Epoche, für deren Möglichkeiten und Unmöglichkeiten. Gleichwohl lassen sich an ihrem Leben und Denken Strukturen aufweisen, die aus einer anderen Zeit stammen und denen sie in ihrem Denken und Leben nicht gewachsen waren. Es kann nicht darum gehen, ihnen Erkenntnisfehler oder mangelnden Mut vorzuwerfen (was nach Nietzsche dasselbe wäre). Es ist nur auffallend, wie sie genau das für wahr halten, an dem sie im geheimen verzweifelt sind. Beim Versuch, den Stand des eingangs angedeuteten Prozesses zu ermitteln, ist nun eine weitere Beschäftigung mit Einzelheiten unvermeidlich. Deshalb sei die Aufmerksamkeit den Akzentuierungen des Verhängnisses im Detail gewidmet, auch wenn nur Abkürzungen unsagbar subtiler Gedankengänge zustandekommen können.

a. Darwin und die langen Zeiten der Evolution.

Nur in der Erscheinung ist die Natur ein schönes Spiel, in ihrem Wesen herrscht grausame Gesetzmäßigkeit. Es gibt einen Überschuß an Nachkommen und die Endlichkeit des Lebensraumes. Von daher stammt die Bedingung: in einem Kampf ums Dasein können nur diejenigen Exemplare überleben, die aufgrund ihrer erblichen Variabilität am besten an die bestehende Umwelt angepaßt sind. Der Sinn solch »natürlicher Zuchtwahl« (Selektion) besteht allerdings im Überleben der Tüchtigsten, was eine »Verbesserung« der Substanz der Gattung und eine »Steigerung« des Artenreichtums bedeutet. Diese Entwicklung vom Niederen zum Höheren, vom Einfachen zum Komplizierten, verläuft in einer Richtung, die sich immer erst nachträglich als adäquat herausstellen kann. Insofern gibt es keinen »vorherigen Sinn« der gestuften Evolution, keinen »Schöpfungsplan«, sondern nur den »Zufallstreffer« im Kontext notwendiger Wettbewerbe ums Überleben. (Erst später werden diese Zufallstreffer als »Mutationen« bezeichnet.) »Schöpfung« – falls dergleichen noch so genannt werden soll – ist somit ein Geschehen in Permanenz und keineswegs abgeschlossen. Die entscheidende Annahme, die das Verständnis der großen Differenzen in den Erscheinungen des Lebens ermöglicht, ist die »Vorstellung von der Länge der Zeitläufte« (Leben gibt es nach neuesten Schätzungen seit etwa drei Milliarden Jahren, die Erde selbst hat wahrscheinlich ein Alter von ca. 4,5 Milliarden Jahren!). Durch diese Unterstellung einer ins Unvorstellbare ausgedehnten Zeit erhält die Evolutionstheorie ihre Plausibilität und damit ihre totale Geltung. Nichts nämlich ist ausgenommen von der grausamen Gesetzmäßigkeit des »Profits«, auch nicht der menschliche Geist, der – wie es neuerdings heißt – wie alles Lebendige dem »Opportunismus« entstammt. [3]

Die ihm vorausgesetzte Logik, auf die er sich allerdings unter

Umständen zurückbeziehen kann (wie Darwins farbenblinder Geist, der aus Fakten Theorien herausmahlt), hat eine äußere Konsistenz im Realen und steht und fällt mit der mathematisch-geometrisch konstruierten Zeit.

b. Marx und die Notwendigkeit der gesellschaftlichen Abstraktion.

Gesellschaft ist ein von außen veranlaßter Prozeß, der über verschiedene Stufen – vom Mangel der Lebensfristung bis zum Reichtum der Bedürfnisse und Fähigkeiten – einer nachvollziehbaren Gesetzmäßigkeit folgt. Von den feudalen (antediluvianischen) Zuständen der persönlichen Abhängigkeitsverhältnisse geht es durch die bürgerliche Gesellschaftsformation, die eine weitgehend persönliche Unabhängigkeit aufgrund sachlicher Abhängigkeit erreicht, zu einer freien Assoziation von Individuen, die sich die gesellschaftliche Produktion untergeordnet haben. Vom dritten Zustand, der erst im vollendeten Kommunismus erreicht sein wird, kann man wenig wissen, um so mehr aber von der zweiten Stufe, auf der die gegeneinander gleichgültigen Individuen ihren sozialen Zusammenhang versachlichen und als »fremdes Ding« (Geld, Kapital, Wert) mit einer Scheinexistenz außerhalb ihres bornierten Lebens versehen müssen. Das Kapital ist ein gesellschaftliches Verhältnis, das im wesentlichen als Konglomerat von Abstraktionen existiert und wie ein toter Gott wirkt – wie ein *toter* Gott, weil es außermenschliche und menschliche Natur verzehrt, verbraucht, verwertet ... wie ein toter *Gott*, weil es produktiv ist und in einem notwendigen Durchgang durch die äußerste Entfremdung der Menschen von der Natur die Voraussetzung seiner Abschaffung schafft. Die Menschen werden als bedürftige Naturwesen im zwanghaften Prozeß ihres Zusammenschlusses aufgelöst (über Austausch, Markt, Lohnarbeit), um jenseits dieses geschichtlichen Fluches als der wahre Zweck der Geschichte und als wirkliche Gesellschaftswesen wieder aufzutauchen. Ihre Vereinzelung, die nur in Gesellschaft möglich ist, hat den Sinn einer rücksichtslosen Verallgemeinerung des Abstrakten. Das Kapital verwandelt Naturidolatrie in Weltgeschichte, schafft aber auf dem Weg dahin die Schranken, die seine Überwindung erlauben. Medium dieser Überwindung ist die Entwicklung der Produktivkräfte, d.h. die Technik im weitesten Sinne, die große Maschinerie mit einer entsprechenden Wissenschaft. Erst damit wird die Möglichkeit zur toten, abstrakten Arbeit erreicht, erst damit, d. h. auf der Basis der schrankenlosen Entfesselung der Produktivkräfte ergibt sich die Äquivalenz dieser Arbeit zu einer toten, abstrakten Zeit; und nur im Kampf des Proletariats um das Zeitminimum wird das Kapital wie eine überholte Form abgehäutet. Alle Ökonomie ist schließlich Ökonomie der Zeit, in der der Pseudozweck der bisherigen Geschichte dem wirklichen Zweck, dem gesellschaftlichen Individuum Platz macht.

c. Freud und der faule Kompromiß der Kultur.

Die Hilflosigkeit des Menschenkindes und die unzulänglichen kulturellen Möglichkeiten seiner Integration ergeben das Spannungsgefüge, das aufzulösen bzw. fruchtbar werden zu lassen mit dem Fortschritt der Kultur immer schwieriger wird. Der einzelne Mensch ist weder spontan arbeitslustig noch hat er die Kraft, allein zu sein; und in beiderlei Hinsicht bestehen Anforderungen, die ihn zu Kompromissen zwingen, welche nicht von Dauer sind. Kultur ist Zwang zur Arbeit und fordert für den sozialen Umgang Triebverzicht; die nachwachsenden Generationen aber leiden unter der Form dieses Allgemeinen, das doch zur Überwindung der Not und des Leids geschaffen wurde. Das einzige Ereignis, das zu einem gewissen Fortschritt der Seele geführt hat, ist die Verinnerlichung äußeren Zwanges. Doch entkommt auch die »Über-Ich«-Bildung, die der Unterstützung des Ich beim Austarieren der widersprüchlichen Anforderungen von »Es« und »Außenwelt« dienen sollte, nicht dem faulen Kompromiß der Kultur. Gerade in der Moderne werden zunehmend die Fähigkeiten bzw. Tendenzen gesteigert, die am wenigsten zur Überwindung der Schwierigkeiten der Moderne taugen. Das ergibt einen Teufelskreis, in dem alle Anstrengungen die Ausgangslage der Not verstärken statt verringern. Psychoanalyse ist der Versuch, diesen Teufelskreis zu sprengen, die verbleibende Zeit bis zum völligen Verschluß der Falle zu nutzen und Vernunft zu induzieren, einerseits zur Erkenntnis der Lage, andererseits zur Ablösung der untauglichen Mechanismen der Kultur. Eine Form des kulturellen Kompromisses, die als überholt durchschaut werden muß, ist die Religion. Im Gegensatz zu ihrem Glücksversprechen, das auf die angeborene Kindlichkeit des Menschen bezogen ist, hat sie faktisch nur moralischen Zwang zu bieten. Der illusionäre Schleier, der solchen Zwang verdeckt, oder umdeutet, wird durch das »sacrificium intellectus«, durch das Opfer der Vernunft gesichert, weshalb – bei aller Skepsis, ob die »kultivierte« Menschheit eine Zukunft habe – die einzige Hoffnung in der Entschränkung des menschlichen Geistes, im schrankenlosen Gebrauch der Vernunft besteht. Nur so kann der obsolete faule Kompromiß der Kultur durch einen jeweils nötigen, notwendigen Kompromiß ersetzt werden.

d. Nietzsche und die Wiederkehr des Kreislaufs der Zeit.

Es sind Zweifel anzumelden am Sinn, auch am nachträglichen Sinn der Evolution, der auf ein Ziel hingerichteten, linearen Geschichte der Menschheit. Also offensichtlich ist das individuelle Bewußtsein, das Ich-Sagen-Können der Menschen, das mit jedem Steigerungsprozeß korrespondiert, ein Oberflächenphänomen und ein spätes, prekäres Resultat dubioser Techniken. Die Historie seiner Entstehung, die »Genealogie des Individuums« zeigt, daß säkulare Strafprozesse mit normierender, normalisierender Tendenz, von der vorgeschichtlichen Mnemotechnik aus dem grausamen Fundus der Religionen bis zur Induzierung des »schlechten Gewissens« und der lebensfeindlichen christlichen Moral, daran beteiligt waren. Das als »ganze Persönlichkeit« gesetzte, selbstverantwortliche und zurechnungsfähige Individuum mit persönlichem Gottesverhältnis – dieser heiligste Wert einer mehrtausendjährigen Zivilisation – ist das Artefakt einer lebensfeindlichen Strategie, die von parasitären Hinterwäldlern erdacht, mit Hilfe von großangelegten Betrugsmanövern begonnen und zum Zwecke gesteigerter Macht bis zum endgültigen Nihilismus in einem verheerenden Rachefeldzug gegen das Leben durchgesetzt wurde. Ist ein solcher Verdacht auf die radikale Verlogenheit der Geschichte einmal gefaßt, kann er nicht mehr abgeschüttelt werden. Er mobilisiert vielmehr alle Kräfte, auch und gerade jene, mit denen das Individuum in seiner Genealogie »begabt« wurde: den Scharfsinn, die Verachtung, den Haß, die Kraft zu Täuschen ... Vor allem aber entsetzt er den Sinn der geltenden menschlichen Ordnung und kommt bei seiner »Rück«-Verleumdung der verleumdeten Welt zu der Annahme eines »Lebens«, das durch Maßlosigkeit, Wahnsinn und absurde Verschwendung charakterisiert werden kann und (wenn überhaupt einem Gesetz, dann) der ewigen »Wiederkehr des Gleichen«, dem vor-christlichen Kreislauf der Zeit unterliegt. Der unerhörten Herausforderung, die in der Liaison von Selektionstheorie und christlichem Kreuz liegt, können die »freien Geister« (Nietzsche) nur begegnen, indem sie in der Umwertung der Werte auch noch die letzten Reste eines Fortschritts in der Zeit vernichten. Schließlich geht es um die Beendigung des unentwegten Suchens nach Sinn, um die Suspendierung des Unterschiedes von Ernst und Spiel und um die Ausrottung eines Bedürfnisses nach Heilsgeschichte.

III

Im Einzelnen auf derartige Provokationen des Verhängnisses der Moderne zu antworten, muß anderen Prozeßberichterstattern überlassen werden. Die einzige Möglichkeit der Intervention, die hier wahrgenommen werden kann, ist der Rekurs auf die »lebendige« Zeit, in der Darwin, Marx, Freud, Nietzsche sich geäußert haben. Alle vier Dysangelisten nehmen sie in Anspruch, sprechen jedoch nicht davon. Deshalb ist es nicht möglich, Darwin evolutionstheoretisch, Marx ökonomiekritisch, Freud psychoanalytisch und Nietzsche genealogisch hinreichend zu verstehen. Die äußere Logik der Ereignisse (Darwins »lange Zeiten«, Marx' »Zeitminimum«, Freuds »schwindende Zeit«, Nietzsches »ewige Wiederkehr der Zeit«) ist nicht flexibel gegen diejenigen, die sie zu erkennen versuchen. Dadurch entsteht eine Lücke, in der weitere Fragen möglich sind.

Die Reduktion des »Komplizierten« auf ein »Einfaches«, des »Hohen« auf ein »Niedriges«, des »Inneren« auf ein »Äußeres« – wie sie vierfach vorgeführt wurde – deckt die Tatsache der reduzierenden Erkenntnis selbst nicht ab. Schon ihre innere Beziehung aufeinander folgt einer anderen Richtung als »Vereinfachungen« und »Begründungen« sie einhalten: in seltsam umgekehrter Reihenfolge haben die »Vier« die jeweilige Basis des Anderen bestritten. Nietzsches Ehrgeiz ging dahin, Philosophie auf Psychologie zurückzuführen; Freud suchte lebenslänglich nach einer physiologischen Grundlage der Psychologie; Marx hat durchweg propagiert, daß Physiologie letztlich durch Ökonomie bedingt sei;

und Darwin sah Ökonomien evolutionstheoretisch begründet. Das seltsame daran ist, daß immer der Nachkommende dem Vorgänger eine »fixe« Erkenntnisvoraussetzung noch präsentierte, die dieser schon aufgelöst hatte. Genau der Umstand jedoch, daß die angenommenen »Fixpunkte« wissenschaftlicher Problematiken unter anderen Fragestellungen flüssig sind oder werden, erzeugt die Schwindeleffekte in der seismographischen Reflexion der Neuzeit. So lag es durchaus in der Konsequenz der Gedanken von Darwin, Marx, Freud, Nietzsche, daß deren Dynamiken die zunächst festgehaltenen Absichten einer Emanzipation des Individuums von Erde und Himmel fortschreitend liquidiert und auch mit Blick auf die korrespondierende Zeitauffassung einen gegenteiligen Effekt erzielt haben...

(Nach Nietzsche denkt z. B. Foucault, nach Freud Lacan, nach Marx Althusser, nach Darwin Monod usf.) Das bedeutet, daß die Denker, die gegenwärtig am entschiedensten die Irrelevanz des Individuums behaupten und dabei sind, den eingangs erwähnten Geheimcode gegen die Selbstverständlichkeit der modernen Geschichtskonstruktion zu veröffentlichen, sich direkt auf unsere vier »Dysangelisten« berufen können. Das bedeutet ferner, daß es auch nach dem Ende des Individuums verschiedene Zeiten gibt: solche, in denen die zukunftslose Anonymität der aufgelösten Momente des Ich wie »tausend verlorene Ereignisse wimmeln« (so Foucault) [4] und solche, in denen von der Mitte der Zeit her ihre Vollzahl sich ergeben und der Einzelne beim Namen gerufen werden kann (so Rosenstock-Huessy). [5]

Wie diese beiden Zeitarten zueinander stehen ist gegenwärtig noch nicht klar. Auf jeden Fall liegt darin das Offenbar-Geheime der produktiven Einbildungskraft (als »Schoß der Zeiten«), wie es Rosenstock-Huessy mit dem »Kreuz der Wirklichkeit«, seinen zwei Achsen und seinen vier Richtungen beschreibt, das eine Verschränkung von Außen und Innen, von Rückwärts und Vorwärts als Signum menschlichen Lebens abbildet. *Nach* Nietzsche, *nach* Freud, *nach* Marx, *nach* Darwin trifft die Unterscheidung des Christlichen (die Rosenstock-Huessy selbst während vieler Jahrzehnte vorgenommen hat), nämlich die Trennung von »toter« und »lebendiger« Zeit, nicht mehr zu. Die Post-Moderne läßt sich bis jetzt weder als neues Heidentum noch als des Christen Zukunft identifizieren. Eher wäre es nötig, der Bewegung der

Auflösung, in der die sogenannte Ich-Identität hängt, durch ihre weite Ambivalenz hindurch zu folgen. Rosenstock-Huessys »Kaironomie«, d. h. seine Lehre von den Hoch-Zeiten des menschlichen Lebens, warnt vor Verfrühung (und Verspätungen). Es scheint, daß zum Verhängnis des toten Gottes in der Geschichte auch die Ent-nennung der Menschen gehört; weshalb es manchmal wichtiger sein kann, »entnannt zu bleiben, als benannt zu werden«.

IV

Gegen Ende des zweiten Bandes seiner »Soziologie«, nach mehr als tausend Seiten Denkweg durch die »Übermacht der Räume« in die »Vollzahl der Zeiten«, hat Eugen Rosenstock-Huessy dafür plädiert, die Akademik als Besatzung der Hochschulen abzulösen und durch eine »Argonautik« zu ersetzen, die für die Zukunft des Menschengeschlechtes das zu leisten imstande wäre, was die antiken Argonauten (Jason mit allen bekannten Helden Griechenlands) für die gemeinsame Vergangenheit zustandegebracht haben: die Menschheit als eine zu erfahren.

Der hohe Stellenwert, der damit einer möglichen Universitätsbesatzung eingeräumt wird, verblüfft angesichts Rosenstocks Vorbehalten gegenüber der Schule, der Hochschule, überhaupt dem Griechentum. Denn immerhin bestünde die Aufgabe der zukünftigen Argonautik in nichts Geringerem als in der Renovierung der vier Antiken: erstens der Hochschule der Genies, zweitens des Volkes, drittens des Reiches und viertens des Stammes, um so die Lebendigkeit des vorhomerischen Menschen wieder zu ermöglichen. Ohne die Differenzen zwischen den – historisch einander ablösenden – gesellschaftlichen Mächten einzuebnen, wäre es um der Zukunft willen erforderlich, die tiefste Vergangenheit zu erreichen. Nur Menschen, die der »Weisheit der Höhlen« fähig sind und bleiben, können den schwierigen Weg in das dritte Jahrtausend bahnen. Eine solche Äquivalenz: je mehr Vergangenheit, desto mehr Zukunft, liegt nach Rosenstock-Huessys Einsicht in der Menschwerdung Christi als der »Mitte der Zeiten«.

Noch in einer anderen Richtung überrascht das Plädoyer für eine argonautische Hochschule, an der wieder von *einem* Menschengeschlecht die Rede sein kann. Die mittlere Schaffensperiode Rosenstocks, auch noch die Arbeit an der »Soziologie«, ist gekennzeichnet von einer Abgrenzung, die fast schon wie ein Riß zwischen Kontinenten sich auswirkt: von der strengen Unterscheidung zwischen Christentum und Heidentum, für das ihm die alten und die neuen Griechen stehen: Historiker, Theologen, Philosophen ... Durch die Ausfahrt der Argonauten wird aber – Rosenstock-Huessy zufolge – das Griechentum rehabilitiert und die für die christliche Heilsgeschichte verhängnisvolle Konsequenz des Parmenides, des Platon und des Aristoteles aufgefangen. Hellas ist durch seine argonautisch nach rückwärts verlagerten Ursprünge mit Israel »gleichzeitig« geworden und hat von daher ein anderes Vermächtnis zu hinterlassen, als die Tradition der Scholastik und Akademik verraten, nämlich die wagemutige Bereitschaft, sich auf eine ungewisse Zukunft einzustellen, und die Fähigkeit, eine doppelte Herkunft aus Stämmen (Achaier) und aus Reichen (Phönizier, Ägypter) für das Leben produktiv zu machen.

Damit ist der Streit um »begriffliche Aussage« oder »ergriffene Prophetie«, um »Logos« oder »Pathos«, um die »Reinheit« oder »Unreinheit« der Erkenntnis, den Eugen Rosenstock über Jahrzehnte ausgefochten hat, zwar nicht zu Ende, doch in Anbetracht der gemeinsamen Zukunft unwichtig geworden. Die Frage, ob das »Kreuz der Wirklichkeit« (Rosenstocks »Paradigma« der vierfältigen Erfahrung des Menschen, daß der Glaube, der Berge versetzen kann, mit der zeitgebärenden Phantasie identisch ist) auch das Achsenkreuz der seefahrenden Geometer meint oder mit Strenge auf das Kreuz von Golgota beschränkt bleibt, ist für den erforderlichen Argonautenzug ins dritte Jahrtausend nicht mehr entscheidend. Vielmehr kommt es nun darauf an, mit den ältesten Wahrheiten die aktuellsten Probleme zu lösen – oder für den Zeitpunkt *nach* Darwin, Marx, Freud, Nietzsche die Vollzahl der Zeiten in Anspruch zu nehmen: die renovierten Antiken *und* die christliche Zeitrechnung.

Die blendende Aufklärung

5. Romantik in Marburg. Über einen Versuch, kein Subjekt sein zu wollen

»Die Kunst ist nie mehr als ein Grabmal der Liebe gewesen ...«
(Clemens Brentano, Marburg 1801)

I

»Die berühmte Universitätsstadt Marburg findet man exakt im Herzen Deutschlands, ein paar Kilometer nur von den großen Nord-Süd-Autobahnen entfernt. Hoch über die Lahn ansteigend, liegt sie inmitten von riesigen Wäldern, behäbigen Dörfern und klaren Bächen: Das Bergland um Marburg ist noch heute so urtümlich, daß man glauben möchte, die Zeit, da die Brüder Grimm hier ihre Märchen sammelten, sei eben erst vorüber.

Marburg ist eine Stadt voller Leben. Mit swingenden Boutiquen in alten Fachwerkhäusern, mit Galerien, Antiquitätenläden zum Stöbern und Entdecken, mit Gaststätten, in denen man die Spezialitäten der Welt wählen kann.

Verwinkelte Straßen mit wechselnden Perspektiven, alte Brunnen und kleine Gärtchen, Treppen und plötzlich sich öffnende Fernblicke, Tafeln an den Häusern, die auf die prominenten Bewohner früherer Zeiten, wie die Brüder Grimm, die Brentanos oder Jung-Stilling hinweisen, fallen dem Spaziergänger auf.« [1]

Es gibt keinen größeren Gegensatz – schreibt Clemens Brentano in seiner Marburger Zeit – als den zwischen Ökonomie und Poesie. In Anbetracht des Zitates dürfte sich seitdem einiges geändert haben. Daß sich heutzutage eine Werbung für Immobilien poetisch geben kann, muß auf eine grundlegende Veränderung der Ökonomie zurückgehen. Den Romantikern trat das Ökonomische noch als ein borniertes Nützlichkeitsdenken gegenüber. In seiner Beschränktheit auf das Brauchbare bot es genug Anlaß zum Widerspruch und zum Widerstand – was gerade die Marburger Romantiker intensiv und extensiv praktiziert haben. Aber die Borniertheit der Ökonomie hat inzwischen aufgehört. Sie vagabundiert, der Phantasie gleich, durch alle Räume und Zeiten. Sie hat sich soweit geöffnet, daß dem Anschein nach nichts mehr ihren anonymen Absichten der

Ver-Wertung entkommt, auch nicht die Romantik, die ihrem Selbstverständnis nach eine radikale Auflehnung gegen den philisterhaften bürgerlichen Standpunkt des Äquivalenzdenkens und -handelns war.

Angesichts einer solchen Veränderung, in der eine einzige Welt-Ordnung, eine einzige »Logik« sich anschickt, jeden möglichen Gegensatz in sich zu verzehren, kann ein Versuch, theoretisch oder praktisch an ein »Anderes« zu erinnern, in die Gefahr kommen, zur Ausdehnung desjenigen Systems beizutragen, das denkend und handelnd begrenzt werden soll. Dieses Dilemma hat etwas mit der Verfassung der modernen Seelenlandschaft zu tun, in der alles flächig gerät, wie auf der Leinwand oder der Mattscheibe. Ohne die Dimension der Tiefe aber kann man nicht mehr genau unterscheiden. Deshalb ist es notwendig zu bohren, zu graben und zu schürfen, und zwar an bestimmten Orten und zu bestimmten Zeiten. Ich konzentriere mich bei meinem Versuch, eine für die maßlos expandierende Ökonomie möglicherweise inkommensurable Realität zu beschreiben, auf die Stadt Marburg in den Jahren 1801–1806. In mehreren Schritten möchte ich verdeutlichen, daß in der hochgespannten Entdeckung der Innerlichkeit zehn Jahre nach der französischen Revolution (die Ähnlichkeit mit gegenwärtigen Ereignissen ist gewiß *nicht* rein zufällig) eine Absage an alle Vergesellschaftung mit instrumentalisierender Absicht vorgekommen ist, die schon von den Zeitgenossen mißverstanden, verdrängt, instinktiv bekämpft und selbst von denen, die sie formulierten, nicht recht begriffen wurde. Clemens Brentano z. B., der zentral beteiligt war, hat in seinem späteren Leben dieser Absage wiederum eine Absage erteilt.

Es geht, kurz gefaßt, um das artikulierte Ereignis, *nicht wollen zu können;* womit gleichzeitig bestritten ist, daß einer unter allen Umständen ein Subjekt sein muß mit dem Anspruch der Herrschaft über das Gegebene und sich selbst, eine identifizierbare, »ganze«, für Gedanken, Worte und Werke verantwortliche »Persönlichkeit«, welche die Ordnung der Gesellschaft wenigstens ansatzweise in sich selbst nachbildet und so durch Erziehung und Sozialisation fortschreitend in die Lage kommt, Selbstkontrolle bis ins Herz zu üben.

Heutzutage, wo jeder, der leben möchte, die bittere Einsicht Stück für Stück vollziehen muß, daß die bekannten Muster von

Widerstand und Widerspruch gegen das System systematisch entzogen werden, daß der sogenannte eigene Wille längst vom allgemeinen Willen enteignet ist, kann die Tragweite jener radikalen Absage vielleicht eher ermessen werden. Für mich besteht jedenfalls kein Zweifel, daß die Falle, in der die *eine* Logik der Vergesellschaftung die Menschen fängt und hält, in jener abstrakten Subjektivität der Moderne besteht, die von einem Privileg zu einer allgemeinen Norm aufgebläht wurde. Gerade die in Freiheit und Gleichheit eröffnete Selbständigkeit des Bürgers, die faktisch in einer schlechten Wirklichkeit permanent negiert wird, hat sich, wo sie bejaht und erstrebt wird, als das Einfallstor der Zwänge und Enteignungsmechanismen der Objektivität erwiesen, die schließlich keine Wahl mehr lassen. Das meiste von dem, was gegenwärtig Emanzipation heißt, geht in Richtung solcher Abstraktion vom Leben und endet in der fungiblen Isolation einer bloß vorgestellten Realität, also gleichsam im Abstellraum der Geschichte.

So gäbe es mit dem Abstand und der Erfahrung von 175 Jahren ein paar Gründe mehr, das, was schon die Romantik selbst als »krankhaft« bezeichnete: den Un-Willen, sich als Subjekt ernst zu nehmen, völlig anders zu beschreiben und zu interpretieren. Eine grabende »Archäologie« romantischer Subjektivität hat es mit Schwierigkeiten zu tun, die alle auf die vermeintliche Bekanntheit des »Romantischen« zurückzuführen sind. Jeder glaubt zu wissen, was es mit den ins Wort gefaßten Gefühlen auf sich hat: Naturschwärmerei, ekstatische Freundschaften, überwältigende Liebeserfahrungen scheinen zum vertrauten Arsenal der »Innerlichkeit« zu gehören. Und doch muß man berücksichtigen: daß dieser bestimmte Zusammenhang von Gefühl und Wort damals erst erfunden worden ist und daß heute Konturen einer Seelenlandschaft vorhanden sind, in denen jene romantische »Innerlichkeit« längst aufgehört hat wichtig zu sein.

Diese Geschichtlichkeit des Subjektiven, die gerade erst deutlich wird, legt die Frage nahe, wie es im einzelnen war, als es begann. In Beschreibung und Interpretation von Details will ich verdeutlichen, daß andere unvermutete, vielleicht sehr aktuelle Formen menschlichen Selbstverständnisses beteiligt waren, die im Allgemein-Werden der romantischen Bewegung untergegangen oder verdrängt worden sind. Bei der Verdeutlichung wäre nach Art eines Vexierbildes zu verfahren: auszugehen ist von der gewohnten Sicht, aber durch eine leise Übertreibung der Grundlinien oder durch eine winzige Ver-rückung des Blicks schlägt das Ganze um.

Meine Hypothese lautet: *Romantik in Marburg war ein Ereignis von überregionaler Bedeutung,* bei dem wie in einem Hohlspiegel eine bestimmte Gestalt menschlicher Subjektivität, die heute eine hochgradige Selbstverständlichkeit besitzt, umstritten war. Es geht um das Ereignis der massiven Kritik am bürgerlichen Persönlichkeitsideal des »ganzen« Menschen, der gründlich ausgebildet, ordentlich in Zucht genommen, lebenslang maßvoll gehalten ist und für all seine Handlungen verantwortlich gemacht werden kann ... und das Ereignis des Verstummens und Verschwindens solcher Kritik. In der ohnehin gedrängten, fast hektischen Zeit eines inneren Aufbruchs um die Jahrhundertwende, als Napoleon siegte und das alte Reich zerfiel, stand in der kleinen Stadt Marburg (im deutlichen Unterschied zur Frühromantik Jenas und zur ausgebildeten Spätromantik Heidelbergs) schon einmal nichts Geringeres auf dem Spiel als die Maßgeblichkeit der bürgerlichen Norm des Menschlichen. Es war wie ein kurzes Feuer, aber es war ...

II

Daß Städte romantisch betrachtet werden, ist erst in der späteren Romantik möglich gewesen. Vorher war das Wort »romantisch« eher auf Landschaften, Gebirge und bizarre Umgegenden bezogen. Als Wilhelm von Humboldt als reisiger Student 1788 in Marburg war, notiert er in sein Tagebuch:

»Die Stadt selbst finde ich leicht als die häßlichste und unangenehmste, die man sich denken kann. Die Häuser alt und häßlich. Die Straßen unrein, eng, krumm und so bergig, daß man an einigen Orten, wo es zu steil ist, Stufen angebracht hat; die Beleuchtung äußerst schlecht; die Stuben niedrig, schief und uneben.«

In einer Widmung, die er seinem Lehrer Friedrich Carl von Savigny zum 50. Doktorjubiläum darbrachte, hat Jacob Grimm, wahrlich kein Phantast, sich selbst auf Marburg bezogen und innerhalb weniger Jahre, nicht ganz eines Jahrzehnts, hat sich diese Ansicht einer häßlichen, schmutzigen Stadt völlig verloren.

»Das erste Bild fällt in irgend einen Sommertag des Jahres 1803. Zu Marburg muß man seine Beine rühren und Treppe auf, Treppe ab steigen. Aus einem kleinen Haus in der Barfüßerstraße führte mich durch ein schmales Gäßchen und den Wendelstieg eines alten Turms der tägliche Weg auf den Kirchhof, von dem sich über die Dächer und Blütenbäume sehnsüchtig in die Weite schaut, da war gut auf und ab wandeln, dann stieg man an der Mauerwand wieder in eine höherliegende Gasse vorwärts zum Forsthof, wo Professor Weis noch weiter hinauf wohnte. Zwischen dessen Bereich und dem Hofthor unten, mitten an der Treppe, klebte wie ein Nest ein Nebenhaus, in dem Sie [also Savigny]* Ihr heiteres, sorgenfreies und der Wissenschaft gewidmetes Leben lebten. Ein Diener, Namens Bake, öffnete und man trat in ein nicht großes Zimmer, von dem eine Thür in ein noch kleineres Gemach mit Sopha führte. Hell und sonnig waren die Räume, weiß getüncht die Wände, tännen die Dielen, die Fenster gaben ins Gießer Thal, auf Wiesen, Lahn und Gebirge duftige Aussicht, die sich zauberhafter Wirkung näherte, in den Fensterecken hingegen eingerahmte Kupferstiche von J. G. Wille und Bause, an denen ich mich nicht satt sehen konnte, so freute mich deren scharfe und zarte Sauberkeit. Doch noch viel größeren Reiz für mich hatten die im Zimmer aufstrebenden Schränke und in ihnen aufgestellte Bücher, deren ich bisher außer Schulbüchern und des Vaters Hinterlassenschaft nur wenige kannte.«

Es ist auffallend häufig von der Sauberkeit die Rede und das eben zwölf Jahre nachdem ein Anderer, der auch genau beobachten kann, den Schmutz der Stadt konstatierte.

In einem Brief, den Brentano an seine Schwester Bettine schrieb, also etwa 1801, geht es dann noch aufgeregter zu:

»Ach wo ist's in der Welt wieder so schön, als hier in diesem Frühling hoch in den Lüften zu schweben, dem Himmel so nah, daß jedes der sechs Fenster meiner Stube eine prächtige Landschaft unter Rahmen und Glas bringt. Nur das Große der Stadt berührt mich; die Türme sehen mir in die Fenster, und die Stadtuhren sind meine Wanduhren, ich kann nichts tun als an dich denken, dein Bild hinhalten. Der Frühling flieht von meilenweiten Bergen über die grünen Felder und den sanften Strom, und die klingenden, singenden, schwingenden Wälder her zu mir; [ich erinnere an die ›swingenden Boutiquen‹] und bringt Blumendüfte, Farben und Klänge mit, all herein zu den sechs Fenstern, und da halte ich dein Bild in die Mitte, daß es der Reichtum der Jugend umwalle. Wenn ich dir sagen soll, wie es hier ist, wahrhaftig ganz anders als beim de Gabrielli, der Sonn und Mond, Wald

* Zusätze in eckigen Klammern zu den Zitaten stammen von mir, D. K.

und Thal und Ferne und Sturm auf ölgetränktem Papier uns so deutlich vormalte und wir uns beide freuten so herzlich darüber. [Er vergleicht die Ansicht mit einem Bilde.] ... Das Haus, mitten in den Berg gebaut, aus allen Stockwerken in den Garten, selbst aus dem Keller. Wenige Schritte oben das prächtige Schloß und Eichen und alles. O ich möchte noch einmal närrisch werden, da ich's einmal bin [also zweimal närrisch]. Daneben steht am Garten ein hoher alter Turm, da lassen wir nun eine Treppe hinaufführen, ich bin schon mit einer Leiter hinaufgestiegen; oben wird ein Zelt aufgeschlagen, und da hängt man wie ein Luftschiffer über Berg und Thal. Die Vögel philosophieren in den Lüften, die Frösche weissagen in den Teichen und ich versuche ihnen nachzusingen und zu quaken, derweile sie ihre Studia absolvieren.«

Christian Brentano, ein Bruder des Clemens und der Bettine, lebte in einer total verwilderten Wohnung in Marburg, hatte sich eine große Menagerie von Tieren angeschafft. Von ihm sagt die Bettine, »der Christian, der auf der grünen Burg den ganzen Tag im Gras liegt und Flöte bläst, und die Leute sagen, die ganze Gegend wäre wie verzaubert von diesen Flötenvariationen, er spielt ›mich fliehen alle Freuden‹, und wenn er aufhört zu blasen, so spitzen sie die Ohren ... dann hören sie die Stille«. Sie selbst, Bettine Brentano, kam etwas später als Clemens, nämlich erst 1805 im Winter zu Savigny nach Marburg und hat von hier aus einen ausgedehnten Briefwechsel mit der Günderrode. Für sie notiert sie:

»...Ich wohnte einen ganzen Winter am Berg, dicht hinter dem alten Schloß, der Garten war mit der Festungsmauer umgeben, aus den Fenstern hatte ich eine weite Aussicht über die Stadt und das reich bebaute Hessenland; überall ragten die gotischen Türme aus den Schneedecken hervor; aus meinem Schlafzimmer ging ich in den Berggarten, ich kletterte über die Festungsmauer und stieg durch die verödeten Gärten; – wo sich die Pförtchen nicht aufzwingen ließen, da brach ich durch die Hecken, – da saß ich auf der Steintreppe, die Sonne schmolz den Schnee zu meinen Füßen, ich suchte die Moose und trug sie mitsamt der angefrorenen Erde nach Haus; – so hatt ich an dreißig bis vierzig Moosarten gesammelt, die alle in meiner kalten Schlafkammer in irdenen Schüsselchen auf Eis gelegt, mein Bett umblühten;...

So verging ein Teil des Winters; ich war in einer sehr glücklichen Geistesverfassung, andere würden sie Überspannung nennen, aber mir war sie eigen. An der Festungsmauer, die den großen Garten umgab, war eine Turmwarte, eine zerbrochene Leiter stand darin; –«

Von solcher Über-Spannung zurück zu den Kleinstadt-Verhältnissen; in der Tat war die Universität damals klein: es gab 164 Studenten. Im Jahre 1803 fand ein Skandal statt; die Bürger beklagten sich bitter über »die mangelnde Celebrität der Professoren«. In einem Schreiben an den Prorektor ist festgehalten, daß ... »die Philippina neben manchen berühmten Schriftstellern auch solche Dozenten aufweise, von denen seit 5–20 Jahren nichts außer etwa einem Programm bei der Prorektoratsübergabe oder gar nur die Dissertation literarisch bekannt geworden sei«. Daß der Sohn des Bürgermeisters relegiert werden mußte (wegen groben Unfugs), schrieben die Bürger dem pädagogischen Versagen der Professoren zu. Aber es war nicht viel los damals in Marburg, was die Universität betrifft. »Es herrschte eine ungesunde Luft in den engen Gassen der Bergstadt«, wie die Chronik festhält. Im Jahre 1786 war die Kantische Philosophie verboten worden; die Professoren hatten sich in einer Stellungnahme tapfer gewehrt; gleichwohl oder deswegen wurde eine »Surveillance-Kommission« zur Überwachung der Staatstreue von Staatsdienern eingesetzt. Also lauter Vorkommnisse, die auch heute nicht unbekannt sind.

Und plötzlich, seltsam getrennt von den Vorgängen in Universität und Stadt, waren dann die Romantiker da, durchweg junge Leute, Anfang 20 (auch Savigny war nicht älter als 23 in dieser Zeit), lauter hochsensible Seelen, die in gegenseitiger Resonanz eine – wie mir scheint – neue, unverwechselbare »Musik des Sozialen« hervorgebracht haben. Im Mittelpunkt stand Savigny, ein eigentlich un-romantischer, aber sehr verständiger und für die Probleme der um ihn herum Irrenden jederzeit bereiter und standfester Mann, der es von früher Jugend an liebte, über sich selbst zu schweigen – eine Eigenschaft, die, jedenfalls in der Romantik, selten zu finden war. Er war als Student 1795 nach Marburg gekommen, wurde 1803 außerordentlicher Professor der Rechte und hat in seinem Haus am Forsthof – von dem schon die Rede war – den Raum geboten, in denen sich die Vettern Creuzer (bald auch Professoren), die Geschwister Brentano (außer Clemens, Bettina und Christian waren noch die Schwestern Meline und Gunda – die spätere Frau Savignys – da) und schließlich die Brüder Grimm als Schüler Savignys mit weiteren Freunden und Bekannten einfinden und begegnen konnten.

Die Atmosphäre dieser Begegnungen, aktuell stilisiert und im nachhinein in den Lebenserinnerungen der Beteiligten verklärt, blieb in gewisser Hinsicht ambivalent: einerseits eine unerhörte Spannung, ein Aufbruch, eine Offenheit für die Welt und die Geschichte, wie sie bis dahin in solcher Konzentration kaum je vorkam, andererseits eine klare politische Abstinenz (wenn man von der »Hochschulpolitik« absieht), eine Vernarrtheit in das Alte und die zunehmende Unfähigkeit für die Gegenwart, statt der sozialen Fragen solche der Natur und die immer wiederkehrende »Schwierigkeit zu sein«, an der alle – trotz des verrückten Glücks, manchmal – partizipierten. Eine derartige Ambivalenz durchzieht auch die Versuche, sich im Leben zurechtzufinden und auf einer einigermaßen geraden Bahn zu halten. Sie gaben sich außerordentliche Mühe, den Sinn der Traditionen gegen seine aktuellen Verfälschungen zu übernehmen, orientierten sich an den innerlich begriffenen Prozessen des Wachsens, Blühens, Reifens und Verwesens, sprachen gar von den »Offenbarungen« der Natur, wie die Günderrode, im Gegensatz zu den sprachlos gewordenen Ritualen der bestehenden Religionen. Andererseits vermieden sie das lautgewordene Maschinenwesen der großen Städte, obwohl die Zudringlichkeit der großen Zahl, der Massenhaftigkeit des modernen Lebens mit äußerster Wachheit registriert wurde. Ihre Gegenwehr dagegen zeigt Züge der Hilflosigkeit. Gegen die aufkommende Sinnlosigkeit und Herzensleere – Rahel Levin, eine Zeitgenossin, spricht von der Gesellschaft als von der »unendlichen Tiefe der Leere« – werden Erfindungen und Fiktionen gestellt. Eine Mythisierung der Lebensläufe grassierte, die das Spinnwebennetz der Einbildungen zum sichersten Grund des Lebens machte. Die genannte »Schwierigkeit zu sein« äußerte sich täglich in einer völligen Erschöpfung durch das bloße un-produktive Verausgaben von Lebenskraft. Die Disharmonie der Erfahrung wurde zwar noch gelegentlich – ästhetisch – harmonisiert, doch bewegten sie sich meistens auf des Messers Schneide (wenn es nicht gelang, durch den sicheren Weg der wissenschaftlichen Tätigkeit zu entkommen). Sie lebten, wie Goethe das formulierte, dauernd »auf der Kippe«.

Um einen genauen Eindruck zu geben, gehe ich die einzelnen Jahre, auf die es ankommt, im einzelnen durch:

Clemens Brentano zieht im Januar 1801 nach Marburg; sein Roman »Godwi« (1. Teil) erscheint, ein verwilderter Roman, wie er ihn nennt, von Maria (das ist einer seiner Vornamen); (der 2. Teil wird gegen Jahresende fertig, mit Ach und Krach); er beginnt nach dem Tode seiner geliebten Schwester Sophie den Briefwechsel mit Bettine, die sieben Jahre jünger ist und der ihn vier Jahre intensiven Briefschreibens beschäftigt. Im April macht er mit Savigny eine Rheinreise, geht danach nach Göttingen als Student und trifft dort zum erstenmal Achim von Arnim. Im August kehrt er nach Marburg zurück, setzt die Arbeit an einem von Goethe ausgeschriebenen »Intrigenstück« fort; später sendet er dieses Stück, es heißt »Ponce de Léon«, ein, aber Goethe schickt es nach einiger Zeit kommentarlos zurück. Sophie Mereau wird von einem Gericht, dem Herder vorsteht, geschieden. Novalis stirbt in diesem Jahr. Wilhelm Heinse, den Brentano sehr verehrt, liest in Frankfurt der Susette Gontard (der Diotima Hölderlins) den Roman Godwi vor.

Anfang diesen Jahres 1802 macht Clemens Brentano mit Johann Wilhelm Ritter, einem genialischen Physiker, den er aus Jena kennt, eine längere Reise. Von diesem Ritter stammt das Motto: »Unsere Aufgabe ist, erste Menschen zu sein«. Im Mai/Juni findet die später berühmt gewordene Rheinreise von Brentano und Arnim statt, welche die Rhein-Romantik begründet. Die Susette Gontard stirbt in Frankfurt an Röteln. Zwischen Clemens Brentano und Sophie Mereau, die die Frau eines Professors in Jena ist, kommt es zu einer tiefen Verstimmung, in dessen Zusammenhang Clemens einen ausgedehnten Briefwechsel mit Savigny beginnt, aus dem ich weiter unten einige Stellen zitieren möchte. Jacob Grimm immatrikuliert sich an der Philipps-Universität; sein Bruder Wilhelm kommt später; die Erlaubnis, dies zu tun, mußte zunächst beim obersten Landesherrn erstritten werden. Brentano, der sehr viel und gerne reist, hält sich am Jahresende in Düsseldorf auf, in Galerien und Theatern, schreibt von dorther an Savigny spannende Briefe. Christian Brentano, der Bruder, schaltet sich in den Zwist zwischen der Mereau und Clemens Brentano ein, schreibt einen Brief und stellt die Verbindung wieder her.

Brentano ist nach Marburg zurückgekehrt. Er erhält zu Beginn des Jahres 1803 einen Brief von Sophie Mereau, in dem sie ihm ein Bildnis seiner Mutter zurückgibt. Dieser Brief ist Ausgangspunkt zu einem der ungewöhnlichsten Briefwechsel der deutschen Literatur. Am 13. 5. wird Savigny Professor. Brentano besucht Sophie Mereau in Weimar und überredet sie, nach Marburg zu kommen. Nachdem Savigny es abgelehnt hat, die beiden – gar unverheiratet

– bei sich wohnen zu lassen, mietet Brentano in der Reitgasse, wenige Schritte von hier* entfernt, eine Wohnung. In einem Brief heißt es: »In Marburg wollen wir hausen, eine leichte und lose Ehe, eine feste, unauflösliche Liebe«. Am 29. 11. – vor 3 Tagen also jährte sich dieser Termin zum 175. Male – werden laut Eintragung im Kirchenbuch der Marburger Pfarrkirche »Herr Clemens Brentano aus Frankfurt am Maine, privatisierender Gelehrter und Frau Professorin Mereau aus Jena ... copuliert«. So hieß das damals. Die Trauung vollzieht Leonhard Creuzer, ein Vetter Friedrich Creuzers, der als Geliebter der Günderrode und als Verfasser einer »Symbolik der alten Welt« bekannt geworden ist. In ihrer gemeinsamen Wohnung in der Reitgasse haben die Frischvermählten die Brüder Grimm oft zu Gast, die an Brentanos Sammlungen alter Bücher, Stiche und Gemälde großes Interesse zeigten. Irgendwann schenkt Brentano Savigny einen Dürer.

Savigny begibt sich im März 1804 auf eine Europa-Reise. Im April wird Friedrich Creuzer (der erste der Marburger) als Professor an die neugegründete Heidelberger Universität berufen. Savigny heiratet am 17. 4. Gunda Brentano (gegen den Willen des Clemens, der als »pontifex minimus«, wie er sich nannte, die Bettine für seinen etwas jüngeren Freund vorgesehen hatte. Überhaupt liebte er es, Verbindungen zu stiften). Der im Mai geborene Sohn der Sophie Mereau: Joachim Ariel Tyll stirbt bald. Joachim ist der Name Achim von Arnims, der auch die Patenschaft übernimmt.

Nach dem Erscheinen ihres ersten Gedichtbandes »Gedichte und Phantasien« von Tian – einem Pseudonym – beginnt Brentano einen intensiven Briefwechsel mit Karoline von Günderrode.

Am 8. 7. verläßt Clemens mit Frau Sophie und deren Tochter aus der Ehe mit Mereau Marburg und geht über Frankfurt nach Heidelberg, um beim Aufbau der dortigen Universität zu helfen. (Ein Brief des Clemens an Savigny ist adressiert »Monsieur le baron de Savigny au projet de faire une université«.)

Am Jahresende reist Brentano, zum ersten Mal sich von seiner Frau trennend, zu Arnim nach Berlin. Im Jahre 1805 wird dem Ehepaar Brentano eine Tochter geboren, die wiederum sehr bald stirbt, und zwar an Scharlach. Im September wird die von Arnim

* Dem Text liegt ein Vortrag zugrunde, der am 1. 12. 1978 im Marburger Café Vetter gehalten wurde.

und Brentano besorgte Sammlung alter Volkslieder, die unter dem Titel »Des Knaben Wunderhorn« berühmt geworden ist, fertig. Die Bettine Brentano zieht von Frankfurt nach Marburg in den Forsthof und beginnt in ihren Briefen das Bild Marburgs festzuhalten, das ich eingangs umrissen habe.

Savigny verläßt im April 1806 Marburg endgültig. Görres, ein Brieffreund von Brentano, wird als erster Germanist nach Heidelberg berufen. Am 26. 7. begeht die Günderrode Selbstmord, nachdem Friedrich Creuzer, in den sie sich sterblich verliebt hatte, eine Trennung von seiner Frau, der wesentlich älteren Witwe eines Professors aus Marburg, abgelehnt hatte. Auf ihrem Grabstein, heute noch zu sehen am Rande des Friedhofs in Winkel, steht eine Inschrift, die Herder einer Übersetzung aus dem Indischen nachgedichtet hat und die eine eigenartige Souveränität des Sterbens zeigt.

»Erde, du meine Mutter, und du mein Ernährer, der Lufthauch, Heiliges Feuer, mir Freund und du, o Bruder, der Bergstrom und mein Vater, der Äther, ich sage euch allen mit Ehrfurcht freundlichen Dank; mit euch habe ich hienieden gelebet, und gehe zur anderen Welt, euch gern verlassend, leb wohl denn, Bruder und Freund, Vater und Mutter, lebt wohl.«

Als letzte verläßt Bettine im Mai Marburg. Hölderlin, von Clemens Brentano und Bettine verehrt (in ihren Briefen ist das nachzulesen), verkriecht sich in seinen Wahnsinn. Am 31. 10. stirbt Sophie Mereau bei der Geburt ihres dritten Kindes. Clemens schreibt an Savigny in München:

»Mein Weib ist tot, sie liegt mit dem neugeborenen Kinde unter der Erde. Ich kenne mich nicht mehr in der Welt, wenn ich laut jammere, so höre ich, daß ich lebe, und erschrecke vor mir selbst. Fröhlich, glücklich und gesund war mein Weib, wir gingen aufs Schloß Abends um 5 Uhr, wo der elende Gatterer die schönen Bäume fällen ließ, die Sophie aus unserem Fenster so gerne ansah. Sie bat um unsere geliebteste Linde, die Stricke zogen, der Baum fiel, mit Tränen des Unmuts gingen wir herab. Die Sonne ging herrlich unter, Sophie sah froh hinein, sie sagte, ›ich sehe so in die Sonne, ich will ein herrlich Kind gebären ...‹«

Wenige Stunden später sind Mutter und Tochter tot. Brentano, verzweifelt und tobend, wird von Görres nach Frankfurt gebracht.

III

Um nach dem flüchtigen Durchgang durch die entscheidenden Jahre ein tieferes Verständnis dessen vorzubereiten, was oben als Unwille, ein Subjekt zu sein, apostrophiert wurde, muß ich ein wenig zurückgreifen. Ich ziehe den Briefwechsel zwischen Brentano und Savigny heran, und zwar aus der Zeit nach den ersten Mißverständnissen zwischen der vielbewunderten Professorengattin in Jena und dem genialisch bis toll sich gebärdenden jungen Studenten. Savigny wußte, daß Brentano es liebte, sich in Gesellschaft »paradox« zu verhalten, d. h. wie aus heiterem Himmel seinen Sarkasmus über das auszubreiten, was man heute gesellschaftlichen bzw. wissenschaftlichen Konsens nennt. Savigny schreibt:

»Sie haben mir keine Seite unseres vielseitigen Gegenstandes (ich meine Sie) genannt, ich nehme also die nächste, nämlich die Außenseite und zwar die Paradoxie derselben. Warum ich gegen diese auftrete? nicht wegen der allgemeinen Menschenliebe, auch nicht wegen der zeitlichen Vorteile, die man davon hat, wenn man sich gut produciert, sondern aus zwei Gründen. Erstens: die eigentliche Atmosphäre des inneren Menschen, sein wahres Gas oxygéne, ist die Gesellschaft (ich nehme hier das Wort im besten Sinn), und diese wird durch jene Paradoxie fast immer in der Geburt erstickt.... Zweitens: die äußere Erscheinung des Menschen läßt sich auch betrachten als Kunstwerk, das blos um sein selbst willen da ist. Ihr ganzes Wesen hat viel Weiblichkeit, und Ihre Erscheinung müßte (völlig ausgebildet) blos schön seyn – und gerade der Schönheit widerspricht nichts mehr als jene Paradoxie. Deswegen kann sie auch nicht in Ihrer Natur liegen, sondern muß Ihnen angethan seyn, und eben deswegen mögte ich sie Ihnen abthun. Sie müßten sehr liebenswürdig seyn, wenn Sie wollten, und ich begreife nicht, wie man das nicht wollen kann, außer unter Affen oder Nachteulen, und das waren diese Menschen nicht... Indem ich meinen Brief überlese, finde ich noch einen Zusatz, um eine mögliche Antwort auf meine Invectiven gegen die Paradoxie abzuschneiden, Sie könnten nämlich so antworten: Paradoxie ist das Gegengift gegen die abscheuliche Toleranz, durch welche man die verschiedensten Menschen und Gesinnungen als mit sich übereinstimmend annimmt und sich dabey beruhigt, blos weil man zu schwach ist oder zu träge, um sich in eine fremde Individualität hinein zu denken. Bey dieser Toleranz geht freylich Wahrheit verloren und Mittheilung und alles: aber wer wird den Geiz vertheidigen aus bloßem Haß gegen die Verschwendung? Das Rechte liegt ausser beiden, und wenn es schon im allgemeinen schwer zu bestimmen ist, so ist doch jede Abweichung von ihm an ihren Früchten leicht zu erkennen.«

Brentano antwortet:

»... Ich wollte Ihnen Ihren Brief recht künstlich widerlegen, wie, das weiß ich nicht, denn ich könnte es gewiß auf ein Dutzend Arten, und das ist eines meiner größten Unglücke, daß ich alles auf so vielerlei Arten kann, daß ich fast verrückt dabei werden könnte, und zwar auf vielerlei Arten. – Sie haben sich vielerlei Einwürfe, die ich Ihnen machen könnte in Ihren Briefen gleich selbst gemacht und provisorisch beantwortet, aber gar keinen getroffen; denn ich kann Ihnen keinen machen, es ist so, alles, alles, wie Sie sagten, und ich danke innig für das Ganze. Aber einem einzigen möchte ich helfen, Einem nur, das das Wichtigste ist, das mich verzehrt, zerreißt und wahrhaft elend macht. Wie soll ich kalt werden, wie soll ich ein Element finden, in dem ich mich ruhig in voller Bewußtlosigkeit mit allen Kräften wie in einer homogenen Natur bewege, wie soll ich die ewige Einsamkeit der Welt bevölkern, wie soll ich die Wenigen festhalten, die mich stundenlang betrachten, aus Curiosität, und von denen ich immer glaube, sie kämen zu bleiben, die aber immer mit ihrer Geschichte und ihren wenigen Epochen fortlaufen, wie soll ich die Tränen stillen, die mir in die Augen kommen, wenn ich schöne Natur sehe, wie soll ich ohne Schmerzen leben können, wie soll ich sein, den fast keiner liebt, der alles liebt, der sich selbst in der Brust erdrückt, weil er keinen andern umarmen kann, und seine Macht immer in seine Ausübung und aus dieser wieder in seine Macht, in einem ewig toten unwirksamen Kreis zurückkehren sieht, der zu schnell tätig ist, daß mehr als die schlichte Linie sich in ihm rundet, ohne daß je die Geschäftigkeit eine Blume in ihm bilden könnte?...« [Schließlich kommt er noch einmal auf die Paradoxie zurück] »... Habe ich noch viel Zeit mit der Paradoxie umzuspringen? – Ist der Kranz am Leichenwagen einer aufgeklärten toten Jungfrau eine Paradoxie? Ist sie paradox, weil sie nicht aus dem Sarge aufstehen kann, den Kranz den Gänsen vorzuwerfen? dies sind meine einzigen Einwürfe. Geben Sie mir Freunde, Liebe, einen Wert, und ich werde aufstehen und diesen ein schönes Leben geben! Nur eins – ich kann nichts in der Ferne brauchen, mein Geist ist der sinnlichste. Antworten Sie bald!«

Savigny weicht in seiner Antwort aus. Er weiß sich auf diese Art der Fragen und Äußerungen nicht zu beziehen. Clemens faßt nach und schreibt:

»... Habe ich Sie mit meinem letzten Briefe beleidigt? – o, so denken Sie, er wäre eine Lüge und ich doch ein achtungswerter Mensch ... Wir sind sehr verschiedener Meinung. Sie glauben, Ihr Hingeben an die Wissenschaft, Ihr Interesse an allen den Sachen, an allen den Palisaden, Spanischen Reutern, Schanzkörben und Armaturen des Bürgers gegen den Menschen, die Sie

Jurisprudenz nennen, sei ein hohes Interesse, das ich nicht fassen kann... So ist es nicht, ich fühle das alles, aber tief unten, ich fühle es unter meinen Füßen. Sie verschlingen unter der Erde den ganzen Wald mit seinen Wurzeln, ein künstliches Geflechte, daß alles durcheinander wachse und nie ein Baum, nur immer ein Wald zertrümmert werden müßte, wenn der Sturm haust und die Flamme. O, ich fühle es in meinen Wurzeln, daß solche unterirdischen Weber neben mir stehen; denn ich habe viel zu tun, daß sie mich nicht miteinknüpfen.

Gebet die Liebe frei und es gibt kein Streben des einzelnen mehr, keine Arbeit des einzelnen, und wahrlich, ich will an ihren Fesseln nagen, bis ich sterbe. Alle Wissenschaft ist Unwissenheit im System.

Fluch dieser Arbeit den Pöbel zu erhalten, während die Göttlichen zu Grunde gehen. Sieh, so starb meine Sophie [gemeint ist die Schwester], sie ist erdrückt von der Gesellschaft, so welkt die Mereau einen lebenden Tod.«

Die von Brentano beschworene Innerlichkeit liegt in der Tiefe und ist nach Art der Natur strukturiert. Das ist nicht nur metaphorisch gemeint, sondern als nicht-individuelle Realität eines Vegetationsprozesses, der das menschliche Leben wie das der äußeren Natur einschließt. Freundschaft und Liebe können als die zwei Arten gelten, wie die Menschen Anschluß finden an dieses große nicht auf den Menschen beschränkte Leben.

Die Souveränität, mit der Brentano sich in diesem Leben – während seiner Marburger Zeit – bewegte, ist verblüffend. Er wußte Dinge, die er nicht wissen konnte (wie seine Frau einmal formulierte). Es muß für ihn (und für andere) einen direkten Zugang zu jenem Wissen, noch oder wieder, gegeben haben, das von der europäischen, neuzeitlichen Vernunft gerade erst ausgeschlossen worden war. Der Vegetationsprozeß, den ich nannte, könnte vielleicht als »transzendentale Einbildungskraft« (Kant) vor dem Untergang ins Unbewußte bezeichnet werden, als jene »Wiederkehr Asiens im europäischen Menschen«, die Denis de Rougemont in der Romantik sieht. [3]

Dem bis zum Äußersten konträr sind die Mechanismen der Macht, damals noch als externe Bedrohung empfunden, die die bürgerliche Gesellschaft zur Aufrichtung ihrer Herrschaft inszeniert. Klarsichtig sieht Brentano voraus, daß die in Gesellschaft und Wissenschaft stattfindenden Abstraktionsprozesse, in denen »Arbeit« als Austausch mit der Natur in einer rücksichtslosen

Bewältigung der Welt sich ausbreitet, über kurz oder lang ganz neuartige Menschenopfer fordern werden. Der einzige und letzte Halt ist für ihn – tausendmal hat ers ausgesprochen – ein die Menschen in ihrer Einsamkeit radikal verwandelndes »Zusammengehören«. Der Andere, der nächste Mensch, wird zum Garanten des Lebenkönnens.

Auch hier überrascht die klarsichtige Entschiedenheit: im Unterschied zur gesellschaftlich geforderten Isolation eines verstümmelten Individuums hält Brentano (wie andere Romantiker) an der reichen Androgynen-Natur des Menschen fest, an der Uneindeutigkeit des Geschlechts sowohl als auch daran, daß ein Mensch mindestens zwei Menschen ist, daß der Dualis älter ist als der Singular.

Der Kampf gegen die gesellschaftliche Forderung ein Subjekt sein zu müssen, ist also für die Romantiker nur zu bestehen, wenn er in einem »heiligen« Zusammenhang ausgefochten wird. Darin liegt die unendliche Bedeutung, die Brentano seiner Liebe und Ehe beimißt.

In dem Brief vom 9. September 1803 an Sophie Mereau schreibt er:

»... und das mußt Du mir hervorbringen, ich sehne mich, mit einem liebevollen romantischen Weib einen poetischen Bund zu schließen und mitten in dem wirklichen prosaischen Leben eine freie poetische Lebensart anzufangen, ganz in der Stille, so daß die Neugierde uns nicht stört, ... Oft denke ich mit großer Betrübnis daran, ja, ich möchte sagen, es ist, was mich so niederdrückt, so mutlos macht, daß ich nichts erfinden, nichts ausführen mag, kein andres Gefühl, als die Empfindung, in einer leeren, langweiligen Zeit, sich selbst parforce in Gedichte auflösen zu müssen, um den undankbaren Laien ihre Feiertage zu dekorieren, die es einem nicht einmal Dank wissen, und darum sehne ich mich so sehr nach Dir, um mit Dir dem Glauben an alles Gewöhnliche, Prosaische abzuschwören, und ohne Rücksicht auf Kritik, auf Forderung der Zeit zu dichten, was mir einfällt. Du wirst dann so gütig sein, mir das Zeug unter Deinem Namen drucken zu lassen, denn sobald ich glücklich bin durch Dich, so habe ich keine Begierde mehr, einen Namen zu haben, und was Dein ist, soll mein sein. Ich, das heißt ich, wie ich eine Person in der Welt bin, befinde mich sehr übel, man begehrt allerlei von mir, man sagt mir, um sich selbst durch Reden die Zeit zu vertreiben, ich sei geistvoll und ich hätte Talent, ich sollte doch schreiben, und man denkt gar nicht daran, daß ich dadurch in die größte Angst gerate. Ich weiß gar nicht mehr was ich tun soll, seitdem mich die Leute so in Eid und Pflicht der Talente genommen ...

... ich fühle die innigste Begierde, mein ganzes Leben in einen Punkt zu treiben, mich nicht mehr auszubreiten und wie ein Eremit in Dich wunderbare romantische Wildnis hin zu ziehen...«

Es ist umstritten, ob Brentano diesen Kampf gegen die Einsamkeit eines namentlichen selbständigen Subjekts und für die entgrenzte Produktivität eines anonymen Lebens während seiner Ehe, die nur drei Jahre dauerte, wirklich hat führen können. In seinem späteren Leben jedenfalls – das ist auffallend – werden die Nachrichten darüber spärlicher.

IV

Bis auf wenige Ausnahmen (etwa Hans Magnus Enzensberger [4]) hat die gesamte Romantik-Rezeption das hier artikulierte Problem der Nicht-Subjektivität eines Autors geleugnet oder verdrängt. Schon für die Zeitgenossen steht dafür »Zerrissenheit«, »Drang zur Selbstzerstörung«, »Unfähigkeit zur Form« (um nur einige der Schlag-Worte zu nennen). Sogar Brentano selbst hat – von lichten Augenblicken der Erinnerung abgesehen – kein kontinuierliches Verhältnis zur Marburger Zeit seines Lebens gehabt. Der programmatische Satz im Godwi: »Alle Religion ist ungerichtete Sinnlichkeit« ist ihm von Fremden und Frauen mit einiger Systematik umgedreht worden. Man hat Brentano, mit Blick auf die Religion, buchstäblich gerichtet. Ricarda Huch hat den Tenor solcher Interpretation treffend zusammengefaßt.

»Als die wesentliche Eigenschaft des Brentanoschen Charakters ... möchte ich Mangel an Rezeptivität wie an Aufnahmefähigkeit oder Fassungskraft bezeichnen. Nicht nur als Kaufmannslehrling, wo die Abneigung gegen den Beruf ihn entschuldigen konnte, auch als Student hat Clemens niemals irgendetwas gründlich gelernt oder in sich aufgenommen.« [5]

Jetzt, nachdem das Drama der europäischen Subjektivität, das Drama des zum Lernen verurteilten, in seiner »Natur« zugerichteten Menschen, in das Stadium der Farce eingetreten ist, könnte die Chance bestehen, solche Sätze wie die folgenden einer Absage an alle Pädagogik mit anderen Augen zu lesen und mit anderen Ohren zu hören.

Brentano an Achim von Arnim, Marburg, 8. Sept. 1802:

»Wer mich zu mir selbst weist, tötet mich. Ich habe geliebt und dem Geliebten geglaubt, und da haben sie mir gesagt, warum gehst Du nie in Dein eignes Herz und bildest Deine eigne Seele aus, Du hast eine recht hübsche Seele. Das habe ich dann geglaubt und bin traurig zurückgegangen in mich, aber ich konnte nichts tun, als die Stühle zurechtstellen, damit sie mich besuchen sollten. Ich habe immer geglaubt, das wäre die Ausbildung, aber sie sind nicht gekommen. Und wenn ich mich ans Fenster setzte und auf meiner Laute sang, um sie an mich zu erinnern, und sie herbei zu locken, so haben sie mir herübergerufen, sehen Sie, es geht, Sie machen sicher einmal ein artiges Haus in der Stadt. Das hat mir immer innerlich das Herz zerschnitten, dann machte ich die Fenster zu und weinte, da meinten sie, ich appliziere mich. Und wenn ich in einsamer Traurigkeit an die Fenster hauchte, daß sie anliefen, und mit den Fingern die Namen meiner Geliebten hinein malte, standen sie unten und sprachen, jetzt verarbeitet er das Leben zu Poesie, jetzt ist er auf guten Wegen.«

6. Das Elend der Einbildungskraft. Kurze Geistesgeschichte einer langen Verdrängung

»Die transzendentale Einbildungskraft ist heimatlos.«

(Martin Heidegger, 1929)

An exponierter Stelle seines einleitenden Beitrages zum »Positivismus-Streit in der deutschen Soziologie« hat Adorno einen der Nervenpunkte des bis heute nicht beigelegten Streites um das Verhältnis von Wissen und Wirklichkeit, Wissen und Macht mit den Worten fixiert: »Eine Geistesgeschichte der Phantasie zu schreiben, um die es in den positivistischen Verboten eigentlich geht, verlohnte sich. Im achtzehnten Jahrhundert, bei Saint-Simon sowohl wie im Discours préliminaire von d'Alembert, wird sie samt der Kunst zur produktiven Arbeit gerechnet, hat teil an der Idee der Entfesselung der Produktivkräfte; erst Comte, dessen Soziologie apologetisch-statisch sich umwendet, ist als Feind von Metaphysik auch der von Phantasie. Ihre Diffamierung, oder Abdrängung in ein arbeitsteiliges Spezialbereich, ist ein Urphänomen der Regression bürgerlichen Geistes, doch nicht als dessen vermeidbarer Fehler, sondern im Zug einer Fatalität, welche die instrumentelle Vernunft, deren die Gesellschaft bedarf, mit jenem Tabu verkoppelt. Daß nur verdinglicht: abstrakt der Realität gegenübergestellt, Phantasie überhaupt noch geduldet wird, lastet nicht weniger denn auf der Wissenschaft auf der Kunst; verzweifelt sucht die legitime die Hypothek zu tilgen.« [1]

Adorno sieht das innerwissenschaftliche Phantasieverbot in Korrespondenz zu einer dem Stillstand nahen gesellschaftlichen Dialektik des fortgeschrittenen Kapitalismus. Tabuierung, Diffamierung, Abdrängung, Instrumentalisierung stehen dabei im Kontext einer Realabstraktion der Gesellschaft, gegen die ein Widerstand kaum für möglich gehalten wird, es sei denn um den Preis der Verzweiflung. Zwar scheint das Tabu zu phantasieren inzwischen innerhalb und außerhalb der Wissenschaften gelockert zu sein, doch hat sich weder die massive Hypothek tilgen lassen, noch ist eine Geistesgeschichte der Phantasie zustandegekommen, die es ermöglichen würde, Umrisse, Etappen, Gründe jener langen Verdrängung der Einbildungskraft zu erfassen. Gerade das scheinbare Freilassen etwa in sexueller aber auch in rationaler Hinsicht mag die Schwierigkeiten vergrößert haben, die sich einer adäquaten Historiographie entgegenstellen. Denn es ist – wegen des langen Elends – weder klar, um welchen Gegenstand es geht (Diffamierungen haben zur Folge, daß etwas unkenntlich wird), noch ist es deutlich, mit welcher »Methode« eine solche Geschichte zu schreiben und in welchen »Horizont« des Vorverständnisses sie einzutragen sei. (Beides nämlich ist in seiner gängigen Form genau der Abstraktion verschwistert, die das genannte »Elend« mit verursacht hat.)

Wenn angesichts solcher Schwierigkeiten (und gewissermaßen *nach* der Verzweiflung) dennoch ein Versuch unternommen wird, die diffamierte Einbildungskraft historisch zu rehabilitieren, dann bedeutet das dreierlei: erstens müssen die vorhandenen Geschichten und Texte gegen den Strich gelesen, also die verbindlichen Horizonte der etablierten Hermeneutik verlassen werden, zweitens bedarf es archäologisch-detektivischer Kleinarbeit, um unterirdische Korrespondenzen zu entdecken, die trotz der Verdrängung sich abspielten, und drittens kann nur diejenige Kraft eine Rekonstruktion des »Gegenstandes« leisten, die rekonstruiert werden soll, womit eine »petitio principii« (eine »Bittstellerei um den Anfang«), mithin eine logische Unmöglichkeit begangen wird.

Was schon bei einer flüchtigen Durchsicht des Materials auffällt, ist ein doppelseitiger Umstand, der genau dieser »Paradoxie« entspricht: die Phantasie spielt auf der Gegenstandsseite der Humanwissenschaften die Rolle eines niederen Erkenntnisvermögens, das untrennbar mit dem Körper verbunden ist, erscheint also für die hochtheoretische Geschichtsschreibung wenig geeignet; auf der Seite der Transzendentalphilosophie, in Rücksicht auf die Bedingung von Erkenntnis überhaupt ist sie (grob nach Kant) die dunkle, aber die höchste, d. h. die unüberbietbare menschliche Kraft der Erfahrung. Von den jeweiligen disziplinären Zuständigkeiten (Wahrnehmungspsychologie, Erkenntnistheorie, Ästhetik, Mythologie) abgesehen, taucht die Einbildungskraft also an zwei entgegengesetzten Enden des Wissens auf: im Konkreten der Materie und im Allgemeinen des Geistes, im Äußersten und im Innersten als das Erste und Letzte des Denkens, d. h. also ein bloßes

Ding mit Mittelpunkt und als der größte Umkreis einer nach Regeln verfahrenden Erkenntnis; schließlich in der Weise der vollen Wirklichkeit und der leeren Möglichkeit. Insofern die beiden Enden zusammengehören, sei die Vermutung gestattet, daß der trennende Keil mit jener Abstraktion identisch ist, die als geheimer Motor der Zivilisation die Richtung vorschreibt, in der sich Gott, Mensch und Welt unaufhaltsam bewegen. Eine Geschichte der Einbildungskraft hätte einerseits die Spaltung, die ins Elend treibt, zum Problem, müßte mithin das Geheimnis des Fortschritts bloßlegen. Andererseits wäre sie zum Scheitern verurteilt, wenn die Macht des zivilisatorischen Schubes (zum »Jüngsten Gericht«) nicht längst nachgelassen hätte; ohne den faktischen Bruch des Keils, der die Dynamisierung der Geschichte bewirkt hat, könnte sie nichts vermelden.

So liegt es nahe und ist es notwendig, sich auf vorausgehende Resonanzen des Problems zu beziehen. Daß dies nur in der Form einer gegliederten Abbreviatur geschieht, hat seinen Grund in der endlosen Weitläufigkeit einschlägiger Reflexionen. Wenn man sich darin nicht verlieren will (weil man doch erst später zur »Sache« zu kommen gedenkt), kann es sich nur um ein Vorläufiges zur bisherigen Historiographie der Phantasie handeln: wie angedeutet liegen die Zuständigkeiten für das Problem (in grober Aufteilung) bei vier Disziplinen, die exemplarisch vorgestellt werden sollen, bevor in der Vierfach-Gliederung von Ereignis, Geschichte, Struktur und Praxis die diskontinuierlichen Grundlinien einer Geistesgeschichte des Bildes, der Bildung, der Einbildung und der Einbildungskraft zur Sprache kommen. Dabei wäre es günstig, nicht zu vergessen, daß Elend Ausland heißt und daß diese Heimatlosigkeit das Vertriebensein aus dem Paradies meint, das nicht endet. Das Elend der Einbildungskraft kann nämlich nicht rückgängig gemacht werden. Vielmehr ist es nach der Kleistschen Formel nötig, ein zweites Mal vom Baum der Erkenntnis zu essen und so im Innersten der Abstraktion selbst die Phantasie wiederzufinden.

Wahrnehmungspsychologie

Nach Ludwig Klages' gescheitertem Versuch, die Welt der Bilder angesichts der Übermacht der Begriffe zu verteidigen und das Recht der Seele gegenüber dem »Widersacher« Geist hochzuhalten [2], ist auch einer, auf den Klages sich stützte, in Mißkredit geraten: Melchior Palagyi. Dieser aber hat in seiner »Theorie der Phantasie« (nach 1908) herausgearbeitet, wie sehr die Einbildungskraft an der Wahrnehmung immer schon beteiligt ist und daß sie das Unhintergehbare der konkreten Erfahrung bildet. Er unterscheidet zweierlei Phantasie, die »direkte«, die gegenwärtig, und die »inverse«, die abwesend macht, wobei der Wechsel unwillkürlich ist und zur Annahme einer virtuellen, quasi immateriellen Bewegung des Geistes zwinge, die einerseits Grundlage, andererseits Klammer aller seelischen Vorgänge sei. »Die Einbildung spielt im Reiche des Vitalen eine ähnliche Rolle wie die Bewegung in der mechanischen Welt.« [3]

Ähnlich tiefgreifend, wenn auch weiter ausgelegt, hat ein anderer Klassiker der Wahrnehmungslehre, Théodule Ribot, in seiner Schrift über die »Schöpferkraft der Phantasie« (1900) [4] das Thema behandelt. (Auf ihn wird sich noch Sartre in seiner Psychologie der Einbildungskraft von 1940 beziehen. [5]) Nach seiner Auffassung ist die Einbildungskraft die Kraft des Lebens selbst, was er in einem Durchgang durch das gesamte psychologische Wissen seiner Zeit zu erhärten versucht. Im Zentrum seiner Bemühungen steht der Übergang von der reproduktiven zur produktiven Imagination, also die Wiedereinführung der durch die Trennung von Körper und Geist obsolet gewordenen Klammer einer humanen Lebenspraxis. Aus solchen Auslagen mag Maurice Merleau-Ponty schließlich die Entschiedenheit bezogen haben, in seiner »Phänomenologie der Wahrnehmung« (1945) [6] eine vorerst unentscheidbare Ambiguität des Verhältnisses als Trennung und Klammer zu behaupten, die die physische, vitale und menschliche Ordnung gleichzeitig bestimmen. »Denken ist Menschensache, wenn Denken heißt, immer auf sich selbst zurückkommen, zwischen zwei Zerstreuungen den winzigen leeren Raum einschieben, durch den wir etwas erkennen.« [7]

Erkenntnistheorie

Wilhelm Szilasi hat im zentralen Beitrag seiner Schrift »Phantasie und Erkenntnis« die Aufmerksamkeit auf die Kette vom Konkreten zum Allgemeinen des Denkens gerichtet. »Das Einbildungsvermögen steht am Anfang mitkonstituierend an der naiven Erfahrung und am Ende als höchste Stufe. Es gibt die Einheit der Entfaltungsreihe.« [8] Seine von Aristoteles bis Kant durchgeführte Probe zeigt, daß der herrschende Verstand die Verbindlichkeit der aufgespaltenen Weltordnung nicht mehr herstellen kann, sondern einzig die Phantasie – wenn man sie läßt. Denn die Einbildungskraft ist in der Hauptsache kein (Unter-)Vermögen des nach Regeln verfahrenden Verstandes, sondern das mit dem Leben identische »im Bilde sein«. Szilasi folgt Heidegger darin, daß das Denken des Seins ein Bild-Denken ist.

Erheblich ausladender als Szilasis schmales Bändchen ist das zweibändige Werk von Hans Kunz: »Die anthropologische Bedeutung der Phantasie«. Obwohl auf der Suche nach einer philosophischen Anthropologie, stellt der Verfasser endlich mit einer Paraphrase Hölderlins die erkenntnistheoretische Grundfrage: »Wenn der Mensch als Nachdenkender ein ›Bettler‹ sein soll, dann muß sich im Wesen des Denkens eine bedürftige ›Armut‹ verbergen, die ihn zum Bettlertum nötigt.« [9]

Damit ist eine andere Paradoxie der Phantasie angedeutet, welche die Fülle des Schöpferischen offensichtlich an eine Armut des Geistes bindet, die unabdingbar ist. Die Leere des Herzens als Bedingung der produktiven Einbildungskraft (erst recht der verstandesmäßig reflektierenden Subjektivität) wäre ein Stichwort für weitere Einsätze.

Um nur einen noch zu nennen, sei auf Josef Simon hingewiesen, der in seiner Schrift »Wahrheit als Freiheit« [10] die Entwicklung der Wahrheitsfrage in der neueren Philosophie ausdrücklich in Rücksicht auf die nicht wegzudenkende Einbildungskraft betrachtet. Dabei wird verblüffenderweise deutlich, daß beim genaueren Studium der Klassiker (Descartes, Leibniz, Kant, Hegel u. a.) die durchweg negative Bestimmung eine außerordentliche Hochschätzung der Einbildungskraft impliziert, die in krassem Gegensatz zur Diffamierung der Phantasie in der epigonalen Philosophie- und Wissenschaftsgeschichte steht.

Ästhetik

Während Emil Staiger in Fortführung der Heideggerschen Kantkritik die »Zeit als Einbildungskraft des Dichters« [11] auf ihre rhythmisierende Bilderanordnung hin untersucht (was erhellend für Gedichte und Dichter, aber eher verdunkelnd für eine Theorie der Einbildungskraft ausfällt), hat Gaston Bachelard mit seiner »Poetik des Raumes« [12] in Kenntnis der phänomenologischen und psychoanalytischen Konzepte von Phantasie einen Versuch vorgelegt, der die genuine Ortschaft des Bildes (*vor* dem Denken) zu erörtern versucht. Dabei ist ihm besonders die Plötzlichkeit, das »Aufflammen des Seins in der Einbildungskraft« [13] ein Problem, das ihn bei der Topographie räumlicher Grundfiguren (wie »Haus«, »Nest«, »Muschel«, »Winkel« usf.) begleitet. Gegen alle Verdrängungen und Verharmlosungen übt Bachelard sich darin, »die Einbildungskraft als ein erstrangiges Vermögen der menschlichen Natur zu betrachten«. [14]

Mit identischer Ausgangsfrage, nämlich nach der topologischen Struktur der Einbildungskraft, aber ohne rehabilitierende Absichten, eher der Wirkungsgeschichte der europäischen Topik in neueren Veröffentlichungen auf der Spur, ist das Buch von Lothar Bornscheuer »Topik« [15] deshalb wichtig, weil es eine fast ununterbrochene Tradition der Phantasie in der Artistik, Invention, Kombinatorik rhetorischer Sprachtopoi von Aristoteles bis in die Moderne freilegen kann, die *neben* der neuzeitlichen Subjektivitätsphilosophie herläuft. Bornscheuers Gewährsleute sind Ernst Robert Curtius [16] und Gustav René Hocke [17].

Die Vorbereitung einer Theorie der literarischen Phantasie hat Jean Starobinski im Auge, wenn er »Grundlinien für eine Geschichte des Begriffs der Einbildungskraft« entwickelt und – trotz aller Überschneidungen und Ineinanderverläufe – um eine strenge Differenzierung nicht herumkommt: »Die Einbildungskraft muß demnach auf den verschiedenen Bewußtseinsebenen, die sie innehat, ganz wie ein Diskurs und gleichzeitig wie ein Verhalten analysiert werden«. [18] Es seien die Ebenen der Wirklichkeit und der Unwirklichkeit zu unterscheiden, »um den Zwischenraum abzumessen, der eine gesteigerte Einbildungskraft (jene der trunkenen Fiktionen) von der minimalen Einbildungskraft trennt, die von keiner literarischen Schöpfung zu trennen ist«. [19]

Mythologie

Eher den trunkenen Fiktionen als der bei jeder Wirklichkeitserfahrung unterstellten Minimal-Phantasie sind die mythologischen Exkurse gewidmet, die seit Einschaltung der Psychoanalyse in die Diskussion weit über den Kreis der Gelehrten hinausgehen. Noch diesen Kreisen zugehörig, hat Ernst Cassirer die Auseinandersetzung in seiner berühmt gewordenen »Philosophie der symbolischen Formen« [20] aufgenommen. Vor allem im 2. Band, der dem mythischen Denken und der Reaktualisierung Schellings gewidmet ist, gibt er Ausgang und Richtung für seine Theorie der mythischen Phantasie an: »... die Erkenntnis wird des Mythos nicht Herr, indem sie ihn einfach außerhalb ihrer Grenzen verbannt ... sie findet jetzt den Gegner, den sie scheinbar endgültig besiegt hatte, in ihrer eigenen Mitte wieder«. [21] Ausdrücklich unter Hinweis auf Comte wird dafür plädiert, den Kampf nicht so leicht zu nehmen. Es bleibt aber bei all den vielen Versuchen Cassirers der Verdacht bestehen, daß derart mythische Gesten wie die der Herrschaft über den Mythos zirkulär sind, im Banne noch einer beschränkten Aufklärung.

Trotz der enormen Wirksamkeit der Archetypenlehre Carl Gustav Jungs, wie sie sich zuletzt in dem populärwissenschaftlichen Werk »Der Mensch und seine Symbole« [22] wiederfindet, gilt der oben geäußerte Verdacht hier in verstärktem Maße. Jungs eigene Überlegungen, so verdienstvoll sie in Anbetracht seiner oft divinatorischen Entdeckungen im Reich des Unbewußten und der esoterischen Tradition auch sein mögen, verlassen das Niveau des sogenannten »gesunden Menschenverstandes«, also die Flächigkeit eines verdinglichten Bewußtseins, selten. So ergibt sich der Anschein, als sei die Dialektik von Mythos und Aufklärung zugunsten einer öffentlich gemachten Esoterik stillgestellt.

Wie sehr aber im Gegenteil die Schärfe jenes Streites um das Erkenntnismonopol im Gange ist, zeigt das mächtige Opus von Hans Blumenberg »Arbeit am Mythos«. [23] Blumenberg sieht die mythische Einbildungskraft als nicht hintergehbare, wenn auch kompromißlerische Antwort auf den »horror vacui«, auf die ersten Schrecken des Todes und der Sexualität. »Arbeit« am Mythos sind – so betrachtet – dann schon die Varianten, Umdeutungen und Inversionen gewesen. Arbeit am Mythos war das christliche Dogma und ist die Philosophie mit den Wissenschaften. Das Wiederauftauchen des Mythischen in der Mitte der Erkenntnis hat nicht den Sinn eines neuen Ansatzes der Beherrschung, sondern der fortgesetzten Depotenzierung des Schreckens, sei es um den Preis der Unentschiedenheit zwischen »Terror« und »Spiel«. [24]

Damit dürfte – trotz der eingeschränkten Bezugnahme – klar sein, daß die fatale Regression des bürgerlichen Geistes (von der Adorno angesichts der Geschichte der Phantasie sprach) in einer mehrfach zu bestimmenden Spaltung sich auswirkt. Zur Kennzeichnung des »Standes« der Forschung wäre es also angebracht, folgende kursorisch angedeutete Ambivalenzen festzuhalten, da sie bei der erforderlichen Kleinarbeit zu einer groben Orientierung dienen könnten.

In Anbetracht einer ursprünglichen »paradiesischen« Erfahrung der Menschen erscheint das mythische Bild als das Datum schlechthin, aber gleichzeitig als ein volles und ein leeres Ereignis. Der Prozeßcharakter der Erfahrung könnte Bildung (im weitesten »ästhetischen« Sinne) genannt werden: in dieser Geschichte taucht die Imagination als erste und als letzte (möglicherweise sogar als Strecke der Vermittlung) auf. Wenn Bildung strategisch zu Nutz und Frommen der Menschen gewendet wird, ergibt sich die Erkenntnisform der Einbildung, deren Struktur im Wechsel des Äußersten und des Innersten besteht (womit eine Perversion der Phantasie angezeigt ist). Fragt man nach der Praxis der Einbildungskraft selbst, nach Intensität und Umfang ihrer Potenz der Wahrnehmung, so kommt man nicht umhin, das materiell Konkrete mit dem Allgemeinen der Form zusammenzusehen und noch die Spaltung als Werk eines Zusammenhanges zu interpretieren. – Quod erat demonstrandum! –

I Bild: Ereignis
(das Volle und das Leere)

Hölderlins Zeilen aus dem Hyperion: »O ein Gott ist der Mensch, wenn er träumt, ein Bettler, wenn er nachdenkt« bilden, wenn man sie wörtlich nimmt, einen guten Introitus in die ambivalente Bedeutung des »Bildes«. Schon etymologisch kann nur Doppeltes konstatiert werden: »bilidi« (althochdeutsch) heißt einerseits »(Wunder)-Zeichen«, »Wesen«, »Gestalt«; andererseits »Bild, Abbild, Nachbildung« (ob die Wurzel »bil-«, wie in billig, Bilwis, schon auf »recht« oder gar »richtig« deutet, ist neuerdings wieder umstritten) [25]; einerseits wird also das betont, wodurch etwas seine Gestalt gewinnt, in sein Wesen kommt, zur vollen Entfaltung seiner Wunderkraft gelangt; andererseits das, was ein solches Ur-Bild nachbildet, darstellt, bezeichnet. [26]

Diese changierende Stellung zwischen einer magischen Ordnung der vollen Präsenz, in der das Bild identisch ist mit dem, was es zeigt, und einer Ordnung der zur Leere tendierenden Repräsentation, in der es bestenfalls ähnlich ist: ein Stempel, ein Spiegel, ein Gleichnis ... ist nie völlig verlorengegangen. Zwar ist man gewohnt, einen historischen und biographischen Übergang von der Magie zur Repräsentation, vom »Bild-Realismus«, der die Wirklichkeit als ein »Im-Bilde-Sein« versteht, zur modernen Zeichenlehre, die nur noch Verweisungszusammenhänge wahrnimmt, zu unterstellen – und darauf beziehen sich die Zeilen Hölderlins – doch halten sich auch in aufgeklärten Zeiten hartnäckig magische Reste: zum Beispiel die Ikonen-Tradition der Ostkirche [27], das katholische Meßopfer [28], einige Richtungen der neueren Poesie und bildenden Kunst [29].

Von daher ist einerseits der Schluß auf eine nicht vollends eliminierbare hieratische Realität des Bildes zulässig und andererseits die Möglichkeit gegeben, die enormen Wirkungen besser zu verstehen, die von den Bilderfluten gerade im Zeitalter der vollendeten Abstraktion ausgehen. [30] Der Sog, der durch die Leere im Zentrum der Bilder entsteht, kann nie und nimmer von Konstrukten der zeichenmachenden Vernunft aufgefüllt werden. Da jedoch kaum jemand in der Lage ist, dem »horror vacui« standzuhalten, ergibt sich insgesamt der Zirkel einer Abfolge von Surrogaten, die in wachsender Beschleunigung Ersatzvornahmen ersetzt. Ein Ereignis aber, das nie stattfindet, hat zwingendere Wirkungen als ein vollzogener magischer Akt.

In den Artikeln des »Historischen Wörterbuchs der Philosophie« [31] wird die Irritation deutlich, die in der Geistesgeschichte als Reaktion auf den schillernden Wortsinn von »Bild« stattgefunden hat. Es ist möglich, die Stellung der verschiedenen Überlieferungsströme bzw. Stromrichtungen dadurch zu bestimmen, daß man ihre Nähe und Ferne zur Magie und Repräsentation ermittelt. Selbst im griechischen »eikon« und im lateinischen »imago« ist derselbe Doppelsinn konserviert wie im althochdeutschen »bilidi«, wenn auch die theoretische Arbeit der griechischen Philosophie und der jüdisch christlichen Bibelexegese die Entfernung zum magischen Bildverständnis beschleunigen mußte.

Schon Platon hat – in seinem Mißtrauen gegenüber den Dichtern – einen harten Schnitt zwischen Idee und Bild gelegt und somit die Verdächtigung der Phantasie, ihre Trugbild-Physiognomie forciert. Die gnostischen Einflüsse konnten allerdings mit ihren Hierarchien des Ähnlichen diese Entwicklung noch einmal aufhalten. [32]

Entscheidender für das abendländische Schicksal der Einbildungskraft wurde zunächst die christlich-jüdische Imago-Dei-Lehre, die aus der paulinischen Spekulation des »Ersten« und des »Letzten Adam« ihre entscheidenden Impulse erhielt.

»eikon« meint wie »Imago« das Prägebild eines Siegels, das Spiegelbild, auch den Schatten einer Person – also Relationen, in denen Abstufungen der Ähnlichkeit vorkommen. So kann von einem Sohn als vom »eikon« seines Vaters gesprochen werden. Diesen Sinn nimmt Paulus in Anspruch, wenn er für Christus als den »Letzten Adam« die Bestimmung »Bild Gottes« reklamiert und ihn in Beziehung zum paradiesischen Menschen vor dem Fall bringt. Damit ist ein Konzept der christlichen Heilsgeschichte gesetzt, das für Anfang und Ende eine bestimmte Version von »Bild« (nämlich seine Spiegelfunktion, die als Leere die Fülle bedeutet) zum höchsten Zeichen hat und für die Geschichte dazwischen ein Herausfallen aus der Realität des Bildes und eine Wiederannäherung an dieselbe postuliert.

Die eminente Fruchtbarkeit dieses Konzeptes darf nicht darüber hinwegtäuschen, daß es aufgrund seiner »Substanzlosigkeit« – es ist pure Relation! – nicht nur dem Keil der Abstraktion (den es abwehren sollte) sich geöffnet (vgl. etwa die Metapher der fortgesetzten Spiegelungen bei Nikolaus von Cues oder Leibniz' Konzepte der Monade: »un miroir de l'univers«), sondern die Tabuierung der Bilder geradezu nahegelegt hat. In der Philosophiegeschichte seit dem Mittelalter geht eine Formalisierung der Imago-Dei-Lehre mit an- und abschwellenden Bilderstürmen zusammen, ohne daß von Beeinträchtigung die Rede sein könnte. [33]

Immerhin läßt sich aus der gewalttätigen Störung des Bilder-Götzen-Dienstes ein negativer Beweis für die Macht des Magischen rekonstruieren, die bis zur französischen Revolution auch öffentliches Thema war: »... so waren die Girondisten auch ganz davon durchdrungen, daß die fluchwürdige Welt der Könige kein Ende finden würde, wenn sie auch nur im Bilde fortlebte.« [34]

So kam es zum Köpfen der steinernen Idole der Herrschaft.

Auf der anderen Seite hat Francis Bacon mit seiner Kennzeichnung der »idola« als Trugbilder des Marktes die Geschichte der Ideologie eingeleitet, in der der Versuch der wissenschaftlichen Überschreitung einer Welt des bloßen Scheins angezeigt war. Nicht zuletzt die Aufklärung hat sich gegen die magischen Zwänge formiert, die als Fetische erst der »persönlichen«, dann der »sachlichen« Abhängigkeit des Bürgertums überlebt hatten. Ob ein solcher Versuch, Macht und Markt theoretisch zu durchdringen, gelungen ist, muß bezweifelt werden, seitdem ausgerechnet die am weitesten vorgetriebene Ideologie-Kritik, nämlich die marxistische (mit ihrer Hypothese eines gesellschaftlich notwendigen Scheins), vom universalistischen Modell einer Abbild- bzw. Widerspiegelungstheorie eingeholt wurde, das auf vertrackte Weise an die christliche Spekulation erinnert.

Wenn man umgekehrt nicht einer theoretisch unüberbietbaren »Simulation« als dem leeren Kern des Wirklichen das Wort reden will, wie es neuerdings in der strukturalistischen Archäologie der Moderne (vgl. Foucault, Baudrillard u. a.) geschieht, dann wäre vielleicht Walter Benjamins Vorschlag akzeptabel, zu »Denkbildern« Zuflucht zu nehmen, die auch das profane Dasein noch als Rätselfigur zu entziffern erlauben. Bilder, die wie ein Choc bestimmte historische Konstellationen aufreißen, haben den Zeitkern einer »Dialektik im Stillstand« und erlauben die Aufkündigung des Einverständnisses mit den Siegern der Geschichte. [35]

II Bildung: Geschichte (das Erste und das Letzte)

Das spätalthochdeutsche »bildunga« hat zunächst dieselbe Bedeutung wie »Bild«, partizipiert also an der beschriebenen Vertracktheit. Von den mittelalterlichen Mystikern aufgegriffen, bekommt es den Sinn von »formatio«, d. h. Schöpfung, Verfertigung nach einem Vorbild, Gestaltung eines formlos Materiellen – aber noch ohne prozessuale Bedeutung. Diese wird erst mit dem Verständnis von »Ein-Bildung« als eines Vorganges, der anfängt und endet, von Meister Eckhart eingeführt. So bleibt Bildung weniger spekulativ befrachtet und macht früh eine »Ent-Substantiation« durch, so daß das Wort im Sinne von Formung, Formierung, Formalisierung zu einem der Schlüsselbegriffe der »deutschen Bewegung« (Nohl) werden kann und sich auch heute – vielleicht wegen seiner Leere – als Leitmotiv des modernen Erziehungswesens noch hält. [36]

Seine Vertracktheit offenbart es dort, wo die doppelte Bewegung des »Ent-bildens« und »Über-bildens« der Mystiker eingreift: Eckharts Paradoxie, daß – dem paulinischen Konzept des Ersten und des Letzten Adam zufolge – das Wiedereingebildetwerden in Gott an die absolute Bedingung der Bild-losigkeit des »sündigen« Menschen geknüpft ist, daß die mit der Ein-Bildung einhergehende Wiedergeburt das Absterben der Welt der Dinge voraussetzt und daß die »imitatio Christi« durch einen Tod, durch die äußerste Armut des Geistes hindurchgeht ins innerste Leben, läßt das Wort »Bildung« nicht mehr aus. Die Verschmelzung der Imago-Dei-Spekulation mit der neuplatonischen Emanations- und Reintegrationslehre Plotins und dem lateinischen »forma«-Begriff (wie er als aristotelisches Erbe in der Scholastik sich ergeben hatte) führte zur Erläuterung der »unio mystica« Gottes mit der Seele als eines unerhört reichhaltigen Geschehens in der Wüste. »Denn ein recht vollkommener Mensch soll sich gewöhnt haben, sich selbst tot zu sein, seiner selbst entbildet und in Gott und in Gottes Willen so überbildet zu sein, daß es seine ganze Seligkeit ist, von sich selbst und allem nicht zu wissen und nur Gott alleine zu wissen, nichts zu wollen, noch einen anderen Willen zu wissen als den Willen Gottes ...« [37]

Dieses streng orthodoxe Konzept des christlichen Weges mit seiner Nadelöhr-Metapher, die es erlaubt, das Erste ins Letzte und das Letzte ins Erste einzufädeln, hat überall da, wo es verbindlich wurde, eine umkehrlose Bildung, wie sie etwa nach dem Modell einer kontinuierlichen Entwicklung von Anlagen gedacht werden kann, entschieden konterkariert. In der Bildung liegt – so betrachtet – das Geheimnis der Weltgeschichte (und damit des menschlichen Lebenslaufes), daß der höchste Sinn in Leiden, Tod und Auferstehung des »Sohnes« als der personalen Menschheit besteht und daß vor das Heil paradoxerweise das Unheil als Annihilation des Selbst gestellt ist.

Sowohl Paracelsus, der die alchymistische Entsprechung von Mikrokosmos und Makrokosmos dynamisiert und in den Korrespondenzen des großen und des kleinen Lebens keine einfache Gegebenheit mehr, sondern eine schwierige Aufgabe sieht [38], als auch Jakob Böhme, der die Gottgeburt des Menschen katastrophisch umschreibt: »Wer nicht stirbet, eh er stirbet, der verdirbet, wenn er stirbet« [39]; sowohl Blaise Pascal, der das paulinisch-augustinische Credo in seinem Mémorial von 1654 wiederholt [40], den Gott der Bibel gegen den der Philosophen aufbringt und so seine »Logique du Cœur«: das Leben und Sterben Gottes im

Menschen praktiziert, als auch noch die Rosenkreuzer, Pietisten und Freimaurer mit ihren Initiationsriten vertiefen die genannte Spur und tragen der »Zweideutigkeit« der Bildung Rechnung.

Fichte in seiner Rigorosität kann die Quintessenz der fünfhundertjährigen Vorgeschichte des Wortes [41] noch einmal formulieren, ehe es durch die Wirksamkeit Herders, Goethes, Schillers und Humboldts als bürgerliches Ideal seinen Siegeszug antritt. In der »Anweisung zum seligen Leben« (1804) steht zu lesen: »Die Selbstvernichtung ist der Eintritt in das höhere Leben.« [42]

Es ist wahrscheinlich, daß die Verdünnung (und die Vereinseitigung) des Sinns von Bildung, den die deutsche Klassik interessanterweise von Shaftesbury übermittelt bekam und den Herder als den »universellen Schlüssel der neuen Zeit« apostrophierte, nicht bei den genannten Autoren, sondern im Verlauf ihrer späteren Wirkungsgeschichte passiert ist. Zuviel Belege sprechen dafür, daß ihnen die aufgezeigte Paradoxie keineswegs unbekannt war. Andererseits muß festgehalten werden, daß niemand von ihnen den Umriß und den Aufriß des Wortes »Bildung« derart scharf herausgearbeitet hat wie Hegel in seiner Phänomenologie des Geistes. [43]

Wenn Paracelsus Bildung als die Signatur aller Wirklichkeit begreift, dann findet das bei Hegel seine Zuspitzung insofern, als an die Stelle des christlichen Nadelöhrs der Riß der Entfremdung tritt. Hegel hält Distanz zum Ideal. Sein Realismus hat – wo es nötig ist – zynische Züge. Der Hinweis in den frühen Schriften zum »Geist des Christentums« [44], daß man das Herz eines Menschen nur größer machen kann, indem man es zerreißt, deutet sein Konzept der Bildung an: es ist nicht das Ende (auch nicht der Anfang), sondern ein Durchgangspunkt der absoluten Zerrissenheit, der für die säkulare und biographische Herausarbeitung des Menschen aus seiner natürlichen Körperlichkeit unumgänglich ist.

Der Geist vollbringt das Geschick der Menschheit, nur um den Preis des Verlustes sich gewinnen zu können, über Stufen der Entwicklung: die Gewalt, die er von der Natur über Jahrzehntausende erfahren hat, zahlt er zwar mit Gewalt zurück, »opfert« sich damit aber gleichzeitig selbst. Die Reflexion, die sich wie ein Keil zwischen Denken und Sein schiebt (genau diesem Bewegungsgesetz ist die »Wissenschaft der Logik« gewidmet), kann nämlich die Probleme, die sie schafft, nicht wegarbeiten. Die unerhörte

Abstraktionsleistung der menschlichen Arbeit, die eine ganze Welt auf den Gedanken baut, ist eine Weise des Sterbens Gottes. Eine Hoffnung besteht, daß am äußersten Punkt der Erkenntnis die Anerkenntnis dessen, was im Innersten widersteht, gelingt und die Versöhnung sich einstellt. Diesen Bogen, der jedes Menschenleben und das Leben der Gattung durchzieht und spannt, nennt Hegel »Bildung«. Er bildet gewissermaßen einen »Karfreitag der Logik«, hat jedenfalls die Form von wirklichem Tod und möglicher Auferstehung. »Das Wesentliche für die Wissenschaft (sc. der Logik) ist nicht so sehr, daß ein rein Unmittelbares der Anfang sei, sondern daß das Ganze derselben ein Kreislauf in sich selbst ist, worin das Erste auch das Letzte und das Letzte auch das Erste ist.« [45]

III Einbildung: Struktur (das Innerste und das Äußerste)

Es wird sich zeigen, daß die Struktur einer Geschichte der Ereignisse nicht der Kreis ist, sondern eine Art Hyperbel, die in Richtung der Hauptfrage offenbleibt. Denn es geht eben nicht um das von der Hegelschen Logik vermeinte innertrinitarische Geschehen einer Einbildung Gottes in sich selbst, sondern um die Inkarnation Christi und um das, was die Menschen daraus gemacht haben. Es wird sich zeigen, daß eine Verkehrung der Richtungen den großen Plan der Versöhnung zunichte gemacht hat.

Kaum ein anderes Wort der deutschen Sprache oszilliert derart zwischen Hochschätzung und Verächtlichkeit wie »Einbildung«: auf der einen Seite das Wortumfeld einer mystisch-erotischen Vereinigung Gottes mit der bräutlich-menschlichen Seele oder gar mit der Erde als geschmücktem Kosmos, der »Einbildung Gottes in die natürliche Matrix« (wie es bei Paracelsus heißt); auf der anderen Seite eine maßlose Selbstüberschätzung, die irrige, d.h. durchschaubare Täuschung eines Menschen, der in Anbetracht seiner selbst wähnt, statt wahrnimmt und wunderlichen Fiktionen nachhängt statt seiner Wirklichkeit mit Verantwortung zu entsprechen.

Vermutlich liegt der Umschlag zwischen beiden Seiten am Punkt der Verkehrung der mit dem Wort angegebenen Richtung des Geschehens. Bei Meister Eckhart bezieht es sich noch durchweg auf den Vorgang der Liebe Gottes zu den Menschen, auf die Geburt des »Sohnes« in der Seele, die menschlicherseits wesentlich Passion ist.

Doch schon bei seinen Schülern Seuse und Tauler kommt ein Moment von Aktion des Menschen (das auch bei Eckhart nicht völlig fehlt) zum Zuge: die passive Einbildung der »Imago Dei« in die Seele kehrt sich um zur aktiven Einbildung in das Bild Gottes mit Hilfe der Einbildungs*kraft*. An die Stelle des Christus (wie bei Paulus), der als Weg, Auferstehung und Leben »Gegenstand« des Glaubens (Pistis) ist, rückt immer deutlicher ein Bild, das weiblich-mütterliche Züge trägt und durch die Gnosis bekannt geworden ist. Bei Jakob Böhme schließlich (der für die große deutsche Philosophie der Hölderlin, Schelling, Hegel über Oetingers Vermittlung ausschlaggebend wurde) ist Glauben und Imagination (wie in der Apokalypse des Johannes) ein und dasselbe.

Man sollte diesen Einbruch einer ketzerischen Nebenlinie der abendländischen Tradition nüchtern vermerken, ihn weder zu sehr hochspielen noch zu niedrig ansetzen. Für das Verständnis dessen, was Bild und Einbildung bedeutet, ist er jedenfalls unerläßlich. Das paulinische wird durch das johanneische Christentum überboten. Entscheidend sind hier nicht die Weltflucht und die Schöpfergott-Polemik der Gnostiker, sondern die Anstöße, die von Dionysios Areopagita (um 500), dem Pseudoareopagiten und seinen Bilderhierarchien ausgegangen sind. [46]

Sie haben sich bei dem kalabresischen Abt Joachim von Fiore zu einer »dritten Offenbarung« (nach der des »Vaters« und der des »Sohnes«) verdichtet, die als eine des Bildes anzusehen ist und in der der Geist die Gestalt der »Sophia« hat, der »Weisheit in Person«. [47]

Durch Indizierung der Werke und Verketzerung des Autors ist Joachims Spekulation vom »Tausendjährigen Reich des Geistes« in den Untergrund der Geistesgeschichte gedrängt worden, hat jedoch immer wieder direkte und indirekte Wirkungen verursacht, deren Sprengkraft und Reichweite schwer einzuschätzen sind. Das Losungswort der drei Stiftler in Tübingen »Reich Gottes« spielt darauf ebenso an wie Alfred Rosenbergs »Mythos des zwanzigsten Jahrhunderts«. [48] In der Diskussion um die Einbildung ergab sich von daher jedenfalls eine entgegengesetzte Orientierung, in der das »Äußerste« der heilsgeschichtlichen Kette: das menschliche Herz, zum »Innersten« einer strategisch verstandenen Gottwerdung der Menschheit sich umkehrte. Diese Richtung wird seit Jakob Böhme, der eine (Mit-)Arbeit der Menschen an der (Wieder-)Einbildung schon für unerläßlich hält und die Umdeutung von »eikon« und »imago« zur »Sophia«, zum Bildnis *in* Gott vollzieht, heftig betrieben und hat sich über die pietistische Tradition der Gichtel, Arnoldt, Oetinger so gefestigt, daß sie in Klassik und Romantik zum »heimlichen« bzw. »offenen« Programm werden kann.

Im Erscheinungsbild der »geistlich Geborenen«, die den Protest der religiösen Innerlichkeit gegen die Veräußerlichung des Lebens seit Renaissance und Barock artikulierten – gleichzeitig aber die massenhafte Bereitschaft zur Arbeit moralisch vorbereiteten, mag etwas aufgefallen sein, das zur Verächtlichmachung derart »Eingebildeter« Anlaß bot. Schon Luther hat gegen »Schwärmer« und andere einen gehörigen Widerspruch eingelegt, der sich dann spätestens in der Aufklärung formierte und bis in die nächste Gegenwart mächtig blieb. Er ist übrigens ohne Unterbrechung übertragen worden auf Erfinder und andere Tüftler, die immerhin die große Maschinerie auf Erden mit ihren technischen »Einbildungen« ermöglicht haben und so das Innerste wieder nach Außen kehren konnten. Für den realistischen Hegel dient das Wort »Einbildung« zur abfälligen Kennzeichnung der neuen Schwärmerei der Romantik, welche die in der »unio mystica« vorherrschende Richtung des sich versenkenden Gottes nun völlig umgekehrt hat: jetzt ist es ein Menschheitsprojekt, das Reich Gottes auf Erden herzustellen und Natur bzw. Geschichte mit Einbildung zu verwandeln. Das dem Novalis unterschobene Motto »Imagination au pouvoir« bekundet die fortgeschrittene Säkularisierung eines Konzeptes, das mit dem »dritten Reich« des Geistes begann und in der wahnhaften Überheblichkeit eines faschistischen »dritten Reiches« seine bisher schlimmste Belastung erfahren hat.

Streng genommen besteht also zwischen Aufklärung und Romantik kein Zielkonflikt (wie man gerne annimmt), sondern lediglich einer der Mittel, ob nämlich die Vernunft oder die Phantasie geeigneter sei, für den Plan der Vergöttlichung eingesetzt zu werden. In Anbetracht des Endes mag ein solcher Streit jedoch als Moment jener großen Ironie fungieren, die von der Romantik immerhin aufgebracht wurde.

Die im Wort »Einbildung« deutlich werdende Perversion, die man als die Geschichte der mißlungenen Usurpation der göttlichen Macht durch die Menschen lesen kann, hat einen Nebensinn, der eventuell noch ironischer sich anhört; das lateinische Wort für die

»mystische Hochzeit« ist kein geringeres als das Hauptwort der in die dritte Revolution fortgeschrittenen Moderne: »Information«.

Wie sehr im übrigen der Wechsel vom Äußersten ins Innerste und retour auch für die profane Realität gilt, kann man der unerhört reichhaltigen Kasuistik der Psychiatrie, insbesondere der Psychosomatik und ihrer körperlich »eingebildeten« Krankheiten entnehmen. Offensichtlich hält sich das der Heilsgeschichte supponierte körperliche Phantasma nun in den Körpern selbst auf, in deren Struktur Bilder eingelassen sind oder doch eingelassen werden können, die »heilsame« und »pathologische« Wirkungen haben. [49]

IV Einbildungskraft: Praxis (das Konkrete und das Allgemeine)

Im Unterschied zur »Einbildung« ist der Terminus »Einbildungskraft«, von Paracelsus aus »imaginatio« eingedeutscht (daneben weiterhin »phantasia«), nie derart mit Sinn und Gegensinn befrachtet worden. Zwar ist auch ihr Leumund nicht der beste: der Einbildungskraft wird ebenso Schwärmerei, Vagantentum, Unverbindlichkeit, trügerische Verworrenheit und gelegentlich sogar moralische Verwerflichkeit nachgesagt, so daß sie den strengen Zuchtmeister Vernunft wohl gebrauchen könne [50], aber sie ist andererseits als ein »körperliches« Erkenntnisvermögen selten hochgespielt worden. Die entscheidende Differenz betrifft ihren Stellenwert als reproduktive bzw. produktive Fähigkeit im Ganzen der menschlichen Erfahrung.

Unbestritten (von Thomas von Aquin bis Christian Wolff) ist ihre Kompetenz, Dinge auch in deren Abwesenheit so vorzustellen, als ob sie gegenwärtig wären. »Die Vorstellung solcher Dinge, die nicht zugegen sind, pfleget man Einbildung zu nennen. Und die Kraft der Seele, dergleichen Vorstellungen hervorzubringen, nennet man Einbildungskraft.«

Einbildungskraft in dieser Version (die noch Sartre in seinen Arbeiten zum Imaginären zentral erfaßt) [52] kann als Vermögen der Vergegenwärtigung gelten. Doch schon Vico hat der Leistung der Reproduktion ein Argument entgegengehalten, das zumindest für den Anfang der Geschichte die Produktivkraft Phantasie betont. Man müsse einen Überschuß, einen den Menschen eigentümlichen Impuls (conato) annehmen, der beim »Machen« ein »Deuten« und beim »Deuten« ein »Machen« der Gegenstände miteinander verbindet. »Jene Kraft aber, welche zum Formen der Bilder der Dinge da ist und welche Phantasie genannt wird, bezeugt und bestätigt wirklich ihren göttlichen Ursprung, indem sie neue Formen erzeugt und hervorbringt. Sie ersinnt die Götter großer und kleiner Völker; sie ersinnt die Heroen. Die Formen der Dinge wandelt sie zum Teil, teilweise baut sie sie auf, teilweise trennt sie sie.« [53]

Beide Akzentuierungen halten sich über längere Zeit mit einiger Selbstverständlichkeit, bis sie unter dem Anspruch der aufkommenden bürgerlichen Vernunft auseinanderbrechen und ihr Verhältnis neu zur Debatte steht. So hat noch Descartes die von ihm beabsichtigte Trennung von Körper und Geist nicht vollends vornehmen können, weil das genannte Vorverständnis die Einbildungskraft, die er dauernd zitiert, sowohl auf die Seite der »res extensa« wie auf die der »res cogitans« situierte. Somit blieb die Klammer, die Leib und Seele zusammenhält, trotz allem bestehen. [54]

Erst bei Kant [55] rückt einerseits die Einbildungskraft zur »reinen Form aller möglichen Erkenntnis« auf, zur »Synthesis der Sinnlichkeit« vor jeder Erfahrung, von der man füglich nichts wissen könne. In der Kritik der reinen Vernunft fungiert sie als »eine blinde, obgleich unentbehrliche Funktion der Seele«, die das transzendentale Schema der reinen Verstandesbegriffe produziert. [56]

In der Anthropologie dagegen wird sie zu einem Unter-Vermögen des Verstandes und rangiert nahe beim Gedächtnis [57] – Heidegger hat darauf hingewiesen, daß Kants Schwanken zwischen der Annahme zweier oder dreier Erkenntnisquellen (Sinnlichkeit und Verstand; oder die vorgenannten plus Einbildungskraft) womöglich auf seine Angst vor dem Unvordenklichen der bild- und regelgebenden, transzendentalen Einbildungskraft zurückgeführt werden kann. Die zweite Auflage der Kritik der reinen Vernunft habe sich »für den reinen Verstand gegen die reine Einbildungskraft entschieden, um die Herrschaft der Vernunft zu retten«. [58]

Auf der anderen Seite vermutet Herder (darin von Hamann unterstützt), daß die wahre Natur der Einbildungskraft noch gar nicht entdeckt sei: »Überhaupt ist die Phantasie noch die unerforschteste und vielleicht die unerforschlichste aller menschlichen Seelenkräfte: denn da sie mit dem ganzen Bau des Körpers, insonderheit mit dem Gehirn und den Nerven zusammenhängt, wie soviel wunderbare Krankheiten zeigen: so scheint sie nicht nur das Band und die Grundlage aller feineren Seelenkräfte, sondern auch der Knote des Zusammenhanges zwischen Geist und Körper zu seyn, gleichsam die sprossende Blüthe der ganzen sinnlichen Organisation zum weiteren Gebrauch der denkenden Kräfte«. [59]

Anderswo fragt er sich: »Ist sie etwa ein dunkles Abbild jener unendlichen Schöpferkraft, die, indem sie denkt, auch schafft, indem sie will, auch wirkt?« [60], und plädiert dafür, aufs neue göttliche Bilder zu schaffen.

Fichte folgt Kant und nimmt an, »daß alles Sein ursprünglich und schlechthin als Bild gesetzt ist«. [61] Er faßt die Einbildungskraft einmal als die gemeinsame Instanz der Sinne, die dem Verstand zu denken gibt und die Wirklichkeit des Wirklichen konstituiert, ein andermal als »spielende, gesetz- und zwecklose« Kraft, die zu Träumen und Schwärmen verführt. [62]

Schelling wiederum reklamiert sie wie Herder für die Erinnerung der Götter. »Die Welt der Götter ist kein Objekt weder des bloßen Verstandes noch der Vernunft, sondern einzig mit der Phantasie aufzufassen.« [63] Er hält sie als Erzeugerin der Mythen und der künstlerischen Bildwerke für vernunftüberlegen und sieht in der Beschäftigung damit (in der »Philosophie der Mythologie und Offenbarung«) eine Möglichkeit, die Immanenz der Vernunft zu sprengen und die individuelle Freiheit als bleibenden »dunklen Grund« der konkreten Individualität zur Geltung zu bringen.

Erst später – etwa seit der auffallenden Beschleunigung des Lebens in der bürgerlichen Gesellschaft durch die von England ausgehende Industrie – ist die dritte Zeitdimension (nach Vergegenwärtigung und Erinnerung) für die Phantasie in Anspruch genommen worden. Als Vermögen des Utopischen wird sie in die Zukunft gerichtet und mit manchen Hoffnungen auf eine bessere Welt beladen – jedenfalls noch einmal deutlich in Beziehung zur Zeit gebracht, so daß Martin Heideggers Versuch, die Einbildungskraft als »zeitigende Zeit« zu fassen [64] auch aus geistesgeschichtlichen Kontexten nahelag.

Hegel – um noch einmal mit ihm zu schließen – hat trotz des Enthusiasmus seiner »theologischen Jugendschriften« für die

Einbildungskraft, die dort, der mystisch-häretischen Tradition entsprechend, als eine Gestalt der vereinigenden Liebe in Erscheinung tritt [65], später mit großer Skepsis die romantische Überzeugung angesehen, daß – wie Novalis es formulierte – die Einbildungskraft die »mater« aller Realität sei. Für ihn figuriert sie zwar – insofern sie das Gedächtnis bildet – als das Nächste zum Denken, bleibt aber ein »körperliches« Vermögen der Seele und damit der abstrakt-konkreten Naturseite des Geistes verwandt. Weil es jedoch die Gewohnheit solcher Verwandtschaft ist, sich in Träumen, bloßen Phantasien und Attitüden des Wahnsinns gegen die Arbeit der Vernunft verstockt zu zeigen, muß das, was einbildungskräftig auf sich selbst beharrt, in Zucht genommen werden. Dieses Verdikt Hegels über die »Ungezogenheit« der Einbildungskraft hat einer phantasiefeindlichen Erziehung bis auf den heutigen Tag Schützenhilfe geleistet, ohne daß der Philosoph direkt verantwortlich gemacht werden könnte.

Denn Hegel hat der Einbildungskraft noch einen anderen Stellenwert zugebilligt. Auf der Seite des Allgemeinen bestimmt sie die Gestalt seiner Philosophie insgesamt. Darin ist der »Geist des Christentums« konserviert, daß die »Wissenschaft der Logik« und die »Phänomenologie des Geistes« die deutlichsten Exempel für eine Bewegung bieten, die der Menschwerdung Christi mit ihren Stationen des Lebens-, Kreuz- und Todesweges nachgebildet ist. [66]

In der *Form* konnte Hegel das erhalten, was auf dem Wege des Subjektwerdens der Substanz an inhaltlichen Bestimmungen abgestreift werden mußte: das innertrinitarische, das christusförmige, das apokalyptische Geschehen des Heils bzw. Unheils der Menschheit. Im Gegensatz zur zügellos widerspenstigen Phantasie des konkreten Körpers untersteht die allgemeine, die geistige Form der Einbildungskraft der bitteren Notwendigkeit der Geschichte. Die Menschen müssen dementsprechend im Verein einen großen Gotteskörper bilden, für den sie einzeln den Preis der Zerstückelung zahlen.

Insofern aber die Einbildungskraft all das in sich zusammenfaßt, was oben über Bild, Bildung und Einbildung ausgeführt worden ist, kann man abschließend sagen, daß wohl niemand einer Geistesgeschichte der Phantasie soviel Nahrung gegeben hat wie Hegel mit seiner Philosophie des Konkret-Allgemeinen. Was an Gedanken nach ihm zum Thema noch aufgetaucht ist, hat ihn entweder unterschritten oder fortsetzen müssen. In Anbetracht der Wirklichkeit der bürgerlichen Gesellschaft – und das ist das vollendete Elend der Einbildungskraft – bleibt Hegels Diktum über ihre durch Abstraktion hervorgetriebene absolute Zerrissenheit vorerst das letzte Wort.

7. Traum, Gelächter, Wahnsinn ... in der Dialektik der Hegelschen Anthropologie

Eine undialektische Kritik der »Philosophie des subjektiven Geistes«

> »Hegel, so stelle ich es mir vor, berührte das Extrem. Er war noch jung, und glaubte verrückt zu werden. Ich stelle mir sogar vor, daß er das System entwickelte, um entkommen zu können (jede Art von Errungenschaft ist mit Sicherheit die Leistung eines einer Bedrohung entfliehenden Menschen). Am Ende erreicht Hegel die *Befriedigung;* er kehrt dem Extrem den Rükken. *Das inständige Flehen ist in ihm gestorben.* Daß man das Heil sucht, geht noch an; man bleibt am Leben, man kann nicht sicher gehen, man muß es weiterhin erflehen. Hegel gewann zu seiner Lebenszeit das Heil, tötete das inständige Flehen und verstümmelte sich. Es blieb von ihm nur ein Spatenstiel übrig, ein moderner Mensch. Aber bevor er sich verstümmelte, hat er freilich das Extrem berührt und das inständige Flehen erfahren: seine Erinnerung führt ihn an den wahrgenommenen Abgrund zurück, um ihn zu *annullieren.* Das System ist die Annullierung.«
>
> (George Bataille, 1943) [1]

Die allgemeine Schwierigkeit einer Kritik an Hegels »Anthropologie« (so heißt ein Kapitel aus der »Philosophie des subjektiven Geistes« im dritten Band der »Enzyklopädie der philosophischen Wissenschaften« von 1830, in dem die »Seele« als »natürliche«, »fühlende« und »wirkliche« Seele behandelt wird) liegt darin, daß auch diese Anthropologie wie ein System konstruiert ist und selbst die Form der vollendeten Kritik hat, die sich jeden Einwand einverleiben kann.

Die hier versuchte Kritik zielt auf die verschwiegene Abwehr einer schwer greifbaren Angst, um zu zeigen, daß Hegel in den einleitenden Paragraphen seiner »Philosophie des subjektiven

Geistes« (insbesondere §§ 389–408) gegen seine erklärte Absicht von dem zehrt, was er kühl distanziert, treffend identifiziert und genau differenziert (damit es in den Gang einer »Verwirklichung der göttlichen Vernunft« eingebunden werden kann): vom Körper.

Hegels Anthropologie, seine Theorie der Seele als der körperlichen Natur des Geistes, ist eine zugleich abwehrende und zehrende, zugleich eliminierende und subsumierende Kritik des »Besonderen« vom Standpunkt des »Allgemeinen«: des als zufällig und geistlos gesetzten, aber nicht wegzudenkenden Körpers vom äußersten Punkt einer geistigen Entwicklung, aus der das Substantielle, das Kontingente, das Materielle vom Geist als der notwendigen Form des Wirklichen weggearbeitet wurde.

Die Erscheinungsweisen der sich aus der »Natur« der Körperlichkeit entfaltenden Seele werden lediglich als »Momente« im Rahmen eines von seinem Ende her begriffenen »dialektischen« Prozesses toleriert: was sich diesem Prozeß der Entzweiung *und* Versöhnung nicht fügt und seinen Momentcharakter darin nicht akzeptiert, wird aus dem ehernen Gang der Verallgemeinerung als partikular und unwahr, als gefährlich und feindlich ausgeschlossen.

Die ungeheure Macht des Negativen (als Motor auch seiner Entzweiung, als Quelle auch seines Unheils, als Kern auch seines Wahnsinns) will Hegel dadurch überholen, daß er sie zum innersten Problem seiner äußerst gespannten und gedehnten Versöhnungsphilosophie macht, die für jeden einzelnen Punkt des Systems zugkräftig ist: insofern ist Hegel als bester Kritiker der Aufklärung ihr Vollender und von keinem Standpunkt des Verstandes und der Vernunft aus zu treffen.

I

»Die Seele ... ist die Substanz, die absolute Grundlage aller Besonderung und Vereinzelung des Geistes, so daß *er* in ihr allen Stoff seiner Bestimmung hat ... Aber in dieser noch abstrakten Bestimmung ist sie nur der Schlaf des Geistes ...

... Wir haben ... bemerklich gemacht, wie die Natur selber ihre Äußerlichkeit und Vereinzelung, ihre Materialität als ein Unwahres, dem in ihr wohnenden Begriffe nicht Gemäßes aufhebt und dadurch zur Immaterialität gelangend in den Geist übergeht ... Denn die Tätigkeit des Geistes besteht gerade wesentlich darin, sich über das Befangensein in dem bloßen

Naturleben zu erheben, sich in seiner Selbständigkeit zu erfassen, die Welt seinem Denken zu unterwerfen, dieselbe aus dem Begriffe zu erschaffen ... Die Empfindung ist die Form des dumpfen Webens des Geistes in seiner bewußt- und verstandlosen Individualität, in der alle Bestimmtheit noch unmittelbar ist, nach ihrem Inhalte wie nach ihrem Gegensatze eines Objektiven gegen das Subjekt unentwickelt gesetzt, als seiner besondersten, natürlichen Eigenheit angehörig. Der Inhalt des Empfindens ist eben damit beschränkt und vorübergehend, weil er dem natürlichen, unmittelbaren Sein, dem qualitativen also und endlichen angehört« (§§ 389, 392, 400). [2]

Traum, Gelächter, Wahnsinn – und überhaupt die »Empfindung« als der »Schlaf des Geistes« – sind, da das Festhalten der Endlichkeit für Hegel das Böse ist (§ 386), nur als Faktor und Medium der Bewegung der Vermittlung (im Rahmen der Hegelschen Anthropologie) akzeptabel, keinesfalls aber als ein je anders Gegebenes, das unvermittelbar für sich genommen, erlebt und bewahrheitet werden könnte: Hegel sieht zwar solche Möglichkeiten ein, hält sie jedoch für Fallstricke des Zufalls.

Eine solche Kritik der »menschlichen Natur«, in der das Besondere als Bedrohung des Allgemeinen auftaucht und gleichzeitig als dieses Besondere eliminiert und als ein tendenziell Allgemeines subsumiert wird, ist – was ein mögliches Aussetzen oder Innehalten der Dialektik angeht – blind vor Angst und führt zwangsläufig dazu, mit der Abwehr des Besonderen als partikular und unwahr das Allgemeine als unangreifbare Totalität, der alles gehört, zu unterstellen.

Es ist die Verabsolutierungstendenz der Stufen des Systems (gegenüber dem System im Ganzen), die Angst macht; wobei nicht vergessen werden sollte, daß die »Stufen« als Artefakte des Geistes anzusehen sind, also – in ihrem Widerstand gegen die Vermittlung – eine vorausgegangene Gewalt replizieren: die Antwort der Natur auf einen tätigen Geist, der annimmt, er sei im Recht zur Gewalt, da er seinerseits lediglich auf eine mehrtausendjährige Bedrohung durch die Natur antwortete.

So erscheint – während einer bestimmten Phase der Geschichte – der Geist selbst im Prozeß seiner Selbstvergewisserung (»Daß der Geist dazu kommt, zu wissen, was er ist, dies macht seine Realisation aus. Der Geist ist wesentlich nur das, was er von sich selber weiß«; § 385) als der sicherste Garant für die Überwindung der Angst des Geistes vor jener Natur (der Angst der Aufklärung vor dem Mythos?), die Hegel beschwichtigend als das dem Geist »eigene Anderssein« apostrophiert.

II

»... Der nach dem Wachen eintretende Schlaf ist die natürliche Weise der Rückkehr der Seele aus der Differenz zur unterschiedslosen Einheit mit sich. Insoweit der Geist in den Banden der Natürlichkeit befangen bleibt, stellt diese Rückkehr nichts dar als die leere Wiederholung des Anfangs, – einen langweiligen Kreislauf. An sich oder dem Begriffe nach ist aber in jener Rückkehr zugleich ein Fortschritt enthalten. Denn der Übergang des Schlafs in das Wachen und des Wachens in den Schlaf hat für uns das ebenso positive wie negative Resultat, daß sowohl das im Schlafe vorhandene ununterschiedene substantielle Sein der Seele wie das im Erwachen zustandekommende noch ganz abstrakte, noch ganz leere Fürsichsein derselben sich in ihrer Getrenntheit als einseitige, unwahre Bestimmungen erweisen und ihre konkrete Einheit als ihre Wahrheit hervortreten lassen...

Die Schwierigkeit, welche man (mit) dem Unterscheiden jener beiden Zustände erregt, entsteht eigentlich erst, insofern man das Träumen im Schlafe hinzunimmt und dann die Vorstellungen des wachen, besonnenen Bewußtseins auch nur als Vorstellungen, was die Träume gleichfalls seien, bestimmt. In dieser oberflächlichen Bestimmung von Vorstellungen kommen freilich beide Zustände überein, d.h. es wird damit über den Unterschied derselben hinweggesehen; und bei jeder angegebenen Unterscheidung des wachen Bewußtseins läßt sich zu der trivialen Bemerkung, daß dies doch auch nur Vorstellungen enthalte, zurückkehren. – Aber das Fürsichsein der wachen Seele, konkret aufgefaßt, ist Bewußtsein und Verstand, und die Welt des verständigen Bewußtseins ist ganz etwas anderes als ein Gemälde von bloßen Vorstellungen und Bildern...

... Das Denken überhaupt gehört so sehr zur Natur des Menschen, daß derselbe immer, auch im Schlafe, denkt...

Im Traume verhalten wir uns nur vorstellend; da werden unsere Vorstellungen nicht von den Kategorien des Verstandes beherrscht. Das bloße Vorstellen reißt aber die Dinge aus ihrem konkreten Zusammenhange völlig heraus, vereinzelt dieselben. Daher fließt im Traume alles auseinander, durchkreuzt sich in wilder Unordnung, verlieren die Gegenstände allen notwendigen, objektiven, verständigen, vernünftigen Zusammenhang und kommen nur in eine ganz oberflächliche, zufällige, subjektive Verbindung...« (§§ 398, 399)

Die in einem derart riesigen Zirkel beschwichtigte Immanenz des Geistes kann ihr »Außen« jedoch nicht einfach abtun: auf allen Stufen kehrt es wieder – sei es als Oberflächlichkeit, Zufälligkeit und Subjektivität des Traumes – und zeigt sich gerade als das Undialektische, als das Insistieren auf der Besonderheit, besonders bei den einzelnen Menschen, die Hegel in ihrer Fähigkeit des Neinsagenkönnens als abstrakte Subjektivität, als bloße Negation der Vermittlung und der Unmittelbarkeit bestimmt.

Das Böse schlechthin ist demnach der in seiner unmittelbaren Natürlichkeit oder auf der Spitze seiner Einzelheit oder mit Hilfe der wilden Unordnung seiner »Materialität« sich haltende »Geist« des Körpers: geradezu ein Schreckgespenst des Systems, weil er in den Bildern der Träume nur auseinanderfließen, die gestufte Bewegung des Ganzen lediglich stillstellen und bloß den langweiligen Kreislauf der leeren Wiederholung des Gleichen vollziehen kann.

Dieser Geist des Körpers – eine substanzielle Einbildungskraft ohne Ambitionen, die sich der Versöhnung im allgemeinen sperrt – ist der eigentliche »Gegenstand«, genauer »Gegenspieler« der Hegelschen Anthropologie, der »Gegner«, der mit Hilfe dialektischer Identifizierungen, Differenzierungen, Entgegensetzungen und Vereinigungen vertrieben und als Nicht-Form aus dem errichteten System des Denkens, das kein »Außen« zu haben behauptet, ausgeschlossen wird.

Indem der böse Geist des Systems ein solches Schicksal erfährt, manifestiert sich ein reales Gewaltverhältnis, dem Hegel mit seiner Anthropologie Geltung verschafft: der Wille zur Macht über die Seele als das körperlich Besondere des Geistes *ist* die Wirklichkeit der bürgerlichen Gesellschaft, die ihre Totalität als leere Form des Allgemeinen in einer massenhaften Vergesellschaftung »formloser«, menschlicher Körper durchsetzt und systematisch organisiert.

III

»Was die geistige Seite jener Erscheinungen betrifft, so wissen wir in bezug auf das Lachen, daß dasselbe durch einen sich unmittelbar hervortuenden Widerspruch, durch etwas sich sofort in sein Gegenteil Verkehrendes, somit durch etwas unmittelbar sich selbst Vernichtendes erzeugt wird, – vorausgesetzt, daß wir in diesem nichtigen Inhalte nicht selbst stecken, ihn nicht als den unsrigen betrachten; denn fühlten wir durch die Zerstörung jenes Inhalts uns selbst verletzt, so würden wir weinen. Wenn zum Beispiel ein stolz Einherschreitender fällt, so kann darüber Lachen entstehen, weil jener an seiner Person die einfache Dialektik erfährt, daß mit ihm das Entgegengesetzte dessen geschieht, was er bezweckte. Das Lachenerregende wahrhafter Komödien liegt daher auch wesentlich in dem unmittelbaren Umschlagen eines an sich nichtigen Zweckes in sein Gegenteil, wogegen in der Tragödie es substantielle Zwecke sind, die sich in ihrem Gegensatze gegeneinander zerstören. Bei jener dem komischen Gegenstande widerfahrenden Dialektik kommt die Subjektivität des Zuschauers oder Zuhörers zum ungestörten und ungetrübten Genuß ihrer selbst, da sie die absolute Idealität, die unendliche Macht über jeden beschränkten Inhalt, folglich die reine Dialektik ist, durch welche eben der komische Gegenstand vernichtet wird. Hierin ist der Grund der Heiterkeit enthalten, in die wir durch das Komische versetzt werden. Mit diesem Grunde steht aber die physiologische Erscheinung jenes Heiterseins, die uns hier besonders interessiert, im Einklang; denn im Lachen verleiblicht sich die zum ungetrübten Genuß ihrer selbst gelangende Subjektivität, dies reine Selbst, dies geistige Licht, als ein sich über das Antlitz verbreitender Glanz und erhält zugleich der geistige Akt, durch welchen die Seele das Lächerliche von sich stößt, in dem gewaltsam unterbrochenen Ausstoßen des Atems einen leiblichen Ausdruck. – Übrigens ist das Lachen zwar etwas der natürlichen Seele Angehöriges, somit Anthropologisches, durchläuft aber von dem gemeinen, sich ausschüttenden, schallenden Gelächter eines leeren oder rohen Menschen bis zum sanften Lächeln der edlen Seele, dem Lächeln in der Träne, eine Reihe vielfacher Abstufungen, in welchen es sich immer mehr von seiner Natürlichkeit befreit, bis es im Lächeln zu einer Gebärde, also zu etwas vom freien Willen Ausgehenden wird. Die verschiedenen Weisen des Lachens drücken daher die Bildungsstufe der Individuen auf eine sehr charakteristische Art aus. Ein ausgelassenes, schallendes Lachen kommt einem Manne von Reflexion niemals oder doch nur selten an; Perikles zum Beispiel soll, nachdem er sich den öffentlichen Geschäften gewidmet hatte, gar nicht mehr gelacht haben. Das viele Lachen hält man mit Recht für einen Beweis der Fadheit, eines törichten Sinnes, welcher für alle großen, wahrhaft substantiellen Interessen stumpf ist und dieselben als ihm äußerliche und fremde betrachtet.« (§ 401)

Aber der große Plan der Weltvernunft, wie er dem Bürgertum bei seiner Umwälzung von Natur und Gesellschaft von Beginn an vorschwebte, ist nicht gelungen, vielmehr bis zur Lächerlichkeit preisgegeben an die Blindheit einer automatischen, blendenden Aufklärung; er scheiterte gerade deshalb, weil er jeweils aufs neue

»besondere« Menschen gebraucht hat, Menschen mit Körpern und Seelen, denen ihr »Selbst« schließlich nur noch unter äußersten Krisen beizubringen war.

Insofern ist es bloß die halbe Wahrheit der Immanenz, wenn Hegel schreibt: »Dies eigene Streben der Kinder nach Erziehung ist das immanente Moment aller Erziehung« (§ 396): wo die Einbildungskraft sich nicht ins Opfer ziehen läßt, wo die Entzweiung – sei es unwillentlich, sei es absichtlich – offengehalten und der Standpunkt des endlichen Körpers fixiert wird, da ist die Dialektik mit ihrer Exklusions- und Subsumptionslogik am Ende. Die restlose Vermittlung des Unmittelbaren ist deshalb unmöglich, weil der Geist (als das Allgemeine) die menschliche Natur (als das Besondere, dem die Wahrheit der Immanenz mangelt) immerzu nötig hat, weil die Form von Inhalten »lebt«, weil nur die »Substanz« Subjekt werden kann, weil im Verhältnis von Geist und Körper – sofern er bis zur Stufe der absoluten Zerrissenheit vorangetrieben wurde – der Geist als Parasit fungiert, der auf Gedeih und Verderb am Schicksal des »Wirtes« partizipiert.

Solange jedoch die Versöhnung im Allgemeinen als unausweichlich erscheint und die Zerrissenheit im Besonderen: jener kulminierende Wahnsinn, der die Antwort des Körpers auf die bürgerliche Vergesellschaftung verschlüsselt enthält, angstvoll gemieden wird, kann die Dialektik mit ihrer Falle vom Ausschluß zum Einschluß immer wieder »zuschnappen« und nach Art eines Götzen vom Opfer derjenigen zehren, die sie verabscheut.

IV

»Um der Unmittelbarkeit, in der das Selbstgefühl noch bestimmt ist, d. i. um des Moments der Leiblichkeit willen, die darin noch ungeschieden von der Geistigkeit ist, und indem auch das Gefühl selbst ein besonderes, hiermit eine partikuläre Verleiblichung ist, ist das obgleich zum verständigen Bewußtsein gebildete Subjekt noch der Krankheit fähig, daß es in einer Besonderheit seines Selbstgefühls beharren bleibt, welche es nicht zur Idealität zu verarbeiten und zu überwinden vermag. Das erfüllte Selbst des verständigen Bewußtseins ist das Subjekt als in sich konsequentes, nach seiner individuellen Stellung und dem Zusammenhange mit der äußeren, ebenso innerhalb ihrer geordneten Welt sich ordnendes und haltendes Bewußtsein. In einer besonderen Bestimmtheit aber befangen bleibend, weist es solchem Inhalte nicht die verständige Stelle und die Unterordnung an, die ihm in dem individuellen Weltsysteme, welches ein Subjekt ist, zugehört. Das Subjekt befindet sich auf diese Weise im Widerspruche seiner in seinem Bewußtsein systematisierten Totalität und der besonderen in derselben nicht flüssigen und nicht ein- und untergeordneten Bestimmtheit, – die Verrücktheit.

Als gesund und besonnen hat das Subjekt das präsente Bewußtsein der geordneten Totalität seiner individuellen Welt, in deren System es jeden vorkommenden besonderen Inhalt der Empfindung, Vorstellung, Begierde, Neigung usf. subsumiert und an der verständigen Stelle desselben einordnet; es ist der herrschende Genius über diese Besonderheiten. Es ist der Unterschied wie beim Wachen und Träumen; aber hier fällt der Traum innerhalb des Wachens selbst, so daß er dem wirklichen Selbstgefühl angehört. Irrtum und dergleichen ist ein in jenen objektiven Zusammenhang konsequent aufgenommener Inhalt. Es ist aber im Konkreten oft schwer zu sagen, wo er anfängt, Wahnsinn zu werden. So kann eine heftige, aber ihrem Gehalte nach geringfügige Leidenschaft des Hasses usf. gegen die vorauszusetzende höhere Besonnenheit und Halt in sich als ein Außersichsein des Wahnsinnes erscheinen. Dieser enthält aber wesentlich den Widerspruch eines leiblich, seiend gewordenen Gefühls gegen die Totalität der Vermittlungen, welche das konkrete Bewußtsein ist. Der Geist als nur seiend bestimmt, insofern ein solches Sein unaufgelöst in seinem Bewußtsein ist, ist krank. – Der Inhalt, der in dieser seiner Natürlichkeit frei wird, sind die selbstsüchtigen Bestimmungen des Herzens, Eitelkeit, Stolz und die anderen Leidenschaften und Einbildungen, Hoffnungen, Liebe und Haß des Subjekts. Dieses Irdische wird frei, indem die Macht der Besonnenheit und des Allgemeinen, der theoretischen oder moralischen Grundsätze über das Natürliche nachläßt, von welcher dasselbe sonst unterworfen und versteckt gehalten wird; denn an sich vorhanden ist dies Böse in dem Herzen, weil dieses, als unmittelbar, natürlich und selbstisch ist. Es ist der böse Genius des Menschen, der in der Verrücktheit herrschend wird, aber im Gegensatz und im Widerspruche gegen das Bessere und Verständige, das im Menschen zugleich ist, so daß dieser Zustand Zerrüttung und Unglück des Geistes in ihm selbst ist.« (§ 408).

Also wäre es die Dialektik, die – statt weiterhin aufzuheben – aufgehoben werden muß: es geht darum, die vorweggenommene geschlossene Totalität, die in ihrer rastlosen Bewegung, an jedem Punkte ihres Durchlaufs sich alles Gegebene zum Mittel macht, zu sprengen, aufzureißen, zu durchlöchern ... und dies sowohl mit Blick auf Hegel, der sie zu denken vermochte, als auch in Hinsicht auf die spätbürgerliche Gesellschaft, die der Hegelschen Anthropologie noch immer nachhinkt.

Versuche einer solchen »Aufhebung«, wie sie gegenwärtig theoretisch und praktisch massenhaft im Gange sind, können einzig von denjenigen Momenten des Systems ausgehen, die sich ihre Unversöhnlichkeit bewahrt haben, die auch für Hegel trotz der Macht seines schließenden Denkens inkommensurabel waren und »offen« blieben: Traum, »die wilde Unordnung«; Gelächter, »der Beweis der Fadheit«; Wahnsinn, »der böse Genius«...

Da das dialektische System der bürgerlichen Gesellschaft von seiner Kritik lebt, muß eine wirkliche Kritik undialektisch bleiben und sich davor hüten, das System systematisch zu kritisieren: die marxistische »Umstülpung« ist sowenig ein Ausweg wie die »negative Dialektik« der Kritischen Theorie; eher noch sind es Körperstrategien: Traumprojekte vereinzelter Einzelner, Menschen, die sich über Hegel totlachen wollen (was sicher nicht ohne ein bitteres Ende möglich ist), und die Irren, die menschlich sind.

Vielleicht bieten die »profane Erleuchtung« (Benjamin) oder die »nicht-positive Affirmation« (Foucault) eine Chance, die Dialektik im Stillstand zu halten und vor der systematischen Gefräßigkeit eines permanent sich erweiternden Gewaltverhältnisses dadurch ins »Offene« zu entkommen, daß man auf der Spur des verdrängten Körpers und der zugerichteten Seele ohne viel Aufhebens und Geschrei »zu Grunde geht«.

»Will daher der Mensch nicht untergehen, so muß er die Welt als eine selbständige, im wesentlichen fertige anerkennen, die von derselben ihm gestellten Bedingungen annehmen und ihrer Sprödigkeit dasjenige abringen, was er für sich selber haben will. Zu dieser Fügsamkeit glaubt sich der Mensch in der Regel nur aus Not verstehen zu müssen. In Wahrheit aber muß diese Einheit mit der Welt nicht als ein Verhältnis der Not, sondern als das vernünftige Verhältnis erkannt werden. Das Vernünftige, Göttliche besitzt die absolute Macht, sich zu verwirklichen, und hat sich von jeher vollbracht; es ist nicht so ohnmächtig, daß es erst auf den Beginn seiner Verwirklichung warten müßte. Die Welt ist diese Verwirklichung der göttlichen Vernunft; nur auf ihrer Oberfläche herrscht das Spiel vernunftloser Zufälle. Sie kann daher wenigstens mit ebensoviel und wohl noch mit größerem Rechte als das zum Manne werdende Individuum die Prätention machen, für fertig und selbständig zu gelten, und der Mann handelt deshalb ganz vernünftig, indem er den Plan einer gänzlichen Umgestaltung der Welt aufgibt und seine persönlichen Zwecke, Leidenschaften und Interessen nur in seiner Anschließung an die Welt zu verwirklichen strebt. Auch so bleibt ihm Raum zu ehrenvoller, weitgreifender und schöpferischer

Tätigkeit übrig. Denn obgleich die Welt als im wesentlichen fertig anerkannt werden muß, so ist sie doch kein Totes, kein absolut Ruhendes, sondern, wie der Lebensprozeß, ein sich immer von neuem Hervorbringendes, ein – indem es sich nur erhält – zugleich Fortschreitendes. In dieser erhaltenden Hervorbringung und Weiterführung der Welt besteht die Arbeit des Mannes. Wir können daher einerseits sagen, daß der Mann nur das hervorbringt, was schon da ist. Andererseits muß jedoch durch seine Tätigkeit auch ein Fortschritt bewirkt werden. Aber das Fortrücken der Welt geschieht nur in ungeheuren Massen und fällt erst in einer großen Summe des Hervorgebrachten auf.« (§ 396)

Wer sich auf die Suche nach der verlorenen Vernunft der bürgerlichen Gesellschaft begibt, trifft am menschlichen Körper die Wirkungen der Disziplin und die Spuren der Macht; er trifft aber auch – in Anbetracht der Form, die die Vernunft angenommen hat – auf den verschwommenen Umriß eines »großen Körpers«, den das Bürgertum in Ablösung des Körpers des Königs mit dem »Material« körperlich disziplinierter Menschen gebaut hat.

Es ist Hegel zu danken, daß er diese düstere Gestalt, die inzwischen wie ein Verhängnis über aller gesellschaftlichen Praxis lastet, mit den einbildungskräftigen Kategorien des Christentums – weniger inhaltlich (obwohl sie hier als System der Bedürfnisse, als Industrie und Arbeit der Maschinen auftritt) denn in der Gestalt seiner Philosophie – als den gestorbenen Körper des menschgewordenen Gottes entschleiert hat, wie er sich trotz Säkularisation und Aufklärung geschichtlich erhalten konnte.

8. Methodische Schizophrenie. Von der Archäologie zur Mythologie des Subjekts

»Der Friede, mit solchen Opfern erkauft, war mir zu teuer, und ich konnte den Gedanken nicht mehr ertragen, mich teilweise zu vernichten, um mich teilweise desto besser erhalten zu können.«

(Karoline von Günderrode, 1806) [1]

Die Zumutung, die in jeder Sozialisation für jedes Menschenkind liegt, geht auf ein uraltes zivilisatorisches Erbe zurück: es ist notwendig, zwischen zwei aufeinander gleichgültig bis feindlich reagierenden »Welten« eine nicht-neutrale Verbindung herzustellen, eine homogene Brücke zwischen Heterogenem zu bauen und Kontinua aus Diskontinuitäten zu bilden. Was die Günderrode vor ihrem Freitod unerträglich fand: das Opfer der Selbstvernichtung um den Preis der Selbsterhaltung zu bringen, ist die Norm jener Ur-Szene, die als geheime Vor-Schrift im Drama des menschlichen Daseins von alters her wirkt ... die freilich – je länger der Zivilisationsprozeß währt – um so schwieriger ausfällt, schließlich nur noch im methodischen Umgang mit unüberbrückbaren Spaltungen gelingen mag. Genau das meint »methodische Schizophrenie«.

Wenn auch dies nicht mehr geht, zerbricht die menschliche Wirklichkeit in zwei Sorten des Wahns: in einen verkappten, der genau im Zentrum der Vernunft sich ansiedelt und die säkulare Aufklärung – deren Substanz verzehrend – zu einem sich selbst blendenden Unternehmen mit metastatischen Aufblähungen geraten läßt ... und in einen offenen Wahnsinn, der als einzig mögliche »Reise« zurück ins Leben apostrophiert worden ist. [2] Die neuerdings bei Psychosomatikern aufgetauchte Vermutung, daß die Psychose als Alternative zum Krebs begriffen werden könne [3], bekräftigt einen solchen Verdacht: die Umkehr zu einem Körper-Geist bzw. Geist-Körper, genauer zu jenem zeitgebärenden, geschichtsgründenden Phantasma körperlichen Lebens geht durch die äußerste Bedrohung, durch finstere Unordnung und hellen Wahnsinn.

In Anbetracht derart – bis auf des Messers Schneide – zugespitzter Verhältnisse reicht es nicht mehr aus, das »Subjekt« oder die genannte Norm der Ur-Szene archäologisch zu rekonstruieren. Vielmehr muß versucht werden, in seine Mythologie vorzustoßen, d.h. jenen dramatischen Entwurf freizulegen, der zivilisationsgeschichtlich und autobiographisch fundamental ist, aber vergessen wurde. Die Chancen einer solchen Erinnerungsarbeit stehen insofern nicht schlecht, als die zerreißenden Spannungen seit der Romantik die »Grundrisse« vertieft haben, aus denen neue Einsichten in die ältesten Schichten der Geschichte sich ergeben. Der Weg führt von der »Krise des Subjekts« über die »strikte Ambivalenz« zum »Phantasma des ganzen und des zerstückelten Körpers«, das schließlich auf das »Mythologem eines Selbstopfers« als eine immer noch gültige Botschaft des Heils verweist.

I

Angenommen werden muß eine »Krise des Subjekts«, ein realer Prozeß des Kritisch-Werdens der neuzeitlichen Subjektivität, der nicht nur im wissenschaftlichen Diskurs vor sich geht, sondern vielmehr in der subjektiven Erfahrung der Menschen, genauer: an der Grenze, an der die Erfahrungsmächtigkeit der Subjekte als Subjekte aufhört oder nur noch als blasse Erinnerungsspur übrigbleibt. Im Focus der laufenden Studentenbewegung hatte Bernard Willms schon konstatiert: »Der Glanz des bürgerlichen Subjekts war seine welthistorische Allgemeinheit; sein Elend ist die nicht begriffene Partikularität.« [4] Doch sollte sich auch der Versuch, Borniertheit zu begreifen, keineswegs als Lösung der Krise herausstellen. Ratlosigkeiten, Desorientierungen, Neurosen, Psychosen, rasant steigende Selbstmordraten können nicht mehr als bloße Betriebsunfälle, sondern müssen als Indizien einer bislang unerhörten Ohnmacht angesichts der auf den Kopf gestellten Welt (Hegel) interpretiert werden.

Es findet eine radikale »Liquidation« des bürgerlichen Individuums statt; Liquidation im doppelten Wortsinn von »Verflüssigung«: einerseits bedrohliche Zerstörung und Vernichtung bis zur Spurenlosigkeit, andererseits notwendige Auflösung von Verhärtungen, Versteinerungen, Vergreisungen [5]. Diese Liquidation kann (mit religiösen Kategorien) als unbewußtes Selbstopfer des

»vermessenen« Menschen in der Konsequenz des Todes Gottes verstanden werden. Hier sei erinnert an einen der großen »Regenpfeifer« der Krise auf dem Gipfel der Entschiedenheit für das Subjektive: an Sören Kierkegaard, der in seiner Existenz ein derartiges Opfer vorwegnahm, gleichzeitig dessen »Sinnlosigkeit« demonstrierte. [6]

Der »Mensch« in der Liquidation – das heißt: ein quasi selbstverständliches Paradigma der bürgerlichen Gesellschaft, nämlich Herrschaftsvernunft und Machtwille als universelles, externes und internalisiertes Prinzip, mit all seinen praktischen und theoretischen Auswirkungen ist gegenwärtig in einen ambivalenten Prozeß hineingezogen. Gerade der anthropologisch höchste Wert ist Signum einer schrecklichen Leere, in der sich Kommendes eröffnet, ohne mit den gewohnten Kriterien begriffen werden zu können.

Adorno hatte negativ-dialektisch exponierend formuliert:

»Die heraufdämmernde Identität ist nicht Versöhnung des Allgemeinen und des Besonderen, sondern das Allgemeine als Absolutes, in dem das Besondere verschwindet ... Die Identität von Gesellschaft und Individuum in der Form, in der sie sich anbahnt, ist das vollendet Negative.« [7]

Wer hört hier nicht die Trauer über die verkehrte Utopie mit, die im »Nicht-Versöhnt« liegt?! Demgegenüber ist die Nebenmusik in Foucaults folgenden Sätzen eher enthusiastisch:

»In unserer heutigen Zeit kann man nur noch in der Leere des verschwundenen Menschen denken. Diese Leere stellt kein Manko her, sie schreibt keine auszufüllende Lücke vor. Sie ist nichts mehr und nichts weniger als die Entfaltung eines Raumes, in dem es schließlich möglich ist zu denken.« [8]

Zumindest fällt es schwer, ex negativo verkappte Enttäuschungen zu entlarven.

»Die Anthropologie bildet vielleicht die grundlegende Position, die das philosophische Denken von Kant bis zu uns bestimmt und geleitet hat. Diese Disposition ist wesentlich, weil sie zu unserer Geschichte gehört. Aber sie ist im Begriff, sich unter unseren Augen aufzulösen, weil wir beginnen, darin gleichzeitig das Vergessen des Anfangs, der sie möglich gemacht hat, und das hartnäckige Hindernis, das sich widerspenstig einem künftigen Denken entgegenstellt, zu erkennen und kritisch zu denunzieren.« [9]

Diesen Prozeß begreifen zu wollen, kostet die gewohnten Sicherheiten der Erkenntnis. Weil auch der Begreifende als Subjekt selbst betroffen ist, kommen eher andere Strategien als die in der Tradition der Subjektivität hochgehaltenen wie z. B. »standfeste Wahrhaftigkeit« ins Spiel: Verharmlosung von Problemen, Ausweichen vor den entscheidenden Fragen, Verleugnen der betreffenden Realität, kurzschlüssiges Polemisieren usf., jedenfalls Neutralisierungsversuche en masse, die faktisch zur permanenten Verschlimmerung beitragen. [10]

Weder die Differenz von transzendentalem (philosophischem) Ich noch die Trennung von Wissenschaft und Lebenspraxis noch die mit der Subjekt-Objekt-Spaltung verknüpfte Diskriminante von Rationalismus und Irrationalismus halten der Vehemenz des Liquidationsprozesses in seiner historischen Unausweichlichkeit stand. Vielmehr ist es gerade die Art und Weise der Gegenwehr der Subjekte selbst, die das Bollwerk der Subjektivität unterminiert: der Schein trügt, daß sich durch polemische Bissigkeit, Realitätsverleugnungen, Ausweichmanöver oder Notverharmlosung irgendetwas retten ließe.

Während einerseits eine zwar mühsam gewordene, aber nach wie vor unentwegte Rekonstruktion von Identität in den therapeutischen Sozialwissenschaften und in den sozialwissenschaftlichen Therapien passiert, welche trotz gegenteiliger Absichten die Krise des Subjekts doch nur zuspitzen kann, sind in zwei Richtungen, Schritt für Schritt, Versuche des Begreifens unternommen worden.

Die *kritische Theorie des Subjekts* versteht sich einerseits als Analyse der Bedingungen, die Subjektivität verhindern, also der versteinerten Herrschaftsverhältnisse *und* der im bürokratischen Apparat verdinglichten Emanzipationsresultate des aufgeklärten Bürgertums, andererseits als reflexive Kraft, Ideologien und Selbsttäuschungen zu entlarven und die genannten Konsequenzen der remythisierten Aufklärung nicht auf sich sitzen zu lassen.

Die *Strukturanalyse der Subjektivität* dagegen ist endlich hinter den Schein gekommen, daß das bürgerliche Subjekt selbst konstituierend sei, d. h. über Vernunft und Wille Herr und Machthaber, und hat entdeckt – archäologisch vorgehend –, daß in den ethnischen und sozialen Institutionen (Lévi-Strauss), im kollektiven Sprechen (Lacan), in den Körpern der Menschen (Foucault), in den empirischen Verhältnissen der Wunsch-Ökonomie (Deleuze/Guattari) lauter anonyme Strukturen am Werk sind, die das sozialgeschichtliche Fundament des Individuums bilden und noch die Formen des Widerstandes gegen die Ent-Subjektivierung bestimmen.

In einer Akzentverschiebung zur »Kritischen Theorie« wird von Lévi-Strauss derselbe Befund einer Auflösung der Ich-Identität schrittweise vorgehend und zunehmend sicherer als Ereignis mit Zukunft gedeutet:

»Es gäbe viel zu sagen über diese angebliche Kontinuität des Ich, in der wir eher eine Illusion sehen, die von den Forderungen des gesellschaftlichen Lebens genährt wird ... als den Gegenstand einer apodiktischen Erfahrung.« [11]

»Wir meinen, daß das letzte Ziel der Wissenschaften vom Menschen nicht das ist, den Menschen zu konstituieren, sondern das, ihn aufzulösen.« [12]

Für Lacan besteht eine der Hauptaufgaben der fortgeschriebenen Psychoanalyse darin, den reflexiven Focus der Subjektivität als imaginären Zerrspiegel freizulegen ... [13]

Foucault schreibt:

»Die Analyse der Herkunft führt zur Auflösung des Ich und läßt an den Orten und Plätzen seiner leeren Synthese tausend verlorene Ereignisse wimmeln ... Es gilt zu entdecken, daß an der Wurzel dessen, was wir erkennen und was wir sind, nicht die Wahrheit und das Sein steht, sondern die Äußerlichkeit des Zufälligen.« [14]

Deleuze/Guattari schließlich fassen das Subjekt als marginale Tatsache auf, die sich am Rande des Strömens der Wünsche *auch* ergeben kann; wo es hingegen auf sich selbst pocht, sehen die Autoren es einer fortschreitenden Schizophrenie ausgesetzt. [15]

Während die (– trotz aller Kritik im einzelnen – aufs Ganze gesehen) apologetischen Theorien der Sozialisation (Habermas u. a.) das Konstrukt einer Ich-Identität als der Fähigkeit, in prekären Situationen beliebig neue Identitäten ausbilden zu können, beschwören und durchzusetzen versuchen,

(»›Identität‹ nennen wir die symbolische Struktur, die es einem Persönlichkeitssystem erlaubt, im Wechsel der biographischen Zustände und über die verschiedenen Positionen im sozialen Raum hinweg Kontinuität und Konsistenz zu sichern« [16])

sind kritische Theorie – wie Adorno sie verstand – und Strukturalismus dem Skandalon auf der Spur, daß die Emanzipation (im bürgerlichen Verstande) die Zurichtung der menschlichen Individuen zum Zwecke der Ausbeutung und Verwertung *ist.*

»Das vereinzelte Ich, das reine Subjekt der Selbsterhaltung verkörpert im absoluten Gegensatz zur Gesellschaft deren innerstes Prinzip.« [17]

Das ist fern aller Habermasschen Affirmation, enthält vielmehr die notwendige Konsequenz, mit der Gesellschaft zusammen immer auch das Ich, das ihr entspricht, zu kritisieren. Und dies kann füglich nicht vom Standpunkt desselben Ich her geschehen, sondern im Rekurs auf einen geschichtlichen Prozeß, der »tiefer« liegt. Von daher ist es dann nicht mehr weit bis zu solchen Sätzen, die Foucault im Anschluß an Nietzsche schrieb:

»Die Historie kann ... der systematischen Auflösung unserer Identität dienen. Denn diese Identität, die wir unter einer Maske notdürftig wahren wollen, ist selber nur eine Parodie: der Plural regiert sie, unzählige Seelen machen sie einander streitig. ... Wenn man Geschichte studiert hat, fühlt man sich ›glücklich, im Gegensatz zu den Metaphysikern, nicht *Eine unsterbliche Seele,* sondern viele sterbliche Seelen in sich zu beherbergen‹. (Nietzsche) ... Die genealogisch aufgefaßte Historie will nicht die Wurzeln unserer Identität wiederfinden, vielmehr möchte sie sie in alle Winde zerstreuen; sie will nicht den heimatlichen Herd ausfindig machen, von dem wir kommen, jenes erste Vaterland, in das wir den Versprechungen der Metaphysiker zufolge zurückkehren werden; vielmehr möchte sie alle Diskontinuitäten sichtbar machen, die uns durchkreuzen.« [18]

II

Die strategischen Folgerungen jedoch: einerseits die »große Weigerung«, dem Ganzen als dem Unwahren zu dienen (kritische Theorie), andererseits die unwillkürliche Inszenierung wechselnder Nicht-Identitäten (Strukturalismus) sind dem laufenden Liquidationsprozeß aufgrund ihrer Einseitigkeiten unangemessen; seine Ambivalenz verlangt vielmehr ein praktisches und theoretisches Sowohl – Als Auch, das in der apparatgewordenen Tradition einer exklusiven Logik der Alternative kaum noch denkbar ist. Hier z. B. liegen die Schwierigkeiten aller gegenkulturellen Bewegungen, seien sie nun projektartig oder nach Art der Rhizome organisiert. In ihrem »Dagegensein« herrscht immer noch die Logik des »Seins«.

Die »kritische Theorie« für sich führt zum ohnmächtigen Insistieren; sie hilft mit, das Subjekt, mit dessen Kraft sie insistiert, zu verflüchtigen. Der »Strukturalismus« für sich versucht zwar, der negativen Dialektik (Adorno) durch eine nicht-positive Affirmation der Verhältnisse (Foucault) zu entkommen; dabei evoziert er jedoch die Angst vor der Regression in die namenlose »Vorgeschichte« und damit das überholte frühbürgerliche Aufklärungspathos, das seinerseits faschistoide Projektionen entwickelt und so den Stillstand der Geschichte mitbewirkt.

Auffallend ist, wie immer aufs neue perfekt die »Fallen« funktionieren, in welche die »Dissidenten« geraten. Das beginnt schon beim »Namen« und setzt sich verstärkt fort beim »Ruhm«. Immer noch klappt, wenn der Ausschluß unmöglich ist, die Einvernahme. Erst einer, der sein »Inkognito« wahren könnte, wäre endlich in der Lage, unbemerkt Widerstand zu leisten.

Das Konzept einer »strikten Ambivalenz«, in dem beide Richtungen übereinkämen, kann nur von einem Dritten her, das historisch und systematisch diesseits bzw. jenseits von Subjekt und Objekt, von Subjektivität und Objektivität liegt und nicht beliebig verfügbar ist, erarbeitet werden. Nicht die angstbesetzte Abwehr der anonymen Strukturen am Anfang des Bürgertums, sondern ihre Überschreitung in Richtung einer Geschichte der un-menschlichen Natur im Menschen kann das Gesicht einer namentlichen Menschheit wiederholen. Vielleicht wäre ein »Ödipus« an der Zeit, der bei der Entdeckung seiner »Geschichte« sagen kann: »Ich bin es *nicht* gewesen« und der die Sphinx rettet mit dem Satz: »Ich bin es *nicht*«. Durch die Rückgabe der Verantwortung käme der »Grund« in eine andere Sicht: nämlich eine »Struktur«, ein »Text«, ein »Gewebe«, ein »Stoff« der Einbildungskraft zu sein, in deren Prozeß das »Ich bin« nur ein Zwischenspiel war.

Dazu bedarf es der Unentschiedenheit, der Unschlüssigkeit – oder positiv: der »Gelassenheit« – also diskriminierter Eigenschaften, die gerade im Umfeld der Befreiungskriege und -kämpfe für unangebracht gelten. Doch die Absage an die Identität fordert die Freigabe der Position im Mittelpunkt der Welt, die den Menschen als Bürgern seit jeher zugemutet war. Das kollidiert heute mit einer massenhaft organisierten Entweder-Oder-Mentalität. Die abstrakte Formalität der Herrschaftsvernunft und des Willens zur Macht ist deshalb das größte Hindernis bei dem Versuch zu begreifen, was gegenwärtig geschieht.

Denn die Parteilichkeit kann zur Zeit nur zwischen dem verkappten und dem offenen Wahnsinn wählen und hat somit vor allem Anfang schon verspielt. Erst die Gelassenheit, also das »Methodische« an der Schizophrenie, mag die Fähigkeit ergeben, sich in der Spur zur »Mythologie des Subjekts« zu halten und nicht aus der Kurve der Umkehr getragen zu werden, sei es erneut in die Linearität der Moderne oder in den geschlossenen Kreislauf regredienter Ideologie. Die »strikte Ambivalenz« ist kein Ziel aber ein Ausgangspunkt für ein anderes Fragen.

III

Im Fortgang früherer Gedanken zur Geschichte des Körpers und zur Konstitution des Subjekts bewegen die folgenden Ausführungen sich auf ein Phantasma zu, das den Mittelpunkt sternförmig angeordneter Exkurse bildet. Dieses Phantasma vom ganzen und vom zerstückelten Körper ist an der Grenze zur Wildnis situiert; es markiert den schwierigen Übergang in die Zivilisation, und zwar sowohl in historischer wie in biographischer Rücksicht. Dadurch könnte es möglich werden, sehr unterschiedliche wissenschaftliche Disziplinen, diverse Mythologeme, weitgefächerte Körpertechniken und -strategien in einen Zusammenhang zu bringen, der für das Strategem einer methodischen Schizophrenie aufschlußreich wäre.

Um zunächst die Situierung des Phantasmas genauer vorzunehmen, gebe ich zwei Zitate, die man als Mahlsteine derjenigen Gedankenmühlen ansehen kann, in denen gegenwärtig ein Großteil der einschlägigen Problematiken umgewälzt wird. Das erste stammt von Horkheimer/Adorno, das zweite von Bataille.

Es ist darin auf zwieschlächtige Weise von einer Introversion des Opfers die Rede, der das menschliche Subjekt seine Fassung verdankt, einmal im Horizont einer brüchig gewordenen Aufklärung, das andere Mal aus der großen Perspektive einer Kontinuität des Lebendigen. Man sollte sich von solchen Mahlsteinen aber nicht erdrücken lassen, sondern den Ausweg – wie oben angedeutet – zwischen ihnen hindurch suchen. Die »Kritische Theorie des

Subjekts« und die »Strukturanalyse der Subjektivität« sind gleichsam die Symplegaden der Argonauten der Gegenwart.

»Furchtbares hat die Menschheit sich antun müssen, bis das Selbst, der identische zweckgerichtete, männliche Charakter des Menschen geschaffen war, und etwas davon wird noch in jeder Kindheit wiederholt. Die Anstrengung, das Ich zusammenzuhalten, haftet dem Ich auf allen Stufen an, und stets war die Lockung, es zu verlieren, mit der blinden Entschlossenheit zu seiner Erhaltung gepaart. Der narkotische Rausch, der für die Euphorie, in der das Selbst suspendiert ist, mit todähnlichem Schlaf büßen läßt, ist eine der ältesten gesellschaftlichen Veranstaltungen, die zwischen Selbsterhaltung und -vernichtung vermitteln, ein Versuch des Selbst, sich selber zu überleben. Die Angst, das Selbst zu verlieren, und mit dem Selbst die Grenze zwischen sich und anderem Leben aufzuheben, die Scheu vor Tod und Destruktion, ist einem Glücksversprechen verschwistert, von dem in jedem Augenblick die Zivilisation bedroht war. Ihr Weg war der von Gehorsam und Arbeit, über dem Erfüllung immerwährend bloß als Schein, als entmachtete Schönheit leuchtet.« [19]

»Opfer als innere Erfahrung: Kontinuität des Lebendigen, was die äußere Gewaltsamkeit der Opferhandlung aufdeckte, war die innere Gewaltsamkeit des Wesens; man sah sie im Ausströmen des Blutes und im Hervorquellen der Organe. Dieses Blut, diese Organe voller Leben waren nicht dasselbe, was die Anatomie sieht: nur eine innere Erfahrung, nicht die Wissenschaft konnte das Gefühl der Alten wieder hervorrufen. Wir können annehmen, daß sich damals die Plethora der blutgeschwellten Organe, die unpersönliche Blutfülle des Lebens enthüllte. Auf das individuelle, diskontinuierliche Sein des Tieres folgte im Tod des Tieres die organische Kontinuität des Lebens, die mit dem heiligen Mahl in das kommunielle Leben der Teilnehmerschaft überging. Ein Beigeschmack von Rohheit blieb haften an diesem Verschlingen, das mit dem Hervorquellen fleischlichen Lebens und mit der Stille des Todes verbunden war. Heute verzehren wir nur zubereitetes, lebloses Fleisch, abgelöst vom organischen Gewimmel, in dem es zuerst erscheint. Das Opfer verband den Vorgang des Essens mit der Wahrheit des im Tode geoffenbarten Lebens. Es ist überhaupt das Wesen des Opfers, Leben und Tod in Übereinstimmung zu bringen: dem Tod verleiht es ein Aufquellen des Lebens, dem Leben die Schwere, den Taumel und das Offenwerden gegenüber dem Tod. Es ist das Leben vermischt mit dem Tod, aber im selben Augenblick ist der Tod in ihm ein Zeichen des Lebens, Öffnung ins Unbegrenzte. Heute steht das Opfer außerhalb unserer Erfahrung: wir müssen die Praxis durch die Imagination ersetzen. Aber wenn uns auch das Opfer selbst und seine religiöse Bedeutung unbekannt bleiben, ist es doch unmöglich, daß wir die Reaktion, die mit den Elementen des Opfers als Schauspiel verbunden war, nicht kennen: nämlich den Ekel. Wir können uns im Opfer eine Überwindung des Ekels vorstellen. Aber seine einzelnen Aspekte für sich können ohne die sakrale Verwandlung im Grenzfall Ekel verursachen. Das Schlachten und das Ausnehmen des Viehs ekeln heute ganz allgemein den Menschen an: In den angerichteten Speisen darf nichts daran erinnern. So kann man sagen, daß die zeitgenössische Erfahrung das fromme Verhalten beim Opfer umkehrt.« [20]

Bevor ich auf einigen humanwissenschaftlichen Feldern dem thematisierten Phantasma entsprechende Fragestellungen aufsuche, will ich die Umrisse derart lapidarer Gedanken noch einmal skizzieren – in der Hoffnung, daß sich das Suchbild des doppelten Körpers deutlicher ausprägen läßt: beide Zitate handeln von den nie völlig verwundenen Schrecken der frühen Zeit, an denen die Menschen damals durch ihre Handlungen beteiligt waren, an denen teilzunehmen heutzutage nur noch mittels der Einbildungskraft möglich ist. Offensichtlich ging es darum, eine bestimmte Weise des Lebens durch einen Tod hindurch zu gewinnen, wobei das erhoffte Ergebnis nie für immer sich einstellte, sondern in latenter Gefährdung verblieb und einen zwischen Realität und Fiktion changierenden Charakter hatte. Der Sinn eines solchen iterativen Wahnsinns, bei dem die Zerstückelung eines »kleinen« einzelnen Körpers zur Wiederherstellung eines »großen« allgemeinen Körpers führen sollte, lag in der Kontinuität des Lebens, die gerade mittels absichtsvoller Diskontinuität erreicht wurde: Selbsterhaltung durch wiederholte Selbstvernichtung, im Schattenwurf allerdings einer kaum noch begriffenen Schuld, die das männliche Selbst gegenüber einer als mütterlich aufgefaßten Natur durch Leiden zu erstatten wähnte.

Der Begriff des zerstückelten Körpers ist von Jacques Lacan im Zusammenhang mit seinem Konzept des »Spiegelstadiums« eingeführt worden, das bekanntlich dem (biologisch bemessen) zu früh geborenen, motorisch noch unentwickelten Menschenkind zwischen dem 6. und dem 18. Monat sein Körperbild als gespiegelte Gestalt beschert. Die jubilatorische Aufnahme dieses ganzen Körpers im Spiegel, die – nach Lacan – auf eine konstitutionelle Selbstverkennung des Subjekts hinausläuft, korrespondiert mit tiefsitzenden Ängsten der Hilflosigkeit und des drohenden Mutterverlustes, wie sie als Quellen der Aggression vor allem von Melanie Klein [21] bei ihren Kinderanalysen herausgearbeitet wurden.

»Dieser zerstückelte Körper ... zeigt sich regelmäßig in den Träumen, wenn die fortschreitende Analyse auf eine bestimmte Ebene aggressiver Desintegration des Individuums stößt. Er erscheint dann in der Form losgelöster Glieder und exoskopisch dargestellter, geflügelter und bewaffneter Organe, die jene inneren Verfolgungen aufnehmen, die der Visionär Hieronymus Bosch in seiner Malerei für immer festgehalten hat, als sie im fünfzehnten Jahrhundert zum imaginären Zenith des modernen Menschen heraufstiegen. Aber diese Form erweist sich greifbar im Organischen selbst, an den Bruchlinien nämlich, welche die fantasmatische Anatomie umreißen und die offenbar werden in Spaltungs- und Krampfsymptomen, in hysterischen Symptomen.

Entsprechend symbolisiert sich die Ich-Bildung in Träumen als ein befestigtes Lager..., das – quer durch die innere Arena bis zur äußeren Umgrenzung, einem Gürtel aus Schutt und Sumpfland – geteilt ist in zwei einander gegenüberliegende Kampffelder, wo das Subjekt verstrickt ist in die Suche nach dem erhabenen und fernen inneren Schloß, dessen Form... in ergreifender Weise das *Es* symbolisiert. Wir finden diese Strukturen einer Befestigungsanlage, deren Metaphorik spontan auftaucht, als würde sie unmittelbar aus den Symptomen des Subjekts hervorgehen – in ähnlicher Weise auf mentaler Ebene realisiert; sie markieren dort Mechanismen der Inversion, Isolation, Verdopplung, Annullierung, Verschiebung, die der Zwangsneurose zugeschrieben werden.« [22]

Vermutlich ist es das Mißtrauen in die Kompetenz des eigenen Abwehrvermögens, das den Schritt in die Richtung des (seiten) verkehrten Spiegelbildes nahelegt, das seinerseits das soziale Ich evoziert und damit das Schicksal der Subjektivität als einer Verkennung besiegelt. Die vorweggenommene imaginäre Wahrnehmung des Ganzen – bei gleichzeitiger realer Uneinlösbarkeit wird konstitutiv. Damit ist eine Differenz gesetzt, die jedes auf Identität setzende Subjekt bedroht: »Ich ist ein Anderer« (Rimbaud). Ich ist bestenfalls Statthalter eines imaginären Herrschers, Stellvertreter des Protagonisten in einem Drama des Körpers. Melanie Klein hat das unaufhebbar Schiefe dieser Lösung mit dem Terminus der Balance zwischen einer »paranoid-schizoiden« und einer »depressiven Position« festgehalten, die – noch vor den Freudschen Phasen der psychosexuellen Entwicklung – die werdende Identität des Menschen auf Dauer belasten, zumindest die Gefahr einer Fusion von Lebens- und Todestrieb jederzeit heraufbeschwören können.

Das Buch des polnischen Literaturwissenschaftlers Jan Kott

»Gott-Essen« beschäftigt sich mit dem kultischen Hintergrund des griechischen Theaters, vor allem also mit dem theatralisch bezeugten Schicksal des Dionysos, zu dessen Ehren die ersten Tragödien aufgeführt worden sind. Danach geschieht dem Gott selbst eine Zerstückelung (und zwar genau in dem Alter, das Lacan und Melanie Klein beschrieben haben), die in ritueller Wiederholung die verbrauchte Kraft einer menschlichen Sozietät erneuert.

»Die Schilderungen der Dionysosmythen weisen, gleich welchen Ursprungs, Charakters und Datums, eine erstaunliche Gleichartigkeit auf. Lediglich die Namen der Antagonisten und der Schauplätze weichen voneinander ab. An den Berichten lassen sich einige gemeinsame Elemente festhalten: der Wahnsinn, die mystische Trance, die Dionysos am häufigsten verhängt, und die Ermordung eines Kindes, meist eines Sohnes. Der Mord besteht in einer Zerstückelung (Sparagmos) des Opfers; er hängt eng mit dem Verzehr von rohem Fleisch zusammen (Omophagia). In seiner Grundstruktur ist dieses Motiv kein Mythos, vielmehr handelt es sich hier um ein bestimmtes Ritual, das Ereignisse wiederholt und in Erinnerung ruft, die mit den Worten von Mircea Eliade ›am Anfang der Zeiten, in illo tempore‹ stattgefunden haben ... Die Zerstückelung des Dionysos ... ist Ausdruck ... der ewigen Erneuerung, des Todes, der Wiedergeburt, des Chaos und des Kosmos ... die Fruchtbarkeit [kann] sich nur einstellen durch eine neuerliche Vereinigung von Himmel und Erde. Aus der Hierogamie geht ein Sohn oder Söhne des Gottvaters hervor. Die Mutter ist entweder die Erde oder eine Sterbliche, die in der Folgezeit zur Großen Mutter wird. Der Sohn Gottes wird getötet, zerstückelt, und sein Körper dient zur Nahrung. Die verstreuten Teile seines Körpers werden wieder zusammengefügt, der Sohn Gottes ersteht zu neuem Leben, er steigt ins Reich der Toten hinab und geht mit seiner Mutter in den Himmel ein. Die Wiederholung der Passion und der Opferung des Gottessohnes ... garantieren den Überfluß, die Fruchtbarkeit, die Erneuerung und – in Religionen mit stärker entwickelter Spiritualität – eine Form der Teilhabe an der sakralen Geschichte der Welt und der Heilsgarantie.« [23]

Die Nähe der Kottschen Argumente zum christlichen Dogma ist nicht hergeholt, sondern ergibt sich aus einer Tradition der rituellen Vergegenwärtigung innerhalb der Vegetationskulte, die selbst in spiritueller Form: Brot und Wein statt Fleisch und Blut, dieselbe Grundstruktur der tätigen Erinnerung aufweisen. So betrachtet muß man Zusammenhänge annehmen zwischen den unerhört grausamen Menschenopfern einer Vor-Zeit der Wildnis mit ihrem »Sparagmos« und ihrer »Omophagia« (die nach Frazers Forschungen [24] auf einem bestimmten Stand der Zivilisation geradezu universell genannt werden können, vgl. etwa die Hekatomben der aztekischen Blutopfer) und der imaginären Konservierung des Opfers auf dem Theater des Dionysos bzw. in der subtilen, wenn nicht abstrakten Anthropophagie der katholischen Messe. Hier festzuhalten wäre, daß – bis zu einem bestimmten Grade der Abstraktion – der hauptsächliche Effekt solcher Opfer die Erhaltung eines großen sozialen Körpers ist.

Der schon erwähnte Mircea Eliade hat noch auf einen anderen Aspekt des sterbenden und wiederauferstehenden Gottes hingewiesen: auf den Vorbildcharakter des aus der Zerstückelung gewonnenen Heils für die Initiation der nachfolgenden Generationen in einer sich sakral verstehenden Gesellschaft. Demzufolge ist es der Weg des Gottmenschen als Helden, den der Initiand nachzuvollziehen hat (zunächst durchaus real, später imaginär): sein Ausgang in eine ungeordnete, chaotische Welt; sein Kampf mit dem alten Drachen, der Urwassertiefe, die eine vor-menschliche, d. h. vormännliche Weisheit besitzt; die mimetische Angleichung an dieses Ungeheuer, das auch einer Schlange ähnlich ist; die vorübergehende Identifikation mit dem Tod und das Verschlungenwerden im Rachen der düsteren Unterwelt; der durch List und Tapferkeit erlangte Sieg; die Rückkehr aus dem Dunkel ins Licht und die endliche Wiedergeburt, die für den Helden wie für den Kosmos, aber auch für den Initianden gilt.

»Der mystische Tod des Novizen ist also nicht negativer Art. Im Gegenteil, dieses Ende (mort) der Kindheit, der Geschlechtslosigkeit und der Unwissenheit, kurz, des profanen Daseins, ist die Veranlassung für eine totale Regeneration des Kosmos und der Gemeinschaft. Man wiederholt die schöpferischen Taten der Götter, der kulturbringenden Helden, der mythischen Ahnen, und dadurch bewirkt man ihre erneute Gegenwart und Wirksamkeit auf der Erde. Der mystische Tod der Kinder und ihr Erwachen in der Gemeinschaft der initiierten Männer sind folglich ein Teil einer großartigen Wiederholung der Kosmogonie, der Anthropologie und aller ›Schöpfungsakte‹, welche die Urepoche, die ›Traumzeit‹ charakterisierten. Die Initiation ist eine Zusammenfassung der heiligen Geschichte des Stammes, also letzten Endes der heiligen Geschichte der Welt.« [25]

Wiederum lassen sich allgemeine Momente aus den verschiedenen Mythologemen von Tod und Auferstehung des »allgemeinen Menschen« (Leopold Ziegler) gewinnen und wiederum ist es zu betonen wichtig, daß die entsprechende Initiation, die sowohl den Jugendlichen eine soziale Identität sichert als auch die Identität der Stammesgesellschaft erneuert, nur rituell, also durch eine maßgebliche Praxis der Gesten und körperlichen Vollzüge gelingt. Wie weit die Kraft der imaginierten Ganzheit reicht, möge man an dem Komplex von medizinisch relevanten Phänomenen überprüfen, die seit Jahrzehnten unter den Stichworten des »Körperschemas« und der »Phantomglieder« diskutiert werden. [26] Es gibt offenbar eine Kehrseite der phantasmatischen Anatomie Lacans – doch das nur am Rande.

Auffallend an der stellvertretenden Initiation ist der praktizierte Schuldausgleich; die genannten Decknamen für die vormännliche Realität lassen vermuten, daß sich dahinter eine andere Ordnung verbirgt, die im zivilisatorischen Akt der großen Heldentaten zugleich abgelöst und erinnert wird. Das schlechte Gewissen, das dem Frevel auf dem Fuße folgt, ist offensichtlich ein konstitutiver Bestandteil archaischer Gesellschaften, die sich im Übergang befinden. Schrecken, Opfer, Leiden werden der malträtierten Mutter Erde immerhin als Ausgleich für die usurpierte Fruchtbarkeit angeboten.

Sandor Ferenczi, der spekulative Kopf unter den Psychoanalytikern der ersten Generation, hat in seinem »Versuch einer Genitaltheorie« (1924) eine weitere Variante des Phantasmas vom zerstükkelten und ganzen Körper eingebracht und damit zugleich die »pars pro toto«-Lehre der alten Physiognomik erneuert. In zwei Argumentationsketten faßt er »Ontogenetisches« und »Phylogenetisches« so zusammen, daß die sexuelle (männliche) Lust als Ort eines »thalassalen Regressionszuges«, also als Rückkehrbewegung in den Mutterleib bzw. ins »Wasser des Lebens« verständlich wird. Dabei spielt der Mensch (Mann), das männliche Genitale, das Sexualsekret die Rolle des »verkörperten« Stellvertreters. Statt der Menschengattung im ganzen, statt des einzelnen Menschen im ganzen, statt des Penis im ganzen kann nur ein jeweiliger Teil die Rückkehr wirklich antreten. Deshalb ist ein halluzinatorisch-symbolischer Kompromiß erforderlich, sofern die menschliche Sexualität ihre Erfüllung finden soll. Ferenczi kommt zu dem Resultat,

»daß der Zweck dieser ganzen Entwicklung ... nichts anderes sein kann ... als ein ... schließlich zum Teil gelungener Versuch zur Wiederkehr des Ich in den Mutterleib, wo es die für das zur Welt gekommene Lebewesen so peinliche Entzweiung zwischen Ich und Umwelt noch nicht gab. Die Begattung erreicht aber diese zeitweilige Regression auf dreierlei Weise: der ganze Organismus erreicht dieses Ziel nur halluzinatorisch, ähnlich wie etwa im Schlaf, dem Penis, mit dem sich der ganze Organismus identifizierte, gelingt dies bereits partiell oder symbolisch, und nur das Genitalsekret hat das Vorrecht, in Vertretung des Ich und seines narzißtischen Doppelgängers, des Genitales, auch real die Mutterleibsituation zu erreichen«. [27]

Indem auch »körperlich« die Stellvertretung funktioniert, kann Ferenczi mühelos die symbolisch-mythischen Konnotationen des Phallus als Helden und Gott aufdecken, die eine körperliche Einbildungskraft immer schon investiert hat, wenn das Nachdenken (aufgrund der »peinlichen Entzweiung« von Subjekt und Welt) beginnt. Demzufolge dürfte es erlaubt sein, an diese Variante des Phantasmas die Phantasie von der Maschine, die als ganze nur über ihre Teile und deren Verbindungen in Gang bleibt, anzuhängen. Ehe es Maschinen gab, hat es die phantastischen Zurichtungen des Körpers gegeben, die mit der sexuellen Verausgabung in nächster Verwandtschaft stehen (vgl. Descartes: Zweite Meditation über die Erste Philosophie und Hobbes: Leviathan, 1. Teil über den Menschen). Die mit der Entwicklung der Maschinenwelt einhergehende äußerste Zerstückelung des Körpers wäre von daher immer noch als eine Phase der Heilsgeschichte der Menschheit lesbar.

Nach diesem Durchgang durch einige der Fundstellen will ich mich ein zweitesmal an einer Skizze des Phantasmas versuchen, nun unter Berücksichtigung der Transparenz, die sich von Mal zu Mal ergeben hat: das Phantasma vom ganzen und vom zerstückelten Körper markiert den Ort eines notwendigen Kompromisses zwischen der neuen Zeit und der archaischen Welt. Dieser Kompromiß ist ambivalent zu bestimmen: einmal als heilsame Verbindung und zum anderen als schrecklicher Einbruch. In der ersten Hinsicht kann die Verbindung gehalten werden: a.) durch verkörperte Stellvertretung; b.) durch Leiden als Schuldersatz; c.) durch »Gott-Essen« im Rahmen eines Kultes; d.) durch narzißtische Phantasien vom Ganzen; in der zweiten Hinsicht ist ein Einbruch der frühesten Ängste unvermeidlich: a.) wenn die Symbolisierung mißlingt, also die pars pro toto-Lehre nicht praktisch werden kann; b.) wenn die Notwendigkeit der Initiation,

d. h. der praktischen Nachfolge des Helden ausfällt; c.) wenn kein kultischer Rahmen mehr für eine Transsubstantiation der Stoffe zustandekommt; d.) wenn das prekäre Gleichgewicht von Paranoia und Depression gestört wird.

Vielleicht läßt sich die Ambivalenz auch wie das Hin-und-Her eines Kampfes verstehen, des Kampfes der Repräsentation mit der Präsenz (oder der Vermittlung mit der Unmittelbarkeit). Keine der Seiten darf siegen: die perfekte, phantasielose Vermittlung ist ebenso tödlich wie die Gegenwart der Götter. Solange die Menschen auf Materie angewiesen sind und vom Stoffwechsel leben, sind sie auf paradoxe Weise in den körperlichen Kompromiß verwickelt, der im Nichtwahrhabenwollen des Sterbenmüssens und der Geschlechtlichkeit seine deutlichsten Belege hat. Um aber genauer erörtern zu können, warum das gesuchte Phantasma einen doppelten Körper betrifft, muß ich einen weiteren Exkurs unternehmen, diesmal in die narrative Mythologie. Ich werde ein Stück Heldencurriculum viermal variieren und daran die Logik des Selbstopfers demonstrieren. [28]

IV

Begonnen werden soll mit Osiris, der zwar schon in einer Folge assyrisch-babylonischer Götter steht, doch als erster die entscheidenden Elemente der Geschichte auf sich vereinigt:

»Der Gott Gebeb hatte die Macht seinem Sohn Osiris übergeben. Dieser trat seine Herrschaft, unterstützt von seiner Schwester und Gattin Isis, unter den günstigsten Vorzeichen an, denn er sorgte für das Wohl der Menschen und verbreitete die nützlichsten Kenntnisse unter ihnen, wie den Acker- und Weinbau und die Künste. (Außerdem wird ihm die Abschaffung des Kannibalismus zugeschrieben.) Doch sein Bruder Seth (griech. Typhon) wurde auf den Erfolg und die Macht des jungen Königs eifersüchtig und suchte ihn zu beseitigen. Heimtückisch lud er ihn zu einem Festmahl ein, und dabei gelang es ihm, ihn in eine Lade zu sperren, die er dann in den Fluß warf. Als Isis das hörte, machte sie sich sofort auf die Suche nach der Lade und fand sie schließlich in Byblos in Phönikien, wo sie in einen Tamariskenstamm eingeschlossen war, den der König des Landes beim Bau seines Palastes verwendet hatte. Isis erreichte, daß ihr der Leichnam ausgehändigt wurde, und sie brachte ihn zurück nach Ägypten. Doch abermals gelang es Typhon, sich des Leichnams zu bemächtigen; er zerstückelte ihn in vierzehn Teile und verstreute diese über das ganze Land.

Aber Isis ruhte nicht, bis sie alle Teile ihres Gatten wiedergefunden hatte, und es gelang ihr auch, sie einzusammeln, bis auf den Phallus. Dann machte sie mit Hilfe verbündeter Gottheiten daraus die erste Mumie (und sorgfältige Nachbildungen der Leichenteile, die wohl den Zweck hatten, den wirklichen Osiris zu verheimlichen; indem sie die Mumie mit ihren Flügeln fächelte, lebte Osiris auf, um von nun an als Herrscher der Toten zu fungieren). Kurz nach dem ersten Tode ihres Gatten flüchtete Isis in die Sümpfe des Nildeltas und brachte dort einen Sohn zur Welt, den sie Horus nannte. Sie erzog ihn in größter Heimlichkeit, um ihn den Ränken des Seth zu entziehen. Als Horus ins Mannesalter gekommen war, zog er aus, um seinen Vater zu rächen; er zwang Seth zu einem Kampf Mann gegen Mann und riß ihm dabei das Glied aus, während dieser ihn eines Auges beraubte. Nun schritt Thot ein, um die Wunde des einäugigen Königs und auch die seines Gegners zu pflegen, und heilte beide. Darauf beschlossen die Götter, dem Bruderkampf ein Ende zu machen, und luden die beiden Rivalen vor ihr Tribunal. Das Göttergericht gab dem Horus recht und verurteilte Seth, seinem Bruder das geraubte Auge zurückzugeben. Nachdem Horus es zurückerhalten hatte, gab er es seinem Vater Osiris und ersetzte es durch den Uräus, die göttliche Schlange, die von nun an eins der Attribute des Königtums war. Osiris jedoch übertrug seine irdische Macht dem Horus und zog sich endgültig ins Reich der Seligen zurück.« [29]

Plutarch, dem man die Geschichte des Osiris im Zusammenhang verdankt und der sie bereits mit parallelen griechischen Götternamen versah, wird die Entsprechungen zum Dionysos-Mythos verstanden haben:

»Dionysos ist der letzte der Olympier. (Sein Kult ist aus Asien eingewandert und nur zögernd integriert worden.) Er ist der Sohn des Zeus und der Semele, der Tochter des Kadmos und der Hamonia. Semele wurde von Zeus geliebt. Hinterlistig hatte Hera ihr eingegeben, bei ihrem Liebhaber zu erreichen, daß er sich ihr in seinem ganzen Glanze zeige. Widerwillig stimmte Zeus zu, und Semele wurde vom Blitz erschlagen. Aber Zeus entriß ihrem Schoß das noch lebende Kind und vernähte es in seinen eigenen Schenkel (in einer anderen Variante hat Hera den Neugeborenen zerreißen und kochen lassen, weshalb die Großmutter Rhea heilend eingreifen mußte); als nun die Zeit der Geburt kam, trat das Kind vollkommen ausgebildet hervor. Der junge Dionysos, ›der zweimal Geborene‹, wurde Ammen anvertraut, zuerst der Ino, der zweiten Frau des Königs von Orchomenos, Athamas. Um die Eifersucht der Hera abzulenken, befahl Zeus, das Kind in Frauenkleider zu stecken; aber Hera ließ sich nicht überlisten und schlug Athamas und Ino mit Wahnsinn. Athamas tötete seinen jüngeren Sohn Learchos, indem er ihn in einen

Kessel mit kochendem Wasser warf, und Ino tötete sich und ihren älteren Sohn Melikertes. ... Nach dieser Tragödie vertraute Zeus den kleinen Dionysos den Nymphen des Landes Nysa an und um ihn zu verstecken, verwandelte er ihn in ein Zicklein – was das Beiwort ›Zicklein‹ erklärt, das der Gott im Ritual trägt.

Als Dionysos erwachsen war, entdeckte er im Land Nysa die Weinrebe und ihre Verwendung. Aber Hera schlug auch ihn mit Wahnsinn, und er durchirrte den ganzen Orient. In Phrygien wurde er endlich durch die Göttin Kybele entsühnt. ... Von seinem Wahnsinn befreit, erreichte Dionysos Thrakien, aber König Lykurgos, der über das Land herrschte, nahm ihn sehr übel auf. Er wollte ihn gefangensetzen, Dionysos jedoch floh zu der Nereide Thetis. Die Mänaden jedoch, die dem Gott folgten – Frauen, die die Riten seiner Religion feierten – wurden gefangen. Nun wurde Lykurgos mit Geistesverwirrung geschlagen: Er meinte einen Rebstock abzuschlagen und zerschmetterte mit der Axt statt dessen sein eigenes Bein. Außerdem wurde das Land seines Königreichs unfruchtbar. Als das Orakel nach dem Grund des Unheils befragt wurde, verkündete es, der König müsse geopfert werden. Seine Untertanen vierteilten ihn. (Dionysos hat auf Naxos die liebliche Ariadne, die von Theseus verlassen worden war, geheiratet – übrigens die einzige bekannte Liebesbeziehung des Gottes. Schließlich führte er seine Mutter Semele inkognito – um Hera nicht noch einmal zu erzürnen – in den Olymp.)« [30]

Auffallend ist, daß der Gott das ihm angetane Schicksal allenthalben verbreitet: Wahnsinn und Zerstückelung. Daß er ein Gott der Frauen war, deutet auf seine mythische Funktion, an die archaische Ordnung zu erinnern.

Es dürfte überraschend sein, auch bei den Germanen einen ähnlichen Helden zu finden: Odin/Wotan selbst, der neun Tage zerrissen in der Weltesche hing.

»Odin ist mit Kräften begabt, durch die er alle anderen überragt, er ist der Weiseste und am tiefsten in die Mysterien eingeweiht, er ist der Meister der Magie, des höchsten Wissens und der Poesie. Doch er ist auch Kriegsgott.

Er wird immer als Schutzherr der Krieger dargestellt; als Schlachtenführer hat er sich selbst hervorgetan. Und er wird als oberster Herr des germanischen Götterhimmels verehrt. Er ist der König, er hat die Staatsgewalt inne; ... man muß Wodan oder Wode mit jenem Wort in Verbindung bringen, das in den germanischen Sprachen die Raserei, den kriegerischen Zorn ausdrückt (neuhochdeutsch: wüten). Ursprünglich war Wodan der Führer der »Wilden Jagd«, die die alten Germanen in Gewitternächten am Himmel zu hören glaubten. Nach ihrer Vorstellung jagten die Krieger, die im Kampf gefallen waren, auf ihren Pferden durch die Wolken ... Er erscheint hier nicht als der thronende Herrscher, sondern als der Anführer einer wilden Horde, die in unaufhaltsamem Ritt über den Himmel rast und dort eine feurige Spur hinterläßt. In eben diesen Gewitternächten begeben sich auch die Hexen auf ihren unheilträchtigen Ritt; aber das kann den Kriegsgott nicht ängstigen, denn er ist auch der Gott der Magie, und jede Art der entfesselten Raserei ist ihm vertraut.

Das seltsamste unter den Schicksalen Odins ist das seines Selbstopfers: ›Ich weiß‹, sagt er in einem alten Gedicht, ›daß ich hing am windigen Baum neun Nächte lang, mit dem Ger verwundet, geweiht dem Odin, ich selbst mir selbst, an jenem Baum, da jedem fremd, aus welcher Wurzel er wächst.‹ Dieser mächtige und geheimnisvolle Baum ist möglicherweise Yggdrasil. Indem Odin sich selbst verletzte und dann an die Zweige der hohen Esche hängte, vollzog er einen magischen Ritus. Während der ganzen Zeit dieses Opfers, das er sich neun Tage und neun Nächte lang auferlegt hatte, wartete Odin vergeblich auf jemanden, der seine Leiden erleichtert hätte. Als er schließlich zu Boden sah, erblickte er verschiedene Runenstäbe, die er nur unter großen Qualen erreichen und aufheben konnte. Doch bald erwies sich die wunderbare Kraft der Rune: Odin fiel vom Baum herab auf den Boden und fühlte sich völlig verjüngt und von neuer Lebenskraft erfüllt. Sein Opfer hatte ihm Jugend und Stärke gegeben.« [31]

Was für Dionysos der Weinstock, ist für Odin die Esche: das Bild des Baumes, das die Zugehörigkeit der leidenden Gottmenschen zum Kultus der Vegetation festhält. Bei den Mexikanern ist es der Mais, die Agave, der Kaktus ...

Ein vergleichbares Curriculum Vitae et Mortis hat die aztekische Mythologie nicht hervorgebracht, wohl aber einen leidenden Gott, der sich selbst opfert:

»Der Gott Quetzalcoatl, der eigentliche Kulturbringer, zeigte stets eine sehr lebhafte Abneigung gegen Menschenopfer:

›... Als Quetzalcoatl lebte, versuchten Dämonen, ihn mehrfach zu täuschen, damit er Menschen töte und Menschenopfer darbringe. Aber niemals gab er nach und willigte nie in ihr Verlangen ein, denn er liebte seine Untertanen sehr ...‹ Nur Tiere opferte er den Göttern: Schlangen, Gänse und Schmetterlinge, lauter Tiere also, die für Sonne und Götter symbolisch sind. Vor allem aber opferte er sein eigenes Blut. Nicht die Unterdrückung des Menschenopfers ist das wahrhaft Bedeutende, sondern die Vergeistigung des Opfers. Mehr als das Menschenopfer zählt in den Augen Gottes das eigene Blut. Bei der Legende von der Erschaffung der Sonne sahen wir, daß Nanahuatzin, der stellvertretend für Quetzalcoatl steht, erst Agaveblattspitzen, die er mit seinem eigenen Blut bestrich, als Opfer darbrachte, bevor er ins Feuer sprang und sich selber opferte. In einer anderen Mythe wird berichtet, daß Quetzalcoatl nach dem geglückten Raub der Totengebeine diese mit seinem Blut besprengt habe, um eine Menschheit zu erschaffen. In den Handschriften wird er häufig mit Opferdornen dargestellt.

Auch wenn die Kriegerkaste bestrebt war, als Opfer für die Götter immer mehr Gefangene herbeizuschaffen, so folgten die Priester dagegen dem Beispiel des priesterlichen Urtyps Quetzalcoatl und brachten immer mehr persönliche Opfer; sie steigerten und häuften die Selbstkasteiungen, durchstachen sich Zungen, Ohren usw. Zahllos waren die kultischen Formen des Menschenopfers: man betrieb Menschenschinden, Köpfen, Töten durch Pfeilschüsse u. a., und jede Opferform hatte ihre mit einer besonderen Gottheit verknüpfte besondere Symbolik. So war z. B. das Menschenschinden dem Xipe Totec vorbehalten, und die Priester hüllten sich beim Xipeopfer in die abgezogene Haut des Opfers, um dadurch die vegetative Erneuerung im Frühling zu versinnbildlichen. Die beiden gebräuchlichsten Opferformen waren das Herausreißen des Herzens aus der Brust und das Verbrennen. Im ersten Fall wurde der Gefangene mit dem Rücken auf einen steinernen Opferklotz, den techcatl gelegt; dann öffnete der Priester mit einem Opfermesser, dem tecpatl, die Brust, riß das Herz heraus und hob das blutende Herz, ›die kostbare Tuna (Nopalkaktusfrucht) des Adlers‹, zum Himmel empor ... So kam z. B. jener Jüngling ums Leben, der für ein Jahr die Rolle Tezcatlipocas gespielt hatte, ja, dieser selbst ›gewesen‹ war. Die zweite Opferart war anscheinend dem Feuergott Xiuhtecutli – er wird auch Huehueteotl, der ›Altgott‹, genannt – vorbehalten und dazu bestimmt, seine Wiedergeburt, die Erneuerung der Natur und das Fortleben nach dem Tode zu versinnbildlichen ...« [32]

Ohne die vier Mythologeme im einzelnen interpretieren zu wollen – mit den entsprechenden Varianten ergäbe das ohnehin einen zu großen Stoff – sollen doch die Gemeinsamkeiten, die das thematisierte Phantasma reflektieren, noch einmal zusammengefaßt werden, bevor in einigen Schlußthesen eine dritte Skizze angestrebt wird: die produktive Einbildungskraft der Menschen, die sich in einer bestimmten Epoche, nämlich derjenigen der Vegetationskulte auf der Spur einer Introversion des Opfers bewegten, hat typische Gestalten hervorgebracht, die in ihrem Leben und Tod das Schicksal der Gattung verdichtet haben. Osiris, Dionysos, Odin, Quetzalcoatl sind leidende Götter, die eine Schuld, die sie selbst nicht erkennen, begleichen müssen. Bei ihrem rituellen Selbstopfer taucht das Versprechen des Heils, d. h. des Endes der blutigen, zerrissenen und zerstückelten Körper auf, das über eine Stufenleiter der Sublimation eingelöst werden soll: statt der menschlichen Körper die Tiere, dann die Pflanzen, dann seelische Anstrengungen, Gesinnungen, »Herz- und Verstandesopfer« oder Symbole, Ikonen, Idole – Abbilder der göttlich-menschlichen Leiber, Stellvertreter, Puppen, Spiegel... Gleichwohl bleibt die Drohung des Widerrufs für den Fall des Vergessens bestehen, weshalb die äußerst naheliegende Ähnlichkeit zu Jesus Christus nicht völlig aufgeht: Sein Leib ist nicht zerrissen worden, sondern als verklärter zum Himmel aufgefahren.

Mit dem Phantasma vom ganzen und vom zerstückelten Körper ist für die Menschen als Erdbewohner ein Unumgängliches verbunden, das ich abschließend thesenartig benennen will:

- Die durch Leiden und Selbstopfer zu begleichende Schuld stammt aus der Usurpation der weiblichen Fruchtbarkeit (Weisheit) durch den männlichen Helden; das Drama, das um dieses Thema gruppiert ist, ergibt sich mit jedem Menschenleben neu und stellt gleichsam die Substanz des Sozialen dar.
- Die Transsubstantiation von Fleisch zu Brot und von Blut zu Wein, die in den kultischen Opfern gefeiert wird, ist eine Vergegenwärtigung des umgekehrten Stoffwechsels, die der menschliche Körper als Teil der großen Natur leistet; hier genau wäre der »reale« Grund für das Imaginäre und seine mythenbildende Kraft zu situieren.
- Der im jubilatorischen Akt der Wiedergeburt ausgeschlossene Wahnsinn kann durch die Wirkungen der zivilisierten Abstraktion allein nicht an seiner Wiederkehr gehindert werden: es bedarf auch der tätigen Erinnerung; Subjektivität ist also Resultat, nicht Besitz oder Herrschaft.
- Der ganze Körper ist nur die mühselige Frucht der Arbeit an den mit dem zerstückelten Körper gegebenen Schrecken des Todes und der Sexualität; insofern muß die Verbindung von Archaik und Moderne erhalten bleiben – und sei es in Form eines Phantasmas.

Das »Mythologem des Selbstopfers«: die Selbstvernichtung des Subjekts als Voraussetzung seiner Selbsterhaltung wäre also solange gültig, wie das konkrete Leben der Abstraktion Widerstand zu leisten vermag. Insofern enthält das Phantasma in nuce die gesamte Geschichte der erfahrenden Menschheit bis zum Punkt der verwegenen Moderne. Für den anderen Fall einer ins Strahlen der Materie übergegangenen Aufklärung und einer restlos entzauberten Wildnis sind allerdings Funktionen maßgeblich, die ein neues Nachdenken erforderlich macht. [33]

Die endlose Säkularisation

9. Das Marburger Religionsgespräch zwischen Luther und Zwingli – oder der Bruch in der Wahrnehmung des Heiligen am Ausgang des Mittelalters

I

Wenn man in einer Zeit, in der sich die großen Hoffnungen zersetzt haben, die mit dem Aufschwung Europas im 16. Jahrhundert verbunden waren, zurückblickt, mischen sich notwendigerweise Ernüchterung und Zweifel ein. Ohne die gewaltigen Fortschritte der Technik, des gesellschaftlichen Umgangs mit der Natur im einzelnen schmälern zu wollen, fällt doch der Blick zunehmend auf jene Schatten im Kontext, die durch »Säkularisierung« und »Aufklärung« geworfen wurden und die heute die prinzipielle Einschätzung jenes »apokalyptischen Säkulums« (Peuckert) [1] zu verdüstern beginnen.

Apokalypse heißt Offenbarung; das meint hier den langwierigen Prozeß des Sichtbarwerdens der entscheidenden Ereignisse an ihren Folgen: der im Thema angezielte Bruch ist – in seiner Reichweite betrachtet – bis heute nicht vollends sichtbar und auch keineswegs endgültig begriffen; jedenfalls ist er noch immer mit Schmerzen verbunden, die währen... Das soll im folgenden deutlicher werden:

Das entscheidende Ereignis, das gewählt wurde, ist ein genau datierbares Gespräch, das auf Veranlassung des Landgrafen Philipp von Hessen im Jahre 1529 in Marburg stattfand und ohne Einigung blieb. Die maßgeblichen Reformatoren, Luther auf der einen, und Zwingli auf der anderen Seite, gingen unversöhnt auseinander; die Frage, ob der Leib Christi im Altarsakrament gegenwärtig oder bloß bedeutet, gemeint, bezeichnet sei, blieb umstritten; der Streitpunkt lautete: Körperlichkeit oder Zeichen; Realpräsenz oder Symbolik; Fülle der göttlichen Gegenwart oder formale Zeichenkombinatorik...

Dieser Streit dauert – seiner religiösen Kleider längst ledig – bis heute; er bildet z. B. das Kernproblem der gegenwärtigen ästhetischen Theorie, die mit Vehemenz darum ringt, ob es eine authentische menschliche Erfahrung der vollen Gegenwart gibt oder ob dergleichen eine historisch überholte Fiktion darstellt.

Zu Beginn wird deshalb ein kurzer Ausflug unternommen, ein Exkurs in eine Gegend, die scheinbar weit abliegt vom intendierten Thema: in jene theoretische Debatte, die sich um die spezifische Realität künstlerischer Erfahrung in der Gegenwart kümmert. Es soll klar werden, wie sie mit dem Marburger Religionsgespräch zusammenhängt und daß sie dessen Virulenz durch die Zeiten in einer riskanten Verneinung des damaligen Problems stillzustellen trachtet...

Es geht also um die Frage, ob die Fülle des Daseins und damit der Sinn des menschlichen Lebens gegenwärtig, d. h. »im Augenblick« (»maintenant«) erfahrbar ist und bestimmend werden kann oder ob es sich dabei um eine bloße Illusion, um eine angstbesetzte Konstruktion handelt, die eine fundamentale Leere und Lebenslüge verdeckt und deshalb, d. h. um der Wahrheit willen entlarvt werden muß ... das Hauptproblem einer Ästhetik der Moderne kann als plausible Verbindung von Dascinsfülle und Wahrhaftigkeit benannt werden, oder abstrakter: von »Sinn« und »Zeichen«, wie es in der allerneuesten Semiotik (bei Umberto Eco [2], Roland Barthes [3], Jacques Derrida [4]) – mit einer gewissen Endgültigkeit zur Debatte steht.

Die zunehmend radikaleren Kritiker halten nur noch eine verlogene Dichte, damit auch nur eine verlogene Dichtung für möglich – es sei denn, man käme soweit, die Leere der Zeit, d. h. die Unmöglichkeit von Dichte und Dichtung in ein Gedicht zu fassen. So etwa wäre Kafka zu lesen und auch Celan.

Begonnen hat es eigentlich in der Romantik, daß die »reißende Zeit« (so Clemens Brentano), die unaufhaltsame Flucht des Gegenwärtigen schmerzvoll erfahren wurde: die romantische Rückwendung in die Vergangenheit signalisiert auch die Ohnmacht, dem Augenblick, dem Ereignis, dem entscheidenden historischen Moment (jenem Zeitpunkt, der eine ewige Bedeutung hat – wie Kierkegaard formulierte) standzuhalten. In der Folge hat die vorrückende Leere immer größere Anstrengungen ausgelöst: der Symbolismus (Baudelaires, Verlaines, Rimbauds) übernahm das Problem von den Romantikern und hat sich schließlich auf wenige ausschlaggebende überwältigende »Erlebnisse« versteift; das »Fin de siècle« kam dann immer mehr auf die »Lebenslügen«, d. h. auf einzelmenschliche Konstrukte, die dem allgemeinen Zustand der Zeit in der bürgerlichen Gesellschaft nirgends gewachsen waren. Seit Nietzsche, der die einschlägige Erfahrung auf die Formel brachte: »Gott ist tot«, gibt es – grob formuliert – drei außermoralische Strategien, mit der leeren Stelle im Fundament der Moderne fertigzuwerden:

a.) *sie zu vergessen,* d. h. in den Rausch der Geschwindigkeit, die sich immer mehr beschleunigt, einzutauchen und besinnungslos niemals man selbst zu sein (zum Exempel Virilio) [5]

b.) *sie auszuhalten,* d. h. im Insistieren auf Wahrheit, auf Wahrhaftigkeit die *Leere* nicht zu verstopfen und den Sinn *nicht* zu konstruieren (zum Exempel Cioran) [6]

c.) *sie radikal umzudeuten,* d. h. das Verlangen nach Fülle und den damit vorausgesetzten Mangel als historisch eingeführt, als kulturelle Konstruktion zu denunzieren (zum Exempel Derrida) [7].

Es wird nötig sein, gegen Ende der Überlegungen noch einmal kurz auf diese drei Strategien zurückzukommen, die a.) auf eine praktizierte Gleichgültigkeit, b.) auf eine erlittene Sinnlosigkeit, c.) auf eine historische und kulturelle Relativität der menschlichen Erfahrung hinauslaufen. Jetzt soll ein längeres Zitat von Nietzsches »Gott ist tot« zu Luthers »hoc est corpus meum« (vom Nihilismus des letzten Pfarrerssohnes zum Beginn der Reformation der Kirche) zurückführen. Das Zitat stammt von Erich Heller, aus seinem Aufsatz: »Die abenteuerliche Geschichte der modernen Poesie«. Es heißt dort, in einer Zusammenfassung der genannten »abenteuerlichen Geschichte«:

»Der Vogel-Perspektive einer höchst mannigfaltigen Landschaft von Zeit und Geschehen drängt sich zu genauerer Besichtigung eine Szene in Marburg auf. Dort geht eine theologische Disputation vonstatten. Die Disputanten sind zwei mächtige Theologen und Reformatoren: Martin Luther und Ulrich Zwingli. Dem modernen Laiengeist mag ihre Debatte als bloße scholastische Haarspalterei erscheinen, die Geschichte Europas aber zeigt, daß es eher wie bei Samsons Haarschnitt zuging. Die Folgen des Gesprächs sollten Säulen erschüttern, auf welchen ein mächtiges Haus stand. Der Gegenstand der Disputation ist das Heilige Abendmahl. Das Brot und der Wein – sind sie Leib und Blut Christi oder ›nur Symbole‹? Luther ist mit allen seinen Abweichungen vom traditionellen Dogma der Mann des Mittelalters. Das Wort und Zeichen sind ihm nicht nur ›des

Denkens Bild und Spiel‹, sondern das Ding selbst. Zwingli aber, geschult im aufgeklärten Denken der italienischen Renaissance, hält das für eine barbarische Absurdität. Das Sakrament ist ihm ›nur‹ ein Symbol; es repräsentiert, was es selbst nicht ist.

Wir haben es hier mit einem sehr besonderen Ereignis zu tun. Die Diskussion geht um ein einzigartiges und hochheiliges Symbol. Klar umschrieben ist der Streitgegenstand. Er ist nicht einmal neu. Die Geschichte des christlichen Dogmas zeigt zahlreiche Präzedenzfälle. Jedoch bleibt es wahr, daß nie vorher diese Frage die Gemüter der Menschen und ihre Geschichte so erhitzt hat; denn hier und jetzt ist sie nur die theologische Zuspitzung einer radikalen Revolution im Denken und Fühlen, mit dem die Menschen der von ihnen bewohnten Welt begegnen. Hier und jetzt stehen Europa dreißig kriegerische Jahre bevor, und nachher ein Zeitalter, in welchem mit den Sakramenten auch die Heiligkeit alles dessen, was heilig ist, aufhören wird, ›buchstäblich wahr‹ zu sein. Eine Welt wird sein, die es immer schwieriger finden wird, auch nur zu verstehen, geschweige denn hinzunehmen, was Luther im Sinne hatte, als er Zwinglis ›Entmythologisierung‹ bekämpfte. Verloren gehen wird die Einheit von Wort und Tat, von Bild und Ding, von Brot und geheiligtem Leib. Leib wird nur Leib sein, und Symbol nur Symbol; und durstige Seelen werden den labenden, nährenden Wein nur trinken, wenn sie bis in die Tiefe ihres Durstes hinein wissen, daß er wirklichen Trauben abgepreßt war mit mechanischem Geschick.

Wie also steht es um jene Revolution, welche ein theologischer Disput ankündigt, dem es doch nur um Grade von symbolischer Wörtlichkeit zu gehen scheint? Und was hat diese Revolution mit unserem Gegenstand zu tun, mit den Geschicken der modernen Dichtung? Vielleicht lassen sich beide Fragen auf einmal beantworten, wenn man sagt, daß von Zwinglis Denkverfahren dem Stand von Religion, Poesie und Kunst genau das widerfuhr, was einige Jahre später von Kopernikus dem Stand der Erde angetan wurde. Wie die Erde nichts sein sollte als ein Planet in der Gesellschaft von Planeten, so wurde der Geist der Poesie zu nichts als einem Geist in der Gesellschaft von Geistern. Gewiß unterscheidet sich eine theologische Kontroverse von einer Übung im ästhetischen Theoretisieren; uns aber scheint es, daß Religion und Kunst gleichermaßen betroffen waren von jener gründlichen Wandlung, die damals in der Wirklichkeitsvorstellung der Menschen eintrat, in jenem komplizierten optischen Apparat, der nach geheimnisvollen und oft sich ändernden Brechungsgesetzen bestimmt, was als wirklich gelten soll und was nicht. Es war eine Revolution, derjenigen ähnlich, in welcher Nietzsche den sokratischen Geist über den Geist der dionysischen Tragödie triumphieren sah. ...

Eines der Ergebnisse der Revolution, von welcher ich spreche, ließe sich als die Reduktion des Symbols auf das Nur-Symbolische beschreiben. So nahm sie der Sprache von Religion und Kunst einen wesentlichen Grad von Wirklichkeit. Zu Anfang schien die Operation überaus erfolgreich. Die Wirklichkeit, befreit von ihren Verpflichtungen gegenüber dem Symbol, wurde viel wirklicher als je zuvor. Wenn der Mensch nach seiner Wirklichkeit griff, zitterte seine Hand nicht mehr in Ehrfurcht vor dem symbolischen Mysterium. Er lernte des Chirurgen hygienische Fingerfertigkeit; und die Wirklichkeit, ›mit mechanischem Geschick gepreßt‹, gab reiche Nahrung, auch wenn sie kein Götterwein war. So wie die Wirklichkeit immer wirklicher wurde, so wurde das Symbol immer symbolischer und die Kunst immer künstlerischer. Der Künstler hörte auf, ein bescheidener Handwerker zu sein, welcher Güter erzeugte für den täglichen Verkehr zwischen Himmel und Erde. Er wurde zum Erzeuger sehr spezieller Spezialitäten, mit einem Himmel ganz für sich allein und einer Erde, auf die gut herabschauen war.

Doch gab es auch Zeichen des Unbehagens. Dieses erreichte seinen Höhepunkt im siebzehnten Jahrhundert. Was anfänglich als Befreiung erlebt wurde, erschien immer mehr als Beraubung. Seines wirklichen Sinnes beraubt, was bedeutete das Symbol? Seiner symbolischen Bedeutung entkleidet, was war der Sinn der Wirklichkeit? Was war der Staat auf Erden? Ein Leviathan. Was war Gott? Mehr und mehr ein deus absconditus, ein unendlich ferner und undurchdringlich verhüllter Gott...

Die Entfremdung dauerte an und steigerte sich. Das Symbol verlor sein Haus und wurde zum Landstreicher in der wirklichen Welt, die wirkliche Welt zum Fremdling im Bereich des Symbols. Die Architektur, die ›wirklichste‹ aller Künste, begann zu verfallen. Seit dem siebzehnten Jahrhundert wohnt, betet und herrscht Europa nicht mehr in Gebäuden, die entworfen sind nach dem Bild einer authentischen geistigen Vision. Denn alles Wirkliche wurde zum Stein des Anstoßes für den Geist, der seinerseits sich nur gelegentlich bei der Wirklichkeit meldete, und auch dann mit der Verlegenheit eines ungebetenen Gastes. Er fühlte sich dort am wohlsten, wo es am wenigsten ›Wirklichkeit‹ gab – in der Musik. Die Musik der neuen Zeit ist die einzige Kunstform, in welcher sie die Leistungen früherer Epochen übertraf. Dies ist kein geschichtlicher Zufall; es ist der sprachlose Triumph des Geistes in einer Welt von Worten ohne Taten und von Taten ohne Worte.« [8]

Fünf Punkte wären festzuhalten, um gelegentlich an sie anzuknüpfen

a) daß Luther, der Vater der Reformation, in der entscheidenden Hinsicht ein Mann des Mittelalters blieb

b) daß Zwinglis Ablehnung der Realpräsenz Christi im Altarsakrament Ausdruck einer weitreichenden Entmythologisierung, einer Entzauberung der Welt war, die bis heute nicht aufzuhalten ist

c) daß der Bruch zwischen Feudalzeit und Neuzeit in einer gründlichen Wandlung der menschlichen Erfahrung der Wirklichkeit besteht, deren Ausmaße am Schicksal der Kunst erst voll zu ermessen sind

d) daß die anfängliche Bereicherung eines entschränkten Zeichengebrauches, ablesbar an der Geschichte der Naturwissenschaften, nach und nach als Beraubung sichtbar wird, als Verbrauch eines zuvor aufgehäuften Reichtums

e) daß mit Ausnahme der Musik, die in gewisser Weise einen abendländischen Mythos *nach* der Entmythologisierung darstellt (vgl. Lévi-Strauss) [9], die Künste wahrhaftige Seismographien des genannten Bruches sind...

II

Jenes Gespräch im Herbst des Jahres 1529 ist gut dokumentiert, wenngleich aus den zeitgenössischen Quellen unschwer zu erraten ist, wessen Parteigänger jeweils berichtet. Teilnehmer waren: Luther und mit ihm aus Wittenberg: Melanchthon, Jonas, Cruciger u. a.; Zwingli aus Zürich und Oekolampad (zu deutsch Hausschein) aus Basel; hinzu kamen: Vertreter der oberdeutschen Städte und Beobachter aus Schwaben und Franken. In einer kürzlich als Taschenbuch wiederaufgelegten Dokumentation »Die Reformation in Augenzeugenberichten« steht unter dem Thema-Stichwort folgendes zu lesen [10]:

»Doktor Martinus Luther, Philippus Melanchthon, Justus Jonas, Friedrich Myconius und Caspar Cruciger von Wittenberg waren am Donnerstag (30. September) vor Mittag angekommen. Martinus Luther hat den Freitag mit abgesondertem Gespräch zwischen sich, Zwingli und Oekolampad allein zugebracht, aber, wie er sagt, nichts Fruchtbares ausgerichtet. Deshalb wurde am Samstag früh um *sechs Uhr* ein öffentliches, freundliches, undisputierliches (so wurde es genannt) Gespräch vorgenommen. Der Fürst war in eigener Person von Anfang bis zum Ende dabei, ebenso das Hofgesinde und die hessischen Prediger, die deshalb gekommen waren. Und dann wurden wir (Stephan Agricola von Augsburg, Johannes Brenz von Schwäbisch Hall und Andreas Osiander von Nürnberg)

»– Brenz ist einer der Väter der evangelischen Frömmigkeit in Schwaben, deren Wirkung immerhin bis ins Tübinger Stift und darüberhinaus reicht –«

insonderheit vom Fürsten dazugerufen.

Wie wir von anderen fleißig erfragt haben, ist am Samstag früh vor unserer Ankunft folgendermaßen verhandelt worden: Zum ersten ist durch den Kanzler des Fürsten vorgetragen worden, warum der Fürst sie berufen habe. Er hat daran erinnert, was an der Sache gelegen ist, und gebeten, sie wollten Gottes Ehre, den Nutzen der allgemeinen Christenheit und die brüderliche Einheit mehr suchen als etwas anderes.

Eine berühmt gewordene Einzelheit überliefert Collinus: Ehe Luther das Gespräch begann, schrieb er auf seinen Tisch – um es gegen Zwingli und Oekolampad zu verfechten –: ›Hoc est corpus meum‹, damit er sich nicht von diesem Wort abbringen ließe.

Osiander berichtet weiter:

Danach hat Luther kurz vorgetragen, wie die andere Partei sich unterstanden habe, zu beweisen, daß die Worte Christi: ›Das ist mein Leib, das ist mein Blut‹ ein anderes Verständnis annehmen und haben müßten, als wir glauben und lehren. Und als sie das zugegeben haben, hat Luther weiter gesagt, das wolle er von ihnen erwarten (daß sie das beweisen), es sei bisher noch nicht geschehen. Er hoffe, es würde auch in Zukunft nicht geschehen, doch er wolle ihre Beweisführung hören, und womit er nicht zufrieden sein würde freundlich und kurz anzeigen (...).

Darauf haben sich Zwingli und Oekolampad erboten, ihre Grundsätze mit der heiligen, göttlichen Schrift und der Väter klare Sprache zu beweisen. Dagegen hat Luther gebeten, sie möchten das ordentlich und freundlich tun und nicht untereinandermischen, sondern von den Vätern schweigen, bis man zuvor aus heiliger, göttlicher Schrift verhandelt habe.

»– die höchste Autorität hatte für Luther die Schrift –«

Das haben sie bewilligt und gehalten.

Also hat Zwingli angefangen und den Spruch Johannes Kapitel 6 ›das Fleisch ist nichts nütze‹ angezogen in der Meinung, damit zu beweisen, weil das Fleisch nichts nütze wäre, so hätte es Christus auch nicht zu essen gegeben. Und als er seiner Beweisführung zugute das ganze Kapitel hat erzählen wollen, wie er es in seinen Büchlein vielfältig getan hat, hat Luther wohl gemerkt, daß es ein langes, unnötiges, undienliches und langweiliges Geschwätz werden würde, und Zwingli unterbrochen. Es nähme ihn wunder, daß er den Spruch vortrage, obgleich er wisse, daß Christus daselbst nichts vom Abendmahl rede, sondern vom Glauben. Deshalb diene er nicht zu dem gegenwärtigen Streit. Darauf hat Zwingli geantwortet, es sei wahr, er wolle aber dennoch daraus beweisen, daß das Fleisch im Abendmahl nichts nütze sei, ihn nähme nicht wunder, daß Luther den Spruch nicht gerne höre, denn er werde ihm (hat er mit großem Trotz und Hochmut gesagt), dem Luther, noch den Hals brechen. Darauf hat Luther den Zwingli freundlich ermahnt, wie sie selbst nicht eine zänkische Disputation, sondern nur ein freundliches Gespräch begehrt hätten, und dazu gebeten, er möchte die stolzen und trotzigen Worte sparen bis er heim zu seinen Schweizern käme, wo nicht, so wüßte er auch wohl ihm über die Schnauze zu fahren, daß es ihn gereuen würde, daß er dazu Ursache gegeben und solches selbst angefangen hätte – und mit anderen Worten mehr. Davon ist Zwingli still und gemäßigt worden.

Als nun Zwingli den Spruch ›das Fleisch ist nichts nütze‹ nach seiner Art wie auch in allen seinen Büchern vorgetragen hatte, hat ihm Luther mit Fleiß ungefähr diese Ansicht geantwortet: Zum ersten, er gestehe ihm gar nicht zu, daß Christus daselbst von seinem Fleisch rede, sondern von unserem sündlichen und fleischlichen Wesen, wie sonst der Brauch der Schrift ist und er in seinem Büchlein fleißig gelehrt und bewiesen habe. Zum zweiten, wenngleich Christus von seinem eigenen Fleisch geredet hätte, gestände er nicht, daß deshalb folgte und recht geschlossen wäre, das Fleisch ist nichts nütze, darum ist es nicht da.

Also ist über diesen Spruch der halbe Tag zugebracht und nach jedermanns Urteil durch Luther erstritten worden – auch bei der anderen Partei –, daß der Spruch nichts zur Sache helfe und sie nichts damit beweisen können.

Nach Mittag aber, als wir auch dabei waren, trug Zwingli den Spruch Hebräer Kapitel 5 (4,15) ›der versucht ist allenthalben gleich wie wir, doch ohne Sünde‹ vor und zog dazu Römer Kapitel 8 an: ›Er sandte seinen Sohn in der Gestalt des sündlichen Fleisches‹ und das Philipper Kapitel 2: ›Er hat die Gestalt eines Knechtes angenommen, ist gleich wie ein anderer Mensch geworden und an Gebärden als ein Mensch erfunden usw.‹ Er wollte daraus schließen, Christus ist uns in allen Dingen gleich geworden, die Sünde allein ausgenommen, unser Leib sei nur an einer Stelle, darum muß auch der Leib Christi nur an einem Ort sein und kann nicht an vielen Orten im Abendmahl sein. (...)

Danach sagt Zwingli: ›Ich habe bewiesen, daß Christus an einer Stelle gewesen ist. Beweiset ihr wiederum, daß er an gar keiner oder an vielen Stellen sei.‹ Luther antwortet: ›Ihr habt am Anfang euch erboten, ihr wollt beweisen, daß es nicht sein könne und unser Verständnis falsch sei. Das seid ihr schuldig zu tun und nicht, Beweisführung von uns zu fordern, denn wir sind euch keine schuldig.‹

Zwingli sagt, es wäre eine Schande, daß wir einen so schweren Artikel hielten, lehrten und verfechteten und doch keine Schrift dazu zeigen könnten oder wollten.

Da hob Luther die Samtdecke auf und zeigte ihm den Spruch ›Das ist mein Leib‹, den er mit der Kreide vor sich hingeschrieben hatte, und sprach: ›Hier steht unsere Schrift. Die habt ihr uns noch nicht abgerungen, wie ihr euch erboten habt. Wir brauchen keine andere.‹

Zwingli fragt, ob er sonst weiter keine Schrift, Argument oder Zeugnis hätte als diese allein.

Luther antwortet: ›Ich habe wohl noch andere, wie ihr hören werdet, wenn ihr mir zuvor diese abgewinnt, denn was nötigt mich, daß ich ein gewisses Wort Gottes, das mir niemand abringen kann, selbst fahrenließe und mich nach einem anderen umsähe. Stürzt mir das um, danach werdet ihr ja wohl hören, was ich weiter für Argumente habe.‹

Soviel haben Zwingli und Oekolampad aus der Heiligen Schrift Zeugnisse angeführt und nicht mehr, sondern sie fuhren zu und wollten viel nach der Vernunft forschen, wie ein Leib an vielen oder gar keinem Ort sein könnte. Das wollte ihnen aber Luther nicht gestatten. Er sagte: ›Vernunft, Philosophie und Mathematik gehören nicht hierher,

»– als Merkposten festgehalten:
Luther sagt: Gott ist *nicht* an seine Naturgesetze gebunden;
Zwingli sagt: Auch Gott unterliegt den Gesetzen der Natur. –«

denn wenn wir gleich beschlössen, daß ein Leib nur an einem Ort sein müßte, so wäre es doch nicht anders beschlossen, als daß er nach dem allgemeinen Lauf der Natur betrachtet nur an einem Ort sein müßte; daß aber Gottes allmächtiges Wort nichts anderes vermögen sollte als die allgemeine Natur, das würde sich nimmer finden, darum helfe es hier nichts usw.‹ Und er erbot sich, wenn sie es dennoch nicht lassen wollten, wollte er außerhalb dieser Verhandlung mit ihnen davon disputieren, eine Stunde oder zwei, einen Tag oder zwei oder auch einen ganzen Monat usw. Sie fragten, wo Gott je einen Leib ohne einen besonderen Ort gesetzt oder erhalten habe. Darauf antwortete Luther: ›Der allergrößte Leib, darin alle anderen Leiber enthalten sind, nämlich die ganze Welt, erhält Gott ohne eine Stelle, darum hat die Welt keine Stelle, darin sie ist.‹

»– die Welt und die Menschheit als ein Leib – ein Gedanke, der seit Paulus und bis Hegel eine tragfähige Gemeinschaft der Christen stiftete. –«

Darauf schwiegen sie alle stille.

Am Sonntag vor- und nachmittags trugen Zwingli und Oekolampad Sprüche der Väter vor, nämlich einen aus Fulgentius und einige aus Sankt Augustin, die bedeuten, daß ein Leib an einem besonderen Ort sein müßte und daß das Brot im Abendmahl ein Zeichen des Leibes und Blutes Christi wäre. Darüber hörten wir ihnen bald den ganzen Tag zu, bis sie es suchten, lasen und verdeutschten, was ganz langweilig zu hören war. Zuletzt antwortete Luther: ›Daß Sankt Augustin das Brot ein Zeichen des Leibes Christi nennt, ist nichts Besonderes, denn wir können daraus nicht wissen, ob es seine Meinung sei, daß der Leib da sei oder nicht, denn wir selbst halten und nennen es auch ein Zeichen und halten doch nichtsdestoweniger, der Leib sei da. Daß er aber sagt, ein Leib muß nur an einem Ort sein, das schreibt er an den Stellen, an denen er des Abendmahls mit keinem Wort gedenkt. Wenn er aber vom Abendmahl redet, so nennt er es den Leib und das Blut Christi so gut wie wir.‹ Wie Luther das mit einigen Sprüchen anzeigt und sagt: ›Warum sollten wir nun die Sprüche Augustins fahren lassen, die er an den Stellen schreibt, an denen er vom Abendmahl handelt, und sollten uns nach denen richten, die er schreibt, wo er überhaupt nichts vom Abendmahl behandelt.‹

Darauf sagt Oekolampad: ›Wohlan, wir haben dennoch so viel angezeigt, daß wir nicht leichtfertig und ohne Ursache oder Bewegung zu dieser Meinung gekommen sind.‹

Dazu sagt Luther: ›Wir wissen es allzugut, daß ihr große Ursache gehabt habt. Es ist aber die Sache nichtsdestoweniger besser.‹

Also wurde vom Kanzler dazwischengeredet, sie sollten Mittel und Wege suchen, wie man einig würde.

Über das Ende des Gesprächs über das Abendmahl berichtet der Straßburger Hedio, ein Anhänger der Lehre Zwinglis:

Luther antwortet, daß er sich unseren Sätzen nicht anschließen könnte.

Oekolampad: ›Wie unsere Gedankenführung euch nicht umstimmt, so eure Darlegung uns nicht.‹

Luther will in seinem Glauben bleiben und kann nicht nachgeben. Er überläßt uns Gott und seinem Gericht. Er sagt (Oekolampad) Dank, weil er das Seine fleißig dargelegt habe, nicht (...), sondern freundlich. Er dankt auch Zwingli, der freilich schärfer gewesen sei, und bittet, daß er die Härte gegen ihn verzeihe, wenn er gesagt habe, er bekenne, daß er glaubt, Fleisch und Blut seien im Abendmahl. Er will, daß die Sache wechselseitig erörtert wird.

Oekolampad bittet, daß auf die zerrüttete Kirche Rücksicht genommen wird, das bittet er um Gottes willen.

Zwingli bittet Luther, daß er ihm die Heftigkeit verzeihe, und sagt, er habe seine Freundschaft stets sehr gewünscht und begehre sie noch immer. Fast weinend sagt er, weder in Italien noch in Frankreich gäbe es Männer, die er lieber sehen wollte.

Es sagt auch Luther: ›Bittet Gott, daß ihr wieder zu Verstand kommt.‹

Oekolampad antwortet: ›Bittet auch ihr, denn ihr bedürft es gleichermaßen.‹

»– mithin behauptet jeder, selbst bei Vernunft zu sein und wirft dem anderen vor, den Verstand verloren zu haben. –«

Osiander schildert die letzten Verhandlungen:

Weil aber Luther im Anfang unter anderem gesagt hatte: ›Sollen wir einig werden, so müssen wir nicht allein vom Sakrament, sondern auch von anderen Stücken handeln. Denn die Gegenpartei lehrt bald kein Hauptstück der christlichen Lehre recht, besonders ist es mir von denen zu Straßburg angezeigt worden usw.‹ (...)

Also begehrt Bucer, er sollte doch anzeigen, was ihn an ihrer Lehre mißfiel.

»– hier geht es um Karlstadts Einfluß. –«

Luther sagt: ›Ich bin euer Herr nicht, euer Richter nicht, euer Lehrer auch nicht. So reimen sich unser Geist und euer Geist nicht zusammen, sondern es ist offenbar, daß wir nicht einerlei Geist haben, denn das kann nicht einerlei Geist sein, daß man an einem Ort die Worte Christi einfältig glaubt und am anderen denselben Glauben tadelt, dagegen ficht, Lügen straft und mit allerlei frevelhaften Lästerworten antastet. Darum, wie ich zuvor gesagt habe, befehlen wir euch dem Urteil Gottes. Lehret, wie ihr es vor Gott verantworten wollt.‹

Als man nun sah, daß sie sich nicht helfen noch raten lassen wollten – im Hauptartikel vom Sakrament –, ließ uns der Fürst danken, daß wir Seiner Gnade zu Gefallen gekommen wären, mit Ehrerbietung usw., diesesmal sollten wir abgehen. Und wenn uns Seine Gnaden wieder forderte, zusammen oder einzeln, sollten wir keine Beschwerde haben, Seine Gnaden wollten weiter Rat pflegen, wir dürften also noch nicht voneinander usw. Danach beschickte er einen nach dem anderen und fragte Mittel und Rat und ob man nicht etwas weichen könnte. Er fand bei uns allen, wenn der andere Teil bekennen wollte, daß der Leib Christi im Abendmahl wäre, nicht allein in den Gedanken der Menschen, so wollten wir ihnen alle anderen Fragen erlassen und nicht darauf dringen, ob er leiblich oder geistlich, natürlich oder übernatürlich, in einem Ort oder ohne Ort da wäre und sie also als Brüder wieder annehmen und alles tun, was ihnen lieb wäre.

Aber (das ist wunderlich zu hören) sie wollten nicht.«

Bei aller Spitzfindigkeit, die man bei den gelehrten Reformatoren wohl annehmen darf, ist der zentrale Streitpunkt klar: es geht um die allgegenwärtige Realpräsenz des verklärten Leibes Christi im Sakrament. Luther läßt sich diesen Satz, den er – abgesehen von der daran geknüpften Opfertheologie – mit dem Katholizismus teilt, nicht abtun. Das war bereits in seiner heftigen Auseinandersetzung mit Karlstadt und den »Schwärmern« und »Wiedertäufern« deutlich geworden, die ja ihrerseits – sei es bewußt, sei es unbewußt – auf frühere »Symbolisten« zurückgegriffen hatten, auf Berengar von Tours, auf Marcion u. a. ...

Dafür, daß in der völligen Abstraktion vom Körperlichen das Verhängnis liegt, ist Luther notfalls bereit, bis zum Äußersten zu gehen und die Maßgeblichkeit seines eigenen Verstandes zu bezweifeln – ein Paradox, das die Gegner schaudern macht. Hier ist Luther der Mann des Mittelalters; und hier ist Zwingli der Exponent der Moderne, deren Emanzipation vom Körper, vom sinnenhaft Natürlichen, vom »bloß« Materiellen des Leibes in der Folge sprichwörtlich wurde. So betrachtet findet die asketische Moral der Schweizer Reformatoren ihre direkte Fortsetzung in den Abstraktionsprozessen der neuzeitlichen Industrialisierung bis zur großen Maschinerie. – Doch davon später.

Zwingli und Oekolampad halten die Realpräsenz und die Ubiquität des Leibes für eine Absurdität. Bei Enrico de Negri steht darüber folgendes zu lesen:

»All die verstreuten Fäden von Zwinglis Theologie knüpfen an die Realpräsenz an, sei sie katholisch oder lutheranisch, an diese Einrichtung, die sich mit einer Reform im schweizerischen Sinne schlecht vertrug. Die Wiederentdeckung, daß das Wort sacramentum ursprünglich nichts anderes bedeutet als Zeichen, erleichterte eine direkte und folgenschwere Anwendung des Symbolismus auf das letzte Abendmahl. Die Worte Christi ›hoc est corpus meum‹ sind zweifellos symbolisch gemeint, sonst würden sie dem gesunden Menschenverstand widersprechen; darum sind sie so gefaßt, ›daß wir hell sehen, daß dies Wörtlein ‚ist' nicht leiden mag, daß es wesentlich zwischen Brot und Leib stünde, sondern es muß andersverständig gefaßt werden‹. Wo aber setzt hier die vis symbolica an? Zwingli spürte sie im Verb auf: dieses Brot ist-das-Zeichen von meinem Leib (oder bedeutet ihn, stellt ihn dar). Oekolampad hatte eine andere Variante; für ihn lag die vis symbolica im Substantiv, und vorzuziehen wäre folgende Lesart: Dieses Brot ist das-Zeichen-von meinem Leib. Jedoch ließen sich die beiden Schweizer Freunde um einer solchen Geringfügigkeit willen auf keinen Streit ein.

Mit den Elementen vermischt sich also keine Substanz, keine Energie als einzig die Kraft unseres Gedächtnisses, das eine geschichtliche Tatsache heraufbeschwört: ›Wohl bewirken die Sakramente Glauben, aber einen historischen Glauben, denn alle Lobeshymnen, Trophäen und sogar Denkmäler und Statuen wecken einen historischen Glauben, das heißt, sie mahnen an gewisse, einmal und auf bestimmte Art geschehene Ereignisse, deren Andenken durch sie aufgefrischt wird.‹«

Auf dieser Ebene, auf halbem Wege zwischen Humanismus und Aufklärung, erhielten sich im bescheidenen Ritus der zwinglischen Kirchen die sakramentalen Zeichen als Gedächtnisstützen.

»Je größer und heiliger der Glaube ist, desto eher begnügt er sich mit dem eigentlichen geistlichen Genuß; und je mehr dieser sättigt, um so mehr verabscheut eine fromme Seele den leiblichen Genuß.

Wie sehr die Schweizer den geistlichen Genuß verfeinert hatten, geht besonders daraus hervor, wie sie ihn dem ›Deus impanatus, coctus, frictus et pistus‹ gegenüberstellten, der im Abendmahl der lutherischen Realpräsenz aufgetischt wurde. Wer sich von solcher Speise nährte, verschlang zwar glorreiches aber immer noch menschliches Fleisch: ein Fleischfresser also, ein regelrechter Menschenfresser. Auch das sind Scherze, aber sie zeigen, wie völlig sich Zwingli und Oekolampad von dem Wittenberger Theologen distanzierten.« [11]

Hier muß man das Absurde wörtlich verstehen (als unverständlich und unannehmbar!), um die Tragweite der Wandlung in der Wirklichkeitserfahrung ermessen zu können. Luther jedenfalls nahm die Einsetzungsworte buchstäblich und hielt gegen die Argumente der aufgeklärten Vernunft an der Offenbarung des Gottmenschen fest, der sich selbst als Brot zu essen und als Wein zu trinken gibt. Er legte, polemisch wie immer, Zeugnis ab für ein fleischgewordenes Wort, das, eben um der Leibhaftigkeit willen, nicht zum Begriff kommen und erst recht nicht in der Begrifflichkeit aufgehen konnte.

»In Marburg wurde die Diskussion in den traditionellen Termini weitergeführt, denn die Realpräsenz warf ja die Frage des esse hic oder essi ibi auf, wie sich die Schulen seit Jahrhunderten ausgedrückt hatten. Darin fuhr man nun fort und wechselte nur zwischen dem lateinischen esse hic und dem deutschen da-sein ab. Das Dasein, dieses zukunftsreiche Wort, bezeichnet hier nicht irgendeine beliebige Existenz, sondern das wirkliche Zusammentreffen eines unbegrenzten corpus spirituale mit einem räumlich begrenzten Element. Dieses Dasein wie ein Schwert schwingend, bezeugte Luther seine Treue zum Sakrament: ›wir glauben stracks, daß sein Leib da sei‹; im Zeichen des Daseins begriff er alle Modalitäten des Mysteriums: ›Ja, wir sagen auch nicht, daß sein Leib werde aus dem Brot (nämlich durch Transsubstantiation), sondern wir sagen, sein Leib, der längst gemacht und geworden ist, sei da...‹« [12]

Luthers auf einen alten Marburger Tisch verdeckt hingeschriebener Satz »Hoc est corpus meum« ist eine der entscheidenden Bruchstellen hieratischer Erfahrung im Abendland. Danach, d. h. unter dem Vorrang des Verständlichen, wird die Wahrnehmung des Heiligen stumpf, verkümmert sie zu einer Form, wie sie heute noch in Andenkenläden grassiert. Zum Kitsch zu werden und damit jede Attraktivität für ein aufgeklärtes und säkularisiertes Bewußtsein zu verlieren, ist das zentrale Schicksal für eine Erfahrung, die über Jahrtausende verbindlich gewesen war. Angesichts solcher Kümmerformen hatte die Vernunft bald keine andere Möglichkeit mehr, als sich abzuwenden, so daß der Ersatz der Religion durch eine verständlich gemodelte, logisch zurechtgemachte Erfahrung notwendig wurde. Diese Usurpation des »Herzens der Welt« hat also durchaus ihre beiden Seiten.

Angestoßen durch ethnologische und historische Forschungen kehrt aber neuerdings an der Spitze der usurpatorischen Bewegung der Vernunft ein Bewußtsein dafür zurück, was das heißen könnte: »Gott-Essen«. [13] Fast schon ist die beißende Ironie der Humanisten und Aufklärer auf die religiöse »Anthropophagie« unverständlich geworden. Von dort aus rückblickend wird der thematisierte Bruch als ein kultureller und geschichtlicher »Sprung« deutlich, der die Europäer nicht nur von der allgemein überwiegenden Entwicklung gesellschaftlichen Lebens auf der Erde, sondern auch von ihrer eigenen Vergangenheit abgekoppelt und in einen anthropologischen Sonderstatus versetzt hat, aus dem eine Rückkehr kaum oder doch nur mit größten Schwierigkeiten möglich ist.

Fruchtbar und ohnmächtig zugleich ist diese Apotheose des »gesunden Menschenverstandes« ihrerseits längst an unübersteigbare Grenzen gestoßen (z. B. bei der Energieversorgung und der Ökologie, in Pädagogik und Medizin, anläßlich des Nord-Süd-Gefälles und der globalen Sicherheitspolitik), die eine solche Rückkehr um des Überlebens der Menschheit willen zwingend erforderlich machen. Der große Aufschwung von Wissenschaft und Technik unter der Ägide des säkularisierten und aufgeklärten Bürgertums ist seit etwa 150 Jahren, gewiß seit den beiden Weltkriegen in eine Phase der bitteren Ernüchterung eingetreten, in der die anfängliche Bereicherung des Lebens – man denke an Huttens: Es ist eine Lust zu leben! – mit einer nie gekannten Verarmung, Verwüstung und Verstörung der menschlichen Seelen erkauft werden mußte.

Man greife bitte nicht zu schnell zum Vorwurf der Gegenaufklärung. Was sich so nennt oder zu Recht so benannt wird, verbleibt doch immer wieder zwangsläufig im Fahrwasser dessen, was sie negiert. Hier geht es vielmehr um die längst fällige Bilanz, um Aufklärung über Aufklärung, um eine Säkularisierung des »Religionsersatzes« Säkularisierung. Erst später wird sich dann zeigen, ob es einen dritten Weg gibt, der die verhängnisvolle »Alternative« von Rationalität und Irrationalität verlassen kann. Hier sollte es aber möglich sein, die Bruchstellen der Zeit, welche die Menschen mitnimmt oder fallenläßt, genauer zu markieren.

III

Das Neue hat es schwer in der Geschichte. Die Fesseln des Alten sind meist so stark, daß sie es verzerren. Oft verirrt sich die gute Absicht im Gegendruck und verstärkt das, was sie überwinden bzw. auflösen wollte: so auch die Reformation. Sie war von Anfang an, obwohl sie es nicht wollte, politisch (vgl. Luthers Rolle im Bauernkrieg); sie war bürgerlich borniert, obwohl sie unbeschränkt menschlich auf das Evangelium zu antworten versuchte; sie hat den »inneren Menschen« mit aller Religion befrachtet und ihn gerade deshalb gesellschaftlich unmaßgeblich werden lassen; von Luther als Werk sprechender und hörender Menschen konzipiert, ist die Reformation das Werk sprachlos mächtiger, weltlicher Fürsten und Städte geworden; diese sind über das Land und die Bauern, die Handwerker und die armen Ritter hergezogen und haben an die Stelle der wirren Gespenstergeschichten einer bäuerlichen Kultur die Kaufmannsvernunft gesetzt; statt der provinziellen Wildnis der deutschen Verhältnisse kamen die Zentralen der Macht – wenn auch langsamer als in England und Frankreich – zur Geltung; und unaufhaltsam hat sich in der Verwirrung der Zeit, in der eine mittelalterliche Scholastik, eine gottlose Renaissance, ein gelehrter Humanismus und eine tief evangelische Frömmigkeit wie Kraut und Rüben durcheinander vorkamen, jene Abstraktion der gesellschaftlichen Verhältnisse durchgesetzt, auf die es offensichtlich historisch ankam.

Zwar hat Luther die »unerhörte Neuheit des Da-Seins« in all ihren Konsequenzen immer wieder betont, aber sein Setzen auf das Wort und die Schrift, überhaupt die Verlagerung des Wesentlichen aus der ritualisierten Welt der bunten Bilder und farbenfrohen Erscheinungen in das damals neue Schwarzgrau der geschriebenen und gesprochenen Wörter hat jene Formalisierung des menschlichen Lebens mitgetragen, die heute in der computerisierbaren Realität eines bloßen »Ja oder Nein« kulminiert. Keineswegs ginge eine Abwärtsbewegung historisch zurück. Das bunte Mittelalter kann nicht wiederholt werden. Aber es geht auch nicht höher; und immer weniger vorwärts. Vielmehr heißt Rückkehr hier, Vergangenheit anders zu gewinnen, um überhaupt Zukunft zu haben. Daher stammt die Neugier auf das, *was* heute *warum* geschieht, und der Blick auf die vergangenen Ereignisse, die sich erst jetzt vollziehen.

Entscheidend war dabei wohl die Kommensurabilität (»Meßbarkeit«) der Erfahrung des Heiligen. Wo immer diese Erfahrung auf das Maß des »common sense« gebracht wurde, war es bald passiert. Denn wie bei aller Abstraktion, kommt es auch bei der des Lebens darauf an, ein vom Wechsel des körperlichen Daseins unabhängiges Äquivalent, einen eingängigen und durchsetzbaren Maßstab zu finden. Deshalb hat Luther gegen die Schweizer auf der Unvereinbarkeit von Glauben und Vernunft bestanden. Er sah durchaus klar und hat Zwingli andernorts präzise vorgeworfen, daß er dabei wäre, die Paradoxie des Gottmenschentums Christi aufzulösen, »Da dieser Irrtum zusammen mit den übrigen an Boden gewinnt, begann ich die Frage der communicatio idiomatum (hier des Zusammenhangs der unterscheidbaren Naturen Christi in der Einheit der Person, D.K.) zu behandeln; denn diesem Mechanismus nach wird Christus, das Heil der ganzen Welt, dahinschwinden; und es wird daraus folgen, daß wir durch die Menschheit allein erlöst werden«. [14] Doch konnte diese abstrakte Gegenstellung gegenüber der Auffassung, daß Vernunft und Glaube vereinbar seien, nicht lange gehalten werden. Im Gegenteil: durch das aufgeworfene Problem von Orthodoxie und Heterodoxie, das durch den Protestantismus ja keineswegs eingedämmt, sondern vervielfältigt wurde, hat sich die Frage nach der wirklichen Gegenwart Gottes, die dem Streit um die Authentizität der Erfahrung noch den Grund gab, zunehmend verflüchtigt. In der Folge kam die Paradoxie des Religiösen gegenüber dem abstrakten Entweder-Oder von Rechtgläubigkeit und Ketzerei überhaupt nicht mehr zu Wort. Vielmehr vollzogen diese im Verein – unter dem Anschein des Gegensatzes – die historisch notwendigen, doch verhängnisvollen Schritte in die Abstraktion, in Richtung des Absehens von jener Kraft, die einzig gegenwärtig sein kann: von der Einbildungskraft. Dies ist eine der rätselhaftesten Gesetzmäßigkeiten in der Geschichte, daß die Substanz historischer Ereignisse durch Verschiebung der Aufmerksamkeit auf das Rechtmäßige, durch Formalisierung der existenziellen Fragen zur logischen Fragestellung verlorengeht und daß deshalb sich keine Veränderung lange halten läßt. Humanismus – Verschriftlichung – Säkularisierung auf der einen und Reformation – Versprachlichung – Aufklärung auf der anderen Seite bringen jenen Allgemeinbegriff hervor, der es erlaubt, die alte Ordnung äußerlicher Herrschaft in neuem Gewand fortzusetzen, wobei der Anschein einer Befreiung bei den Beteiligten noch eine Zeitlang aufrechterhalten werden kann: Religion geht in Ökonomie über, Ablaßhandel in Geldhandel; aus der Schuld vor Gott werden die finanziellen Schulden, aus dem Gewissen des Christenmenschen wird die Selbstkontrolle des Bürgers; das unablässige Ringen um ein gottgefälliges Leben verwandelt sich in die hektische Arbeits- und Betriebsamkeit eines pflichtschuldigen Staatsangehörigen und das Auserwähltsein in Gott mausert sich zum gesellschaftlichen Erfolg. [15]

Zusammenfassend kann man folgende Grundstrukturen festhalten:

Der innerste Streit der in der Reformation kulminierenden Kritik des Äußerlichen, Oberflächlichen in der Organisation gesellschaftlichen Lebens ging um die Maßgeblichkeit des menschgewordenen Gottes, des »Wortes«, das Fleisch wurde, da es nicht Begriff werden konnte, das in der »Transsubstantiation«, im Stoffwechsel des Heiligen und des Profanen, des verklärten und des natürlichen Körpers existiert. Durch diese Transsubstantiation ist das Irdische unendlich geheiligt, wird aber auch das Heilige ganz irdisch. Luther ahnte wohl – deshalb seine Unerbittlichkeit –, daß man zu weit gehen konnte, und hat diese Existenzweise, das *Da*-Sein (»Hoc est corpus meum«) wie seinen Angelpunkt inmitten eines Meeres der Desorientierung und der schwindenden Fülle festgehalten.

Ohne Anerkennung des Satzes – so wußte er – mußte die Veräußerlichung, die Maßlosigkeit der Lebenskriterien, die doch reformiert werden sollte, erneut überhandnehmen. Es ging um den währenden Zugang zu einem Inkommensurablen, das einzig um den Preis, nicht selbst gemessen werden zu können, das Maß geben, d. h. maßgeblich werden konnte.

Hinter dieser Paradoxie verbirgt sich so etwas wie eine »Logik der Einbildungskraft«, die als lebendiges Reservoir menschlichen Umgangs gefaßt werden kann. Unter dem Druck überhandnehmender Vernunft (und sei es auch der »dialektischen«) verschwindet sie in der Bewußtlosigkeit des Verdrängten, nicht ohne – wie noch bei Luther – sich gelegentlich, halb maskiert, vorzudrängen.

Ein alter Name für das Inkommensurable ist deutsch »das Geheimnis« und griechisch-lateinisch »das Mysterium«. Alles, was man bislang über die kulturellen und historischen Bedingungen der »Mysterien« herausfinden konnte, deutet darauf hin, daß ein abstrakter Umgang mit ihnen auf die Dauer nicht gelingt. Sie fordern die Konzentration aller menschlichen Leidenschaften, der Einbildungskraft mit allen Sinnen (auch mit dem Verstand). Aber eine Beschränkung auf das Wort, das gesprochene und das geschriebene, wie Luther sie mit den anderen Reformatoren in gemeinsamer Ablehnung des katholisch-papistischen Mißbrauchs der Religion übte, mußte im Lauf der Zeit zu jener massenhaften Verneinung des Da-Seins führen, von der die moderne Poesie mit letzter Wahrhaftigkeit Rechenschaft gibt.

Die anschließende, schon auf den Schluß hinzielende Frage lautet: wenn es also geschichtlich notwendig war, auf den Begriff als die einzig gebliebene Allgemeinheit mit verbindlichem Anspruch zu setzen, alle Prozesse des Lebens, auch des religiösen, dem Schiedsspruch der Vernunft zu unterwerfen (da half auch Luthers Vorschlag nicht, in seiner Auseinandersetzung mit Rom einen neunjährigen Knaben als obersten Richter einzusetzen), welche Möglichkeiten gibt es dann für eine Umkehr des Geistes aus seiner in der widerspruchsfreien Begrifflichkeit verhärteten Gestalt? Bei aller Skepsis, die schon angedeutet wurde, soll doch von zwei Versuchen gesprochen werden, die eigenartigerweise auch von Marburg ausgingen und als (späte) Antworten auf die offenen Fragen des Religionsgespräches verstanden werden könnten.

IV

In der Reihenfolge der Orte, die die Reformation durchlief und die für die Geschichte bedeutsam wurden, hat Marburg bereits einen späten Platz inne und damit eine hauptsächlich regulierende Aufgabe. Landgraf Philipp hatte im Jahre 1527 für die Ausbildung der neuen Pfarrer und protestantischen Theologen *seine* Universität gegründet, die erste protestantische Universität überhaupt.

Etwa um die Zeit der Vierhundertjahrfeier (also um 1927) waren an dieser Universität zwei Lehrer tätig, die – so verschieden sie auch arbeiteten – in ihren Hauptwerken ausdrücklich oder unausdrücklich auf das Ereignis bezugnahmen, das ihr Thema ist. Man wird also, ohne fehlzugreifen, einen Genius loci annehmen dürfen, der es ermöglicht hat, Luthers zwiespältige Erfahrung des Heiligen gegen die Macht des toten Gottes in den Köpfen und Herzen der Menschen wenigstens denkend wiederzuholen.

Gemeint ist Rudolf Otto, sein für die spätere Religionswissenschaft epochemachendes Werk über »Das Heilige« [16] und Martin Heidegger mit seinem Standard-Werk einer neuen, nachcartesianischen Philosophie: »Sein und Zeit«. [17] Der erste thematisiert ausdrücklich »das Irrationale in der Idee des Göttlichen und sein Verhältnis zum Rationalen« (so der Untertitel), greift bei seiner Bestimmung des Mysteriums auf Luther zurück (das »Numinose«) und versucht im Rückgang auf Religionsgeschichte und Ethnologie das »Unbegriffliche« am Mysterium als irreduziblen Doppelaspekt von »tremendum« und »fascinosum« zu beschreiben, also den verfemten Teil in der Wahrnehmung des Heiligen wieder zuzulassen. Der zweite stellt, unausdrücklich zitierend, das »Da-Sein« in den Mittelpunkt seiner Bemühungen und eröffnet, mit dieser Reminiszenz an den mittelalterlichen Luther, in Abhebung zu verschiedenen Verfallsformen des Existierens, das Fragwürdige einer neuen »Intensität« des Lebens. Beide sind in der Rückkehr nicht sehr weit gekommen, haben jedoch der Erinnerung des Verdrängten eine Bresche geschlagen.

Die damit an entscheidender Stelle ermöglichte Wiederaneignung einer in der Neuzeit verlorenen Erfahrung hat sich seitdem unsäglich mühsam vollzogen. Dabei markieren die beiden Genannten zwei Grundrichtungen des Weges: man versucht heute nach wie vor das unbegriffliche Leben, die »Wildnis« entweder an den Rändern der zivilisierten Welt oder im historischen Grund jenes Bruches zwischen Mittelalter und Renaissance, Humanismus, Reformation aufzuspüren. Wenn dieses Unternehmen in einer großangelegten »Spurensicherung« auch in der Gefahr ist, den umgekehrten Effekt seiner Absichten zu bewerkstelligen (wie es in Anbetracht der Reformation als gleichsam eherne geschichtliche Gesetzmäßigkeit erschien), mithin die europäische Kultur und Geschichte über alle Grenzen hinweg auszudehnen statt sie einzuschränken, so ist doch klar, daß es durch die drei eingangs genannten Strategien, auf die verschwindende Fülle der Zeit zu reagieren, ganz unvermeidlich wurde: die praktizierte Gleichgültigkeit im Umgang mit anderen, die erlittene Sinnlosigkeit der eigenen Existenz und die eingesehene Relativität der menschlichen Erfahrung zwingen über kurz oder lang zu einer Neuorientierung, die nicht einfach das alte Gegenteil der Leere darstellt. [17]

Es scheint aber, daß heute nicht mehr die »homines religiosi« die Pfadfinder sein können, sondern sprachmächtige Autoren, Schriftsteller, die sich mit der Last der Geschichte im Übergang der Wissenschaft zur Kunst befinden oder genauer im Schrecken über die restlose Entzauberung der Welt. Soweit man sehen kann, ist dieser »Choc« (Walter Benjamin) die einzige Bedingung der Umkehr. Sie selbst, die tätige Umkehr, gehört jedoch in das letzte Kapitel von der Geschichte der Welt.

10. Der leidende Gottmensch. Die Einbildungskraft als Spiegel der Heilsgeschichte im Werk Rudolf Kassners und Leopold Zieglers

In Georg Büchners dramatischem Fragment »Woyzeck« ist kurz vor dem Tod der Marie eine merkwürdige kleine Erzählung eingerückt, die nicht nur das biographische Verhängnis Woyzecks verdeutlicht. Vielmehr scheint darin das säkulare Schicksal der europäischen Menschheit gefaßt zu sein. Die Großmutter erzählt:

»Es war einmal ein arm Kind und hatt kein Vater und keine Mutter, war alles tot, und war niemand mehr auf der Welt. Alles tot und es is hingangen und hat gesucht Tag und Nacht. Und weil auf der Erde niemand mehr war, wollt's in Himmel gehn, und der Mond guckt es so freundlich an; und wie es endlich zum Mond kam, war's ein Stück faul Holz. Und da is es zur Sonn gangen, und wie es zur Sonn kam, war's ein verwelkt Sonneblum. Und wie es zu den Sternen kam, waren's kleine goldene Mücken, die waren angesteckt, wie der Neuntöter sie auf die Schlehen steckt. Und wie's wieder auf die Erde wollt, war die Erde ein umgestürzter Hafen. Und es war ganz allein. Und da hat sich's hingesetzt und geweint, und da sitzt es noch und is ganz allein.«

Was Büchner hier mit Einbildungskraft vergegenwärtigt, ist die Enttäuschung eines falschen Suchens: Es hat nichts auf sich mit der Welt. Alles ist ein Vorwand. Wenn man dahinterkommt, entdeckt man den faulen Zauber. Der Mond ist nicht der Mond, die Sonne nicht die Sonne und die Sterne sind nicht die Sterne. So lautet das ent-täuschende Resultat jahrhundertelanger Entdeckungen.

Die Welt ist entzaubert, die Erde ist umgedreht und unzugänglich, Vater und Mutter sind tot, der Mensch, das Kind, ist allein.

Ein Denken, das zu dieser Enttäuschung führen konnte, muß in den Verdacht geraten, von einer fundamentalen Täuschung auszugehen. Wie wenn die Entgöttlichung des Himmels und die Entmenschlichung der Erde letztlich dadurch verursacht wurden, daß die denkenden und handelnden Menschen sich auf die falsche Instanz verließen und darüber die einzig zulängliche Erkenntnis verkommen ist? Wie wenn der Verlust der hilfreichen Natur und das Zerbrechen der verläßlichen Kultur durch ein menschliches

Versagen bewirkt wurde, und zwar durch jene selbstverständliche, aber keineswegs gerechtfertigte Annahme, das Wesen der Dinge sei ohne Gegenleistung vorhanden und dauernd profitabel? Wie wenn der Mensch im Grunde seines Herzens die »Substanz« seiner Welt hervorzubringen hätte und kein Heiligtum ohne Verehrung und keine schöne Umgebung ohne Neigung beständig bliebe? Wie wenn dem Habenwollen die Leere und dem Seinlassen die Fülle entspräche?

Es geht in solchen Fragen um den Verdacht einer radikalen Kritik der Moderne, die wegen ihrer massiven Indizien immer schwerer von der Hand zu weisen ist. Es geht darum, die modernen Menschen für ihr Denken verantwortlich zu machen, auch dann, wenn sie ahnungslos handelten wie ein Kind; auch dann, wenn sie deshalb versagt haben, weil sie Gott, die Welt und sich selbst wie ein naiver Fremdling in subtilen Konstellationen unter das grobe Maß enger Begriffe gepreßt haben.

Rudolf Kassner und Leopold Ziegler – um zwei vehemente Kritiker der genannten Art näher beizuziehen – versuchen in ihren umfangreichen Werken zu belegen, daß das menschliche Versagen das Verstummen der Welt und das Schweigen Gottes bewirkt hat. Statt mit Einbildungskraft anzuschauen und im Mantel seiner Sprache zu nennen und zu dichten, um so im Dank des Gebetes seinen maßlosen Verbrauch an Schätzen der Natur und der Kultur auszugleichen, wie es die Tradition vorschreibt, hat der Mensch der Moderne dem »Neuntöterinstinkt« seines Verstandes und Machtwillens nachgegeben und sich die Welt durch Berechnung gefügig machen wollen. Doch diese gefügige, manipulierte Welt ist nicht mehr die Welt und jener durch Berechnung Herrschende versinkt in der selbsteingebrockten Depression des Alleinseins. Kassner und Ziegler erzählen die Geschichte der letzten Jahrhunderte, wie die Großmutter das Märchen vom verlassenen Kind. Die Menschheit ist – so betrachtet – wie nie zuvor der Einflüsterung der Schlange erlegen. Sie hat statt vom Baum des Lebens vom Baum der Erkenntnis gegessen und statt der Kraft der Einbildung jene in der Konsequenz tödliche Alternativ-Erkenntnis gewählt, die von Unterschied zu Unterschied sich spaltet, vom Hundertsten ins Tausendste sich verirrt und über ihrem Vollzug völlig vergißt, was sie wollte. Keiner der anfänglichen Antriebe, weder das Wissen des Guten und Bösen noch die Einsicht in das, was die Welt im

Innersten zusammenhält, ist in den spezialisierten Formen der modernen Wissenschaft heute noch wirksam. In der Vehemenz der Weltveränderung kann sich niemand mehr darüber Rechenschaft geben, was er tut und warum er verändert.

Durch diese Vergeßlichkeit – so muß man den Kern der Kritik Kassners und Zieglers präzisieren – wurde die Vertreibung aus dem Paradies ein zweites Mal verhängt. Nun dienen alle menschlichen Anstrengungen ahnungslos dem völligen Verlust der Heimat. Denn ohne die Kraft, die alles zusammenhält und die im Erinnern besteht, kann das menschliche Denken nur die Spaltung vervielfachen und die Entfernung vergrößern. Schließlich sind die Spaltungen so zahlreich und die Entfernung so endlos, daß sogar das Maß, das sie messen könnte, die mit der Erinnerung gegebene Weisheit der Vorzeit verlorengeht. Dann ist die Abwesenheit des Paradieses so absolut, daß sie nicht mehr erfahren werden kann. Dann ist die Spur zum Heiligen verschwunden, die Menschen sind einander bloß noch Mittel zu Genuß und Macht, und die Umgebung aus Natur und Gesellschaft wird zum bösen Traum, an den man sich fast gewöhnt.

Aber die Kritiker müssen – um überhaupt sprechen und schreiben zu können – die Sage hochhalten, daß nach jedem Sündenfall des Geistes ein Rest jener Kraft übrigbleibt, welche der ausschließenden Sonderung entgegenwirkt, welche mit jedem neu geborenen Menschenkind auch eine neue Möglichkeit der Erinnerung bietet – auch wenn sie vorerst nur zum Weinen in der Verlassenheit taugt... Dem Rest dieser Kraft nachzuspüren heißt, sich mit jenem umstrittenen menschlichen Vermögen zu befassen, das man nach dem Griechischen »Phantasie« und im Deutschen »Einbildungskraft« nennt.

I. Die Moderne im Brennspiegel der Heilsgeschichte

Von der Einbildungskraft kann nicht in der gleichen Weise gesprochen werden wie vom Verstand oder von der Vernunft. Während die Vernunft ihren transzendentalen Rahmen hat, in dem sie auf Absicht, Vermögen und Leistung hin überprüft werden kann, ist der Horizont der Einbildungskraft so unbekannt, wie sie selbst. Während der Verstand seinen Grund finden kann, auf den er bezogen bleibt oder gegen den er sich auflehnt, reicht die

Einbildungskraft in Abgründiges. Sie geht jeder Gründung voraus, auch der Sprache, und muß demzufolge als eine Voraussetzung dafür angesehen werden, daß von ihr gesprochen werden kann. Dabei bleibt sie doch immer im Rücken dessen, der sie zum Thema macht. Sie kann wie das wahre »Wesen« eines Menschen nur an den Früchten erkannt werden.

Deshalb müßte man – wenn es denn darum geht – »Wesen« verbal verstehen. Vom Wesen der Einbildungskraft sprechen, hieße die Spuren sehen, die sie in der menschlichen Wirklichkeit hinterläßt, hieße diese Spuren zurückverfolgen, die Wurzeln aufgraben ohne sie abzubrechen. Doch selbst dazu gehört schon Einbildungskraft.

Sie ist in gewisser Weise sich selbst der Horizont. Horizont heißt wörtlich: Wohnung des Horus. Das ist ein königlich-göttliches Attribut (bezogen auf den geliebten Sohn des Osiris und der Isis) und läßt Zuordnungen sehen, macht Gliederungen wirksam, ordnet zyklisch das Chaotische zum Kosmischen. Solches ist immer schon geschehen, wenn der Mensch nachzudenken beginnt. Deshalb ist es nicht verwunderlich, daß in der philosophischen Tradition (ähnlich wie in der mythologischen und dogmatischen Überlieferung) die Spuren der Einbildungskraft selten sind. Kaum jemals bleibt sie ohne üble Nachrede und wenn das einmal geschieht, dann nur mit der ausdrücklichen Einschränkung, daß ihr »Wesen« unbekannt sei.

Der Schweizer Hans Kunz hat sich die große Mühe gemacht, in zwei umfangreichen Bänden alle philosophischen und anthropologisch relevanten Stellen der einschlägigen Literatur zum Thema »Phantasie« zu sammeln und zu kommentieren. Das Ergebnis, das Kunz unter dem Titel »Die anthropologische Bedeutung der Phantasie« [1] veröffentlicht hat, zwingt zu der Folgerung, daß ohne einen Rekurs auf den adäquaten Horizont der Einbildungskraft deren Bezeugungen nicht im Zusammenhang gesehen und verstanden werden können. Um die Bedeutung der Phantasie zu erkennen, muß mit Phantasie gedeutet werden.

Immerhin zeigt Kunz deutlich, wie die Auffassungen diametraler Art überwiegen. Einerseits gilt die Phantasie als Störfaktor des Denkens, als Unkraut des geistigen Lebens, das wegen seiner unbegreiflichen Wucherungen mit Vernunft und Verstand ausgerottet werden sollte; andererseits wird sie als durchdringende, sowohl im somatisch motorischen als auch im vegetativ psychischen Bereich wirksame Voraussetzung des Denkens anerkannt, als jene

Instanz, welche das »Material« der verallgemeinernden Erkenntnis bereitstellt, die jedoch selbst nicht erkannt werden kann. In diesem »Einerseits – Andrerseits« ist die philosophisch-wissenschaftliche Beschäftigung mit Phantasie festgefahren.

Dem von Kritikerseite erhobenen Postulat, Einbildungskraft mit Hilfe ihrer selbst zu erkennen, ist das europäische Denken der Moderne nicht gerecht geworden. Ansätze dazu gibt es bestenfalls bei den Dichtern, etwa bei Hölderlin und neuerdings bei den beiden im Untertitel des Themas genannten Denkern Rudolf Kassner und Leopold Ziegler, die mit Rücksicht auf die Hauptströmungen der Wissenschaften und der Philosophie nur als »Außenseiter« angesehen werden können.

Eine solche Position aber bietet die überraschende Möglichkeit, auch die monopolisierten Selbstverständlichkeiten der Philosophie und der Wissenschaften noch einmal mit anderen Augen zu sehen. Weder Kassner noch Ziegler haben ein »Aggiornamento« mit Blick auf die Gerichtshöfe der Vernunft betrieben. Ohne dogmatische (oder mythische) Orthodoxie liegt in ihren Werken ein jeweils außerordentlicher Beitrag zur physiognomischen Deutung der modernen Zeit vor, die deren Anspruch, sich selbst der beste Interpret zu sein, entschieden widerspricht. Vielmehr wird sie als ein selbstvergessenes Moment der Heilsgeschichte gefaßt und mit Hilfe des Spiegels, den die Einbildungskraft abgibt, reflektiert.

Wenn man auf Hölderlins bekannt gewordenes Wort hört: »O ein Gott ist der Mensch, wenn er träumt, ein Bettler, wenn er nachdenkt...«, dann muß man es wörtlich und wirklich nehmen. Es ist nicht als Metapher gemeint, sondern als Aussage über Phantasie und Verstand im Horizont der Einbildungskraft. Kassner und Ziegler versuchen in ihren Werken unabhängig und unbeeinflußt von einander den Satz Hölderlins auszulegen. Kurz gefaßt, könnte man in Paraphrase ihrer Hauptgedanken folgendes andeuten: Die träumende Einbildungskraft ist das göttliche Erbe, ist dieser Rest der paradiesischen Erkenntnis, welcher dem »gefallenen« Menschen die Herkunft vergegenwärtigt und sich im Gottmenschen Jesus Christus als maßgebliche Gestalt der Menschheit geoffenbart hat. – Auf den Verstand hingegen ist kein Verlaß, er führt in die Armut. Der Mensch wird zum Bettler, wenn er nachdenkt, und entfernt sich umsomehr von seinem Heil, je mehr er sich auf seine eigenen Begriffe und Vorstellungen verläßt.

Auch im Evangelium figuriert der Verstand als Stigma jener Schriftgelehrten, die nicht nur sich selbst vom Heil abwenden, sondern auch andere daran hindern, ins »Reich«, d. h. in die Heimat der Menschen einzugehen. Schließlich sieht Ziegler ihn als »homocida«, »terracida«, als Menschenschinder und Erdenverwüster, der in der fortgeschrittenen Moderne dem Gipfel seiner Macht zustrebt.

Von einem bestimmten Punkt der Geschichte an verschärft sich nämlich die bloße Vergeßlichkeit zum Haß. Dessen verborgene Konsequenzen sind am Schicksal aller Worte, die von der Einbildungskraft umgeben sind, abzulesen. Schon das Wort »Einbildung« selbst ist verächtlich, erst recht die »Illusion«, die »Spekulation«, auch neuerdings die »Theorie«, aber ebenso die »Idee« und das »Phantasma«. Darüber hinaus geraten die Vorgänge, Bewegungen, Formen, die sich aus den genannten Worten nähren, wie Traum, Märchen, Mythos, Sage, Weisheit in den Verdacht, bloße Einbildungen, statt Aussagen über Realität zu sein. Das Geheimnis, das in ihnen sich offenbart, muß von nun an durch Geheimlehren tradiert werden, die bald in das Odium des Unheimlichen, bald in das des Lächerlichen geraten. Dann kann der Weise vom Sektierer nicht mehr unterschieden werden und der wahrhaft Eingebildete nicht mehr vom bloß Eingebildeten. Das Verdikt über den Zauber und den Schein und den Geist wird schließlich so total, daß der bisher untergründige Haß zur offenen Unterdrückung und Vernichtung treibt. Das Schicksal der Einbildungskraft war und ist das Elend. Wenn der Verächtlichmachung die Ausrottung folgt, ist allerdings – so lautet der gemeinsame Einspruch Kassners und Zieglers – das Leben der Menschheit bedroht.

Als »Begründung« der tödlichen Feindschaft wird etwa die Verführbarkeit der Phantasie durch falsche Propheten zitiert, dem dann die Unverführbarkeit des gesunden Menschenverstandes entgegengesetzt zu werden pflegt. Beide Kritiker weisen die darin liegende Annahme zurück, daß es eine Absicherung vor der Verführung gibt, die nicht zugleich das Ende jeglicher geistigen Bewegung bedeutet. Doch gerade Menschen von unbeweglichem Geist und verkümmerter Einbildungskraft sind zuerst verführt, weil sie aufgrund ihrer fixen Ideen für jede beliebige Phantastik anfällig sind. Die Erfahrung der beiden Weltkriege bedeutet für Kassner und Ziegler, daß es keine Sicherheit gibt, es sei denn in der sehend durchlittenen Unsicherheit. Zwar herrscht im Horizont der Einbildungskraft die schwierige Ambivalenz von Leben und Tod, von Fülle und Leere, von Kosmos und Chaos, von Schöpfung und Verwüstung, aber diese Zweideutigkeit wird als unaufhebbare Not des geschichtlichen Menschen gefaßt; sie hört nur im Geschichts- und Wesenlosen auf, und auch dort nur, weil sie niemand mehr sieht. Wer also wie Kassner von der Einbildungskraft als vom Gottmenschen spricht, muß vom Widersacher der Phantasie, vom Teufel sprechen. Und wer wie Ziegler das Mysterium Christi auf unorthodoxe Weise vergegenwärtigt, muß auch das Mysterium des Sündenfalls und des Jüngsten Gerichtes heranziehen. Es geht nicht nur beiläufig darum, die Macht des Teuflischen in der Welt, ihre Motive und Verheerungen, auf eine neue Weise sehen zu lernen. Was der Verstand für den Teufel hält, ist nicht der Teufel, der die Helle des Bildes verdüstert. Denn die Verständlichkeit steht sich, wenn sie den Teufel an die Wand malt, immer selbst im Wege.

In derart »brennspiegelartiger« Zusammenfassung mag die Simplizität der Konfiguration zunächst Befremden erregen und dazu reizen, weiten Abstand zu nehmen, wodurch die Außenseiter-Position der beiden Kritiker der Moderne noch einmal bestätigt würde. Doch ist es ein lohnendes Unterfangen, den Gedanken weiterzudenken, daß die Säkularisation, die Aufklärung, die Moderne – strikt entgegen ihrer Auffassung von sich selbst – nur ein Zwischenspiel in einem größeren Drama darstellt. Das Stichwort einer solchen Sicht heißt »Gestalt«. Auch Abstraktionen z. B. menschliche Vermögen wie Phantasie, Vernunft, Verstand, werden wie handelnde Personen behandelt. Das ist die Stärke und die Schwäche einer Deutung, die vom »Drama« der Moderne, von der »Mythologie« der Aufklärung, von der »Heilsgeschichte« der Säkularisation spricht und nicht akzeptiert, daß dergleichen zu Ende sei; also das Apostrophierte durch den jeweiligen Genitiv aufgelöst wurde. Der seit Hegel (erst recht seit Marx) vollzogene Schritt in die Notwendigkeit auch der theoretischen Abstraktion ist hier mit Absicht nicht vollzogen; die großen Mächte der Zeit treten weiterhin als Figuren auf, das »dramatis personae« eines durch und durch allegorisch gefaßten Schicksals der Menschheit.

Insofern man sich also einzulassen bereit ist auf ein solches Abenteuer des Geistes, das einem traditionellen Konzept aktuelle Bedeutung abzugewinnen vermag, werden sich ganz unerwartete

Perspektiven auftun, nicht zuletzt auch in Hinsicht auf die Gestalt der Einbildungskraft, die einen Vorrang im großen »theatrum mundi« hat. Gleichsam als Brückenschläge zur ungewohnten Bühne dienen die vorangestellten Exkurse über Leben und Werk. Dann aber geht es darum, die Dramatik auszuprobieren – wenigstens die Zeit der nachgehenden Interpretation ohne Vorbehalt sich zu verlassen. Denn nur ohne die Skrupel der weitreichenden »reservatio mentalis« ist es möglich, auf den Weg dieser Denker zu kommen und ihnen gerecht zu werden.

II. Rudolf Kassners universale Physiognomik des »Gottmenschen«

a) Exkurs zu Leben und Werk

Kassner, Rudolf, Kulturphilosoph, Essayist, Physiognomiker, geb. 11. 9. 1873 in Groß-Pawlowitz (Mähren), gest. 1. 4. 1959 in Sierre (Wallis).

Kassner, Sohn einer kinderreichen Familie, die aus Schlesien nach Mähren eingewandert war, verbrachte seine Kindheit auf dem Lande, studierte in Wien, unternahm trotz seiner starken Gehbehinderung (Kinderlähmung) ausgedehnte Reisen durch Rußland, Nordafrika, Indien, lebte in Berlin, Paris, London, München und Wien, hatte viele der bedeutendsten Künstler der Zeit zu Freunden (z. B. Rilke, Hofmannsthal, Gide, die Duse u. a.), übersetzte Platon und Gogol, verkehrte in den Häusern der bekannten Kunstmäzene Europas und lebte seit 1945 in Sierre, nahe dem Schlößchen Muzot, das Rilke in seinen letzten Jahren bewohnte.

Kassner hat ein bisher inkommensurables Werk veröffentlicht, das etwa 40 Schriften umfaßt. Durch die beiden Weltkriege unterbrochen, ergeben sich über 60 Jahre hin drei Phasen der Publikation, in denen mit erstaunlicher Regelmäßigkeit ein im Grunde identisches, aber schwer identifizierbares Thema variiert wird. So ist ein dem Umfang, dem Inhalt und der Sprache nach einmaliges, sehr persönliches Œuvre entstanden, das auf eine umfassende Rehabilitation der Einbildungskraft als der für Geschichte einzig zulänglichen Erkenntnis hinausläuft. Kassner war ein »Eingebildeter« auf der »zweiten Fahrt«, d. h. ein Denker, der fundamentalere Vermögen in Anspruch nehmen konnte als Verstand und Vernunft, gleichwohl kein Phantast der Ursprünglichkeit. Es ist ihm gelungen, die traditionellen Gestalten des abendländischen Geistes, soweit dies für einen einzelnen möglich ist, in seinem Werk noch einmal zu versammeln und in ein dramatisch gespanntes Verhältnis zu bringen. Durch eine Rekonstruktion des Weges, den die menschliche Erfahrung und Weltdeutung von »Raum« zur »Zeit«, von der identischen Welt des Vaters der Magie zur paradoxen Welt des Sohnes, der Inkarnation nimmt, kann Kassner zeigen, daß diese Geschichte ihre Notwendigkeit hat, zugleich aber einen »Schatten« als Verhängnis mit sich führt: die Abstraktion. Das identische Thema Kassners ist die Überlegenheit des Anschauens über das Begreifen, die – wo sie verkehrt wird – die Menschen in Blindheit und Abhängigkeit geraten läßt. Von daher ergibt sich eine immer neue, stets anders ansetzende (deshalb nicht feststellbare) Kritik der Wissenschaft und der entsprechenden, auf Zahlen fixierten Mentalität, die in ihrer Tiefgründigkeit und Reichweite nur unter Schwierigkeiten akzeptiert werden kann. Das kommt sowohl in der Ratlosigkeit der Gegner wie in der Hilflosigkeit der Anhänger Kassners zum Ausdruck. Die Inkommensurabilität seines Werkes wird wohl erst durch das Scheitern der Abstraktion in den wirklichen Verhältnissen der Menschen aufgelöst werden können.

Kassner hat deutlich gemacht, daß die einzige Chance, den Umständen und Folgen einer Real-Abstraktion, d. h. einer blinden Zwangsläufigkeit des menschlichen Lebens zu entgehen, die Physiognomik ist, die Umkehr von der Welt der Zahlen in das Reich der Bilder. Diese Umkehr verstand er nicht als Ziel, sondern als Weg, als Bewegung der Einbildungskraft, die ihre erste Aufgabe in einer physiognomischen Deutung des Abstrakten hat. Für Kassner sind Wissenschaften, Weltanschauungen, Philosophien vor allem wegen ihres Gestaltcharakters interessant. Er holt sie gegen ihr Selbstverständnis zurück in eine Dramatik des Geistes, wie sie nach Hegel nicht möglich schien. Dabei bleibt eine Physiognomik völlig unsystematisch. Die Grundworte Kassners: vor allem Identität, Maske, Götze, Zahl, Gesicht, Individualität, Rhythmus, Steigerung, Umkehr, Gottmensch, Spiegel usf. stehen nicht in einem festen Gefüge, sondern wie die handelnden Personen eines Theaterstücks in einem dramatischen Kontext. Es gibt von der ersten Schrift an bis zur letzten keinen »Rahmen«, der erweitert oder verlagert würde, sondern nur Szenenwechsel auf einer imaginären Bühne. Dadurch entkommt Kassner sowohl dem Entweder-Oder einer formalen Widerspruchslogik als auch der Dialektik der aufgerissenen und versöhnten Widersprüche. In Kassners Physiognomik wird kein Standpunkt bezogen und nichts definiert, es wird vielmehr »aus vollem Lauf« in die Bewegung der Deutung hineingesprungen. »Es geht stets um zwei Welten: die magisch solare mit der Einheit von Sinn und Wahnsinn und die andere der Person mit der Einheit von Wirklichkeit und Idee.« [2]

Bei der Umkehr von der Welt der Zahlen in das Reich der Bilder trifft Kassner nach dem Versuch, die Gesichter der Begriffe zu verdeutlichen, auf Gestalten eines Zwischenreiches der Welt des Maßes und der Maßlosigkeit: Chimäre, Zentaur, Sphinx, auch sie handelnde Personen der universalen Physiognomik. Sie dienen insbesondere zur Kennzeichnung des Übergangs von Mythos in Geschichte, der immerzu stattfindet. »Kein Gedanke, scheint mir, verlangt sosehr danach, durchdacht zu werden, heute in einer

Weltkrise erster Ordnung, wie jener, auf welche Weise Mythos und Geschichte zusammenhängen, oder wie Mythos in Geschichte übergeht oder davor zurückstaut.« [3]

Schließlich, zurückgekehrt zur Kindheit des allgemeinen Menschen ist für Kassner Klarheit darüber entstanden, daß der »Sohn älter ist als der Vater«, daß das Wort »Fleisch wurde, weil es nicht Begriff werden konnte«. Der in der Bewegung der Einbildungskraft rekonstruierte Weg der Menschheit von der Magie über das Maß zum Paradox des Gottmenschen zeigt sich als die vergessene Einbildungskraft selbst, an der teilzunehmen das Leben des Geistes ist. Geist heißt so betrachtet »Spiegel«. Ohne den Spiegel wäre die Welt leer, ohne Einbildungskraft gäbe es keinerlei Inhalt. (Seit 1969 erscheinen »Sämtliche Werke« Kassners bei Neske, Pfullingen.)

b) In einer philosophischen Dissertation über Rudolf Kassner [4] wird die Frage gestellt, ob man, wie Kassner es tut, Philosophie als Ausdruck denken dürfe, als Figur? Das ist eine eher hilflose Frage, und zwar seitens der gedeuteten Philosophie, die ihre Ursachenforschung und Funktionenlogik für mißachtet hält. Wer aber mehr sieht, hat mehr recht. Kassners Lehre vom Sehen und Deuten der Gestalt umgreift die philosophische Frage nach den Bedingungen und Formen der Reflexion. Deshalb hat jede Philosophie ihr Gesicht, während eine philosophische Interpretation des Sehens und Deutens unangemessen bleibt. So stellt Rudolf Kassner in seinen frühen Werken eher andeutungsweise, später mit Strenge, der Identitätswelt der Ursachen, Zahlen und Gleichungen seine gesehene Paradoxie des Gesichtes gegenüber: »Physiognomik muß dort anfangen, wo die Psychologie aufhört.« [5]

Es handelt sich dabei um eine Physiognomik im Horizont der Einbildungskraft, die von jeder wissenschaftlichen Ausdruckskunde dadurch unterschieden ist, daß sie nicht auf Beobachtung, sondern auf Anschauung beruht. Ihr Paradox lautet: »Ein Mensch sieht immer nur darum so aus, wie er ist, weil er nicht so ist wie er aussieht.« [6] Kassner selbst bestimmt diesen Unterschied von Anschauung und Beobachtung, von verwandelnder Deutung und feststellender Wissenschaft folgendermaßen: Im Gegensatz zu der auf das Objekt »Gesicht« beschränkten Beobachtung hat die Anschauung Universalität. Sie sieht alle Gegebenheiten in Raum und Zeit als Gesicht. Der Beobachtende kann durch Instrumente ersetzt werden, der Anschauende nicht, weil das anschauend Gesehene nur in der Einheit von Seher und Gesicht gegenwärtig ist.

Der Mensch, sagt Kassner, kann nur dank seiner Einbildungskraft gegenwärtig sein. Das Gesicht in seiner Doppelbedeutung von »Vision« und »Visage« ist durch Anschauung konstituiert, während Beobachtung als solche ausdrücklich draußen bleiben und aus dem beobachteten Vorgang ausgeklammert sein will. Deshalb kann eine auf Beobachtung bauende Wissenschaft nie das »Ganze«, d. h. hier den Gegenstand *und* die Beobachtung reflektieren. Das alles einschließende Drama von Innen und Außen, das man »Gesicht« nennt, bleibt der Wissenschaft verschlossen, weil sie die vergegenwärtigende Phantasie nicht zum Zuge kommen läßt.

Während also nach Kassner die Einbildungskraft die Bedingung der Gegenwärtigkeit des Menschen ist und somit den Augenblick aus dem Nichts holt, Zeit gleichsam gebiert, verräumlicht der Verstand die Welt zur Umwelt, zur Gegenstandswelt, in der die Dinge nur »sind«, aber nichts »bedeuten«. Dieser Unterschied von Zeitdenken und Raumdenken wird auch von Ziegler konstatiert. Anders aber als dieser sieht Kassner ihn als Drama zwischen Gesicht und Zahl, zwischen Geist und Verstand.

»Geist heißt, daß alles, alles auch das Älteste, das Verbrauchteste wie zum erstenmal ausgesprochen werde, daß es sozusagen kein zweites Mal gibt, keine Zahl. In diesem Sinne ist Geist rein ... Alles andere, ähnliche bedeutet nicht Geist, sondern Verstand, der gewissermaßen immer alt ist und an der Zahl hängt.« [7] Das Drama zwischen beiden, das Drama zwischen Zahl und Gesicht kann wiederum nur gesehen, nicht berechnet oder in Zahlen ausgedrückt werden. Es ist der Ausdruck einer unumkehrbaren Bewegung, der Bewegung der Geschichte von der Identitätswelt des Vaters zur Inkarnationswelt des Sohnes oder, wie Kassner sagt, von der Wahrheit zur Freiheit.

In der Identitätswelt hat der Verstand recht, in der Inkarnationswelt wird er zum Unrecht. Es ist ein Unterschied, ob das Wort sich mit dem Ding deckt, ob es als dieses gezählt werden kann (was der Verstand versteht), oder ob das Wort Fleisch geworden ist, weil es nicht Begriff werden konnte (was unverständlich oder paradox bleibt). In der Inkarnationswelt ist jedes Ding durch eine Unendlichkeit von Bedeutungen zahl-los geworden. Der Gottmensch tilgt die Zahl; es ist – betrachtet – kein Unterschied, ob *ein* Mensch leidet und stirbt oder tausend. Das Gesicht hat kein »außerhalb«. Es schließt alles ein, auch die Verbergung des Gesichts, die Maske.

Maske steht bei Kassner für das »Gesicht« des mit sich selbst identischen Götzen. Maske ist im Unterschied zum Gesicht die Unmöglichkeit der Sprache. Denn Götzen sind stumm. Der Gottmensch aber ist das inkorporierte Wort. Wie das Gesicht zur Maske, so steht der Gottmensch zum Götzen. Bei Kassner gibt es die Feindschaft zwischen dem Götzen und dem Gottmenschen, da der erste das Gesicht des letzten verstellt und seine Epiphanie nicht gelten läßt.

Es ist der Kampf zwischen der Einbildungskraft und ihrem Schatten, der Phantastik, die mit dem Vermögen der Zahl, dem Verstand liiert ist, jedenfalls nachdem durch den Gottmenschen die Zeit entscheidend wurde. In Kassners Physiognomik ist ausdrücklich diese Anfälligkeit des Verstandes für das Phantastische, dieses permanente Umschlagen von Aufklärung in Wahn gesehen. Deshalb ist es nicht sosehr die sachliche Nüchternheit angesichts einer entzauberten Welt, sondern der falsche Zauber einer zur Phantastik reduzierten Einbildungskraft, welche die Menschen zum Wahnsinn oder Schwachsinn treibt. Allerdings ist nur der mit Einbildungskraft Sehende gegen diesen Wahnsinn gefeit, nicht der Nüchterne. Der Unterschied von Phantasie und Phantastik kann nur von der Erfahrung des Sehens her, nicht aus unbeteiligter Distanz getroffen werden. Der Irrtum kann vorab nicht erkannt werden, weil die berechenbare Gleichung für das Leben in der Gegenwart nicht taugt. Deren Signum ist die Paradoxie des Unendlichen.

»Die Welt ist den Weg von der Identität zur Individualität, vom Raum- zum Zeitdenken gegangen, indem sie unendlich wurde«, heißt es schon in Kassners Frühwerk »Zahl und Gesicht« (1918). [8] Diese Un-endlichkeit aber, die die Welt zahl-los, einzig, unwiederholbar und den Menschen zum Einzelnen mit absoluter Bedeutung macht, wird von Kassner im Hinblick auf den Verstand als Grenze gedeutet. Er wirft der Metaphysik vor, daß sie das Unendliche als Zahl mißverstanden und deshalb mit dem Absoluten verwechselt habe. Dadurch sei die Inkarnation Christi in ihrer Bedeutung nicht sichtbar geworden. Die Verwechslung des Unendlichen mit dem Absoluten habe die Gegenwart Gottes in der Geschichte verstellt.

Die Unendlichkeit als Grenze, deren Nichtüberschreiten den Menschen frei macht und die Welt menschlich sein läßt, bedeutet die Priorität der Gestalt vor jeder anderen Kategorie. Auch dieser Sachverhalt kann nicht durch Beobachtung verifiziert, sondern nur gesehen werden. Um mit Kassners eigenen Worten zu sprechen: »ein Mensch von Einbildungskraft will das Ganze, nicht weil er Hunger, sondern weil er Einbildungskraft hat, und darum weiß er zu verzichten – nicht auf einzelne Teile, sondern wiederum auf das Ganze. Und nur, indem er auf das Ganze verzichtet, hat er das Ganze. Nur ein Mensch von wahrer Einbildungskraft hat eine Sache, indem er auf sie verzichtet.« [9] An anderer Stelle heißt es: »Die Mitte des Unendlichen, als Grenze gedeutet, ist die Umkehr.« [10] Und ein drittes Mal formuliert Kassner dasselbe: »Nur wer mit Einbildungskraft sieht, der sieht im Teil das Ganze oder im Einen das All. Oder der sieht beides zugleich, mit einem einzigen Blick: die wirkliche und hinter oder vor oder in ihr die Welt der Idee und niemals die eine ohne die andere.« [11]

Was für den Verstand die Grenze, ist für die Einbildungskraft der symbolische Zusammenhang des Ganzen mit dem Einzelnen in der Gestalt. Sehen heißt, in einem Augenblick sehen, was ist und was nicht ist, was sich zeigt und was sich dadurch verbirgt. Unendlich als Grenze bedeutet, daß der Sehende in jedem Augenblick gleich nah und gleich fern zum Absoluten steht. Die Wahrheit dieses Gesichtes hat Menschengestalt. Dadurch ist die räumliche und zeitliche Entfernung Gottes zu den Menschen aufgehoben. Die Einheit von Gesicht und Seher erweist sich als Korrespondenz des menschgewordenen Gottes mit dem Rest der göttlichen Erkenntnis im Menschen. Seit Christi Inkarnation sind Raum und Zeit keine Hindernisse der menschlichen Umkehr mehr. Der Gottmensch selbst ist die Gewähr für die Unmittelbarkeit Gottes.

Insofern Sehen im Sinne Kassners also immer schon Umkehr vom Habenwollen zum Seinlassen ist, begegnet ihm in seiner Selbstdurchdringung die durch die Menschwerdung Gottes bezeugte Wahrheit der Inkarnation. Kassner greift die Trinitätsspekulation Augustins auf, der die zweite Hypostase als intuitio, imaginatio deutete, »Der Sohn bedeutet die Imagination, die Einbildungskraft, in deren Relation zur Magie des Vaters« [12] und »Der Sohn ist die Gegenwart im Sinne der Einbildungskraft, denn ohne Einbildungskraft wäre Gegenwart nur Loch, Abgrund, bloßer Verlust« [13].

Diese Synopse von Gottmensch und Einbildungskraft, von der Fleischwerdung des Wortes und der Wortwerdung des Fleisches in immer neuen und anderen Relationen zur Sprache gebracht zu haben, ist Rudolf Kassners bisher unerhörte Leistung. Sie ist unerhört, weil sie annimmt, daß die innerste, leibnaheste, sinnlichste Erkenntnis das Gesicht und die Gestalt des Gottmenschen hat und daß dieser Gottmensch mit seinem Leben und Sterben in jene und nur in jene Erkenntnis zurückgenommen sein will, wieder von innen hautnah inkorporiert, die Mechanik des Körpers und des Verstandes umkehrend zur Leibhaftigkeit des Geistes und zur Geistigkeit des Körpers. Zweitausend Jahre Theologie scheinen davor blaß zu werden.

Kassners Motto: »Je sinnlicher, desto geistiger!« beleuchtet diese Blässe. Wird doch damit endlich auf die übliche Spaltung von Diesseits und Jenseits, Trieb und Geist, Unten und Oben verzichtet, weil sie als Vorwand der weltlichen Macht durchschaut ist. Stattdessen lenkt Kassner den Blick auf das Drama von Außen und Innen, welches ein geschichtliches Drama des Augenblickes ist, und läßt mit Hilfe der Differenz von Verstand und Geist das Geheimnis des Christlichen, das eines der Zeit ist, wieder zum Vorschein kommen. »Weil wir den Weg nicht mehr zurückfinden, haben wir den Spiegel. Weil wir den Weg nicht mehr zurückfinden oder weil wir in der Zeit leben, die nicht nach rückwärts fließen kann, haben wir die Einbildungskraft. Wir Menschen haben Zahl und Gesicht getrennt, und zwar durch die Zeit. Daher dann der über die Maßen wundervolle Zusammenhang von Spiegel, Einbildungskraft und Zeit.« [14]

III. Leopold Zieglers Anthropologie des »allgemeinen Menschen«

a) Exkurs zu Leben und Werk

Ziegler, Leopold, Religions- und Kulturphilosoph, geb. 30. 4. 1881 in Karlsruhe, gest. 25. 11. 1958 in Überlingen am Bodensee. Ziegler, von Jugend auf kränklich, hatte Mühe mit den Schulen, liebte früh die Kunst (war ein Jugendfreund Carl Hofers), studierte dann doch und promovierte 1905 bei Eucken und Haeckel in Jena mit einer Arbeit über »Rationalismus und Eros« (eine Habilitation zerschlug sich), kam bald an den Bodensee und lebte nach einigen Jahren des Ruhms (»Gestaltwandel der Götter« 1920) – in denen ihn eine tückische Hüfttuberkulose überfiel – seit Ende der zwanziger Jahre zurückgezogen und außerordentlich produktiv in Überlingen; spät hat er noch einige öffentliche Ehrungen erhalten.

Schon im »Gestaltwandel der Götter« hat Ziegler den Grundgedanken seiner historischen Anthropologie des »allgemeinen Menschen« (oder auch des »Ewigen Menschen«) gefaßt, den er dann in einem gebirgeähnlichen Lebenswerk von vielen tausend Seiten entwickelt: daß das zentrale Geheimnis aller menschlichen Religionen und Kulturen die Menschwerdung Gottes, seine Inkarnation, sein Leiden, sein Opfer und seine Auferstehung darstellt. Ziegler sieht dieses Mysterium in einer Art Uroffenbarung verbürgt und in einer integralen Tradition der Menschheit von Generation zu Generation weitergegeben, über die Strenge des Judentums vermittelt, bis zur krönenden Wahrheit des Christentums. Während die »Überlieferung« (1936) seine Wiederaneignung der archaischen Ordnungen des Ritus, des Mythos und der Doxa enthält, schreibt Ziegler während des zweiten Weltkrieges unter dem Motto Shakespeares »Spirit, we must prepare with Caliban« die »Menschwerdung« (1948), eine Auslegung der sieben Bitten des »Vater Unser«, um die erste Offenbarung, die er »Gnosis« nennt, mit der zweiten Offenbarung des fleischgewordenen Wortes (»Pistis«) zu versöhnen. Die Kraft dazu zieht er, nach seiner Selbsteinschätzung, aus der dritten Offenbarung, der gebliebenen paradiesischen Traumkraft tiefinnerlicher Bilder, die zunehmend apokalyptische Züge annimmt.

Überhaupt ist die Apokalypse des Johannes (die eine Sprache der Bilder spricht und der produktiven Einbildungskraft entstammt) entscheidend für Zieglers Deutung des seit dem Ende des Mittelalters schwer gestörten Verhältnisses von Innenwelt und Außenwelt. Hier liegt genau der Nervenpunkt seiner Kritik der Moderne. Wo der Mensch wahrhaft fortbestehen soll, da darf der innere Urmensch nicht vollständig verkümmern, heißt es dem Sinne nach in einer frühen Schrift. Wie Goethe sieht Ziegler den Zuwachs an Macht in der Außenwelt mit einer wachsenden Ohnmacht in der Innenwelt erkauft und sucht durch Wiederaufgreifen von esoterischen Traditionen (Böhme, Baader, Schelling) einen Ausgleich herbeizuführen oder doch wenigstens das Wissen um die gefährdete Souveränität des »aion pais«, des spielenden Kindes (Heraklit), zu konservieren. Gelingen kann dies aber nur, wenn nicht Verstand, noch Vernunft intensiviert werden, sondern die symbolträchtige Phantasie. Daß dabei eine starke Neigung zum Orient und zum inneren Asien als der Heimat des Wissens und der Weisheit im Spiel ist, versteht sich für einen Mann wie Ziegler, der früh ein buddhistisches Lehrbuch geschrieben hat (Der Ewige Buddha, 1922).

Seine kunsttheoretischen Neigungen kulminieren in einem Buch, das Ziegler 1937 Hans von Marées gewidmet hat: »Apollons letzte Epiphanie«. Seine naturphilosophischen Studien finden ihren Abschluß im »Lehrgespräch vom Allgemeinen Menschen« (1956), in dem er die These verhandelt, daß die Tierheit morphologisch mit dem Menschen schwanger geht. Seine politologischen Überlegungen hat er in einem Werk festgehalten, das um den »leidenden Gerechten« Platons gebaut ist, einem – wenn man so will – armen Vetter des leidenden Gottmenschen (Von Platons Staatheit zum christlichen Staat, 1948).

Der anti-modernistische Grundzug des Zieglerschen Werks ist im übrigen völlig unpathologisch, und nie soweit gegangen, daß er sich vor der Welt verschlossen hätte. Er ist vielmehr begründet in seiner enormen Wissensfülle und jener polysynthetischen Einbildungskraft, die ein ausgezeichnetes historisches Gedächtnis mit einem klaren Blick in die Zukunft verbinden kann.

b) Im Unterschied zu Rudolf Kassner, der von Anfang an ein Physiognomiker war und im Umkreis des Gesichtes deutete und dachte, hat Leopold Ziegler einen weiten Weg zurücklegen müssen, um die Einbildungskraft in ihrem eigenen Horizont als Kerngestalt des Menschen, als Menschensohn oder Gottmensch sehen zu können. Zwar war er schon früh auf der Spur einer im Abendland vernachlässigten Erkenntnisart, die er sporadisch in den Hoch-Zeiten der Philosophie auftauchen sah und als divinatorische »vis aestimativa«, als konkrete Urteilskraft, aber auch als »intuitus gnosticus«, »intelligentia simplex«, »visio intellectualis«, »nous poietikos«, »intellectus archetypus« bezeichnet fand.

Auch hatte Ziegler sehr bald die abendländische Geistesgeschichte als Geschichte einer Verdrängung und Vergitterung des Bildes, als einen Kampf der »ektypischen« mit der »archetypischen« Logik aufgefaßt, welcher Kampf um die Vorherrschaft eines widerspruchsfreien Denkens geführt wurde und fast entschieden ist. Aber die Deutung dieses Kampfes als Quintessenz der Weltgeschichte und als Struktur des Menschen gelang Ziegler erst in den beiden großen Werken seines mittleren Alters, in »Überlieferung« (1936) und »Menschwerdung« (1948). Die »Überlieferung« verfolgt das Schicksal einer noch erschließbaren Uroffenbarung durch die eurasiatischen Traditionen und gipfelt in einer Christologie, die unter dem Zeichen des Kreuzes die Heilsgeschichte als eine Wiederholung des durch Adams Treubruch verlorenen Bildes beschreibt. Märchen, Mythen, Sagen und die Heiligen Bücher werden daraufhin betrachtet, welche Kraft in ihnen am Werk ist und welche Richtung die geoffenbarte Wahrheit durch die Anerkennung der Menschen nimmt. Es ergibt sich immer dieselbe Kraft und Richtung. Die Wahrheit der Bilder zeigt den Menschen ihren Weg und gibt ihnen die Kraft, ihn in der Zeit zu gehen.

Dabei konstatiert Ziegler zweierlei Menschwerdung: eine im Geiste, die allen Völkern und Religionen gemeinsam ist, und eine im Fleische, die besonders für das christliche Europa bestimmend wurde. Demzufolge ist der Sinn von Welt und Geschichte der Mensch, zwar der »Ewige Mensch«, »homo coelestis«, »homo universalis«, der Mensch im Menschen, aber auch der konkrete Mensch *in* der Welt und *in* der Geschichte, insofern er dem Zuge der Einbildungskraft folgt. (Diese Differenz wird gleichsam durch Einbildung überbrückt.)

In der »Menschwerdung«, einer zweibändigen Exegese des »Vater Unser« beschreibt Ziegler den Zusammenhang von Uroffenbarung und Inkarnation. »Wohl muß ... der Ewige Mensch dem zeitlichen Menschen am Kreuz von Golgatha vorsterben, um ihn zu retten. Aber in Wahrheit gerettet wird der zeitliche Mensch immer nur insoweit, als er des Ewigen Menschen Signatur in seiner Seele trägt.« [15]

Diese Signatur, die Ziegler mit Jakob Böhme als ein »Versehensein des ersten Menschen Adam in Jesu Christo vor der Welt Grunde« auffaßt, bedeutet die Bewegung vom »mysterium iniquitatis«, des Sündenfalls, der Sonderung des Menschen von Gott, zum »mysterium homofactionis«, der Umkehr des Menschen zu Gott, die als Erinnerung des ersten, in Vergessenheit geratenen Bildes geschieht, als das der Mensch paradiesisch geschaffen war. Dieser Zusammenhang des Bildverlustes mit der Reintegration zeigt die Struktur der Einbildungskraft als Umkehr. Sie ist jene von Außen nach rückwärts Innen gerichtete Kraft der Erinnerung, der Anamnese, die den Grund legt, auf dem der geschichtliche Mensch in die Zukunft gehen kann. Was sich der Erinnerung zeigt, ist die Identität des menschlichen Herzens mit dem Gottmenschen, ohne die kein Glauben und kein Wissen möglich wäre.

Ziegler hat mit Hilfe von jeweils sieben Artikeln in der Überlieferung und in der Menschwerdung diese weltumspannende und geschichtsgründende Entsprechung zwischen der »Menschenförmigkeit« der Einbildungskraft und der »Bildhaftigkeit« des allgemeinen Menschen dargelegt. Danach hat die eröffnende Offenbarung bzw. die einschließende Inkarnation selbst eine Geschichte, die durch die geschichtliche Menschheit ebenso wiederholt bzw. wiedergeholt wird wie durch den einzelnen konkreten

Menschen. Leopold Ziegler hat eine solch stereotype Biographie des »Ewigen Menschen« aus dem Kern der verschiedensten Offenbarungen erschlossen und mit dem Evangelium verglichen:

»Da ist zuerst ... das unvordenklich vorweltliche Sein des Heilsbringers, ... will meinen seine Gegenwart diesseits der Raumzeitstetigkeit. Da ist zweitens seine unbefleckte Empfängnis im Schoße der jungfräulichen Mutter ..., häufig die Geliebte des eigenen Sohnes ... Da ist drittens die Vaterlosigkeit des Sohnes, ... eine Konsequenz seiner ungeschlechtlichen Zeugung und Empfängnis ... Da ist viertens die feierliche Vorverkündigung des Heilands ... die Ansage der irdischen Geburt (des) Retters an die Völker des Erdkreises. Da ist fünftens die Aussetzung des vaterlosen Kindes in seiner Wiege, in einer Kiste, einem Korbe, seine tückische Verfolgung seitens der herrschenden Gewalten ... und seine wundersame Rettung. Da ist sechstens der Sieg über den alten Chaos-Dämon, die bestandene Versuchung, die Neuordnung der Dinge ... und die Ankunft des wahren Reiches. Da ist siebentens und letztens der Schicksalsumschwung auf der Höhe des Lebens, die Auslieferung an den Widersacher, die Folgerung ... mit dem Vollzug der stellvertretenden Selbstopferung. Anschließend die Höllenfahrt, die Umgeburt und Auferstehung ...« [16]

Von Christi Menschwerdung her finden diese sieben Stationen der Menschheitsbiographie eine durch das Kreuz überschattete Erläuterung:

»Es ist erstens das Kreuz, wo das unvordenklich-nichtseiende Sein der Gottheit ... in den Urstand der gebundenen Verzweiung übergeht: und also ›Gott in Person‹ wird ... Es ist zweitens das Kreuz, wo Vater Zeit und Mutter Raum sich heilig gatten und den eingeborenen, den Sohn und Ewigen Menschen, geistig zeugen ... Es ist drittens das Kreuz, wo der Ewige Mensch ... in Gestalt des ersten Adam hinab in dieselben Dornen und Disteln fällt, die den letzten Adam mit der Krone des ewigen Lebens kränzen ... Es ist viertens das Kreuz, wo Heilige Geschichte das Ereignis wird, Geschichte des Vaters, der Mutter des Sohnes, Geschichte des dreieinigen Gottes und seiner Menschwerdung, seiner Höllenfahrt, Auferstehung und Himmelfahrt ... Es ist fünftens das Kreuz, wo sich mit Adams Frevel der Weltknoten schürzt und mit Christi Selbstopfer der Weltknoten löst ... geistig gesehen ein und dieselbe Begebenheit in der ewigen Allgegenwart Gottes ... Es ist sechstens das Kreuz, wo der ewige Mensch die zeitliche Menschheit aus sich entläßt, und sie zu sich selber ... wiederbringt ... Es ist siebentens das Kreuz, wo aus des Vaters Vollmacht der Sohn am ... Ende der Weltzeit die Lebendigen und die Toten richtet ... das Licht wählend zum Lichte und die Finsternis zur Finsternis.« [17]

Die zweimal sieben Artikel in der Bestimmung von Einbildungskraft und Bild haben freilich nur für denjenigen Bedeutung, der die Sprache der Bilder versteht. Doch in dieser Kunst sind alle Menschen der Spätzeit, auch Ziegler selbst, Anfänger. Seine ins Altfränkische verschlungene Sprache mag davon Zeugnis geben. Aber so wie jede geschriebene oder gesprochene Aussage der Einbildungskraft übersetzt werden muß, so sind auch diese Artikulationen auf eine divinatorische Transposition angewiesen. Dazu greift Ziegler selbst auf Franz von Baader zurück, wie Baader auf Böhme zurückgegriffen hatte.

Man muß die Kernsätze aus Zieglers »Überlieferung« und »Menschwerdung« unvermittelt stehenlassen. Die durch die Vorherrschaft des Verständlichen verdeckte Offenbarung kann nur dort noch aufleuchten, wo die pure Bemächtigungstheorie im Selbstverständnis der Menschen auseinanderbricht, also in der Fassungslosigkeit des Schmerzes, in erlittener Ohnmacht oder im drohenden Wahnsinn. Es muß klar werden, daß die Menschwerdung keine Evolution, keine Entwicklung linearer Art ist, sondern eine Rückkehr aus der Selbstherrlichkeit zur Wirklichkeit eines souveränen Kindes.

Wo die autokratische Attitüde nicht mehr als ein hybrider, blasphemischer Anspruch durchschaut und abgelegt werden kann, verweigert sich die erste Wahrheit radikal. Für Ziegler selbst bezeichnet dieser Sachverhalt eine nie gekannte Zerreißprobe der Menschheit. Er hat sie verschiedentlich als die Zerreißprobe zwischen dem frühmenschlichen Weltbewußtsein und dem verwissenschaftlichten Bewußtsein der Neuzeit beschrieben.

Wie jedem Menschen seine Kindhaftigkeit präsent bleiben muß, soll er Maß und Richtung seines Lebens nicht aus den Augen verlieren, so muß jene Geisteshaltung des »homo magus sive divinans« auch im späten, bildfernen Bewußtsein noch erinnert werden können, damit die Geschichte ihren Sinn behält. Geschichtlichkeit kann geradezu als die Präsenz der primordialen Mentalität im spätzeitlichen Bewußtsein angesehen werden.

Die magische und divinatorische Mentalität ist allerdings durchaus »religiös«, d. h. zurückgebunden an ihre Herkunft, während die wissenschaftliche Bemächtigungstheorie als irreligiös und ursprungsfeindlich auftritt. Die erste hat die Struktur eines umkehrenden Bogens, die zweite befindet sich in der permanenten

Spannung eines linearen Fortschritts, vollzieht jedoch faktisch kreisende Kurzschlüsse. Für die erste besteht nur die Aufgabe der erinnernden Wieder-Holung, die zweite macht veräußernde Wiederholungen. Ziegler nennt die erste den Lichtweg der Erkenntnis und die zweite den Todesweg. Beide Wege sind möglich und für die geschichtliche Menschheit nötig. Aber aus einer solchen Gegenüberstellung ergibt sich folgerichtig die Unvereinbarkeit der Mentalitäten für den Fall, daß der Mensch die Zerreißprobe nicht besteht. Und wenn nicht alles trügt, so ist die Zerrissenheit das unabwendbare Schicksal des modernen Menschen.

Zwar spricht keine der Offenbarungen von einem totalen Selbstverlust; dennoch bezeugen alle in ihrer apokalyptischen Weise die äußerste Gefährdung:

»Den ersten Adam, da er sich nach seinem Frevel ... verbirgt, ruft der Herr – umsonst! – in seinem Garten: ›Wo bist du?‹ Der letzte Adam, da er hilflos an seinem Kreuze hängt, schreit in äußerster Todespein – umsonst! – hinauf zum Himmel: Mein Gott, warum hast du mich verlassen? Gewissermaßen ist das alles«, so Ziegler: »Gewissermaßen ist das die ganze heilige Geschichte. Ein Ruf im Garten Eden, dem schon verscherzten – ein Schrei von Golgatha, der Schädelstätte, wo am Fuße des Kreuzes Christi der Protos Adam begraben liegt. Ein Ruf des Vaters nach dem Sohne. Ein Schrei des Sohnes nach dem Vater. Ein Ruf und ein Schrei, nimmer zu trennen. Aber ein Ruf und Schrei, der völlig umsonst war und in einem leeren All ungehört verhallte? ... Der Mensch dieser Zeitlichkeit, in keinerlei Betracht mehr Ewiger Mensch, bleibt notgedrungen auch dieser Frage stumm. Wer aber das Evangelium glaubt, vernimmt aus Näh' und Ferne eine dritte Stimme, die weder die des Vaters, noch die des Sohnes ist; vernimmt einen Dreiklang, darin ganz unvermerkt die Mutter Mittönerin geworden ist, und lauscht mit angehaltenem Atem diesem Dreiklang der ... Gottesfülle: Füchtet Euch nicht! Denn siehe, Ich bin bei Euch alle Tage bis ans Ende der Weltzeit.« [18]

Anders als Kassner sieht Ziegler den Weg der Menschheit vom Vater zum Sohne durch den Geist, der Raum gibt, unterfangen. Zieglers Annahme, daß dieser Geist die umgebende, versammelnde Mütterlichkeit selbst sei, das eigentliche »Wir« der Menschen in der Zeit, mag in einer autoritär-patriarchalisch und antipatriarchalisch-antiautoritär gerichteten Welt seltsam anmuten. Jedenfalls ist die dritte Offenbarung des heiligen Geistes eine Offenbarung des Bildes, in das der Sohn sich liebend einbilden kann, wie das Kind in die Mutter (wie Ziegler mit Baader, Böhme, Paracelsus und Joachim de Fiore ganz im Sinne eines johanneischen Christentums annimmt).

Inzwischen herrscht aber der Verstand auch in der Religion, indem er die Einbildungskraft mit der Phantastik zustellt und verbirgt. Die heilenden Kräfte der Bilder, die Symbole, werden zu »Diabolen«, die jegliche Sehnsucht der Menschen verbrauchen. Statt der Übermacht in der Bildhaftigkeit des Gegebenen sehend standzuhalten, wird sie manipulierend hinter Projektionen stumm gemacht. Eine reproduzierbare Phantastik erstickt die produktive Einbildungskraft. Der hektische Gebrauch von Objektiven und Projektoren z. B. im Bereich der Fotografie, des Films und des Fernsehens entstammt durchweg der Feigheit vor dem Bilde, der Ausdehnung des Machtwillens auch auf die Kräfte des Ursprungs. Aber die Bild-Magie führt dahin, die Gegenwart der letzten Bilder fast absichtslos zu verbannen. Ein Bewußtsein ohne Umkehr kann nicht sehen, nur vorstellen, herstellen, abstellen – mit dem Erfolg, daß die Umgebung der Menschen zur Kulisse, zur Maschine und zum Abfallhaufen wird. Die im Verstand gebrochene Phantastik zwingt den Menschen in eine Rolle, deren wachsende Leere auf die Dauer auch nicht mehr durch Süchte ausgefüllt werden kann. Nur die Umkehr des Bewußtseins in der Einbildungskraft macht die Welt wirklich und läßt den Menschen frei. Ziegler hält mit Kassner dafür, daß jeder lebendige Mensch, wenn er nicht auf den Weg der Einbildungskraft kommt, sich in der Phantastik verläuft, eine wissenschaftlich-verstandesgemäße Existenz gibt es auf die Dauer nicht, oder nur am Rande. Entweder hört der Mensch auf seine Herkunft oder er wird hörig. Entweder er dient mit Bewußtsein, oder er dient ahnungslos, einmal dem Gott, zum anderen dem Götzen. Die Anerkennung einer derart harten Alternative ist Ziegler, der wesentlich vermittelnd und in einschließenden Polaritäten dachte, schwergefallen.

Aber im Entscheidungskampf der Endzeit zwischen dem ankünftigen Christus und dem »princeps huius mundi« herrscht diese Ausschließlichkeit der Einbildungskraft. Es gibt Weisen der spätmenschlichen Existenz, die weder mit dem Wort noch mit dem Bild erreicht werden können. Das totale Vergessen leistet jedem Denken und Verstehen totalen Widerstand. Es verschließt sich in jenen Bereich, den Ziegler, der Apokalypse des heiligen Johannes entsprechend, als »irres Geräum der Ungesetzlichkeit« beschreibt. Hier, wo die Sünde keine Sünde, die Liebe keine Liebe mehr ist, wo das Heilige maskiert und das Maskierte heilig ist, wo die Verlassenheit keine Verlassenheit und die Gegenwart keine Gegenwart mehr ist, da versagt auch die Phantasie. Da ist schließlich der Mond auch kein faul Stück Holz mehr und die Sonne keine verwelkte Sonnenblume, sondern beides nur Material für den Zwischenakt eines entfremdeten Dramas. Diese Blindheit kann nicht mehr ent-täuscht werden. Zwar wird *der* Mensch gerettet, aber nicht *die* Menschen (Ziegler).

IV. Der Mensch als das Herz der Welt

»Wer verzweifelt, findet den Ewigen Menschen.« Diesen Satz Sören Kierkegaards hielt Leopold Ziegler für den einzigen Grundsatz eines Denkens mit Zukunft. Verzweiflung ist der Zweifel am Zweifel und damit die Überwindung der neuzeitlichen Wissenschaft seit Descartes, der den Zweifel zur einzig-zulänglichen Methode erklärt hatte. Verzweiflung ist eine radikale Kritik der Kritik (des Verstandes), ist die Umkehr des Geistes aus der diabolischen Versuchung, das Maß der Dinge zu sein, ohne zugrunde zu gehen. Im Zweifel steckt die Zweiheit, die Spaltung, das »Diabol«, das auch in den Namen des Teufels selbst eingegangen ist.

Der spaltende, trennende, sondernde Geist ist ohne seine Rückbindung an den Körper, an die Einheit von Geist und Körper in der Einbildungskraft luziferisch, d. h. er will Erkenntnis auch dort, wo nur Anerkenntnis die Wirklichkeit gewährleistet. Aufklärung am falschen Ort vermehrt aber das Nichtige, das mit dem Wahn paktiert. Aufklärung »partout« schafft Zwänge, befestigt genau die Unmündigkeit, aus der sie nach Kants Auffassung hinausführen soll und treibt die Menschen in eine funktionale Abhängigkeit von fixen Ideen und verhärteten Ideologien, welche jede Rückkehr zur Humanität schließlich unmöglich machen. Deshalb muß der Verstand beschränkt werden.

Nur dann nämlich kann die Einbildungskraft ihr heilsames Werk tun, wenn die Maßgeblichkeit des Kritischen von der Bereitschaft zur Anerkennung eines nicht-verständlichen Körpers aufgehoben wird. Vor allem ist es wichtig, die Sprache der Bilder zu übersetzen. Nicht zum geringsten ist der Siegeszug der Wissenschaft deswegen auf der Rückseite ein Fortschritt in die Enttäuschung gewesen, weil der Verstand das durch die Einbildungskraft Vorgegebene für bare Münze genommen hat. Das also im voraus Mißverstandene mußte sich dann allerdings einem tieferen Verständnis entziehen. Was die Aufklärung schließlich als Aberglauben entlarvte, war nichts »Eingebildetes« mehr, sondern die leere Hülse einer bereits verständlichen Objektivierung.

Es ist eine dauernde Quelle der geistigen Verwirrung, daß der Verstand sich selbst in dem, was er leugnet, nicht erkennt. Deshalb gibt es letzten Endes keine Anschauung, Deutung, Zusammensicht auf verständlicher Basis. Wirkliche Klärung kann hier nur eine transzendentale Kritik der Kritik schaffen. Doch ist diese um so schwieriger, je größer die Grenzen- und Maßstablosigkeit des Wissens wird. Die Schwierigkeit besteht dann darin, zu Ende zu verzweifeln, die äußerste Gefahr bis in den Tod durchzustehen (wie Hegel es noch für möglich hielt). Jedes Denken des Verstandes, das mutig vorangetrieben wird und weit genug denkt, gerät in den Abgrund der Fragwürdigkeit. Doch nur auf solche Weise kann das Herz frei werden vom Gewollten, Gefühlten, Gedachten für die Bilder der transzendental wirkenden Einbildungskraft.

Die Einbildungskraft ist leibhaftig. Der Körper ist das Mysterium. In der leibhaftigen Verbindung von der Sinnlichkeit zur Religiosität hat auch der Verstand seinen Stellenwert. Er sorgt durch Mut dafür, daß die Menschen nur über eine Paradoxie den allgemeinen Menschen in sich befreien können. Er ist der Anstoß für das jeweils eigentümliche, nicht abstrakte Leben im Horizont der Einbildungskraft. Nur in diesem Horizont kann die Fleischwerdung des Wortes, die Menschwerdung Gottes ernstgenommen werden und als ein gegenwärtig wirkendes Geheimnis des Glaubens, der Hoffnung und der Liebe Geltung haben.

Der Mensch ist das Herz der Welt (Kassner und Ziegler), aber nur unter der Bedingung des Seinlassens. [19] Er ist der Sinn der Geschichte, aber nur, wenn er darauf verzichtet, der Sinn sein zu wollen. Die Mitte kann nicht behauptet, sondern muß »beherzigt« werden. Dafür steht Welt und Geschichte Europas im Zeichen des Kreuzes. Solange der Mensch mit Einbildungskraft lebt, bleibt er im Schatten dieses Kreuzes, im Umkreis der Umkehr. Solange er enttäuscht werden kann, solange er seine Verlassenheit sehend erfährt, ist jener in den Herzen wiederkehrende Christus nah. Das

Kreuz kann nicht gelöscht werden, es sei denn in der äußersten Verblendung der körperlosen Un-Gestalt. Ziegler weiß wie Kassner, daß auch Figurationen endlich sind. Insofern haben sie sich immer mehr von den Künstlern als von den Denkern erhofft. Es sei sicher – so Kassner –, »daß die Einbildungskraft im letzten Grund das eine bedeute und nichts als eben die Potenz des Künstlers«.

Weil Büchners Märchen auch diese Sicht aushält, sei es schließlich noch einmal mitgeteilt:

»Es war einmal ein arm Kind und hatt kein Vater und keine Mutter, war alles tot, und war niemand mehr auf der Welt. Alles tot, und es is hingangen und hat gesucht Tag und Nacht. Und weil auf der Erde niemand mehr war, wollt's in Himmel gehn, und der Mond guckt es so freundlich an; und wie es endlich zum Mond kam, war's ein Stück faul Holz. Und da is es zur Sonn gangen, und wie es zur Sonn kam, war's ein verwelkt Sonneblum. Und wie's zu den Sternen kam, waren's kleine goldne Mücken, die waren angesteckt, wie der Neuntöter sie auf die Schlehen steckt. Und wie's wieder auf die Erde wollt, war die Erde ein umgestürzter Hafen. Und es war ganz allein. Und da hat sich's hingesetzt und geweint, und da sitzt es noch und is ganz allein.«

11. Die Abstraktion des Herzens. Thesen über rationale Sexualität und sexuelle Rationalität

> »Das hermaphroditische Ideal einer versöhnten, nicht mehr antagonistischen Geschlechtlichkeit ist heute die einheitlich utopische Zielproduktion, unter der sich sowohl die Bisexualität des Transvestiten wie die Ambisexualität des Pseudo-Transvestiten, des Hippiekommunarden und als dritte noch weithin unbekannte Größe die Intersexualität des vaterbefreiten Sohnes in der nachbürgerlichen Gesellschaft *als Wahlverwandte* zusammenfassen lassen.«
>
> (Peter Gorsen) [1]

Nach dem erfolgreichen Kampf gegen die Zensur und für eine Aufhebung bzw. Lockerung des Pornographie-Verbotes galt alle Aufmerksamkeit der Entwicklung einer von äußeren Vorschriften befreiten Sexualität und den damit zusammenhängenden Veränderungen im Verhältnis der Geschlechter.

In Anbetracht des »Sex-Marktes« jedoch, seiner objektiven ökonomischen Daten und seiner Reflexion in Erfahrungsberichten beteiligter Subjekte, sind Zweifel daran fällig, ob das Resultat der Bemühungen noch in einem plausiblen Zusammenhang zur emanzipatorischen Programmatik der »Sex-Front« [2] steht.

Wenn man nicht aufs neue die Schuld am Mißlingen einer Emanzipation den »bösen« gesellschaftlichen Subsumptionsmechanismen zuschieben will, muß die Aufmerksamkeit eine andere Richtung einschlagen: von der Fixierung auf das Ideal der »Geschlechtslosigkeit« zur marktgerechten Form einer abstrakten Sexualität. Indem der Blick derart verrückt wird, könnte deutlich werden, daß der Widerstand gegen äußere Beschränkungen dem Vordringen einer subtilen »inneren« Kontrolle Vorschub geleistet hat, der Unterwerfung einer bisher im Schatten vagierenden, körperlichen Erkenntnis unter die Normen der Sichtbarkeit.

In der Geschichte der Sexualität [3] ist ein Punkt erreicht, an dem klar zu werden beginnt, daß die Erotik das Schicksal der neuzeitlichen Wissenschaft nur wiederholt hat, daß die sexuelle Emanzipation in demselben banalen Maschinenbetrieb verendet wie die Selbstbefreiung des Verstandes. [4]

»Die Rede von der sexuellen Befreiung hat die Liebe als erlebte Erfahrung unter Anklage gestellt und als Gegenstand der literarischen Darstellung aus der Mode gebracht. Wenn es heute überhaupt noch Romantik gibt, so ist sie libidinös, nicht empfindsam. Statt der Leidenschaft das Verlangen; statt des Herzens das Geschlecht... Nun kann das Verlangen Vergeltung üben. Wenn es die Liebe zum Schweigen bringt, zahlt es seinem einstigen Zensor mit gleicher Münze heim. Denn die Empfindsamkeit diente ja nur dazu, die freie Entfaltung der Triebe zu verschleiern, wenn nicht gar zu verhindern. Wenn heute die sexuelle Unterdrückung unter all ihren Aspekten vor Gericht gebracht wird, gehört die Liebe wegen Beihilfe zum Mord auf die Anklagebank... Man muß also schon eine unnatürliche Neigung zu aussichtslosen Fällen haben, um die Verteidigung des Herzens in einem Prozeß zu übernehmen, der ihm gemacht wird...« (Pascal Bruckner/Alain Finkielkraut). [5]

Die Verteidigung des Herzens sub specie der Beurteilung von Emanzipationsprozessen leistet immerhin die Einsicht in die Unerheblichkeit eines vermeintlichen Gegensatzes: die alte Feindschaft zwischen Geist und Körper ist hinfällig; die Extreme fortgeschrittener Rationalisierung und Sexualisierung stellen sich als identische End-Zustände derselben Abstraktion heraus.

Und die Romantik kann als letzte Epoche gelten, in der die schicksalhafte »Analogie des Erkenntnis- und Zeugungstriebes« (Baader) [6] ebenso offenbar und gemeinhin zugänglich war wie die differenzierte Struktur einer langen Geschichte des Herzens, einer historisch wirksamen »logique du cœur« (Pascal). [7]

Im Hinblick auf Erkenntnis zeigt die genannte Parallelität an Gehirn und Geschlecht dieselbe ins Tote abfallende Kette bei der Zurichtung des »erkannten« Anderen: Vergegenständlichung, Objektivierung, Verdinglichung, Entfremdung, Verwertung, Fetischisierung, Verbrennung, Simulation... eine Kette vom lebendigen Gegenspieler bis zum Müllhaufen, der »die Umwelt verschmutzt«.

Dementgegen war es eine Einbildungskraft noch diesseits von Kalkül und Sex, eine inkarnierte Paradoxie des Erotischen, eine »Zustimmung zum Leben bis in den Tod« (Bataille) [8], welche die lebendigen Menschen daran hinderte, in ihrem Verhältnis zu Gott, Mensch und Welt über den Rand einer möglichen Rückkehr hinauszugehen.

»J. Böhme hat nachgewiesen, daß und wie, nachdem der Mensch ins Irdische gelüstend und aus seinem jungfräulichen (Gottes-)Bild in das Mannes- und Weiberbild verstaltet und verbildet ward, ihm doch diese Jungfrau (Sophia oder himmlische Menschheit) sich wieder ins Lebenslicht als ein in der Nacht leuchtend Gestirn einsetzte, als ihn in und aus seinem Elend (Fremde) zur verlorenen Heimat wieder weisend ... Der höhere, die Zeit übergreifende Zweck der Liebe ist also eben diese solidäre Wiederherstellung (Inkarnation) des für den Menschen zum unleibhaftigen Geist gewordenen ... Jungfrauenbildes in beiden Liebenden ... Wenn J. Böhme die Exposition des sich Offenbarens, Formierens und Verwirklichens mit der Magia oder Imagination als dessen tiefster Wurzel beginnt ..., so geht er von demselben Begriffe aus als die Hebräer mit der Sophia, die Inder mit der Maja, die Griechen mit der Idea, d. h. vom Begriffe der Spiegelung, wovon auch das Wort Speculation kommt« (Franz von Baader). [9]

Man darf die Androgynen-Spekulation der Romantiker nicht nur als fixe Idee einer Theorie der Geschlechtsliebe lesen, sondern muß sie als resultierendes Moment eines halb-mythischen, unerhört dramatischen Geschehens erfassen, das die Voraussetzung für eine Weltgeschichte der geistigen und körperlichen Erkenntnisvermögen der Menschen bildet.

Dann wird klar und deutlich, daß das Herz als Metapher der Mitte, indem es das Ende der blutigen Menschenopfer besiegelt, den Stellenwert einer Versöhnung von Mythos und Geschichte hat. [10] »Herzstarre«, »Herzenskälte«, »Herzlosigkeit« sind seitdem Namen für die »Barbarei«, für die Ausbreitung des Maschinenwesens *in* den Menschen, für einen erzwungenen Austausch usurpierter Lebenskraft mit dem Tod.

So fungiert das »Herz« zunächst als Ort der Götter im Menschen, als Organ der Religion (der »Rückbindung«) und später als Sitz jener leidenschaftlich-unvernünftigen Liebe, die der Aufklärung zum Skandalon wurde: Voltaire hat treffend darauf hingewiesen, daß Religion und Frauenliebe ein und dieselbe Wurzel haben.

Das kann wörtlich genommen werden: die Metaphorik läßt das Herz als Wurzelballen sehen, als »Pflanze« im »Tier«, als das »Vegetative« im »Animalischen«, als ausgewachsenen Samen, der gegen die Gefahr der Versteinerung die Bewegung des Kreislaufes des Blutes entsprechend der Bewegung des Universums der Sterne in Gang hält.

»Von der Kreuzigung zum Essen, vom blutigen zum unblutigen Opfer; vom Alten zum Neuen; vom Buchstaben zum Geist. Idole verlangen buchstäblich Menschenopfer; Moloch. Sich des Götzenopfers und des Blutes enthalten. Das Problem des Krieges ist das Problem des Götzendienstes, oder Buchstabenglaube ... Deshalb ist das Gegenteil von Krieg ... Poesie ... Buchstabenglaube macht aus der Welt abstrakte Stofflichkeit, tote Materie, sie macht auch den menschlichen Leib zur toten Materie ... Buchstabenglaube ist die Verehrung des ... in Stein gehauenen Todes; Tafeln aus Stein und steinernes Herz. Die Fleischwerdung der Symbole gibt uns ein neues Herz, ein Herz, das zum erstenmal menschlich ist ... Bei der Auferstehung, im Leben nach dem Tode, hat das Leben noch einen Fuß im Grabe, und die Worte bleiben dem Schweigen vermählt ... Der jungfräuliche Schoß der Einbildungskraft, in dem das Wort Fleisch wird, ist Schweigen; und sie bleibt eine Jungfrau« (Norman O. Brown). [11]

Die Logik des Herzens ergibt eine Spiegel-Ordnung, die kosmische bzw. universalhistorische Züge trägt und – dem Schlag von Systole und Diastole entsprechend – nur in der Bewegung der Bilder lebendig bleibt; buchstäblich bloß Nahrung für die Sonne, ist das Herz als Symbol produktive Einbildungskraft, menschliches Kapital. [12] Bemerkenswert an der romantischen Phantasmagorie ist, daß der Gegenspieler sowohl zum buchstabenhörigen, machtgierigen Verstand als auch zum technologiebesessenen Phallus nicht die Frau als Mutter ist, sondern die »Jungfrau« in ihrer nicht genital geprägten Körperlichkeit: der vor-weibliche Androgyn.

Darin mag der (männliche) Wunsch nach einem Unverwechselbaren zum Ausdruck kommen, das dem Handel, den ehernen Marktgesetzen des Tausches, der Äquivalenzlogik von Kopf und Körper nicht unterliegt, das als zentrales Symbol das Allgemeine im Besonderen, das »Ganze« als das »Einmalige« (Zahllose) darstellt.

Was Wunder also, daß in der heutigen zugespitzten Abstraktion des Herzens gerade die Kindfrau eine hervorragende Rolle spielt: Brennspiegel der schon faden Begierden, des letzten Seinshungers und Freiheitsdurstes *und* äußerste Grenze für eine weitere, gegen ihr Anderes gleichgültige Sexualisierung und Rationalisierung der Welt.

»Lieben heißt fähig sein, die Unmittelbarkeit sich nicht verkümmern zu lassen vom allgemeinen Druck der Vermittlung, von der Ökonomie, und in solcher Treue wird sie vermittelt in sich selber, hartnäckiger Gegendruck. Nur der liebt, wer die Kraft hat, an der Liebe festzuhalten. Wenn der gesellschaftliche Vorteil, sublimiert, noch die sexuelle Triebregung vorformt, durch tausend Schattierungen des von der Ordnung Bestätigten bald diesen bald jenen spontan als attraktiv erscheinen läßt, dann widersetzt dem sich die einmal gefaßte Neigung, indem sie ausharrt, wo die Schwerkraft der Gesellschaft, vor aller Intrige, die dann regelmäßig von jener in den Dienst genommen wird, es nicht will. Es ist die Probe aufs Gefühl, ob es übers Gefühl hinausgeht durch Dauer, wäre es auch selbst als Obsession. Jene aber, die, unterm Schein der unreflektierten Spontaneität und stolz auf die vorgebliche Aufrichtigkeit, sich ganz und gar dem überläßt, was sie für die Stimme des Herzens hält, und wegläuft, sobald sie jene Stimme nicht mehr zu vernehmen meint, ist in solcher souveränen Unabhängigkeit gerade das Werkzeug der Gesellschaft. Passiv, ohne es zu wissen, registriert sie die Zahlen, die in dem Roulette der Interessen je herauskommen. Indem sie den Geliebten verrät, verrät sie sich selber. Der Befehl zur Treue, den die Gesellschaft erteilt, ist Mittel zur Unfreiheit, aber nur durch Treue vollbringt Freiheit Insubordination gegen den Befehl der Gesellschaft« (Theodor W. Adorno). [13]

Der Geschlechtswechsel beim Subjekt (»Jene aber«) hat zur Kritik herausgefordert [14]: zumindest sei geltend zu machen, daß zur Treue auch die Möglichkeit des Verrats gehöre und daß die Einseitigkeit der jahrhundertelangen männlichen Untreue das Weggehen der Frau nach sich ziehe ohne Rücksicht darauf, wer nun bluten muß.

So betrachtet ist die grassierende »Herzlosigkeit« ein provoziertes Schicksal, eine »harte Antwort der Objekte« (Irigaray) [15] auf die über jegliches Maß hinausgegangene Abstraktion, die weder durch Verleugnung, noch durch überhebliche Mißachtung, noch durch männliche Lamentationen über das immanente Verhängnis von Befreiungsbewegungen ungeschehen gemacht werden kann.

Das einzige, was in der drohenden Buchstäblichkeit der Versteinerungen übrig bleibt, ist das Hören auf die Logik des Herzens als einer leeren Präsenz (vor der Implosion): nur so wäre die geistige und körperliche Zeugungs- und Gebärunfähigkeit – diese vollendete Wehrlosigkeit der Menschen unter den Bedingungen der großen Maschinerie – zu vermeiden.

Die bloße Fortsetzung des kalten Sehens müßte jedoch in jenem »Inbild« kulminieren, das den Stand der (männlichen) Forschung treffend charakterisiert: das »Photo-Objektiv« vor dem offenen Geschlecht der Frau in der erstarrten, koitalen Bewegung einer letzten, sich selbst blendenden Entjungferung.

»Man hätte freilich – das Objekt und das Objektive verteidigend – bereits einwenden können, das Speculum sei nicht notwendig ein Spiegel. Es kann – ganz einfach – ein Instrument sein, das die (Scham-)Lippen, Spalten, Wandungen auseinanderspreizt, damit der Blick ins Innere dringen, dort sehen kann, vor allem in spekulativer Absicht. Nachdem die Frau verkannt, vergessen, auf verschiedene Weise in Spektakeln zum Bild erstarrt ist, in Metaphern verpackt, unter wohlstilisierten Figuren begraben, zu diversen Idealitäten erhoben wurde, wird sie nun das (Untersuchungs-)Objekt, das man ins Auge faßt, dem man explizit seine Aufmerksamkeit schenkt und das es in dieser Eigenschaft in die Theorie einzuführen gilt ... Ja, das Auge des Mannes – auch das ans Geschlecht delegierte – wird das Geschlecht der Frau ausschürfen können und nach neuen Profitquellen darin suchen, nicht zuletzt nach theoretischen. Auf diese Weise treibt er den Fetischismus seines Begehrens, des Begehrens überhaupt voran. Die Hypothek des Mysteriums allerdings bleibt bestehen, welche Hilfe man auch immer heutzutage, seit kurzer Zeit, von der ›Hysteroscopie‹ bekommen mag« (Luce Irigaray). [16]

Bis hierher und nicht weiter; zwar ist die romantische Position in der Verteidigung des Herzens unwiderruflich verloren, doch ist Widerstand gegen die Vermehrung des Toten in der Welt möglich; allein schon durch die leidenschaftliche Umkehr aus dem Äußersten instrumenteller Objektivität in die Herzwurzelrhizome, die aller Subjekthaftigkeit vorausliegen.

Das leere Herz kann nicht erfüllt werden, doch man kann verhindern, daß die geschlechtslose Maschine der totalen Verwertung seine Stelle vollends usurpiert; Erkenntnis als Erotik, Erotik als Erkenntnis steht dabei schwankend gegen die hypertrophe Zunahme der Infarkte steinerner Herzen, wie sie die Realität des Abstrakten heute mit sich bringt.

»Gibt es noch immer Herzen, die sich ›das Recht‹ vorbehalten ›Torf zu stechen/ ... am Herzhang/morgen?‹ Celans Gedichte träumen von dieser Möglichkeit. Sie wagen es, den Advent eines ›Herzgewordenen‹ zu verkünden, und denken als zaghafte, aber unübersehbare Wegweiser aus einer Welt von *Lichtzwang* und *Schneepart* in eine ›herzhelle Zukunft‹, ins Unbefahrene. Der Menschen ›frost-/gespindelte Gefühle‹ bewahren das abendländische Herz – nein, vorsichtiger: die Erinnerung ans abendländische Herz – als eine ›tatverdächtige Fundsache‹ – noch auf. ›Seelenblind‹ zwar sind die Dichter geworden, ihr Auge ist erzen. Das ›Herz-Nie‹ jedoch ist Verneinung und Gedächtnis zugleich. Doch noch immer ›befehligt‹ (das Herz)/den uns leise bestrickenden Frost‹« (Manfred Frank). [17]

12. Kierkegaards Ende. Oder die endgültige Inversion des Opfers

»›Die Subjektivität ist die Wahrheit‹: das offenbart im Paradox die grauenvollen Züge der Opfermaske.«

(Adorno) [1]

I

Am 2. Oktober 1855 bricht ein unscheinbarer Mann auf einer Straße in Kopenhagen zusammen, wird ins Frederiks-Hospital gebracht und stirbt dort, am 11. November, 42jährig. Er, Sören Aabye Kierkegaard, hatte in den letzten Jahren seines Lebens die Notwendigkeit gesehen, aus seinen vielen Anonymen und Pseudonymen herauszutreten und als »dieser da« ein Märtyrer der Wahrheit zu sein. Aber niemand hat ihn totgeschlagen – wie er es erwartete. Er starb ohne Aufsehen, bis zur Unkenntlichkeit nur noch er selbst.

Einige Daten zu Leben, Werk und Tod: geboren 1813; Tod des Vaters 1838; Verlobung mit Regine Olsen 1840; Lösung der Verlobung 1841; Dissertation 1841 »Der Begriff der Ironie mit beständiger Beziehung auf Sokrates«; dann die z. T. bekannt gewordenen anonymen und pseudonymen Schriften: 1843 *Entweder-Oder* (Victor Eremita), *Furcht und Zittern* (Johannes de Silentio), *Die Wiederholung* (Constantin Constantius); 1844 *Philosophische Brosamen* (Johannes Climacus), *Der Begriff der Angst* (Vigilius Haufniensis); 1845 *Stadien auf des Lebens Weg* (William Afham; Frater Taziturnus); 1849 *Die Krankheit zum Tode* (Anti-Climacus); endlich: 1855 »Der Augenblick«, eine Zeitschrift, die Kierkegaard unter seinem eigenen Namen herausgibt.

Die Kette der Publikationen läuft in der Richtung vom (gesellschaftlich angesehenen) Spieler zum (erfolglosen) Märtyrer, vom Ästheten zum religiösen Täter. Der Punkt, an dem Kierkegaard aus seinen durchschaubaren Schriftstellermasken heraustrat, war die Auseinandersetzung mit dem obersten Bischof der Staatskirche Dänemarks, Mynster.

Begonnen hatte alles im Jahre 1847, als er das mit Macht geglaubte Datum seines Todes überlebte. In diesem Jahr (er wäre wie Christus 33 Jahre alt geworden!) startete er einen kleinen Aufsatz, noch als dichterischen Versuch unter »H.H.« mit dem Titel: »Darf ein Mensch sich für die Wahrheit totschlagen lassen?«

»... Das, was überhaupt die Menschen am wenigsten beschäftigt, ist gerade, was mich am meisten beschäftigt: der Anfang – um den Schluß kümmere ich mich nicht viel –, am wenigsten um das, was vorgeht. Ich kann mich mit etwas nur als Gegenwärtiger beschäftigen, und muß also fragen: Wie kam der Mensch dazu, anzufangen? Es ist der Anfang, von dem ich etwas lernen soll. Nur von dem, was er getan hat und wie er es getan hat, kann ich lernen: das muß ich also von Anfang an wissen; von dem, was einem Menschen zugestoßen ist, kann ich nichts lernen.

Ich denke mir also einen Menschen, der genausoviel Reflexion hat, wie er Mut und Begeisterung hat. Ein solcher Mann muß sich von Anfang an darüber vergewissern, wohin das führen kann. Er muß sich selbst darin verstehen, an seinem Tod ein freiwillig Mitwirkender zu sein; er muß sich verstehen in der Verantwortung, die er auf sich nimmt, worin auch die Fragwürdigkeit eingeschlossen ist, über die Verantwortung andere an seinem Tode schuldig werden zu lassen. Es muß in seinem Leben vor allem ein Augenblick kommen, wo er zu sich selbst sagt: ›Schraube ich jetzt die Bestimmung des Wahren noch höher hinaus, so hoch, wie sie in Wahrheit für mich ist, so führt mich das zum Tode, so muß es damit enden, daß entweder die Regierung oder das Volk (je nachdem mit welcher von diesen beiden Mächten er es zu tun hat) mich totschlägt.‹

Hier ist das Problem! Darf er es? Die meisten werden nur schwer ein Auge dafür haben; sie werden, wenn es sich um einen Zeitgenossen handelt, den Vorwurf der Streitsucht machen, weil er so hartnäckig dabei bleibt; wenn es sich um einen längst Verstorbenen handelt, werden sie ihn bewundern, daß er so ausdauernd dabei blieb. Ich frage: Darf er, darf ein Mensch sich für die Wahrheit totschlagen lassen? ...« [2]

Noch kann er sich mit der Antwort beschwichtigen, daß ein reflektierter Mensch, gerade weil er für jede naheligende Reaktion der »Menge« mitverantwortlich ist, es *nicht* darf. Doch kommt er durch die Zuspitzung der Ereignisse zunehmend unter den Druck der Einsicht, daß er »Märtyrer« werden muß. [3]

Im Jahre 1850 gibt Kierkegaard »Die Einübung im Christentum« (auch noch unter Pseudonym) heraus und überreicht sie Bischof Mynster persönlich mit den Worten: »Ich hatte gewünscht und gehofft, daß einer von uns beiden tot wäre, ehe ich dies Buch herausgäbe.« Der Bischof bleibt zunächst höflich, läßt aber über Umwege Kierkegaard wissen, daß er über den mit dem Buch ansetzenden Angriff gegen die Dänische Kirche empört sei. Kierkegaard geht sofort hin. Er schreibt darüber in sein Tagebuch:

»Am Tag vorher hatte ich mit Pauli gesprochen, der Folgendes gesagt hat. Der Bischof ist sehr böse, seine Worte sind folgende, gleich als er am ersten Tag ins Wohnzimmer hereinkam, sagte er: ›Dies Buch hat mich sehr geärgert, es ist ein unfrommes Spiel mit der Frömmigkeit.‹ Und als Pauli ihn dienstlich fragte, ob er, der vermutlich mit mir sprechen werde, mir dies sagen dürfte, entgegnete Mynster: ›Ja, und er kommt sicher einmal her und besucht mich, dann werde ich es ihm selber sagen.‹

Vielleicht, wer will das wissen, sind diese letzten Worte eine Erfindung von Pauli, gerade um mich, wenn möglich, daran zu hindern, daß ich zum Bischof gehe.

Aber jedenfalls, ich verstand die Sache anders. Wenn Mynster in dieser Weise sagt: ›Wenn er mich das nächste Mal besucht, werde ich es ihm selber sagen!‹, dann hat Mynster dem Buch im wesentlichen einen Passierschein gegeben und mir ebenfalls. Mein Entschluß war sofort gefaßt. Am folgenden Morgen ging ich zu ihm. Da mir seine Virtuosität in der Vornehmheit wohlbekannt ist (erinnerte mich des Auftritts, den ich einmal mit ihm gehabt habe, wie er mit seiner ganzen Vornehmheit, als ich eintrat, sagte: Haben Sie ein Anliegen, worauf ich erwiderte: Nein – ich sehe, Sie haben heute keine Zeit, dann gehe ich lieber. Und als er dann sagte, er habe doch wohl Zeit, blieb ich bei meiner Absicht und trennte mich von ihm in bona caritate u. ä.), begann ich gleich in dieser Weise: ›Heute habe ich gewissermaßen ein Anliegen. Pastor Pauli sagte mir gestern, Sie beabsichtigen, sobald Sie mich sähen, mich wegen meines letzten Buches zu rügen. Ich möchte Sie bitten, es als einen abermaligen Ausdruck der Ehrerbietung zu betrachten, die ich Ihnen immer entgegengebracht habe, daß ich, sowie ich das erfahre, auf der Stelle herkomme.‹ Dies ist in meinen Augen ein glücklicher Einfall. Die Situation war vorbereitet; es konnte nicht, was mir in diesem Fall seiner und meiner unwürdig erschien, das geringste von Heftigkeit oder vornehmer Spöttelei aufkommen. Nein, die partes waren festgelegt für ihn in Richtung Ehrwürdigkeit und für mich in Richtung Pietät. Er entgegnete: ›Nein, ich habe ja kein Recht, zu rügen. Es ist, wie ich Ihnen gesagt habe, ich habe gar nichts dagegen, daß jeder Vogel singt, wie ihm der Schnabel gewachsen ist.‹ Darauf fügte er hinzu: ›Man mag über mich auch herzlich gerne sagen, was man will.‹ Dies sagte er mild und lächelnd. Aber das Hinzugefügte ließ mich befürchten, daß doch etwas Spott darin lag, und ich versuchte also gleich, die Situation zu halten. Ich antwortete: daß es so von mir nicht gemeint sei, daß ich bitten wolle, zu sagen, ob es ihn in irgendeiner Weise traurig gemacht habe, daß ich ein solches Buch herausgegeben hätte. Da erwiderte er: ja, ich glaube allerdings nicht, daß es Nutzen stiften wird. Seht, diese Antwort befriedigte mich: sie war wohlwollend und persönlich. Dann unterhielten wir uns ganz wie immer. Er machte darauf aufmerksam, daß es, wie man sich auch drehte und wendete, immer Betrachtung bleiben müßte. In dieser Hinsicht ließ ich mich nicht weiter ein, aus Furcht, auf das Existentielle zu sprechen zu kommen, jedoch erklärte ich, was ich meinte, mit einigen allgemeinen Beispielen.

Das übrige der Unterredung hat nichts Bemerkenswertes. Nur eben am Anfang sagte er: Ja, die Hälfte des Buches ist ja ein Angriff auf Martensen, die Hälfte auf mich. Und wir sprachen später von der Stelle mit den ›Betrachtungen‹, von der er meinte, sie sei auf ihn gemünzt. Im übrigen war dann die Unterhaltung ganz wie gewöhnlich. Ich erklärte dies und jenes über meine Taktik, teilte auch mit, daß wir nun über das Schlimmste hinaus wären, auf diese Weise verstand ich jedenfalls mich selbst in diesem Augenblick – aber ich war ein junger Mann und getraute mich denn auch nicht, mehr zu sagen, als daß ich mich selbst in diesem Augenblick so verstand: daß wir jetzt über das Schlimmste hinweg wären ...«

Die Sache eskalierte, bis Kierkegaard im Mai 1855 seine eigene Zeitschrift gründete ... Im Jahre 1854 stirbt Mynster, sein Nachfolger Martensen nennt den Verstorbenen einen »Wahrheitszeugen«.

»... Das war der Tropfen, der den Becher zum Überfließen brachte. Nun fühlte Kierkegaard, daß die Stunde gekommen sei. Er ließ sich jedoch Zeit. Er schrieb seinen Artikel, ließ ihn aber liegen. Martensen konnte vielleicht zu Mynsters Nachfolger ernannt werden, und Kierkegaard hatte nicht die Absicht, dies zu verhindern, denn das hieß, den Schwerpunkt verlagern. Darum wartete er. Im April traf dann wirklich ein, was er vermutet hatte. Martensen wurde Bischof. Aber Kierkegaard wartete noch immer, um seiner Sache ganz sicher zu sein und nicht übereilt zu handeln, denn nun nahm er ja die große Verantwortung auf sich.

Der Artikel erschien erst im Monat Dezember. Er erregte ungeheures Aufsehen, auch ungeheuren Zorn, denn in den Augen der meisten Menschen tat Kierkegaard nichts weiter, als daß er das Andenken des geliebten Bischofs mit Schmutz bewarf. Es erschienen viele Gegenstimmen in den Tageszeitungen, und Martensen selbst beantwortete den Angriff, indem er Kierkegaards Bedeutung herabzusetzen suchte und wegwerfend von seinem ›unordentlichen Stil‹ sprach, ein ausgesprochenes Fehlurteil, da Kierkegaard immerhin zehn Monate über dem Artikel gebrütet und ihn immer wieder korrigiert hatte, ehe er ihn aus den Händen gab. Kierkegaard ging auf all diese Einwürfe nicht ein, sondern setzte die Reihe der Artikel im ›Faedreland‹ fort. Er erweiterte den Angriff nun über Mynster hinaus, indem er auch die christliche Kirche, wie sie zu jener Zeit war, miteinbezog. Kierkegaard schrieb einundzwanzig solcher Artikel, die immer mehr an Heftigkeit des Ausdrucks und verletzender Schärfe in den Gedanken zunahmen. Die Artikelreihe endete mit der kleinen Schrift ›Dies muß gesagt werden, so sei es denn gesagt‹.

Die Angriffe waren so scharf, daß viele Menschen erwarteten und forderten, die Regierung solle einschreiten und weitere Veröffentlichungen unterbinden. Dies geschah nicht. In seinen Erwartungen, ein Märtyrer zu werden, wurde Kierkegaard enttäuscht: von seiten der Öffentlichkeit wurde ihm nichts in den Weg gelegt, auch nicht, als er im Mai eine Zeitschrift herauszugeben begann, die er ›Der Augenblick‹ nannte. Er schrieb sie ganz allein, und es erschienen zehn Nummern.«

Die letzte Eintragung im Tagebuch, die nach den bisherigen Ausführungen schlagartig den Blick eröffnen könnte auf den notwendigen Untergang der zugespitzten Subjektivität in abstrakter Welt:

»25. September 1855

Die Bestimmung dieses Lebens christlich.

Die Bestimmung dieses Lebens ist: zum höchsten Grad von Lebensüberdruß gebracht zu werden.

Derjenige, der, also zu diesem Punkt gebracht, festhalten kann, oder derjenige, dem Gott dazu verhilft, festhalten zu können, daß es Gott ist, der ihn aus Liebe zu diesem Punkt gebracht hat, er macht, christlich, die Prüfung des Lebens, ist für die Ewigkeit reif.

Durch ein Verbrechen bin ich entstanden, ich bin entstanden gegen Gottes Willen. Die Schuld, die jedoch in einem Sinne nicht die meine ist, wenn sie mich auch in Gottes Augen zum Verbrecher macht, ist: Leben zu geben. Die Strafe entspricht der Schuld: aller Lust zum Leben beraubt zu werden, zum höchsten Grad von Lebensüberdruß gebracht zu werden.«

II

Noch in solch endgültigen Sätzen scheint Kierkegaard für die Geschichte des europäischen-bürgerlichen Subjekts recht zu behalten. Schon werden Konturen einer in vielerlei Gestalt fortschreitenden kollektiven Selbstvernichtung unter dem Zwangsdiktat eines »restlichen Sinns des je eigenen Lebens« sichtbar. Nachdem auch die alternativen Lebensformen, die politischen wie die unpolitischen, mehr oder weniger enteignet sind, scheint der Weg, subjektive Gegen-Identitäten zum Zwecke einer menschlichen Zukunft aufzubauen, verstellt zu sein. Immer mehr erlahmt das Prinzip Hoffnung im großen alternativen Entwurf. Die aufs Ganze zielenden Anstrengungen für eine bessere Welt sind in eine Phase der Selbstlähmung eingetreten. Offenbar wird eine Rückkehr zu Strategien erforderlich, die mit dem paktieren, was auch in antibürgerlichen Projekten verfemt ist, mit dem, was in der bürgerlichen Gesellschaft, in der größten Verdrängungsleistung der abendländischen Geschichte an den Rand oder in den Grund abgedrängt worden ist: das Schillernde, Bunte, Vielfältige, das Konkrete, das nicht verallgemeinerungsfähig, d. h. nicht rationalisierbar und nicht beherrschbar ist. Die Bedrohung, die von diesem »Nicht-Einen« ausgeht, ist allerdings real. Als nicht verallgemeinerungsfähig ist es zugleich unausdenkbar und bereitet jeder institutionalisierten Macht riesiges Kopfzerbrechen.

Nach Kierkegaards Ende geht es ums pure Überleben einer menschlichen Eigenart. Diese hat nicht in der bewußtlosen Anpassung ans Bestehende, in der hingerissenen Affirmation des Fortschritts oder im Lamento über das verlorene Große der Tradition ihre Zukunft. Auch auf dem Wege der überspitzten Identitäten, den die Therapeuten und die Interaktionisten im Verein z. Zt. propagieren: Ich-Identität als letzter Akt der Internalisierung gesellschaftlicher Kontrolle –, geht nichts mehr als eine leerlaufende Selbstvergewisserung, in der das Selbst mit all seinen historischen Konnotationen ausgetrieben wird. Erst recht hilft es nicht viel weiter, die Formen des Lebens zu belassen und die Ziele zu wechseln. Gegen-Identitäten gleich welcher Art sind – wie oben angedeutet – in der Logik der alternativen Gesellschaftsapparate fungibel geworden. Die einzige Lücke im System der Verwertungen und Subsumtionen, das jegliche Alternative bereits systematisch übergreift, ist das Spiel, der irre Traum, das system-entsetzende Gelächter, der gemimte Wahnsinn. Sich unkenntlich machen im fest geknüpften Kontext der Erkennungsdienste, sein Inkognito wahren in der Welt wütender Identifizierungen, pseudonym oder anonym werden auf der Bühne der schnell verbrauchten Nummern, den Weg vom religiösen Täter zum Spieler zurückgehen, in Flora und Fauna der belebten Erde verschwinden statt sich herauszuheben usw. – all das scheint einen Weg anzudeuten, der allerdings die

Bahn abendländischer Lebensläufe verläßt. Unter dem äußersten Druck der Vergesellschaftung in West und Ost kommt den Menschen zunehmend zu Bewußtsein, daß sie schon immer Mittel und Wege hatten zu entkommen: die Masken, die Verkleidungen, die Möglichkeiten der Mimikry ... all das aber nicht mehr zum Spaß – wenn es je bloß Spaß gemacht hat. Die Situation scheint so zu sein, daß nur noch das im Ernst hilft, was sich als Un-Ernst in der Geschichte hielt, als Luxus, als Überfluß, als Abfall, mit einem Wort: als geringgeschätztes Nebensächliches, mit dem der Umgang nicht leicht fällt, sobald es zum letzten Lebensmittel wird. Man hüte sich deshalb vor der forschen Naivität, hinter der Maske ein Gesicht retten zu wollen. Die Entlarvungsmanien der letzten Jahrzehnte haben immerhin dies erbracht, daß es in den entwickelten gesellschaftlichen Verhältnissen der Gegenwart keine menschliche »Substanz« mehr *in* den einzelnen Menschen gibt. Vor dem Hintergrund des damit verknüpften ungeheuerlichsten Verdachtes, daß man im Eigensten entfremdet ist, daß die menschliche Identität eine gemachte ist, daß das, was man seit Jahrhunderten für das substantielle Selbst hielt, ein sozialer Wechselbalg ist, wird das Ich-Sagen der Menschen zur Farce. Man wird nicht länger ernsthaft und auf Dauer die alten Strategien der Rationalisierung, der Ich-Bildung (und der Über-Ich-Bildung), der nach Art eines wohlgebauten Hauses aufrecht erhaltenen Ordnung betreiben können. Diese Strategien sind bankrott. Vielmehr bedarf es der Umkehrung des noch selbstverständlichen abendländischen Bewußtseins. Die Rückkehr aus der Sackgasse der europäischen Subjektivität vollzieht sich durch umgekehrten Gebrauch all der Mechanismen, die an der Produktion des »Ich« beteiligt waren, also auch durch umgekehrten Gebrauch der Masken.

Aber man kann die Not des Umkehrenmüssens nicht zur großen Tugend einer neuen Zeit machen. Es bleibt die Trauer über die Leere, die das verzehrte und verbrauchte Subjekt hinterließ. Dessen Spuren sind auch nicht völlig zu externalisieren. Die Macht, die die Subjekte enteignet, verwertet, subsumiert hat, ist von der Subjektivität als einer herrscherlichen Grundfigur ausgegangen. Insofern stoßen in jedem Lebenden diese Instanzen der Herrschaft und des Widerstandes, der Identifikation und des Unkenntlich-Werdens, der Entlarvung und der Maskierung aufeinander. Die Umkehr besteht lediglich in der Entforcierung des Habenwollens und in der

Forcierung des Seinlassens. Dabei kann man durchaus in die Schule der großen Lehrer und Könner der Subjektivität gehen, etwa in die Schule dieses Sören Kierkegaard. Als Richtmaß des neuen Lernens mag die Einsicht gelten, die seit Beginn des Christentums geschichtsbegleitend blieb, aber nie geschichtsmächtig wurde, daß der einzelne Mensch Person sei, Maske, nur aktuell wirklich in einer von den Göttern geliehenen Gestalt. Unter solcher Voraussetzung kann jeder Anspruch des Ich auf Selbstbesitz suspendiert und damit die Klammer aufgelöst werden, die den einen wie den anderen an die Systeme der Besitzstandswahrung fesselt. Falls es gelingt, den überhöhten Wert, den man sich beimißt, als Geschenk des Lebens zu durchschauen und nicht mehr zur Konturierung der Ich-Identität zu mißbrauchen, wird es leichtfallen, sich spielend auf des Messers Schneide zu halten, d.h. Nicht-Identität strategisch zur Auflösung der mit dem Identitätskomplex entstandenen Falle einzusetzen. Der umgekehrte Gebrauch von Masken besteht in nichts anderem als im Verlernen der unendlichen Bedeutung des Subjekts, im Verlassen der Felder, die durch selbstbesessene menschliche »Substanz« besetzt sind, oder einfach im Vergessen der Identität. Es ist schließlich einzusehen, daß das Subjekt zwar historisch notwendig, aber bloß ein Zwischenspiel war.

III

Kierkegaards Ende scheint interessant, weil immer mehr Menschen der Übermacht des Objektiven erneut die Wahrheit ihrer subjektiven Existenz, ihrer Bedürfnisse und Wünsche entgegensetzen – in der Hoffnung, der Unmenschlichkeit oder Gottlosigkeit der gesellschaftlichen Verhältnisse zu entkommen. Es zeigt sich zunehmend, daß das gängige Krisenmanagement, das jene tiefreichende Krise des Subjekts mit lauter therapeutischen Konzepten verstopft, im Kern auf ein von Kierkegaard formuliertes Selbstkonzept zurückgeht (ohne dessen Radikalität wahren zu können). Gleichzeitig scheint eben solchen Therapie-Wissenschaften von der Subjektseite her eine eher zwanghafte Opferstrategie zu entsprechen, die offensichtlich einen Rest subjektiv-vermeinten Sinns konserviert. Aber es ist zu fragen, ob dieses Ende anders als ambivalent interpretiert werden kann: Ging es dabei um den Anfang einer neuen Leidenschaft des Religiösen – wie die Kierkegaard-Renaissance nach den Weltkriegen es verstand –, oder um die Überspanntheit eines Kleinbürgers in Kopenhagen, einer Kleinstadt des Biedermeier – wie die objektivistische Kritik am existenziellen Subjektivismus es möchte? Oder ging es vielmehr um ein Vor-Spiel zum allgemeinen Schicksal des Bürgers bzw. zur Parodie dieses Schicksals?

Die dritte Frage zielt darauf ab, den Sinn von Kierkegaards Ende rückwärts zu erschließen, den Prototyp eines bürgerlichen Lebens in all seine Pseudonyme und Anonyme zurückzuverfolgen und zu lernen, was es mit einem umgekehrten Gebrauch von Masken auf sich haben könnte. Es soll klar werden, daß Kierkegaard zu weit ging – jedenfalls weit genug, um den Unsinn eines Opfers des Lebens unter der Herrschaft des Abstrakten zu demonstrieren.

Von den Masken einen umgekehrten Gebrauch machen heißt nämlich die Kategorie »Opfer« suspendieren. Die dominante Bedeutung der Masken bestand und besteht in ihrer Initiationsfunktion: das Besondere in eine allgemein-akzeptierte Gestalt zu zwingen, meistens unter der Kalkulation, es früher oder später aufzugeben. Dieser Vorgang einer zwingenden Identitätsbildung – der unter Masken zweifellos seine Ambivalenz hat (insofern jener, der identifiziert werden soll, sich auch verstecken kann) – ist in einen Rückgang umzudrehen, der die Zwänge von Sozialisation und Initiation unterläuft – durchaus getreu dem alten Wissen, daß jeder Bann, jeder Zauber nur zu lösen ist, wenn er rückwärts durch die Bannsprüche und Zauberformeln noch einmal durchlebt wird. Deshalb ist die Suspendierung der Opferkategorie eine lange Geschichte der aufdeckenden Dekonstruktion, die mit ebensolchen Ängsten besetzt ist wie ihr grausamer Anfang.

IV

Kierkegaards Verdienst ist dabei die Verdeutlichung der Geschichte des Subjekts bis zu dem Punkt, wo es sich, um sich zu halten, opfert. Die Konstruktion einer Stellvertretung wird unter der Bedingung der Zufälligkeit der Individuen hinfällig. Man denke sich die Aktivitäten des »Spions im höheren Dienst«, der aufmerksam machen will auf das Religiöse – *nach dem Tode Gottes* ... dann hat man ein Exempel für die Aussichtslosigkeit der Hypothese einer Wahrheit des Subjektiven. Ohne es zu wollen, führt Kierkegaard die Abstraktion in die Innerlichkeit ein. Seine äußerste Gegenwehr gegen das System (als soziale Tatsache) manifestierte sich zunehmend in der abstrakten Realität seines objektlosen Selbst. Hegel in all seiner Macht ist ihm in die Struktur seiner Wahrnehmung eingedrungen und erweist sich schließlich als derjenige, der immer schon da ist. Deshalb ist der »Einzelne«, jene an Kierkegaards Namen geknüpfte Kategorie, keine menschliche Wirklichkeit, sondern bloß eine Aufgabe, eine Pflicht, eine Ethik und damit Bestandteil des Arsenals bürgerlicher Kalkulation nach Soll und Haben. Zwar ist die Kategorie eines Selbstbesitzes des Individualismus relativiert, aber um den Preis eines »Du *sollst* lieben!« Wo immer man dem Zauber der Subjektivität weit genug folgt, gerät man in die archaische Logik unbegriffener Bilder. So betrachtet geht eine Linie von Kierkegaard über Nietzsche und Kafka zu Beckett. Man gelangt auf dem geraden Wege der Ich-Identität eben nicht zum einzelnen Menschen, sondern zu den Ritualen seines Untergangs. Der umgekehrte Gebrauch der Masken eröffnet dagegen die unwahrscheinliche Fülle der Herkunft. Kierkegaards Ende heißt also: die Maßgeblichkeit der Schicksalsgestalt des Einzelnen als eines abstrakten Selbst, wie sie in allen theoretischen und praktischen Ausgriffen auf das Individuum gegenwärtig vorherrscht, außer Kraft setzen und unter der genannten Angst ein Spiel mit den Konstituentien des Ich beginnen. »Kannst du dir ein entsetzlicheres Ende denken, als daß dein Wesen sich wirklich auflöste? daß die Möglichkeiten in dir, die du jetzt spielst, ihr Spiel mit dir treiben? daß du ... zum Tummelplatz einer Legion von Geistern würdest? verlustig geworden des Innersten, des Heiligsten im Menschen: der zentralen, zentralisierenden Kraft der Persönlichkeit?« (Kierkegaard, *Entweder-Oder*) [4] Beim Aushalten der Angst hilft es vielleicht ein wenig zu wissen, daß dieses Heiligste ein Konstrukt zivilisatorischer Macht ist...

Nicht erst seit gestern ist bekannt, daß das »Ich« die Form der Gesellschaft hat, der es angehört: Aufgerichtet als Kontrolleur seiner »Es-Triebe«, als Agent des »Über-Ich«, der Gesetze und der Staatlichkeit, als Garant der Ordnung, die herrscht, ist es alles andere als ein subjektiver Widerpart der Objektivität, vielmehr seine ohnmächtige Verdopplung mit der aufs neue die uralte Logik der gesellschaftlichen Zwänge verbunden ist.

Um die Macht des Archaischen in Mythos und Vernunft zu brechen, muß man aus der Falle eines Entweder-Oder von Objektivität und Subjektivität aussteigen. Dabei kann Kierkegaards Konzept der tiefsten Unkenntlichkeit des einzelnen Menschen – der jederzeit zeitgenössischen Unkenntlichkeit Christi nachgedacht – ein Modell der Zukunft sein, jedenfalls solange, wie das Opfer des Besonderen unter der Ägide des Abstrakt-Allgemeinen (des Heiligsten, des Werts) für notwendig ausgegeben wird. Die gesellschaftliche Inversion des Opfers, die die Geschichte des Zivilisationsprozesses von Stufe zu Stufe begleitet hat, schlägt unter den Bedingungen abstrakter Vergesellschaftung gegen ihre Sicherungen durch: Selbstvernichtung hat keine Folgen eines Mysteriums mehr; die Auferstehung nach dem Karfreitag körperloser Logik findet nicht statt; die guten Stiftungen des freiwilligen Todes entfallen. Aber das Opfer muß eine Überschreitung sein, kein Erstickungstod, keine Vernichtung... So bleibt jenes Ende ambivalent im strengsten Sinne: unter der Maske des Todes die erstarrten Verhältnisse zu transzendieren – in Übereinstimmung mit dem schillernden Adorno-Wort: »Utopie wäre die opferlose Nicht-Identität des Subjekts«.

Die entzauberte Wildnis

13. Der Körper des Königs. Über einen dauernden Effekt der symbolischen Ordnung im Abendland

»Der Ewige Leib des Menschen ist die Einbildungskraft, das heißt, Gott selbst, der Göttliche Leib, Jesus: wir sind seine Glieder.«
(Erich Auerbach)

In der Zeitschrift »Tumult« hat ein französischer Soziologe unter dem eher irreführenden Titel »Von der Schminke zu den Prothesen« einen Aufsatz veröffentlicht, der den folgenden Überlegungen zum aktuellen Anlaß wurde. Michel Tibon-Cornillot (der Soziologe) verfolgt dort in einer (bis auf den Schluß) bestechenden Argumentation die Grundhypothese, daß »in den Wissenschaften, in den Techniken, im gesamten Sozialkörper ... eine unterirdische Arbeit im Gange (ist), die auf Umgestaltung ganzer Realitätsblöcke hinausläuft, um daraus einen Gotteskörper zu machen, in dem sowohl die Individuen wie die Kollektivität ihre Selbstrealisierung finden können« [1]. Der Aufsatz gewinnt seine argumentative Stichhaltigkeit durch die Erinnerung an eine fast zweitausendjährige christliche Spekulation, die dem »corpus mysticum Christi«, dem mystischen Leib Christi gegolten hat, und durch die Verbindung dieser Spekulation mit dem »strukturalistischen Blick«, der in mehreren Jahrzehnten intensiver gesellschafts- und wissenschaftstheoretischer Diskussion in Frankreich ausgebildet wurde und die Geschichte des Abendlandes als ein unvertrautes, fremdartiges, immer schon enteignetes Geschehen nüchtern wahrzunehmen erlaubt.

Tibon-Cornillot sieht denn auch das Christentum – konträr zu dessen Selbstverständnis – als ein »radikal areligiöses Phänomen«, das aufgrund seiner enormen Dynamik in der Tendenz der Inkarnation der Symbole ein »Überströmen der Metaphern in die Realität« bewirkt und dadurch den für Religionen eigentümlichen Gegensatz von Sakralem und Profanem nach und nach liquidiert. Insofern ist es nur konsequent, wenn der Autor schließlich – gestützt auf Hegels These von der Weltgeschichte als einer fortschreitenden Selbstdarstellung des göttlichen Geistes – die moderne, völlig profanierte und säkularisierte Welt in ihrer Gottesferne als »Realisierung des Christentums« begreift. »Die zeitgenössischen Bewegungen der Wissenschaften, der Techniken, des Sozialfeldes fänden also ihre Einheit im Projekt der Realisierung des Körpers des Absoluten, des glorreichen Kollektivkörpers, des corpus mysticum, in dem die transfigurierten Körper der Individuen wirklich und endgültig geeint wären. Der wissenschaftlich-technische Aktivismus, der für die Einbildungsstrukturen der Industriegesellschaften so wichtig ist und für den Heidegger den Begriff der in der Technik-Gewalt sich vollziehenden ›Entbergung‹ geprägt hat, wäre also direkt in dem Aktivismus verwurzelt, der für die Einbildungskräfte des Christentums so charakteristisch ist.« [2] Momentane Schwierigkeiten dieses welthistorischen Projekts ergeben sich – Tibon-Cornillet zufolge – aus der zunehmenden Unwirksamkeit einer traditionellen Strategie, nämlich der Außenbehandlung der Körper (an den Häuten, an den Kleidern). Die menschlichen Individuen lassen sich von Mal zu Mal seltener durch äußere Etikettierungen (»Schminke«) vereinheitlichen, wenngleich optische Verschmelzungstechniken in den verschiedenen Räumen der Freizeit noch immer Triumphe feiern. Im medizinisch-genetischen Zugriff und ähnlichen Modellen, die einen »Innenumbau des Körpers« anstreben, sieht der Autor jedoch bereits Vorboten einer neuen Strategie (»Prothesen«), die auf eine elektronisch (oder chemisch) zusammengeschlossene Weltgesellschaft hinauslaufen könnte.

An dieser Stelle, wohl in Anbetracht einer möglichen Diskrepanz zwischen theokratischer und technokratischer Soziologie, unterbricht Tibon-Cornillot seine nüchtern-enthusiastische Struktur-Analyse und zieht sich vorerst auf die Unentscheidbarkeit einer Alternative zwischen »optimistischer« und »pessimistischer« Perspektive zurück, die gegenwärtig den Zustand des projizierten Großunternehmens kennzeichne. Es sei nicht auszumachen, ob das Christentum mit seinem »One-World«-Konzept den endgültigen Sieg davontrage, oder eine »heidnische«, d. h. vorsintflutliche Vielfalt der Räume und Zeiten noch eine Chance habe. Hier erweist sich aufs neue – so scheint mir – eine gewisse Impotenz des strukturalistischen Blicks für die Utopie. Es wird nötig sein, weiter zurückzugreifen, gründlicher in der Geschichte der Einbildungskraft zu graben, um – mit einiger Gelassenheit – einen Vorgriff zu riskieren, der gerade durch eine Präzisierung der Diskontinuitäten das Spezifische eines Kontinuums der symbolischen Ordnung im Abendland zu verdeutlichen in der Lage ist.

Andererseits möchte ich keinen Zweifel daran lassen, daß ich die referierte Grundhypothese teile. Die Richtung der menschlichen Wünsche auf Ganzheit, Einheit, Geschlossenheit wird durch den Bruch der Säkularisation nicht gewechselt. Es bleibt bei der Totalisierung, ob des Körpers oder des Geistes. Doch ist seit der durchgreifenden Wirkung der dritten industriellen, der elektronischen Revolution und ihrer in Computern wahnwitzig beschleunigten Logik der Alternative spürbarer, daß auch in den Umständen der Emanzipation von der ersten Natur der uralte Zwang weiterherrscht.

Ich gehe davon aus, daß sich Theokratie und Technokratie zwar unterscheiden, aber in ihrem Wesentlichen, in der zwanghaften Verbindlichkeit übereinkommen. Wenn erstere durch einen archaischen Zwang der Bilder charakterisiert ist, dann letztere durch einen anonymen Zwang der Begriffe; während die Zwanghaftigkeit der frühen Gesellschaften blind genannt werden kann, ist die Zwanghaftigkeit der späten Gesellschaft als leer zu bezeichnen. Ob aber der Mythos der alten Welt oder die Aufklärung des Bürgertums wirksam sind, wirkt sich im Effekt: in der Abhängigkeit des Menschen von unbegriffenen Mächten nicht aus.

Was mich von Tibon-Cornillot trennt, ist also nicht die Konstatierung jener Kontinuität des Archaischen bis in die zugespitzten Formen des Spätkapitalismus, die Horkheimer und Adorno als Untergrund einer »Dialektik der Aufklärung« freigelegt haben. Es ist vielmehr die Einschätzung, die Nuancierung des Spezifikums einer »Logik der Geschichte«, die meine Fragen in eine andere Richtung lenken. Ich will dem Verdacht nachgehen, daß es neuerdings möglich ist, in einer Aufklärung der Aufklärung bzw. in einer Mythisierung des Mythos die Klammer zu sprengen, die beide zusammenhält, und in einer ganz anderen als bloß entlarvenden Weise »dahinterzukommen«. Ich möchte, nachdem ich ihre spezifische Realität herausgearbeitet habe, mich von beiden Strategien der Vereinnahmung bzw. Subsumtion der Menschen distanzieren. Damit will ich zunächst einen doppelten Kurzschluß vermeiden: einerseits den einer Kritik der Moderne durch ein Mittelalter, das genau dieser Moderne Vorschub geleistet hat, andererseits eine Kritik des Mittelalters vom Standpunkt einer Neuzeit aus, die eben das Wesentliche dieses Mittelalters noch konserviert.

Der entscheidende Schritt geht aber dahin, für eine Zeit nach dem Sturz der Bilder und nach dem Zusammenbruch der Begriffe gerüstet zu sein, und zwar durch die Wiederholung (sprich: Wieder-Holung) einer »imagination fondatrice«, einer Einbildungskraft, die es im Bildlosen, Begriffslosen aushält und – nachdem es ihr gelungen ist, leere Blindheit und blinde Leere als Apotheosen puren Zwanges zu denunzieren – einen anderen Grund für ein anderes Spiel legen kann.

Tibon-Cornillot spricht in seinem Aufsatz von einer »unterirdischen Arbeit«, welche die Herstellung des Gotteskörpers betreibt. »Unterirdisch« meint unsichtbar und vorbewußt. Eine solche Arbeit liegt nicht auf der Hand, sie ist nur zu erschließen, aus den Wirkungen, die sie hat. Ihr Feld ist weder die Tagespolitik noch das Bewußtsein des Individuums. Dort schlägt sie sich – oft mit enormen historischen Verzögerungen – bloß nieder. Und wenn es einmal einem Sterblichen gelingt, auf die Höhe der Zeit zu kommen, dann spricht es meist durch ihn hindurch, dann nimmt er nicht in Anspruch, Täter oder Denker zu sein, sondern im Namen jener Ordnung zu wirken, die im folgenden als »symbolische« (vielleicht unzulänglich) apostrophiert und unter dem Titel »Der Körper des Königs« genauer bestimmt – und gebrochen werden soll.

Dieser Doppel-Charakter des Themas (Entdeckung und Zersetzung in einem) zwingt zu einem ungewöhnlichen Verfahren: mit »Körper des Königs« ist eine Brückenkopfmetaphorik angedeutet, die den geschichtlichen Bogen vom »corpus mysticum« der christlichen Tradition zur Maßgeblichkeit eines das Denken und Handeln der Menschen transzendental strukturierenden Körperschemas zu rekonstruieren gestattet. Der »Körper des Königs« ist die Stelle im Kontext, an der das Sakrale ins Profane übergeht, an der das Symbolische mit Hilfe des Imaginären eine zwingende Realität hervorbringt, an der das Geschlechtliche der sakralen Bilder sich im geschlechtslosen Apparat staatlicher Macht verschleiert, an der eine unerhört vielschichtige, bildhaft-konkrete »menschliche Natur« logisch in ein leeres Abstraktum umschlägt. Um dahinterzukommen, bedarf es kombinierter Erkenntnismittel und eines – so betrachtet – unreinen Denkens. Zunächst ist erstens von einem Ereignis die Rede, in dem es einem König (nämlich Friedrich II. von Hohenstaufen) in der Tat denkend gelungen ist, sich selbst als Exempel und Garant einer »Ordnung« des Körpers zu statuieren. Danach versuche ich zweitens Vor- und Nachgeschichte der Inkarnation des Homo Caelestis und den Bruch, den das Bürgertum durch seine Realabstraktion der gesellschaftlichen Verhältnisse mit sich gebracht hat, darzustellen. Dann geht es mir drittens um den Mechanismus der Übertragung des »großen Körpers« auf bzw. in die individuellen Körper der Menschen, die – nicht nur christlich gesehen – im »Namen des Vaters« (Lacan) passiert. In einem weiteren Abschnitt, viertens, soll die Struktur der in die Körper eingeschriebenen Ordnung als »mythische Schrift« herausgearbeitet werden. Schließlich befrage ich fünftens, wenn auch nur kurz, gegenwärtige Praktiken des Körperumgangs, sportliche, medizinische, therapeutische, künstlerische usf. auf ihre utopische Bedeutung hin und bemühe mich, die von ihnen vorderhand behauptete authentische Erfahrung als geschichtlichen Effekt zu entschlüsseln.

I

Neben Jacques Lacan, der – in Verbindung mit den Surrealisten – eine Vertiefung der Psychoanalyse geleistet hat und den Terminus »symbolische Ordnung« prägte, nennt Tibon-Cornillot als weiteren Gewährsmann seiner Argumentation Ernst Kantorowicz, der besonders in zwei Büchern einer politischen Theologie des Körpers nachgegangen sei. In dem einen Buch mit dem Titel »The King's two Bodies. A Study in Mediaeval Political Theology« (Princeton 1957) habe er »bei der Analyse der Rechtssysteme verschiedener europäischer Reiche die komplexe Struktur aufgewiesen, die etwa dem König zwei Typen von Domänen und Besitztümern zuweist: Die einen gehören der Privatperson des Königs und seiner Familie, die anderen seinem Inkarnationskörper, der den Raum des Königreichs sichtbar, berührbar, gegenwärtig macht«. [3] Tibon-Cornillot fährt fort: »In einem anderen Buch über Kaiser Friedrich II. (Berlin 1927) hat Kantorowicz den tiefen Sinn des Streites zwischen Papst und Kaiser aufgewiesen. Was die Kaiser des Heiligen Römischen Reiches beanspruchten, war die Möglichkeit, die Erde und die Völker des Reiches als Körper Gottes zu fassen: Sie wollten das Reich und sich selbst nach Art des kirchlichen corpus mysticum begreifen.« [4]

Bei einer Beschäftigung mit einschlägiger Literatur fällt auf, wie schwer es die historische Forschung mit diesem Komplex hat. Außer dem genannten Ernst Kantorowicz sind mir nur noch Otto von Gierke mit seinem »Deutschen Genossenschaftsrecht« [5] und Eugen Rosenstock-Huessy mit seinem frühen Buch »Königshaus und Stämme« begegnet, die auf den fraglichen Zusammenhang einer »mystischen Realität des Körpers« überhaupt einen Gedanken verschwenden. Allzusehr bleibt der Blick disziplinierter Historiker befangen im beschränkten Horizont einer Aufklärung, die sich gerade durch die Abwendung von der Körperlichkeit konstituiert und die mittelalterliche Inkarnations- und Transsubstantionslehre als dogmatischen oder abergläubischen Unfug abtun muß. So ergibt sich der Schein einer Erhabenheit, durch den die Forschung nicht mehr gewahr werden kann, daß sie selbst (noch immer) bloß Moment in einem Menschheitsprojekt ist (diesmal der bürgerlichen Revolution der Welt), dessen Umfang und Tragweite sich ihr entzieht. Erst jene Reflexion, die sich den Auflösungserscheinungen des weltweiten Bürgertums radikal aussetzt – ich meine das nach-cartesianische Denken –, kommt wieder in die Lage, den ins Unterirdische verdrängten, weiteren Horizont zu ermessen und von daher bewußtlos unsichtbare, aber nichtsdestoweniger mitreißende Geschichtsprozesse als Spätfolgen zu diskriminieren.

Es mag also nicht verwundern, daß auch Michel Foucault in seinem Buch über die Geburt des Gefängnisses beim Versuch einer Analyse der körperlich verteilten Macht, d. h. bei seinem Versuch, »die Seele als Gefängnis des Körpers« zu erweisen, auf Kantorowicz zu sprechen kommt:

»Kantorowicz hat dem ›Körper des Königs‹ eine bemerkenswerte Untersuchung gewidmet: nach der Rechtstheologie des Mittelalters handelt es sich um einen zweifachen Körper, da er außer dem vergänglichen Element, welches geboren wird und stirbt, eines enthält, welches über die Zeit hinweg dauert und sich als der physische und gleichwohl unberührbare Träger des Königtums erhält; um diese Zweiheit herum, die ursprünglich dem christologischen Modell nahestand, organisieren sich eine Ikonographie, eine politische Theorie der Monarchie, Rechtsmechanismen, welche die Person des Königs und die Erfordernisse der Krone zugleich trennen und verbinden sowie ein Ritual, das in der Krönung, im Leichenbegängnis und in den Unterwerfungszeremonien seine stärksten Augenblicke findet.« [7]

Die von Foucault angesprochenen, im Kontext seiner Schrift nicht weiter verfolgten Bestimmungen des Königskörpers, seine unsichtbare, aber dauernd effektive Präsenz, seine quasi unsterbliche Bildhaftigkeit in den Phantasien und Träumen der Menschen, die ihrerseits bestimmte Dinge als »Herrschaftszeichen« zurückprojizieren, die ubiquitäre Vermittlung von göttlichem und menschlichem Recht, schließlich die »Pontifex«-Funktion und der Anspruch einer Vergegenwärtigung Christi im politischen Feld ... werden weiter unten wieder aufgegriffen. Hier geht es noch um die Verdeutlichung jenes Focus' geschichtlicher Erinnerung, um den Kantorowicz seine beiden Bücher angeordnet hat: um Friedrich II., den letzten »selbstbewußten« mittelalterlichen Kaiser und den ersten »modernen Europäer« (wie Jakob Burkhardt ihn tituliert hat).

Der Epilog des Buches von Kantorowicz über den »Körper des Königs« stützt die These von Tibon-Cornillot; dort wird klar, daß Friedrich II. in der Geschichte der Säkularisierung des corpus mysticum eine entscheidende Rolle gespielt hat. Der Kaiser sorgt gleichsam für den kontinuierlichen Übergang ins Irdische, Profane, Diesseitige gerade dadurch, daß er gegenüber dem Papsttum lebenslänglich auf der Heiligkeit der Staatsgeschäfte insistiert. Der kursierende Satz »Fiscus ubique praesens« leitet sich unmittelbar aus der imaginierten Allgegenwart Christi im »Leib« der Christenheit ab (»Christus ubique praesens«) und entspricht der von Friedrich in Anspruch genommenen »justitia mediatrix«, die nach dem Vorbild der römischen Gott-Kaiser eine himmlische mit einer irdischen Gerechtigkeit vermittelt. Der springende Punkt, der in gewisser Hinsicht die Tragik dieses Staufers ausmacht, ist also der durch Konkurrenz mit Rom erzwungene Versuch, sakral verbürgte und mythisch geoffenbarte Himmelsordnungen irdisch und historisch zu realisieren, sie in Volks- und Reichskörpern dingfest zu machen und damit das Kaisertum von Gnaden Gottes in die Richtung einer Ent-Heiligung der Welt zu ziehen. Die Mitarbeit am Werk der Menschwerdung Gottes, die spezifisch mittelalterliche Nachfolge Christi liegt genau in dieser Verbindung von hieratischem Königskörper und profaner Staatsmacht, wie sie sich z. B. in den »Konstitutionen von Melfi« beispielhaft zeigt. Ausgerechnet der Mann, der als einer der ersten Wissenschaftler moderner Prägung gelten kann, insofern er eine erfahrungsgeleitete Erkenntnis im Horizont einer erkenntnisgeleiteten Macht propagiert (»Manifestare ea quae sunt, sicut sunt« – »Unsere Absicht ist es, sichtbar zu machen die Dinge, die sind, so wie sie sind«), stellt sich unter die höchste Verantwortung für das »Heilige Reich«, für eine dingtranszendierende »symbolische Ordnung«. Der sterbliche und der unsterbliche König sollen körperlich, d. h. in der von Ewigkeit erfüllten Gegenwart eins werden, ohne daß doch die Fülle der Zeit zu zwingen wäre. Der Name für dies Eine ist im Mittelalter »Gerechtigkeit«. Das ist schwer zu denken.

»Der König war ein lebendiges Bild der Gerechtigkeit und ex officio die Personifikation einer Idee, die sowohl göttlich wie menschlich war« [8], schreibt Kantorowicz und bringt damit seine Verlegenheit über Friedrichs Satz aus dem »Liber Augustalis« (das die »Konstitutionen von Melfi« enthält) zum Ausdruck, daß der König Vater und Sohn der Gerechtigkeit zu sein habe. Denn »Personifikation einer Idee« ist eine animistische Formel, die vom unbegriffenen Resultat eines Auflösungsprozesses einen falschen Schluß auf die Einheit des Lebendigen zieht. Friedrich II. personifiziert keine Idee, er *ist* vielmehr (nach seinem eigenen Verständnis) als König Statthalter Gottes und *in* seinem sterblichen Leib unsterblicher Körper. Insofern ist die Rede von »The Kings two Bodies« ungenau. Sie gehört schon jenem Diskurs an, der in jeder Hinsicht auf Grenzziehung, auf Abgrenzung, auf definitorische Schlußformeln aus ist, und lange vor der Zeit Kaiser Friedrichs II. begonnen hat. Man muß seine Wurzeln in der patristischen und scholastischen Philosophie, aber auch in der politischen Theologie des Mittelalters selbst suchen und man wird eine unerhörte Spannung zwischen diesen ersten Abstraktionsleistungen der christlichen Dogmatik und dem Mysterium der Inkarnation Christi finden.

II

a) Kantorowicz stützt sich bei der Erläuterung dessen, was – schon in einer Verlegenheitslösung des Problems – »corpus mysticum« genannt wird, auf Henri de Lubac. Dieser hat jedoch mit seinem

Buch: Corpus mysticum [9] eher eine wortgeschichtliche Abhandlung vorgelegt als eine ikonographische bzw. ikonohistorische. Man erfährt viel über »Termini« (das sind Schlußformeln), so z. B. daß der Terminus »corpus mysticum« erst nach der Mitte des 13. Jahrhunderts gebraucht wird, obwohl die »Sache«, auf die er sich bezieht (daß die Kirche der Leib Christi und Christus das Haupt dieses Leibes sei), seit der Paulinischen Spekulation bei den »Vätern« und allen nachfolgenden Denkern ein vertrauter Topos ist. Henri de Lubac gibt, kurz gesagt, einen unfreiwillig aufschlußreichen Überblick über die Spiritualisierung der mannigfachen Transfigurationen bzw. Transsubstantiationen des Körpers, die das Zentrum der christlichen Lehre von der Menschwerdung Gottes ausmachen. Was jedoch dabei an Bildern und Bilderfolgen, an Sehnsuchtsdramatiken und Wunschliturgien mitspielt, bleibt eher im Schatten.

(Vielleicht wäre dies auch in der gedoppelten Perspektive des strukturalistischen Blicks festzuhalten: daß das Inkarnations-Mysterium selbst von einer wie auch immer gearteten »theoretischen« Fassung unterschieden werden muß, daß es also sowohl dem mythischen wie dem theologisch rationalen »Begreifen« inkommensurabel ist und insofern den Zugang in ein Unvordenkliches offenhält.)

Die Eucharistie als Sakrament mit der Transsubstantiation von Brot und Wein in das Fleisch und das Blut des Herrn reicht – darin ist de Lubac zu folgen – zur Konstituierung des »corpus mysticum« allein nicht aus. Vielmehr ist es der Zusammenhang von Verklärung und Erhöhung des Leibes Christi am Kreuz, der den Anfang setzt. Seitdem sind die Christen, d. h. diejenigen, die glauben, daß Gott bzw. der »Menschensohn« am Kreuz gestorben ist, in der gemeinsamen Feier des Meßopfers, in der Erinnerung an die in hoher Gegenwart geoffenbarte Wiederkunft des Herrn, Glieder eines einzigen großen strahlenden Körpers. Bedingung für das Dazugehören ist eine Transfiguration der profanen Einzelkörper durch Partizipation am gemeinsamen Mahl und durch Aufgabe des »Eigenen« in einem der Kreuznahme Christi nachgelebten Leben. Die Aura, der Strahlenkranz des verklärten Leibes, des wörtlich genommenen Heiligenscheins sind schließlich ebenso Lohn wie Indiz der Verwandlung.

Schon diese Kurzfassung der christlich-dogmatischen Grundsätze läßt die Schwierigkeit ahnen, die sich aus der zentralen »Tatsache« des christlichen Glaubens für eine sprachliche und begriffliche Erfassung ergeben haben. Gleichwohl kann eine unentwegte geistige Arbeit am Mysterium durch die Jahrhunderte konstatiert werden, die im Herbst des Mittelalters zu einem Anstoßnehmen der Vernunft am Ärgernis der Fleischwerdung Gottes führte und heutzutage im faktischen Desinteresse maßgeblicher Theorie ihr Grab gefunden hat. Der entscheidende Bruch liegt zweifellos dort, wo der mythische Untergrund verdeckt und das Allgemeinverbindliche zwischen den Menschen nicht mehr in bilderreichen Ritualen, sondern in der Begrifflichkeit einer weltweiten Aufklärung, die sich ins Werk setzt und Realitäten schafft, gesehen wurde. Daß aber das bürgerliche Projekt einer Konstruktion der Welt aus dem Gedanken der Form nach immer noch mythisch determiniert ist, gibt dem Prozeß der Abstraktion vom Körper seine ironische Note.

Erklärbar könnte dergleichen nur sein, wenn man ein Weiterwirken des verdeckten Bildgrundes auch nach der Erklärung seiner Unmaßgeblichkeit annimmt. Wer solchem Verdacht folgt, trifft gerade in Anbetracht der mittelalterlichen Ikonographie auf eine verblüffende Diskrepanz: wirkt die versammelte Dogmatik des »corpus mysticum« eher blaß, so liegt in der Ausgestaltung der in Inkarnation, Kreuzestod und Parusie kulminierenden Heilsgeschichte Christi ein solcher Reichtum an Formen, Farben, Nuancen, daß man jener bildlichen Erfassung der Welt gegenüber der sprachlich-begrifflichen auch heute noch eine andere Qualität zugestehen muß. Anstelle der Exklusivität der Begriffe, ihrer sorgsam abgrenzenden Stilisierung des Christlichen, spielt in die Darstellung des Körpers Christi die gesamte exoterische und esoterische Kulturtradition des Abendlandes hinein, angefangen von den Stromvölkern der Zeit vor dem Altertum, den Assyrern, Babyloniern, Ägyptern über die Perser, die Griechen, die Juden bis zu den gnostischen und kabbalistischen Sekten des Mittelalters. Ohne auch nur im Ansatz einen Eindruck von den vielen Stämmen und Wurzeln dieser mittelalterlichen Einbildungsstrukturen geben zu können, läßt sich doch festhalten, daß in der Ikonographie der Gestalt Christi ein Traditionsstrom kulminiert, der im verherrlichten Körper des Gottmenschen seinen inneren Konnex hat, wesentlich älter ist als Christentum und Judentum und – dies ist für das

Thema wichtig – immer schon die Doppelgestalt des Priester-Königs als Heilsbringer hervorgehoben hat.

Insofern Friedrich II. sich auf Justinian und die römische Kaisertradition berief, die aus dem hellenischen Synkretismus ihre wesentlichen Impulse erhielt, verschiebt sich also der oben konstatierte Befund einer von der Kirche Christi »geliehenen« geistlichen Autorität. Nicht der christlichen Dogmatik weiß Friedrich sich verpflichtet, sondern dem frühen Bild des Priester-Königs, des »Königs der Welt« (René Guénon) [10], dessen mythische Struktur sogar für den historischen Jesus »Vor-Schrift« war.

Von daher fällt auch ein anderes Licht auf die Konkurrenz von Papst und Kaiser, ihr von der öffentlichen Auseinandersetzung kaschiertes Ringen um identische Ziele und ihr verhängnisvolles Übereinkommen in der Hochschätzung der Macht, die auf eine begriffliche Distanzierung der Körperbildung bzw. Bildkörper zu setzen gezwungen ist. Der seitdem immer wiederholte Kampf um die Spitze in der abendländischen Geschichte ist aus dem Bannkreis derart bewegender Schein-Alternativen selten herausgekommen.

Was dem historischen Vergessen an Einzelheiten und Zusammenhängen der Ikonographie des »Königs der Welt« entrissen werden konnte, füllt inzwischen Bände. Hier sei nur verwiesen auf Wolfram von den Steinens »Homo Caelestis« [11], auf Leopold Zieglers »Überlieferung« [12], und Robert Eislers »Weltenmantel und Himmelszelt« [13], die auf je unterschiedlichen Feldern und in je unterschiedlicher Manier eine philosophisch-wissenschaftliche »Legende« des großen »Ewigen Menschen« rekonstruiert haben. Sie konnten – so betrachtet übereinstimmend – nachweisen, daß dieser Gottmensch mit seinem Königskörper sowohl den Kosmos, die Welt in ihrer erzähl- und hörbaren Struktur, als auch die Heilsgeschichte der Menschheit bildhaft vergegenwärtigt. In der ersten Hinsicht versammelt er die Ordnung der sieben Planeten und der zwölf Tierkreiszeichen auf sich, figuriert als Sonnenscheibe mit Flügeln, die in die Nacht der »Mutter« eintaucht, um die Weisheit aus der Urwassertiefe zu holen, bildet die Fläche für die Anordnung des Tetramorph (der vier Wesen, die »Symbole« der Evangelien sind) und den Garten für die vier Ströme des Paradieses, die Gegend für die vier Winde des Himmels, den Raum für die vier Elemente der Erde usf. In der zweiten Hinsicht ist er sowohl der »Erste

Adam«, der vom Baum der Erkenntnis ißt, als auch der »Zweite Adam«, der am Baum des Kreuzes aufgeknüpft oder anderswo zerstückelt, den Tod und das Geschlecht (Erbstücke eines verkehrten Erkennens) überwindet; er ist der, der zuerst im Bilde erschaffen wurde, dann unscheinbarer Mensch geworden ist und schließlich am Himmel und als Richter der Lebendigen und der Toten wiederkehren wird. Durch sein Leiden, Sterben und Auferstehen garantiert er die Kontinuität der Geschichte (auch der profanen) und eröffnet eben durch die offene Seite (den »Gnadenschoß«) seines malträtierten und verklärten Körpers die Möglichkeit, daß alle wahrhaft Gläubigen in Zukunft eine »geheime Kirche« (Goethe) bilden können.

Vom indischen Gott Purusha, der – nach der Erschaffung der Erde ermüdet – aufwacht und mit Erstaunen sein Werk als seinen Körper wiederentdeckt: die Berge als seine Glieder, die Wälder als Haare, die Flüsse als Adern, die Wolken als Gedanken usf., bis Christus, der auch historisch als letzte Inkarnation des Gottmenschen gelten kann, reicht die »Uroffenbarung« der Bilder, die sich immer aufs neue mit der produktiven Einbildungskraft der Menschen verbündet hat und sie zumindest bis zur Säkularisation nicht zur Ruhe kommen ließ. Durch diesen geschichtlich entscheidenden, wirksamsten »Bildersturm« [14], der sich sehr bald ins »Innere« verlagerte, wurde die Tradition des Mythos allerdings nach Inhalt und Form gespalten; darauf komme ich später zurück.

Eines ist es, in einer Zeit der entkoppelten, vagierenden Wunschströme, viele hundert Seiten von vielen hundert Büchern, mit Details eines esoterischen Wissens vollzuschreiben, ein anderes, dieses Wissen zu inkarnieren. Was auch immer über die auf den großen Körper des Priester-Königs konzentrierten Wünsche herausgefunden worden ist und noch werden wird, feststeht, daß es nicht für ein selbstgenügsames, akademisches Erkennen gemacht ist. Rudolf Kassners Schlüsselwort für eine adäquate Theorie der Einbildungskraft: »Das Wort ist Fleisch geworden, weil es nicht Begriff werden konnte« zeigt die unüberbrückbare Kluft zwischen den Schriftgelehrten und den lebendigen Menschen. Insofern wäre es angemessener, den Diskurs über die Wünsche klein zu halten. Wer die Kluft nicht noch größer machen will, sollte sich auf Aphorismus und Fragment verstehen.

Niemand hat dergleichen in den letzten Jahrzehnten intensiver beherzigt – scheint mir – als Norman O. Brown. Sein Buch »Love's Body« ist nach Inhalt und Form die genaueste Paraphrase auf das Thema, die ich bisher kennengelernt habe. Von Herbert Marcuse als »terrible mystificateur« verschrien, schafft es der Autor immerhin, in einem äußerst verknappten Schreiben (meistens zitierend) die Bilder aufleuchten zu lassen, die sich trotz der säkularen Trennung von Geist und Körper, Wort und Tat, Rede und Schweigen erhalten haben. Dabei legt er insbesondere auf zwei Aspekte Wert, die im vorigen schon angedeutet wurden, jedoch noch unterbelichtet sind: auf den erotisch-sexuellen Charakter des göttlichen Körpers und auf die Dauer der Effekte, die der Körper des Königs in der menschlichen Gesellschaft auch noch nach seinem Tode (gleichsam als Leichnam) hinterläßt. In einer Reihe von Zitaten fasse ich einige seiner Gedanken zusammen, die sich – ähnlich wie bei Lacan – (ohne daß Abhängigkeiten ersichtlich wären) – der Fortschreibung der Psychoanalyse zu einer universalen Symbolik verdanken.

»Freud sagt, Symbolik sei Zeichen einer Suche nach einer früheren Identität, einer verlorenen Einheit; ... die Einheit des ganzen Kosmos als einer einzigen lebenden Kreatur ... Vereinigung und Vereinheitlichung meint die der Leiber, nicht die der Seelen ... Die wahre Form der Vereinigung – die in der Psychoanalyse gefunden werden kann oder im Christentum, bei Freud, Papst Johannes oder bei Karl Marx – heißt: ›Wir sind alle Glieder eines Leibes!‹ Die wahre Form der Vereinigung des Menschengeschlechts sind ... Adam, der erste Mensch, und Christus, der zweite: Denn gleichwie sie in Adam alle sterben, so werden sie in Christus alle lebendig gemacht werden ... Wenn wir alle Glieder *eines* Leibes sind, dann gibt es in diesem einen Leib weder Männliches noch Weibliches, oder vielmehr gibt es beides: es ist ein androgyner ... Leib, der beide Geschlechter enthält ...« [15]

»Der Körper ist, wie der politische Körper, ein Theater; alles ist symbolisch, alles, auch der Geschlechtsakt. Die Hauptrolle spielt eine öffentliche Person, die den Part der Gemeinschaft als ganzes übernimmt ... Es ist die Funktion des repräsentativen ›Organs‹, in seinem Körper den politischen Körper zu personifizieren, zu inkarnieren und zu verkörpern ... Das Drama, das im Geschlechtsakt aufgeführt wird, ist das rituelle Drama des Gottkönigtums ... Ein König wird aufgerichtet, rex erectus est. Der König ist eine Erektion des politischen Körpers. Eine politische Gesellschaft entsteht dann, wenn sie sich artikuliert und einen Repräsentanten hervorbringt: ein Volk bricht aus ins Königtum, populus erumpit in regnum ... Der erfolgreich vollzogene Geschlechtsakt ist Inzest, eine

Rückkehr in den Mutterschoß; und die angemessene Strafe für dieses Verbrechen ist Kastration. Der Penis wird gekrönt, danach folgt die Enthauptung... Jede Erektion ist ein Aufstand des Fleisches (Augustinus); ein Kapitalverbrechen, das mit Enthauptung bestraft wird. Jeder Orgasmus ist der Tod eines Königs oder ein Königsmord oder die Hinrichtung eines großen Verbrechers.« [16]

»Der König stirbt niemals... Alles ist auf die Kontinuität der Erbfolge ausgerichtet... Die juristische Fiktion des Abendlandes mit ihrer Fetischisierung des Eigentums, ihrer Verdinglichung von Personen, eliminiert die Tatsachen..., indem sie den Augenblick der Wahrheit, das Interregnum, die Suche nach der neuen Inkarnation eliminiert. Der moderne legalistische Rationalismus (aber) löst sich nicht aus dem Bereich der Magie: durch seinen Einfluß werden die magischen Wirkungen im Gegenteil so dauerhaft und alldurchdringend, daß wir sie überhaupt nicht bemerken...« [17]

»Jeder König ist ein Abbild Gottes, ein Vertreter der göttlichen Majestät auf Erden. Aber es steht geschrieben: Du sollst dir kein Bildnis machen. Hobbes interpretiert das zweite Gebot: ›Sie sollten kein Bildnis machen, um ihn darzustellen, das heißt, sie sollten sich weder im Himmel noch auf Erden eine Vertretung nach ihrer eigenen Phantasie wählen!‹ Locke: Die ›mit Gewalt des Gesetzes bekleidete öffentliche Person ... ist daher als das Bild, die Erscheinung oder als Repräsentant des Staates anzusehen!‹ Bei Locke wird das Königtum zu einem bloßen Bild und zu einer bloßen Vorführung herabgesetzt...« [18]

»Hobbes geht von der Stellvertretung zum Vertrag über, von der Stellvertretung zum Eigentumsrecht..., von der Persönlichkeit als Theater zur Persönlichkeit als Eigentum... So geht es von Hobbes weiter zu Locke (›Jeder Mensch hat ein Eigentum an seiner eigenen Person‹). Das korporative Dasein wird aufgelöst in Eigentumsbeziehungen... Statt der Magie der Persönlichkeit Warenfetischismus. ›Das Szepter soll nicht mehr von sichtbarer Hand gehalten werden‹ – dies sah Blake in der Französischen Revolution. Was wir stattdessen erhielten, war die unsichtbare Hand ökonomischer Kräfte.« [19] »Die Erektion findet im Kopf statt. Zeus gebärt die Staatsmacht aus seinem eigenen Haupt. Ein schwangeres Haupt, wie das Kapital (eine Geldsumme, die Kinder gebärt); Kopfschmerzen, die einen entzweispalten... Kapitalorganisation und Genitalorganisation sind ein und dasselbe... Die Spaltung oder Selbstentfremdung, welche diese abstrakte Substanz erzeugt ... ist die Ejakulation. Ejakulation ist Spaltung im Sinne einer Autonomie ... eine Art Selbstkastration. Der politische Körper stellt in einem Orgasmus ... absolute Souveränität her. Der Körper gibt den Geist auf: ›die Volkspersönlichkeit ist zugleich mit ihrer Geburt gestorben‹ (Gierke); sie verscheidet.« [20] »Der Körper ist eine historische Variable. Zu Beginn der Neuzeit gibt es eine Revolution im Körper, eine Revolution, die sich in der Philosophie von Hobbes und Descartes niedergeschlagen hat. Das herrschende Prinzip geht vom Körper zu einer anderen Substanz über, zur Seele, die dem Körper als absolute Souveränität, als Willen gegenübersteht.« [21] – Soweit Norman O. Brown.

Er sieht die Kontinuität in der Wirkung der Bilder, in der unterirdischen Arbeit am Projekt der Herstellung des Gotteskörpers als Dauer einer hinterrücks wirkenden Logik mythischer Vergesellschaftung. Die Diskontinuität, die durch Abstraktion, durch Formalisierung und Entleerung entsteht, ist für ihn noch unterfangen dadurch, daß es der Körper ist, der den Geist aufgibt. Von daher kann auch seine Gleichsetzung von Politik und Sexualität verstanden werden. Aus dieser Gleichung aber, deren tertium comparationis die »Souveränität« ist, ergibt sich das Material für den Brückenschlag vom Makrokosmos der Gesellschaft zum Mikrokosmos der Seele.

b) Mit der politischen Abschaffung der Monarchie, mit dem historischen Einsatz der Macht des Bürgertums, mit der sexuell betonten Köpfung des erigierten Königs in der französischen Revolution wird die »mystische Realität des Körpers« aus der Öffentlichkeit in die Privatheit der Seele des einzelnen Menschen verschoben. Sie macht seitdem, grob formuliert, die »Innerlichkeit« aus. Dabei handelt es sich gerade nicht um Verschwommenes, sondern um eine ausgezeichnete, hochgradig formalisierte, logische Realität. Was der Körper des Königs war (nun sein wesender, verwesender Leichnam), ist eine Form, eine »Information« der Seelen.

Da hat sich – nach der Spaltung der Überlieferung – eine einzige Logik, die keinen Gegensatz mehr kennt oder die ihren Gegensatz (also das, was sie negiert) einschließt, im inneren Haushalt der Menschen installiert, eine totale Logik des Ja – Nein oder des »Etwas fließt« – »Nichts fließt« oder des 1/0 der computerisierenden Mini-Prozessoren. Man muß sehen, daß sich an dieser Figur immer noch der Phallus (die Eins) und der Schoß (die Null), also der geheime Sinn der ödipalen Hoch-Spannung entschleiern läßt. Der aufgerichtete König, der Recht spricht, und der geköpfte König, der der Volkssouveränität Platz macht, sind wie auf- und absteigender Teil eines einzigen Bogens, den der europäische Machtwille im Körper der Menschheit gespannt hat. Was Freud entdeckte, die

Wirksamkeit des Ödipus-Komplexes, jenes »Königs-Komplexes« katexochen hat seine bisher differenzierteste theoretische Fassung bei Jacques Lacan gefunden (dem ich mich jetzt zuwenden möchte). In einem oft zitierten Vortrag aus dem Jahre 1949 »Das Spiegelstadium als Bildner der Ichfunktion, wie sie uns in der psychoanalytischen Erfahrung erscheint« [22] greift Lacan das Thema »Körper« an zentraler Stelle auf.

Er gibt das Beispiel eines kleinen Kindes, das sich im Spiegel sieht:

»Das Menschenjunge erkennt auf einer Altersstufe von kurzer, aber durchaus merklicher Dauer (etwa vom 6. Monat an), während der es vom Schimpansenjungen an motorischer Intelligenz übertroffen wird, im Spiegel bereits sein eigenes Bild als solches. Dieses Erkennen wird signalisiert durch die illuminative Mimik des Aha-Erlebnisses ... (und) ... löst beim Kind sofort eine Reihe von Gesten aus, mit deren Hilfe es spielerisch die Beziehungen der vom Bild aufgenommenen Bewegungen zur gespiegelten Umgebung ..., bestehe sie nun im eigenen Körper oder in den Personen oder sogar Objekten, die sich neben ihm befinden.« [23] Lacan deutet diese ereignishafte Situation folgendermaßen: »Die jubilatorische Aufnahme seines Spiegelbildes durch ein Wesen, das noch eingetaucht ist in die motorische Ohnmacht und Abhängigkeit von Pflege, wie der Säugling in diesem infans-Stadium ist, wird von nun an – wie uns scheint – in einer exemplarischen Situation die symbolische Matrix darstellen, an der das Ich (je) in einer ursprünglichen Form sich niederschlägt, bevor es sich objektiviert in der Dialektik der Identifikation mit dem anderen und bevor ihm die Sprache im Allgemeinen die Funktion eines Subjektes wiedergibt ... von besonderer Wichtigkeit ist gerade, daß diese Form vor jeder gesellschaftlichen Determinierung die Instanz des Ich (moi) auf einer fiktiven Linie situiert, die das Individuum allein nie mehr auslöschen kann ... Die totale Form des Körpers, Kraft der das Subjekt in einer Fata Morgana die Reifung seiner Macht vorwegnimmt, ist ihm nur als ›Gestalt‹ gegeben, in einem Außerhalb ... Für die Imagines – wir haben das Vorrecht, zu sehen, wie ihre verschleierten Gesichter in unserer alltäglichen Erfahrung und im Halbschatten der symbolischen Wirksamkeit Konturen gewinnen – scheint das Spiegelbild die Schwelle der sichtbaren Welt zu sein; falls wir uns der spiegelartigen Anordnung überlassen, welche die Imago des eigenen Körpers in der Halluzination und im Traum darbietet ...« [24]

»Symbolische Matrix«, »fiktive Linie«, »Imago des eigenen Körpers« diesseits der Schwelle der Sichtbarkeit und vor jedem gesellschaftlichen Einfluß von Außen – das sind Lacans Bestimmungen eines dem bürgerlichen Menschen eigenartigen »Gefängnisses«, dessen Innen-Wände mit dem logischen Graffiti einer uralten Ordnung vollgekritzelt sind.

An anderer Stelle heißt es pointiert: »das Spiegelstadium ist ein Drama, dessen innere Spannung von der Unzulänglichkeit auf die Antizipation überspringt und für das an der lockeren Täuschung der räumlichen Identifikation festgehaltene Subjekt die Phantasmen ausheckt, die, ausgehend von einem zerstückelten Bild des Körpers, in einer Form enden, die wir in ihrer Ganzheit eine orthopädische nennen könnten, und in einem Panzer, der aufgenommen wird von einer wahnhaften Identität, deren starre Strukturen die ganze mentale Entwicklung des Subjekts bestimmen werden«. [25]

Dieser orthopädische »Prothesen«-Panzer, der den binären Schein einer einzigen leeren Identität des Sozialen prolongiert, ist so strukturiert, daß man ihn mit Bewußtsein und Willen nicht verlassen kann. Es ist gewissermaßen eine Körperschrift, die genau die Fähigkeiten des Widerstandes konstituiert, die als »Subjektivität« fungieren.

»... die Befangenheit des Subjekts in der Situation gibt die allgemeinste Formel für den Wahnsinn ab, sowohl für den zwischen den Mauern der Asyle wie für den, der mit seinem Lärm und seiner Wut die Erde betäubt ... In diesem Punkt, wo sich Natur und Gesellschaft treffen und den die heutige Anthropologie so hartnäckig erforscht, erkennt allein die Psychoanalyse jenen Knoten imaginärer Knechtschaft, den die Liebe immer neu lösen oder zerschneiden muß«. [26]

Erst seit Lacan besteht die Möglichkeit, den mit der menschlichen Natur, genauer mit der spezifischen Vorzeitigkeit der Geburt der Menschenkinder gegebenen Zwang des Imaginären in eine plausible Verbindung zur ebenso zwanghaften kulturellen Ordnung des Symbolischen zu bringen. Die Welt als imaginär aufgeblähter, unendlicher Leib, dessen Grenzen undurchdringlich und unüberschreitbar scheinen, paßt auf die im Mittelpunkt dieses Alls spinnenhaft residierende Subjektivität, die ihrerseits symbolisch als »nicht-andere« Identität determiniert ist – wahrlich ein Exempel mathematischer Mystik. Das Spiegelstadium gerade in seiner verhängnisvollen Bedeutung für die Konstituierung eines Ich-sagenden Subjekts ist das »Einfallstor« für die abendländische

Fassung der symbolischen Ordnung als Königs-Körper. Diese schreibt sich ein, in der Dynamik der Kind-Mutter-Vater-Beziehung, *bevor* noch Spuren einer individuellen Identität gebildet sind.

Wahrscheinlich beginnt es schon in der dreiunddreißigsten Woche nach der Empfängnis, in der eine Art »Traumbrücke« zwischen Mutter und Kind festgestellt wurde. Und es endet vor der Ablösung des symbolischen Vaters, des »nom du père« (wie Lacan sagt) durch den wirklichen. Insofern hat das Ich gegenüber seinem »Grund« keine Chance. Das Gefängnis der ersten Mutter, in dem die imaginären und symbolischen Wunschströme ineinander verfugt sind, kann nur von außen gesprengt werden. Dabei muß nach Lacan die Liebe im Spiel sein, also eine durchaus gewalttätige Kraft, die den materialen »Grund« umorganisiert und die Menschen durch Bruch ihres Herzens befreit, doch wie die Gnade Gottes im Mittelalter nicht erzwungen werden kann. Aufwachsen und Größerwerden für sich, also die Gesetze der Natur, bieten nirgends eine Gewähr für die Freiheit. Erst recht geschieht dergleichen keineswegs mehr durch Kultur oder »im Namen des Vaters«, wie Lacan selbst den Inbegriff der wirkenden symbolischen Ordnung nennt.

Unter den gegebenen Bedingungen der bürgerlichen Umwälzung der Welt aus dem Kopf wird Freiheit geradezu durch Emanzipation verhindert, weil deren Impulse aus dem doppelten Verhängnis des Imaginären und des Symbolischen stammen. Der gemeinsame Körper, den zu bilden die Menschen in ihren kühnsten Träumen und Phantasien sich vornehmen müssen, findet keine Erfüllung mehr, weil die Bilder durch Begriffe vergittert, die Begriffe durch Bilder fixiert und die Einbildungskräfte in ihren schöpferischen Potenzen schmählich erlahmt sind. Unter der Ägide einer abstrakten Religion des Abstrakten ist der »Körper des Königs« leer, eine hohle Form, ein »organloser Körper« (Deleuze/Guattari), ein verwester Leichnam, von dem noch die Häute, die Goldsärge und die Grabmäler übrig sind, sonst nichts. Das Projekt einer Herstellung des »corpus mysticum«, das feudalistisch in profanem Glanz und Gloria schon einmal gescheitert ist, scheitert gegenwärtig ein zweites Mal – nicht an der Unentscheidbarkeit optimistischer oder pessimistischer Perspektiven, sondern an der bloßen Formalität, der »Materielosigkeit« des Unternehmens. Alle revolutionären Motive – auch diejenigen, die gegen die abstrakte Weltordnung mit ihrer genormten Wirklichkeit angehen – sind gegenwärtig bürokratisch blockiert. Wahrscheinlich liegt diese Blockierung, Stillstellung, Vereisung, diese Fixierung des Fließens der Ströme, diese Unterbrechung der lebendigen Stoffwechsel, dieses winterliche Erblinden der Spiegel in der verkappten Männlichkeit begründet, die alle bisherigen Formen von Herrschaft durchzieht, die mittelalterliche des Priester-Königs, wie die anonyme der kapitalistischen Monopole. Denn die männliche Macht, die auf Geschlossenheit, Einheit, Ganzheit geht, muß eine bestimmte Gestalt des Körpers und des Geistes bevorzugen, eine Gestalt, die feste Grenzen, Rüstungen, Panzer hat.

Insofern sie in ihrer Desavouierung der neuen Zeit den Zwangscharakter der zur Lösung der Probleme zitierten Instanzen, des »Vaternamens« (bei Lacan) und der Einheit im Leibe (bei Brown) nicht wahrnehmen, insofern sie also diesen Umstand, daß der König ein Mann ist, ignorieren – und das tun sie nicht immer – sind Jacques Lacan und Norman O. Brown nicht auf der Höhe der Zeit.

III

Rückwärts führt der Weg aus der Sackgasse. Wer mit dem Kopf durch die Wand will, ohne die Schrift daran zu lesen, die zur Umkehr auffordert, schafft nur neue Aporien. Weder geht es weiter in bloßer Wiederholung illusionärer Königsmacht (das hat die Romantik erfahren müssen) noch in purer Verstärkung der Bürokratie, die ihre gegenstandslosen Kontrollrituale an zerfließenden Körpern vollzieht. Es ist wohl erforderlich, noch einmal genauer auf die symbolische Matrix zurückzukommen, auf jene mythische Schrift der inkarnierten Bilder, wobei diesmal das Körperliche des Körpers, der Stoff, der in Transsubstantionen wechselt, Aufmerksamkeit verdient.

Viel ist in den letzten Jahren die Rede gewesen von der Körpersprache. Aber abgesehen von den kurzschlüssigen Versuchen, die Macht des Abstrakten über eine Kenntnis der Regeln dieser Sprache noch weiter auszudehnen, ist manche Mühe investiert worden, die nonverbale Kommunikation in ihrer Funktionsweise zu begreifen. Selten aber wurde diese modische Linie zur oben entwickelten Problematik einer geschichtlichen und biographischen Genese inkorporierter Signale überschritten. In Anbetracht einer geschichtlichen Anthropologie des Körpers ist es jedoch offensichtlich, daß der Sprache eine Schrift vorausliegt. Nicht nur die Symptome einer Neurose (wie es längst in der Psychoanalyse geschieht), sondern auch die sogenannte Normalität in der Körpergestalt ganzer Generationen ist als Schrift lesbar. Wie Nietzsche seit seiner »Genealogie der Moral« nicht müde wurde zu verdeutlichen, sind gattungsgeschichtliche Erfahrungen in die menschlichen Körper eingeschrieben worden. Das Archiv der Körpertechniken, das Marcel Mauss [27] anzulegen vorschlug, geht auf dieses Gedächtnis, das subtiler ist, als das in Familien oder Schulen hervorgebrachte (obwohl so betrachtet der Rohrstock nicht zufällig seine Anwendung fand). Es ist also durchaus nicht übertrieben, wenn Nietzsche in einem dem »Leitfaden des Leibes« [28] folgenden Plädoyer dem kleinen Finger einer Hand mehr gespeicherte Weisheit nachsagt als ein modernes Gelehrtenteam aufbringen könnte.

Das schreckliche Vergessen wäre zu überwinden in einer radikalen Erinnerung der Schriftspuren, die die Menschheitsgeschichte phylogenetisch und ontogenetisch am menschlichen Körper hinterlassen hat. Ich will und kann hier nicht soweit gehen, die Schrift des genetischen Codes daraufhin zu entschlüsseln, was sie für die menschliche Erfahrung bedeutet; auch ist es nicht möglich, die Resultate der Hominisation wie aufrechter Gang, freie Hand, Hirngröße, face to face-Kontakt usf. als morphologische Errungenschaften ausführlicher zu interpretieren (wahrscheinlich bedarf es zu ihrer Entschlüsselung und Interpretation neuartiger Kenntnisse der Spiegelschrift), aber ich möchte noch einmal anders zusammenfassen, was die symbolische Ordnung im Abendland dem Körper strukturell angetan hat. Damit bin ich erneut beim Thema; das heißt: »menschliche Natur« als geschichtlich-geschichtetes Resultat langwieriger Prozesse, das seinerseits transzendental auf die menschliche Erfahrung wirkt, das heißt »Körper des Königs« als effektive Struktur menschlichen Handelns, Denkens, Fühlens und Wahrnehmens.

Über seine Differenzierung nach Raum und Zeit, in kosmologischer und heilsgeschichtlicher Perspektive, war schon einiges gesagt worden. Ergänzend will ich nun notieren: der himmlische Mensch ist gerade durch die Umstände und Folgen der Inkarnation gezwungen, seinen Körper in der Welt zu verlieren, ihn schlagen, kreuzigen und zerstückeln zu lassen, um ihn dann – nach einer Zeit der Verwesung – neu zu gewinnen. Die Desorganisation durchläuft die Phasen kosmischer Menschwerdung abwärts: die Bedrohung seitens des Animalischen, hier eher in seiner monströsen Gestalt, die Gefährdung und Wiederherstellung im Kreislauf des Vegetativen, aber auch die Faszination, die Attraktion und Destruktion durch das Mineralische in Verhärtung, Versteinerung, Versandung, bilden die Abwärts-Stationen; umgekehrt geht dann der Weg aufwärts, durch Stein, Pflanze, Tier – wie ein paradigmatisches Heldencurriculum – bis zur Wiedergeburt als Ewiger und Großer Mensch in neuem Glanz. Interessant ist, daß fast alle neuzeitlichen Wissenschaften *vor* ihrer abstrakten Fassung an diesem Prozeß der Menschwerdung als an einem »Opus operandum« beteiligt waren. Es gab einmal eine öffentliche Phalanx der Mitbestimmung an der Weltgeschichte von der Astrologie bis zur Alchimie, bevor sich dergleichen Körperwissen und Körperhandeln in esoterische Zirkel zurückzog und Geheimgesellschaften mit »geistiger Nahrung« versorgte.

Beide Wege: abwärts, rückwärts und aufwärts, vorwärts kommen in ihrem »Grund« überein, der gewiß nicht zufällig »Materie« heißt d. h. Matrix, Mater, Chaos ... Die »Mutter« ist auch für den aufgerichteten Königskörper der verschwiegene Stoff. Was die Psychoanalyse an den Orten des Vergessens erinnern konnte, vor allem dort, wo Frauen sich ihrer bedienen (etwa Melanie Klein [29], Margaret Mahler [30], Luce Irigaray [31]) läßt diese stoffliche Seite auch für eine Strukturanalyse von entscheidender Bedeutung werden. Raum, in dem Zeit als Bewegung spielt, Zeit, in der Räumliches sich fortbewegt, ist strukturiert durch weitreichende aber wenige einfache Kategorien der Einbildungskraft, nach Rechts und Links, nach Oben und Unten, nach Innen und Außen. Als Zusammenhalt schwebt ein Körperschema vor, das zwar einseitig abgewandelt werden kann, aber von sich aus immer die Korrespondenzen hervorruft (Paul Schilder [32] und Gisela Pankow [23] haben für die Neurosen- bzw. Psychosenbehandlung solche Schemata rekonstruiert).

Auffallend an ihrer abendländischen Überformung sind nun Betonungen, die einen hohen Grad an Selbstverständlichkeit haben: erstens die Bevorzugung des Rechten vor dem Linken; sie ergibt sich wahrscheinlich aus einer rigorosen Umdeutung des in »Mutter-Gesellschaften« beliebteren Links-Rechts-Gefälles; für die mittelalterliche Ordnung, die im Tympanon romanischer Kirchen aufscheint, taucht der Gottmensch (in Vertretung des Königs!) als Richter auf, der die Erde teilt: immer sind rechts die Erwählten und links die Verdammten angeordnet – wie überhaupt durch den König der Welt der Aufriß der Raumordnung mit Blick auf die Alternative eines Rechten und eines Un-Rechten geschieht, nach Wahr und Falsch, nach Gut und Böse; zu solcher Universalisierung des Binären (mit den erst neuerdings verheerenden Konsequenzen) bedurfte es allerdings einer »Längung« des Kreiskreuzes (die sich etwa 1150–1250 durchgesetzt hat) und der Betonung der Vertikal-Achse vor der Horizontalen.

Damit ergibt sich zweitens die Hervorhebung des Oben vor dem Unten, die Überspitzung der Herrschaftslinie als einer Unterdrükkung des Unten, der Erde, der Unterwelt und die Betonung des in Glanz und Gloria herausgestellten Hauptes (demgegenüber die Glieder und Organe zwar Eigenwert haben, aber nachgeordnet sind); hier schießen zweifellos Erfahrungen der Phylogenese ein: in einer Wortbedeutung heißt »anthropos«: nach oben gewendet, doch ergibt sich aus dem Aufgang pyramidaler Hierarchie das Zusätzliche einer Diskriminierung des Unten als eines bloßen Fundamentes, in das man Lebendiges als Opfer verbaut; die Bevorzugung des Kopfes, den man krönt und die ikonographische Bedeutung der körperverrenkenden Gaukler als Sünder, unterstützen diese Normalisierung, die im übrigen schon als geschlechtslos konnotiert wird.

Am wichtigsten aber ist die Akzentuierung der Innen-Außen-Ordnung, die den Kern vor den Rand setzt, das Eingegrenzte dem Ausgegrenzten vorzieht, das »Herz« als das Wesentliche betrachtet und die »Haut« diskriminiert, deshalb Kleider und andere Substitute nötig hat; hier wären auch die Herrschaftszeichen Reichsapfel, Szepter, Mantel, Thron von Bedeutung, die das innere Strahlen nach außen, in die Dunkelheit, in die Nacht des profanen Raumes unterstützen (vgl. Schramm) [34]; mit Innen und Außen sind Heil und Unheil, Paradies und Elend, das Ganze und auch das Zerbrochene (aber auch das Geschlossene und das Offene) verbunden; daran wird die »Männlichkeit« des Körpers wohl am ehesten und verräterisch deutlich ...

Der Körper des Königs trägt die Inschrift des Mannes als Sohnes, wobei verschwiegen wird, daß dieser Mann Sohn einer Frau ist. Das

Verschwiegene in der Körperschrift ist die (inzwischen aufgedeckte) Herrschaftsgeste, die oft zitierte Souveränität, nicht als gegebene, sondern als Resultat eines räuberischen Dramas. Das Ausgegrenzte, Unterdrückte, Linkische aber ist die Frau, die nach Lacans Diktum nicht existiert. Eine wahrhaft »materialistische« Erkenntnis müßte diese dreifache Bevorzugung einer Seite des Körperschemas, die zugleich ihr Wirken spurlos verschwinden läßt, als Verbrechen an der Materie denunzieren. Die symbolische Ordnung im Abendland, die als dauernden Effekt einen bestimmten Herrschaftskörper hat, der herzustellen sei, ist die Konsequenz eines systematischen Aufstandes gegen alles was fließt, wächst und sich uneindeutig bewegt. Nicht, daß der Vater ermordet wurde (das war – wir wissen es trotz Freud – eine späte Tat), sondern daß man die Mutter verschwiegen »um die Ecke gebracht hat«, ist das Menetekel, das an jener zugemauerten Wand geschrieben steht, die die Kulturgrenze der Menschheit zur Wildnis bildet.

Das Gegenbild zum strahlenden Körper des Sohnes ist nämlich keineswegs das Amorphe einer ersten Natur oder der Einheitsbrei der zerkochten Kultur, sondern eine Struktur nach Innen und Außen, Oben und Unten, Rechts und Links, die keine Bevorzugung kennt, sondern für Fließen, Wachsen und Mehrdeutigkeit sorgt, die die Verfestigungen zumindest bis zum Porösen auflöst, damit Osmose, Stoffwechsel, Transsubstantiation überhaupt möglich sei. Insofern ist die »Arbeit am Mysterium« der Inkarnation, von der oben die Rede war, Ausdruck einer Feindschaft, Versuch einer Feststellung dessen, das auf Leben und Tod nicht festgestellt werden darf. Wenn dies Werk des Wechsels der Stoffe und der Gestalten nicht mehr gelingt, wird der Strahlenkörper die letzte Realität sein, von der noch ein kurzes Bewußtsein möglich ist. Der verklärte und der aufgeklärte Körper wären dann nur zwei Stationen auf dem Weg der letzten Explosionen ... falls also die mythische Schrift nicht auf das hin gelesen wird, was sie verschweigt.

IV

Ich denke, ein derart durchlässiges Paradigma hilft auch in der Verwirrung der vielfältigen Bemühungen, die gegenwärtig eine säkulare Wiederkehr des Körpers annoncieren. Es scheint, daß in der gewaltigen Desorientierung, die nach dem Versiegen der

Aufklärung sich ausbreitete, eine kollektive und individuelle Sinn-Suche auf ein körperliches Wahrheitskriterium, auf eine unerschütterliche, weil »materielle« authentische Erfahrung aus ist. Nun hat sich aber aus den Beispielen alter und neuer Dogmatiken die Wahrheit der leibhaftigen Struktur als zwiespältig erwiesen. Gerade die sinnstiftende Ordnung des Körpers, die experimentell eingeholt werden soll, ist historisch mindestens doppelt besetzt, also wohl kaum eine Quelle von Authentizität. Andererseits ist es erforderlich, genau an dem Punkt des Auftauchens eines strukturierten Körpers aus dem »Stoff«, am Punkt der »Geburt« des Sohnes aus der Mutter, des Menschen aus der Materie neu anzusetzen. Die Richtung der Sinnsuche stimmt, aber man muß weit genug gehen.

So ist es sicher kurzschlüssig, den Körper weiterhin bloß als »Material« geistiger Ordnungen instrumentell zu mißbrauchen. Auch läuft die Verstärkung der schon immer bevorzugten Einseitigkeiten in den Kategorien der Einbildungskraft, also etwa die Verspannung körperlicher Erfahrungen in Alternativen, die wie Gut und Böse strukturiert sind, also etwa die Ausbeutung der körperlichen Ressourcen wie etwa in der ausgestellten Sexualität, also etwa die Fetischisierung, die illusionäre Rettung des Ganzen in einer zerrissenen Welt, usw. bloß gegen die genannte Mauer des Schweigens. Der utopische Gehalt der auf den Körper abhebenden Strategien wird um so realistischer sein, je entschiedener sie abstandnehmen von der ersten und der zweiten Auflage des »Körpers des Königs«.

Bisher hat die Falle immer so funktioniert: die Kritik an der Aufklärung nahm den Mythos zu Hilfe, ohne dessen aufklärerischen Grundzug zu begreifen, und die Kritik am Mythos übersah ihren mythischen Charakter. Im Falle des Körpers ist es klar, daß man beiden Gestalten in Kontinuität und Diskontinuität nicht mehr trauen kann. Sportliches Body-Building, Prothesenmedizin, Alternativ-Therapien und die aktuellen Spielarten der Körperkunst können umsoweiter in der »offenen« Strukturierung ihrer »Materie« kommen, destoweniger sie sich an der Verlängerung oder Wiederherstellung der »Aura« beteiligen, des »auratischen Leibes«, der seine Vielfalten wie des Kaisers neue Kleider benutzt, nämlich zur stillschweigenden Verheimlichung seiner männlichen Blöße, die wie alles Phallische Macht heißt.

Nun kann die Wahrheit des Gehens keineswegs sitzend vorweggenommen werden. Was jenseits von Mythos und Aufklärung, von profanierter und formalisierter Körperlichkeit geschieht, ist unvordenklich. Gewiß aber sind es nicht das Heilige und die Fülle in ihrer sattsam bekannten Erscheinung. Die effektive Dauer zwingender Ordnungen wird nämlich gerade durchs Bekannte bewirkt. Deshalb sind die Praktiken unzulänglich, die entweder naiv oder raffiniert, das Brimborium der Geheimlehren am Beispiel des wiederkehrenden Körpers halb öffentlich machen, um doch nur die »mystische« Verfehlung des Materiellen fortzusetzen. Das mag im Schatten des Schreckens, den eine vorläufig steckengebliebene Erinnerung wirft, noch angehen, aber nach der Analyse eines im Diskontinuierlichen dauernden Effektes uralter Zwänge ist jeder abgetakelten Weisheit und jeder dazugehörigen faden Initiation der Boden entzogen. Andererseits – und auch das sollte schließlich klar sein – sind auch die Zeiten der akademischen Ignoranz vorüber. Jede weitere Ausbeutung des Körpers unter der Voraussetzung seines stummen Einverständnisses läßt die Wellen der Fremd- bzw. Selbstaggression (Zerstörungen und Vandalismus bzw. Selbstmorde und Krankheiten mit tödlichem Ausgang) zunehmen.

Erst die Rücknahme solcher Praktiken der extremen Bemächtigung, die ich als Frucht der Mühen, sich nicht in Fallen fangen zu lassen, interpretiere, könnte die Annahme einer Hoffnung realistisch erscheinen lassen, von der Tibon-Cornillot am Schluß seines eingangs zitierten Aufsatzes spricht: »Es bleibt zu hoffen, daß die fragenden und die entscheidenden Menschen nicht von der Nuklearindustrie in Wärme und Licht verwandelt werden – daß sie aber von der Gefahr lernen, daß das Auftreten des Lebens ein äußerst unwahrscheinlicher und flüchtiger Zwischenfall war. Denn das Feuer und das Chaos waren und bleiben im Anfang.« [35]

14. Kunst-Geschichte als Bild-Denken. Heinrich Rombachs »Leben des Geistes« – Beispiel einer Philosophie der Freiheit

Kurz bevor die Schulphilosophie an Deutschlands Universitäten noch einmal eine verzweifelte Anstrengung unternahm, das Verhängnis ihrer eigenen Inkompetenz abzuschütteln und durch die Frage nach der gesellschaftlichen Relevanz des Wissens eine geradezu tödliche Erstarrung des Denkens in vorentschiedenen Bahnen zu verhindern, wurde in einschlägigen Publikationen mit einiger Resonanz eine Debatte darüber geführt, wie das geschlossene Gehäuse der neuzeitlichen Subjektivitätsphilosophie cartesianischer Prägung zu sprengen sei. Diese Debatte der frühen und mittleren sechziger Jahre [1] war ihrerseits schon ein Nachklang jener wesentlich tiefgreifenderen und weitreichenderen Diskussion um ein »neues Denken« (Steinbüchel), das sich ausdrücklich als der »Zeit« und des »Anderen« bedürftig erklärte und mit den Namen Buber, Ebner, Rosenzweig und Rosenstock-Huessy verbunden ist. [2] Die historische und soziale Dimension menschlicher Erfahrung komme – so der Ansatz – dem Erkennen nicht zufällig und äußerlich, sondern wesentlich und begründend zu. Das einzig akzeptable »transzendentale Schema« (wenn man so will) sei nicht länger die unbegriffene Synthesis eines »Ich denke« (Kant), sondern die im Augenblick erfüllte »Begegnung«, der in seiner Geschichtlichkeit wahr- und angenommene »Dialog«.

Es scheint, daß dieses »Sprachdenken« als Quelle lebendiger Erkenntnis seit etwa der Mitte der siebziger Jahre, also nach dem Scheitern der verschiedenen Varianten eines »logischen Sozialismus« [3] von einem seiner selbst noch unsicheren »Bild-Denken« abgelöst wird. Hatte die »dialogische Philosophie« in Konkurrenz zum abstrakten Reflektieren eines Zeitgeistes, der in einer unvorstellbar gewordenen technologischen Macht kulminiert und von daher dem Nachdenken bestenfalls eine alternativ-dialektische Bewegungsform einräumt, kaum eine Chance, so ist das »Bild-Denken«, grob formuliert: das Insistieren auf der Einbildungskraft als der einzig genuinen Quelle für ein »Leben des Geistes«, in einer anderen Lage. Es findet sich in seinem Widerstand gegen das »Tote« in der Philosophie, in den Wissenschaften und in den gesellschaftlichen Institutionen, gegen Begriffshülsen, terminologische Apparate und ritualisierte Bewältigungsmanien in der Situation eines Guerilleros. Es ist – so betrachtet – nicht systematisch, nicht kritisch und nicht aktuell, aber auch nicht das jeweilige Gegenteil. Es zielt nicht auf Expansion (braucht also kaum Räume) differenziert (zwar) präzise (macht jedoch daraus keine identifizierbare Leitlinie des Vorgehens) und ist nicht auf dauernde Neuartigkeit aus (sondern – wo es gelingt – immer aufs neue neu). Durch eine Vielgestaltigkeit prozessierender Strukturierungen macht es der polizeilichen Tradition einer etikettierenden, identifizierenden und kontrollierenden Erkenntnis die größten Schwierigkeiten.

Bei der »Besprechung« eines hervorragenden Beispiels solchen »Bild-Denkens« ergeben sich aus dem geschilderten Sachverhalt einschneidende Konsequenzen. Anders als mimetisch läßt sich dabei nämlich nicht vorgehen. Die bloße Einordnung der vorgeführten »Strukturierung« von Bildern in bereits verfestigte Strukturen eines kanalisierten Wissens würde ihre Aufgabe völlig verfehlen. Vielmehr ist es erforderlich, daß man sich einläßt, möglichst ohne den Rückhalt beschränkter Horizonte. Heinrich Rombachs »Leben des Geistes. Ein Buch der Bilder zur Fundamentalgeschichte der Menschheit« [4] soll im folgenden durch nachahmendes bzw. vorahmendes »Phantasieren« in den offenen Horizont eines »freien Denkens der Freiheit« übersetzt werden, wobei die Intentionen des Autors aufgenommen und – wo möglich, wo nötig – auch gegen ihn selbst weitergetragen werden. Es geht um zwei Absichten: einmal wird die ungewöhnliche Verbindung von Bild und Begriff herausgestellt, die im Denken Rombachs (in Fortsetzung des Heideggerschen Plädoyers für eine säkulare Rehabilitation der Einbildungskraft) vorkommt, zum anderen gilt es, jenes spezifische Verhängnis des »blinden Flecks« zu kennzeichnen, das heute jeden befällt, der versucht, denkend ins Freie zu kommen.

I

Dieter Jähnig war es, der mit der Schreibweise »Kunst-Geschichte« [5] nicht nur implizite einen Vorrang der Bilder bei der Vergangenheitserkenntnis und bei der Veränderung der Welt markieren wollte, sondern ausdrücklich das Hegelsche Diktum von der durch den Begriff überholten Vorläufigkeit der Kunst attackiert hat. [6] In

Distanz zur metaphysischen Tradition, die seit Platon der Phantasie einen lediglich zweifelhaften Erkenntniswert zuerkannte, sieht Jähnig, der Schelling und Nietzsche gegen Hegel mobilisiert, die Bedeutung der Bilder in ihrer Kraft zur *Vergegenwärtigung*, die über den Charakter der bloßen Spiegelung der Wirklichkeit immer schon hinaus sei. Vergegenwärtigung erschöpfe sich nicht im Nachahmen, sondern gehe geradezu in ein Hervorbringen über, in eine Produktion von (ästhetischer) Realität, in der das, was heute geschieht, wesentlich klarer und deutlicher präsent sei, als je in einer Wissenschaft und Philosophie – und sei sie auch »ihre Zeit in Gedanken erfaßt« (Hegel). Während Begriffe (als Arbeit) – unabhängig von dem, was sie gegenständlich erreichen – in ihrem Umfeld eher für Verdunkelung und Vergitterung sorgen, führe einzig die Kunst (als Spiel) zur reflektierten Transparenz.

Heinrich Rombach hat am Ende seines »Bilderbuches« diesen, gegenwärtig virulenten Gedanken, daß es die Kunst sei, welche die Wahrheit der neuesten Zeit: also auch noch die begriffslose Wahrheit von fortgeschrittener Wissenschaft und kulminierender Technologie zu fassen bekommt, in eine Geschichte, d.h. in eine lange Kette je eigenartiger Gestalten des Geistes an der entscheidenden Stelle des »Könnens« eingereiht, und zwar so, daß das Ende in den Anfang zurückweist und damit die Fundamentalgeschichte der Menschheit, diese »fast vollständig verdeckte Geschichte der Selbsterfindung des Menschen« [7] als ein Werk der Kunst bzw. des »Könnens« durchsichtig wird. Immer – heißt das – und nicht erst seit kurzem ist der Vorgang der menschlichen Kultur im Augenblick des Neuen durch ein Bild oder eine Bildfolge belegt, die ein und für allemal den Schlüssel abgibt für eine adäquate Rekonstruktion. Es kommt aber darauf an, solche Bilder lesen zu können, was sich angesichts einer durch Vor-*Urteile* und Kurz-*Schlüsse* normal gemachten Erkenntnis als ein schwieriges Unterfangen herausstellt. Also wäre Rombachs »Leben des Geistes« ein Lektürekurs für strukturierende Grund-Bilder, dessen Wert oder Unwert erst nach angestrengter Übung beurteilt werden kann. Wie aber gewinnt man Leser zum Einsteigen, wenn die Schwellenangst derer, die seit einiger Zeit erneut in ihre Elfenbeintürme (sprich Betontürme) zurückgekehrt sind und sich auf ihre kognitive oder kommunikative Kompetenz wieder einiges zugutehalten, kaum höher sein kann?

Es fällt in der Tat nicht leicht, mit der Übung zu beginnen

– zumindest für alle Leser mit Vorkenntnissen... [8] Schon der Einschlag des Buches, der ein Detail der berühmten Gewitterlandschaft von Rembrandt (um 1638) darstellt und nach Absicht des Autors einen Aufbruch ins Ungewisse signalisiert, ist für »Gehäusebewohner« nicht geradewegs einladend. Auch die übrige Aufmachung führt, weil sie im Hinblick auf das »Arbeitsmittel« Buch ungewöhnlich ist, eher zu Vorbehalten: eine Collage zwischen zwei Buchdeckeln, aus Texten und Bildern, aus verschiedenen Textsorten und verschiedenen Bildarten (einerseits Lyrisches, Prosaisches, Dramatisches, Zitiertes...; andererseits Silhouetten, Fotografien, Reproduktionen von Gemälden und Zeichnungen, didaktische Schemata...) in einer ungezählten Reihe – manchmal schwarz auf weiß, dann weiß auf schwarz, manchmal grau schattiert, manchmal bunt angeordnet, wobei die Kapitel einfache Überschriften tragen – die mit Blick auf jene Fundamentalgeschichte der Menschheit eines geschichtlich bestimmten Geistes der bekannten »Chronologie« ungefähr folgen: das Können, das Tier, die Pflanze, der Stein, die Stadt, das Kreuz, der Gottesstaat, die Schöpfung, der Weg, der freie Geist, Alexanderschlacht, der Geist der Liebe, der Weltbürger, die Welt der Wissenschaft, das Alte und das Kommende; Einführung und Anmerkungen sind kurz gehalten, wie überhaupt dem Lapidaren die Neigung Rombachs gehört, vom grob ausgehauenen Fragment bis zum geschliffenen Aphorismus (so als ob für lange Ausführungen keine Zeit mehr sei); jedes Kapitel hat einen in groben Lettern gesetzten Vorsprung und ein klein geschriebenes »gereimtes« Nachwort, die das bildlich und wörtlich Entschlüsselte noch einmal formulieren; die Textsorten und Bildarten stehen in einem Wechselverhältnis, das nicht immer symmetrisch ist: einerseits illustrieren die Bilder das Geschriebene, andererseits interpretieren die Texte das Gesehene, manchmal geraten sie in lebhaft aufschlußreiche Korrespondenz, manchmal verharren sie in gegenseitigem Schweigen; es kommen Maler (und Bildhauer) mit Bildern und Texten zu Wort; Weise, Philosophen, Dichter werden eingerückt in die thematisierten Kontexte, sei es zur Verstärkung, sei es zur Abschwächung von Bildaussagen; neben Zeugnissen der hohen Kunst finden sich fotografische Schnappschüsse und Landschaftspostkarten mit deutlicher Tendenz zum Klischee.

Beim Einsteigen in den Kurs – nach dem ersten Blättern – fällt dem leider vorgebildeten Leser gleich auf, daß der »Aufbruch ins

Ungewisse« so buchstäblich nicht gemeint sein kann, sondern daß der Lese-Meister in der Richtung einiger Grundannahmen vorentschieden zu sein scheint. So zeigt er sich z. B. *erstens* von den Erschütterungen der Ethnomethodologie-Diskussion der letzten Jahre nicht allzusehr affiziert. Die Skrupel der Vorab-Verfälschung des eigenen Blicks durch eine »hinterhältige« kulturelle Determination des Erkenntnisinteresses machen ihm nirgendwo zu schaffen. Fragen im Hinblick auf den Bruch jener oberen Linie des Fortschritts in der Entfaltung der eigenen Kultur kommen nicht vor. Rombach hält mit (einer bewundernswerten) Entschiedenheit daran fest, daß die innere Richtung des von ihm dokumentierten »Lebens« nach wie vor ins »Hohe« zielt und auf »Steigerung« aus ist. Von dort aus ergibt sich *zweitens* eine bemerkenswerte Diskrepanz zum »bösen Blick« der neuesten Strukturalisten, die genau das von Rombach nicht Beachtete im Visier haben: das Mindere, Geringgeschätzte, Verfemte, das an den Rand der Entwicklung gedrängt und in den Untergrund verbannt wurde. Die versuchte Rekonstruktion der Hochkultur mit den in ihr an Steigerungen »aufgehobenen« Vorstufen geht – das ist schon nach den ersten Sätzen klar – mit einer massiven Mißachtung jenes Ausgeschlossenen einher, das historisch unwirksam blieb und deshalb seit einiger Zeit das Interesse einer anderen Historie gefunden hat. [9] Hier wird die Nähe zu Hegels »Phänomenologie des Geistes«, die Rombach übrigens selbst konstatiert [10], besonders deutlich, was wegen der damit unterstellten »Arbeit des Begriffs« gerade nicht zur Erleichterung bildphilosophischer Übungen beiträgt. Erschwernisse ergeben sich *drittens* auch aus der von Rombach festgehaltenen Einheitsphilosophie, die zumindest für den Horizont der Erfassung der bildhaft verschlüsselten Gestalten des Geistes maßgeblich ist. Bei aller Behauptung der Geschichtlichkeit seines Themas scheint das Deuten und Werten des »Gelesenen« unter dem unentwegten Einfluß einer Rettung des Einen vor der Zersetzung zu stehen. Immer wieder schlägt die Führungslinie einer Parteinahme für das Eigene-Eigentliche mit einer Rückkehr ins Innere durch. Ein »Denken des Außen« (Foucault) oder die durchdringende Faszination seitens des Vielen findet dagegen nicht statt. Der Weg der Erinnerung ist für Rombach gelungen, wenn das wirkliche Eine ins gedachte Eine durch alle Gefährdungen des Vergessens hindurch zurückgeholt ist. [11]

Wer aber nun seine kulturrelativistischen Skrupel, seine geheime Sympathie für den verfemten Teil der Menschheitsgeschichte, seine Vorübungen in den Vielfalten geistigen Lebens außer acht lassen kann – wenigstens für die Dauer einer gegen sich selbst rücksichtslosen Lektüre –, der wird in einen erregenden Prozeß hineingezogen, der die gewohnte Wahrnehmung verwandelt. Heinrich Rombach kann selbst lesen; er versteht sich darauf, aus dem Üblichen den uralten und doch jeweils unerhört und ungeahnt neuen Sinn herauszuschälen und schreibend so vorzuführen, daß man ihn wie zum erstenmal wahr-nimmt. Dadurch wird man in der Tat hingerissen. Einzelne Gedanken- und Bild-Bruchstücke haben etwas Blitzend-Blendendes und sind gekonnt: so etwa die Deutungen der animalischen und vegetativen Vorstufen des Menschlichen oder die Interpretation der Alexanderschlacht und des Freiburger Hochaltars. Fraglos sprühen dann Funken und es zündet da und dort. Angesteckt vom Feuer verwandelten Sehens, wird einem für Augenblicke das Glück der Transparenz zuteil, das nach Rombach eine Gestalt der Freiheit ist. Geist heißt hier, das Neue im Alten aus jedweder Entfernung zu erkennen, auf den Kern der Sache zu kommen, die bekannten Bilder wie verschlossene Türen zu öffnen, um – gleichsam von der »Jenseite« angerührt – Licht und Wärme erfahren zu können.

Die auf den ersten, zweiten und dritten Blick anstößige Collage aus Bildern und Texten bietet dem bereitwilligen Leser die Chance tiefer Erinnerungen an das, was jeder trotz des schrecklichen Vergessens der »fallenden« Geschichte immer noch weiß, was in der gemeinsamen Sprache, in der träumenden Phantasie, in der fast verstummten Weisheit bedürftiger und wünschender Körper konstitutionell nach wie vor wirksam ist, was also zwischen Himmel und Erde auch heutzutage noch an Entsprechungen hin und her geht, falls Menschen auf der Suche nach Sinn sind. Dieser ganz und gar eigenwillige »Orbis Pictus«, dessen Bruchstücke durchaus auch dem Zufall zu verdanken sind, gibt einem den selten gewordenen Mut zurück, die innere Notwendigkeit der Menschheitsgeschichte bei sich selbst in symbolischer Verdichtung wiederzuentdecken und auf die wahnhafte Zuständigkeit von Experten sei es der Philosophie, sei es der Wissenschaftstheorie, sei es der Archäologie, der Vorgeschichte, der Geschichte, der Kunstgeschichte, der Religionsgeschichte usf. verzichten zu können. Der Zweck des Bilderlesenlernens liegt in der irreduziblen Konkretheit des Geistes, an den keine abstrakte Vermittlung heranreicht. Man kann – so betrachtet – eben nur selbst denken. Das folgende Referat gehorcht diesem personalen »Sapere aude« und gibt also wieder, was ein Lese-Schüler behalten hat.

II

Das Buch beginnt mit der *Frage nach dem Geist,* der seinen Schatten zunehmend als Bedrohung von innen erfährt, und in einer Zeit unverträglicher Strategien der Lebenfristung (Leiden am Mangel auf der einen Hälfte der Erde, Leiden am Überfluß auf der anderen) fast wie ein Relikt aus vergangenen Zeiten wirkt. Aber er kann nicht in der Versenkung verschwinden, solange das zentrale Rätsel gegenwärtigen Geschehens dauert, daß nämlich bei aller Mühe um Steuerung der wirtschaftlichen, sozialen und politischen Prozesse im Detail die Menschheit im ganzen in eine bisher unbekannte Desorientierung hineingerissen wird. Indem das nicht abreißende Gespräch über dieses Rätsel von Rombach als »lebendiger Geist« apostrophiert wird, ergibt sich die Kontinuität der Menschheitsgeschichte als Reflexion der Ereignisse eines unentwegten Hervorbringens.

»Das erste, was der Mensch lernte, war das Hervorbringen« [12] und zwar das Hervorbringen ohne Ziel und Zweck, das von Rombach als die Grundform des sich selbst schaffenden Geistes gesehen wird, als *Können,* das den Hervorbringer selbst mit hervorbringt. »In geistloser Form getrieben sinkt das Können zum Machen herab.« [13]

Als Geist gefaßt ist das Können dagegen der Anfang und Aufgang der Menschheit und ergibt eine unaufhörliche Grundschicht im menschlichen Handeln, Fühlen und Denken, auf die in der folgenden Geschichte bis in die unmittelbare Gegenwart immer Verlaß war.

Zunächst erfolgt eine innere Distanzierung vom *Tier.* »Der Mensch setzt sich entschieden vom Tier ab... Die Absetzung erfolgt nicht *gegen* sondern *mit* dem Tier.« [14] Als Entschädigung gleichsam für eine solche Not-Wendigkeit wird das Tier zum ersten Gott, rückt das Tier an die Stelle, die später der Gott einnimmt. (»Primitiv sind die Menschen nie gewesen.«) [15] Vielmehr ist das, was im Sinne der Aufrichtung notwendig war, immer auch leidvoll erfahren und bewußt getan worden. Möglichkeiten der Rückkehr in frühere Schichten sind jedoch von Zauberern (Schamanen) offengehalten worden. Der Schamanismus bestand und besteht wesentlich in einer rituellen Wiedervereinigung des Getrennten auf gründlicherer Basis. »Wenn der Geist mit sich selbst zerfällt, entstehen ›die Geister‹.« [16]

Vom Tier lernt der Mensch mühsam und trotz ekstatischer Regressionen die Eindeutigkeit der Stimmung und die Kunst als Kultivierung seiner Stimmungen, die *Pflanze* steht für den Ursprung der Religion. Der Pflanzenbau auf dem Acker der Erde lehrte die Menschen den Stammbaumcharakter ihrer Herkunft, die Fortzeugung, den Ahnengang, den Zusammenhang der Sippe und die innere Wirklichkeit des Vegetativen. Am Mäandersymbol wird die Generationenfolge deutlich: das Einrollen/Ausrollen des Bandes vergegenwärtigt das Wirken und Bewirken zeugender und stiftender Handlungen. Wirklichkeit ist von daher wesentlich Gewebe, Stoff, Text; Gesellschaft ist Verflechtung. »Der ekstatische Mensch kennt kein Zweckdenken. Erst der ›verstehende‹ Mensch kennt vom Flechten her die Grundbewegung des Vorgreifens und Einlösens.« [17] Erst seitdem gibt es Arbeit, zweckgerichtetes Tun, und zwar zunächst nur im Bereich der Wirklichkeit, die nicht überall anzutreffen ist, sondern innerhalb eines durch den Zaun (uerg) eingeschlossenen Geländes. Arbeit ist also erfunden worden gegen das Chaos, das von außen drohte, und gegen die innere Ekstase.

Zwischen Tier und Pflanze liegt der Einschnitt, den der Mythos als Vertreibung aus dem Paradies benennt. In der griechischen Mythologie ist Uranos dem Tier, Chronos der Pflanze und Zeus der Stadtkultur zugeordnet, wobei Kultur im strengeren Sinne immer mit Sorge, Vorsorge, Arbeit und Probearbeit = Denken verbunden ist. »Unter Denken verstehen wir die Fähigkeit, das einzelne als Fall eines Allgemeinen zu erfassen.« [18] Das gilt schon vor-theoretisch, in magischen Praktiken (z. B. beim Essen vom gemeinsam gejagten und verteilten Tier), in rituellen Opferhandlungen, denen der Mythos der Schuld zugehört. »Jedes Opfer ist eigentlich Selbstopfer. Das Individuelle erkennt das Allgemeine und gibt sich diesem zurück.« [19] Zugleich ist damit die Kernform der Geschichte eröffnet. Die Kette von Schuld, Vertreibung, Opfer, Erlösung bestimmt die Grundstruktur des mythisch-historischen Denkens: Denken als Essen vom Baum der Erkenntnis, als Praxis des Selbstopfers und als Wiedergewinnung des Heils. In jeder Verallgemeinerung steckt also ein Opferritus. Die Rede vom »sacrificium intellectus« ist unvermeidlich. In den Steinbergen der Pyramiden, den aufgerichteten Menhiren und gefügten Dolmen setzt die Wirkung des Absoluten ein (als einer Form der Religion). Mit dem *Stein* beginnt die Schrift und damit die erste Weltkultur. »Das Absolute bekundet sich zuerst im Stein.« [20] In den Mauern, die nach außen abwehren und nach innen schützen, liegt der »Geist« der Macht. Im Verhältnis zu Tier und Pflanze tritt mit dem Vorrang des Steins das Tote bzw. der Tote auf. »Der größere Herrscher ist der Tote.« [21]

Die vollzogene Absetzung vom Tier und die gelungene Gründung im Vegetativen geht in ein wörtlich zu nehmendes Über-Stellen, ein reflektiertes Aufrichten von Steinen über. Deshalb stehen die steinalten Herrscher, die ins Riesige, Titanische überhöhten Könige am Aufgang der Hochkulturen. Dabei kommen Tod und Stein im Gewicht des Geschriebenen überein. Im Stein als unverbrüchlichem Garanten gründet der Staat mit seiner »Metaphysik der Unverrückbarkeit«. [22] Am Beispiel von Stonehenge, an dem weniger der rätselhafte Zweck als die offen daliegende Erscheinung besticht, kann klar werden, was ein solcher schriftfähiger Geist (ein Geist, der das Leben vom Tod her versteht) in die Erinnerung der Menschheit einschreibt. »Im Errichten liegt hier die Metaphysik. – Verwendung und Kult sind nachträglich und fragwürdige Interpretationen dessen, was die Philosophie [?] des Tuns schwer und schweigend setzt.« [23] Der schriftfähige Geist ist das Absolute, ist der Gott, der im Stein sich offenbart. »Die Religion des Steines ist die erste Weltreligion.« [24] Sie findet ihre Fortsetzung im Tempel mit seinen Säulen als dem erklärten Steinhaus Gottes. Der Tempel ist eine aus der Erde herausgewachsene Grab-Höhle und bietet von nun an dem persönlichen Gott Platz. Das reicht bis Rom. So betrachtet kann Stonehenge als Modell des Petersplatzes gesehen werden. Erst die Kulturen, die durch den Stein hindurchgegangen sind, können als Hochkulturen angesehen werden. Die Schwelle zwischen vorher und nachher, die nicht nur historisch, sondern auch geographisch ausgemacht werden kann [25], ist das »Lapidare«; ein Zurück gibt es nicht.

Auf den errichteten Steinen bauen die Menschen weiter. In den Fundamenten jeder *Stadt* ist der Gott verborgen. Die erste Stadt ist wesentlich Hoch-Stadt (Akropolis); sie ist über Treppen, Pfeiler, Türme hochragend errichtet, was durch das Planum, den öffentlichen Platz nur gesteigert wird; sie ist raumgewordener Geist. Zum erstenmal geht es durch sie und mit ihr um Freiheit (»Stadtluft macht frei«), aber auch um die Unterwerfung der umliegenden Territorien. Von daher stammt ihr innerer Widerspruch, der in jedem Stadtbewohner wiederkehrt. Dieser erste Versuch der Menschheit, mit der Stadt die Freiheit des einzelnen Menschen zu sichern, hat sein Gegenteil bei sich: Mobilität bringt Immobilität hervor, Reichtum Armut, Ordnung Unordnung, Sauberkeit Dreck. Das noch einmal gesteigerte Leben des Geistes findet seinen Ausdruck im »genius loci«, der für Zusammenhalt und Abgrenzung sorgt. Von der Stadt geht auch Königtum und Krieg aus. Der Entwurf der Stadt wird zum Überwurf. Gewölbe aber, die zu weit gespannt sind, brechen ein. Deshalb zerfallen die Städte und die Reiche, ohne daß *die* Stadt als Form des Geistes aufhörte. Auch *der* König bleibt trotz der Sterblichkeit der Könige.

Im *Kreuz,* das noch im Kreis eingeschlossen ist, wird die Beschränktheit der Stadt schließlich überwunden. »Das Kreuz als Grundriß der Welt« [26] bedeutet die Verlebendigung Gottes. Der tote Herrscher wird durch den leidenden Gott abgelöst. Daß dieser der »größere« ist, kann nicht begriffen, sondern nur gesehen werden. Deshalb schießt im Bildnis des am Kreuz hängenden Gottmenschen alle Einbildungskraft der Hochkultur zusammen. »Darum ist die Kunst die Sprache der Religion.« [27] An diesem Kreuz, das sich im Übergang von der Romanik zur Gotik in die Höhe zieht und die irreversible Bewegung der Aufrichtung noch einmal verstärkt, wird im Sterben Gottes die »Menschlichkeit« [28] geboren: der einzig universale Wert der Geschichte.

Indem die Kirche Stadt Gottes wird, geht in der Romanik die Stadt zur Welt über. Der absolute Gott offenbart sich in der Gemeinschaft von Gott und Mensch. Es ist die Stunde des *Gottesstaates,* in der das Volk (immer und jeweils das auserwählte) zur Menschheit sich erweitert. »Die Neue Stadt schließt nichts mehr aus; sie führt alles Geschehen in sich zusammen ... Kirche als Bilderwelt und als Welt-Bild.« [29] Konzentriert erfaßt ist das Ganze in der Mandala des Weltenrichters über dem Portal. »Das jüngste Gericht ist der Kern des romanischen Christentums.« [30] Es geht um die immer schon währende Teilung der Welt nach Rechts und Links. Damit sind, nach der Längung des Kreiskreuzes und seiner Aufteilung in Richtung des Heils und des Unheils, die Grundordnungen des Raumes gelegt.

In der Gotik werden die Kirchen, die Götterstädte der Maria, der »Notre Dame« geweiht. Mit ihr und ihrem Bild: der Rose kehrt an zentraler Stelle, nämlich in der Rosette, die Vorbildlichkeit der Pflanze, die vegetative Ordnung wieder. Die Gotik kann den Innenraum verlassen. Es findet über Stufen ein vollendeter Austausch von Innen und Außen statt. Korrespondierend mit der Mystik, die in ihren Haupttexten nichts Verschwommenes hat, tut sich die *Schöpfung* als Universum, als schrankenlose, in die Einheit zurückkehrende Vielheit auf. Alle menschlichen Bezüge zur Natur wurzeln hier. Selbst »... unsere gegenwärtige Naturwissenschaft ist ... auch wenn sie es nicht weiß ... ein Kind der Gotik, ja der Mystik« [31]. Die Bewegung des Erkennens wird als mühsamer Weg zurück in die (durch Schuld verlorene) Einheit des Alls interpretiert.

In solcher Interpretation des *Weges* kommt es noch einmal zu einer Übereinkunft von Abendland und Morgenland. Der Weg ist wie alle menschlichen Grunderfahrungen zeitlos gültig, aber in seiner Sinnfülle geschichtlich entdeckt worden. Was den Weg der Erleuchtung angeht, kann man von Laotse lernen. »Erleuchtung ist Gegenwart von Tao.« [32] Doch solche Weisheit gilt nur in einfachen Verhältnissen. »Wo Menschen sind, sind Wege« [33], wobei die beiden Versionen des Weges, der des Gelingens (asiatisch) und die »via dolorosa« (christlich) am Ende, nach dem sie gegangen sind, Lohn und Sieg bringen.

Auf diesem ebenso imaginären wie symbolischen Weg sind viele unterwegs, Weise und Leidende nicht nur sondern auch der listige Odysseus, Inbild des *»freien Geistes«*. Gebeutelt vom Schicksal, mehr gewollt als willens, fährt er auf der Grenze zwischen Mythos und Aufklärung um die damals bekannte Welt. Er, der die Souveränität im Eigenen verkörpert, legt Zeugnis ab von der Befreiung der Menschheit aus den Verstrickungen der Vor-Zeit. Sein Weg ist Heimkehr zu Penelope, die das Gewirk, das sie tags gesponnen hat, nachts auflöst und damit die Macht der vegetativen Wirklichkeit als gebrochene demonstriert. Nicht umsonst steht

Odysseus unter dem ausdrücklichen Schutz der Athene, die nicht vom Weibe geboren, sondern in voller Rüstung dem Kopf des Vaters entsprungen ist.

Freiheit des Geistes – das deuten die mythisch-epischen Umstände ihres Entstehens schon an – ist ein Ereignis der Zeit, das die stufenweise hervorgebrachte Raumordnung in der Bewegung unterläuft und relativiert. In Altdorfers *»Alexanderschlacht«*, am Ende des Mittelalters gemalt, kommt diese sieghafte Dynamisierung des Lebens zum Ausdruck. Das Bild zeigt den Sieg Alexanders des Großen (als eines beweglichen Individuums) über den Perser Darius, der ein erstarrtes System hinter sich und in sich hat. Zugleich wird damit der Kampf zwischen Abendland und Morgenland, zwischen West und Ost entschieden. Der neue Geist des Abendlandes siegt. Es ist ein »Geist durch Gliederung, Organisation, Entfaltung, Selbständigkeit, Elastizität und Partnerschaft« [34], demgegenüber der alte Geist (auch der von Byzanz, Ostrom!) in seiner hierarchischen, kompakten, abhängigen, verdinglichten Starre keine Chance mehr hat.

In der Deutung der religiösen Bindungen der Menschen taucht etwa zur selben Zeit der *Geist der Liebe* auf. Für den Freiburger Hochaltar hat Hans Baldung gen. Grien das Evangelium dieser Liebe als das der Gottesmutter gemalt. Petrinisches und Paulinisches Christentum sind aufgehoben in der Offenbarung des Johannes; nach dem Vater und dem Sohn ist es nun der Heilige Geist, der – entsprechend der Weltalterlehre des Joachim de Fiore – »weiblich« interpretiert wird, als Mutter von Oben, als Taube, die heilkräftig über den Schoß der Frau wirkt. Nicht also der strenge, absolute Gott, auch nicht der leidende Gottmensch, sondern die in einem Dritten versöhnte Spannung beider, die in der »Jungfrau« offenbar wird, ist das Höchste.

Nur scheinbar außerhalb von Religion und Kirche tritt schließlich der *Weltbürger* das räumlich und zeitlich differenzierte Erbe der Stadtkultur an. Das – historisch betrachtet – noch immer junge Bürgertum (es hat sich erst im 18. Jahrhundert in die Fundamentalgeschichte wirksam eingefädelt) stellt sich unter die Idee der Humanität. Der damit zusammenhängende Aufbruch ist noch im Gange: das alte Wahre wurde verlassen, das neue Wirkliche ist noch nicht vollends da. Zweifel am Ausgang oder gar Pessimismus über ein definitives Scheitern des welthistorischen Experimentes, das das

Bürgertum versucht, sind noch unangebracht (vgl. Goya und Picasso). Außerdem kann es keine Kritik von außen mehr geben. Durch das »Hohe«, das der Weltbürger als Erbe übernimmt, sind alle auftauchenden Probleme innere. Für die bürgerliche Gesellschaft gibt es keine äußerlichen Lösungen. Alle Widersprüche – auch die durch Technik und Wissenschaft erzeugten – müssen nach innen genommen und können nur durch Steigerung überwunden werden.

Die Welt der Wissenschaft befindet sich gegenwärtig durch konsequente Einsichten in die bleibende Hypothesenstruktur wissenschaftlicher Aussagen in einem Prozeß der Ernüchterung. Vom universalen Konzept des Anfangs auf durchdringende Erkenntnis der Welt bleibt nicht viel übrig. Die Wissenschaft geht in ihre Grenzen zurück. Obwohl bis heute nicht klar geworden ist, wie weit die Wirkungen ihrer hypothetischen Aussagen reichen. Doch da es weder eine Verifizierung von Hypothesen noch ein Aufhören der Hypothesenbildung nach erfolgter Falsifizierung gibt, muß Wissenschaft wohl oder übel auf die Beantwortung von Wirklichkeits- und Sinnfragen und damit auf einige ihrer Hauptmotive Verzicht leisten, was ihren gesellschaftlichen Stellenwert beeinträchtigen wird. Der erreichte Zustand bleibt noch in der Schwebe. Unentschiedenheit herrscht wie in allen Übergängen. Aber die Gleichzeitigkeit von Untergang und Aufgang ist auch in der Gegenwart gewährleistet, trotz der Bedrohung des Geistes durch die modischen »Begeisterungen« alter Dogmatiken und neuer Ideologien.

»Der Unterschied zwischen dem alten und dem neuen Geist liegt vor allem in der Art des Könnens. Daraus erklärt sich das veränderte Verhältnis zur Welt, zu Gott, zum Menschen selbst. Können – das ist die älteste Kulturschicht – seine erste Grunderfahrung. Darum bewirkt eine Veränderung in der Art des Könnens einen Umsturz im gesamten Aufbau.« [35] Im Spannungsfeld zwischen *dem Alten und dem Kommenden* suchen Techniker, Wissenschaftler und zunehmend auch Politiker ihr Heil im Machen. Das Machen aber ist die Karikatur des Könnens, weil es nicht an der Kraft des Hervorbringens teilhat. Machen versiegt in seinen nicht identifizierbaren Mißerfolgen. Einzig die Künstler, indem sie die Wahrheit von Politik, Wissenschaft, Technik zeigen, sind gefeit, in den Wahn der Macher zu verfallen. Sie retten das Können für die Zukunft.

III

Mit dieser Geschichte des Könnens hat Rombach eine Kunst-Geschichte eigener Art vorgelegt. Er selbst sieht (im Nachwort) sein Bilder-Buch als Gipfel seiner bisherigen Bemühungen, eine Strukturontologie als »Philosophie« der Freiheit zu entwerfen. Philosophie meint hier ausdrücklich Quer-Denken, Entschränkung und Entdisziplinierung, Auflösung jeglicher Definitionsmacht des Begreifens. Eine Philosophie, die sich noch in irgendeiner Weise an Zwangsritualen beteiligt, stünde sich angesichts des Themas: Freiheit selbst im Wege. Diese Konsequenz hat Rombach schon mit seiner »Strukturontologie« gezogen: »Die Strukturontologie ist das Ende der ›Anthropologie‹ – oder die Entdeckung, daß der Mensch prinzipiell unbeschränkt über sich hinauskann.« [36] Daß Freiheit sei, ist ihm der einzige Grundsatz der Strukturontologie, die im übrigen von Anfang an den Prozeß des Hervorbringens, des immer neuen Überwindens von fremd- oder selbstgesetzten Schranken aufspürt und an Konstellationen, Figurationen, Strukturkombinationen skizzierter Bilder oder Bilderfolgen verdeutlicht. »Freiheit lebt in Transparenzen« [37], heißt es gegen Schluß und der Leser mag seine eigenen Durchblicke als Beleg für den genannten Grundsatz nehmen.

Und doch: wenn die von Rombach zusammengestellte Geschichte des Könnens als eine Fundamentalgeschichte menschlicher Produktivität, d. h. als Geschichte der Einbildungskraft ernstgenommen wird, sind Zweifel an der adäquaten Selbsteinschätzung des Autors – zunächst vorsichtig und als Frage formuliert – angebracht: Ist die Rombachsche Vision der unaufhörlichen Aufrichtung der Menschheit (Fortschritt sogar als Steigerung!), die trotz aller Rückfälle weitergeht und schließlich nur noch durch die Treue des Geistes zu sich selbst, d. h. durch die denkende Erinnerung an das bereits geleistete »Hohe« garantiert wird, nicht eine Selbsttäuschung des weiterdenkenden Denkers? Was bedeutet es, ein Wissen von früher, von früh her nur noch schreibend am Schreibtisch bewahren zu können? Was für einen Sinn macht es z. B., einen Faustkeil sprachlich nachzubilden [38]? Bleibt nicht gerade dadurch alles beim Alten, daß das Alte (und das Kommende) besprochen wird? (Läge also die Lösung im Verschweigen?) Steckt nicht im Verfahren des Herauslösens einer Verstehensstruktur, die dann als Modell dessen verstanden wird, aus dem sie herausgelöst wurde, das Dilemma des vom Leben abgeschnürten Lebens-Philosophen? Wird nicht der Schatten, den das Licht der Transparenz auf das Ausgeblendete wirft, und damit die Realität des Vergessens unterschätzt? Wie kann man heute noch Anhänger der Athene sein (in voller Rüstung dem Haupt des Vaters entsprungen) ... heute, d. h. wo die Erinnyen, der Dike Schergen, die Maßlosigkeit des reinen Lichtes zu inkriminieren begonnen haben? Ist es denn möglich, ohne Trauerarbeit die Spannung zwischen der Irreversibilität der bis zur Hoch-Zeit des All-Einen sich steigernden Menschheitsgeschichte und der Irreduzibilität von Sexualität und Tod, der Ur-Denk-Male menschlicher Geschichtlichkeit auszuhalten? Kommt die Behauptung der Konkretheit des Geistes gegen die Abstraktion von Anfang an, die mythische, ökonomische, rationale, formale, kybernetische Abstraktion überhaupt an? Liegt nicht in der »Verbesserung von Mitteleuropa« (O. Wiener), in der affirmativen Fortsetzung der Kette geistiger Errungenschaften seit der Megalith-Kultur, in der Verstärkung des »Könnens«, also in der Treue des Geistes ein Verrat an der Materie, an ihrer unaufhebbaren Schwere? Und ist nicht ein der Form nach lapidares Plädoyer für das »Leben des Geistes«, das in der Moderne wesentlich als Emanzipation vom Stein vor sich ging, ein Ding der Unmöglichkeit?

Um wenigstens einige der in solchen Fragen angedeuteten Zweifel, die trotz ihrer Bestimmtheit aus keinem Besserwissen stammen, präziser zu benennen, seien drei Beispiele aus der referierten Geschichte menschheitlicher Selbsterfindung ausgewählt: die Erfindung des »freien Geistes« (Odysseus und die Frauen), der »Stadt« (Großstadtrealität) und der »Kunst« (Sexualität und Tod). Vielleicht hat das zusammenfassende Referat die Kanten der Bruchstücke allzusehr abgeschliffen, so daß sich aus dem Duktus des gesamten Buches ein eher zurechtgebogener Sinn ergäbe und dem Autor durch Festlegung auf eine Geschichte des »Fortschritts« und des »Wachstums« Unrecht geschähe. Dies wäre also mit Hilfe anderer Autoren zu prüfen, ob auch im Detail der Verdacht, der vor der ausgiebigen Leseübung schon dreifach benannt und oben anfrageweise wiederholt wurde, standhält, daß der Horizont der Rombachschen Philosophie der Freiheit entgegen ausdrücklicher Absicht verstellt ist durch immer noch mitgeschleppte Kategorien, daß Horizont noch immer »Haus des Horus« heißt und nicht ins Offene weist, sondern die »geistliche Schlußform« hieratischer Körperperspektiven perpetuiert...

IV

In der »Dialektik der Aufklärung« haben Horkheimer und Adorno [39] die Odyssee als Naturgeschichte des Subjekts gelesen, als Verdichtung der gattungsgeschichtlichen Erfahrung der aus den Naturfesseln sich befreienden Menschheit. Der entscheidende Point de Vue war nun aber nicht mehr der homerische, in dem noch der Jubel über die neue Souveränität anklang, sondern der Gesichtspunkt einer schweren Ernüchterung nach den beiden Weltkriegen und nach Auschwitz, der Gesichtspunkt also des aufgekeimten Verdachts, es könnte schon in der Grundlegung der abendländischen Rationalität, in dem spezifischen Zusammenhang von Mythos und Vernunft der Wahnsinn aufgespürt werden, der in den Massenvernichtungslagern des zwanzigsten Jahrhunderts seine grausigste Realität gefunden hat. Vor allem im Verhältnis des *Odysseus zu den Frauen* sahen die beiden Autoren Zwänge einer in Wahn dialektisch umschlagenden Aufklärung verschlüsselt festgehalten, die als Ursachen derart weitreichender Spätfolgen angenommen werden können.

Neuerdings ist gerade dieser Gesichtspunkt verstärkt zum Kern einer Zivilisations- und Philosophiekritik geworden, die den verkappten Männlichkeitswahn des »ersten freien Geistes« unter Beschuß nimmt. Obwohl gewiß manche Details der insbesondere von Frauen vorgebrachten Kritik überzogen sind, ist doch auffallend, daß die angedeutete Perspektive eines Zweifels an der Kontinuität des unaufhaltsamen Aufstiegs des männlichen Heros, der – die List der Vernunft verkörpernd – glaubt, die Gewalten des Lebens übers Ohr hauen zu können (ohne je der Rache anheimfallen zu müssen...), bei Rombach nicht vorkommt. Die Odyssee ist keineswegs nur die Geschichte einer schwierigen Heimkehr, sondern auch die einer folgenreichen Veränderung im Verhältnis des Menschen zur Erde, seiner Mutter. Wenn man von Odysseus und Penelope wie von »Geist« und »Gemüt« spricht (und so die Geltung der Kantschen Formel von den leeren Begriffen und der blinden Anschauung zu erweitern versucht [40]), dann heißt das verkennen, daß damit die Materie zum bloßen Material, die Frau zum puren Inhalt für männliche Formen der Erkenntnis herabgesetzt wird. »Die Stadt ist eine Stein gewordene Fuge auf das Motiv ›hoch‹.« [41] Ihre Struktur ergibt sich aus der Spannung zwischen der Öffentlichkeit des Platzes und der geheimnisvollen Realität des Tempels. Beide Seiten der Struktur sind steinern manifestiert. Überhaupt trägt die Erfahrung des Steins sich durch bis zum heutigen Tag. Wo immer der Verkehr diese Tatsache mißachtet, bricht er zusammen. Das, was *die Stadt* als steinerne Fuge des Hohen bedroht, ist Immobilität, Armut, Unordnung und Dreck. Das Aggressive solcher Bedrohung stammt aus dem Frevel, der im Mythos ihres Ursprungs benannt ist: Brudermord. Man denke an Romulus und Remus und an Kain, der nach der Tötung seines Bruders Abel mit dem Mal auf der Stirn eine Stadt gründete.

Neuere, wichtig gewordene Theorien zur Realität der Stadt, besonders der Großstadt (Mumford, Morin, Böckelmann) [42] stehen quer zu den Rombachschen Grundannahmen. Sei es, daß sie die Stadt zur entmaterialisierten Idee verflüchtigt sehen [43], zum profanierten »himmlischen Jerusalem« (Mumford), sei es, daß sie die hyperkomplexe Gehirnstruktur des Menschen als Stadtmodell der Zukunft annehmen (Morin), sei es, daß sie die permanente Kette von Ex- und Implosion im Übergang der Stadt zur Traumstadt als vorweggenommene elektronische Revolution unterstellen (Böckelmann), immer ist es das Immateriell-Imaginäre, also das Resultat einer Emanzipation von Stein, das Trans-Lapidare, das den Charakter der Stadt längst kennzeichnet. In Anbetracht dessen, was oben Bedrohung genannt wurde, ist solche Diskrepanz zu einer prinzipiell mythischen Deutung eklatant: gerade das »Niedere«, vom Schmutz bis zur großen Verstopfung, wird aus seiner Deutungs-Abhängigkeit von einem »Höheren« abgelöst und bekommt in seiner ganzen Disfunktionalität den Stellenwert des »Normalen«. Erst danach ist einzusehen, daß die Großstadtrealität eine eigene Qualität jenseits des Ver-Falls hat, eine von den Plätzen und Tempeln in Stein befreite, tendenziell universale »Realität« der strömenden, unterbrochenen, verdichteten oder zerstreuten Wünsche. Erst danach kann beurteilt werden, was aus dem »genius loci« einer Stadt im Zeitalter der vollendeten Abstraktion geworden ist. Bei seinem Versuch einer Kunst-Geschichte hat Jähnig auf Bataille zurückverwiesen. [44] Dieser nimmt in dem berühmt gewordenen

Essay: »Die Tränen des Eros« [45] die Spur der Kunst an derselben Stelle auf wie Rombach, beim »Können«, das in jenen nicht überbietbaren Tierbildern der französisch-spanischen Höhlen (erst seit kurzem) ans Licht getreten ist. Doch anders als Rombach, der in der Absetzung vom Tier eine Stufe auf dem noch unabgeschlossenen Weg der Aufrichtung der Menschheit sieht, zu der eine Rückkehr (durch Ekstase oder Magie) nur unter Gefährdung der Errungenschaften des Geistes möglich ist, erkennt Bataille in diesem Ursprung der Kunst die bleibende Unvereinbarkeit von Erotik und Vernunft. Das über alle Maßen anstößige Paradox einer Zustimmung zum Leben bis in den Tod, wie sie in der Raserei körperlicher Liebe bei den Menschen geschieht, kann durch keine »Steigerung« und »Verbesserung« des Könnens eingeholt werden. Deshalb hält Bataille die Diabolisierung des Erotischen durch das Christliche (das den Boden für die Totalisierung der Arbeit bereiten sollte) für notwendig und verhängnisvoll zugleich. Die Verschmelzung des äußersten Schreckens mit der göttlichen Ekstase, wie sie in dem von Bataille als Ausgang seiner Überlegungen genommenen Bild in Lascaux zu sehen ist, das einen Vogelkopfmenschen mit erigiertem Penis bei einem Bison zeigt, der seine Eingeweide verliert, weist auf ein Fundament zurück, das jedes geistige Fortschreiten zu einer bloßen Episode in einem »größeren« Drama macht. Erotik ist nicht die Erfüllung, sondern der unendliche Verlust. Gewinn, Steigerung, Potenzierung sind Kategorien einer beschränkten Ökonomie. Die Entschränkung derselben läßt auch das »Können« nicht unberührt. Deshalb ist der Gedanke an ein unverwindliches Ende des Lebens so schrecklich. Aber auch das Mißlingen und die Ohnmacht (und die Inkompetenz des von allen guten Geistern verlassenen *Philosophen*) haben ihre Menschlichkeit. Insofern also ein solches Sterben für das »Leben des Geistes« inkommensurabel ist, fehlt in Rombachs Buch eine Rücksicht auf die entscheidenden Anstöße der Kunst, nämlich auf *Sexualität und Tod*, die wirklichen Negationen der Wirklichkeit. Nicht zufällig widerlegt dies den linearen Duktus einer Wendung ins Hervorragende, daß der Liebesakt mit gebogenen Leibern (und nicht aufrecht) vollzogen wird und daß die Toten jahrtausendelang in foetaler Haltung bestattet wurden, in einer Geste der Neigung, jenseits der Aufrichtigkeit.

Der blinde Fleck in Rombachs Geschichte, der in den drei ausgewählten Beispielen noch einmal je anders sichtbar wird, besteht im Verkennen der Grenzen des Geistes. Das ist kein Vorwurf, sondern das Ergebnis eines anderen Blicks, dem wiederum ein anderes Verkennen nachweisbar sein wird. Die Frauen, der Zerfall der Stadt, die bleibenden Schrecken des Todes sind Zeugnisse einer Un-Struktur, die der Geist in Treue zu sich selbst als geist-los denunzieren muß. Damit aber wächst der Widerstand gegen das Hohe, das Eine und die Freiheit. Der Versuch, die gegenwärtige Bedrohung des Geistes durch Erinnerung an sein eigenes, eigentliches Inneres, an die geschichtlichen Stationen des Hervorbringens aufzuhalten oder gar zu überwinden, kommt in die Gefahr bloß konservativ zu sein, wenn es nicht gelingt, das Außen zu denken und sei es um den Preis einer Niederlage. Die forcierte Apotheose des Hervorragenden verbirgt nur schlecht das schlechte Gewissen des Siegers. Der blinde Fleck jeder Philosophie der Freiheit kann nicht weggedacht werden. Gerade wenn es darum geht, weiter zu kommen, muß man an den genannten Grenzen Tribut zahlen. Sonst mag es geschehen, daß man durch Lebensrettung des Geistes seinen Exitus auf Erden ungewollt beschleunigt.

15. Jenseits des Rätsels. Der männliche Nihilismus und das Verschwinden der Frauen

»Ich war über dem Wasser des Denkens eingeschlafen. Da siedelte der Traum eine Insel auf mir an.«

(Konrad Weiß, Prosadichtungen) [1]

I Die Antwort der Objekte

An der Spitze reflektierter Human- und Sozialwissenschaften kann heute eine eigenartige Entdisziplinierung und Entkategorisierung beobachtet werden, welche die meisten Wissenschaftler mit Sorge um den Bestand des Wissens erfüllt. Ich vermute, daß es sich bei dieser Irritation um Wirkungen eines Rückschlags gegen das neuzeitliche Konzept einer »Wissen ist Macht«-Strategie handelt, daß darin eine Antwort der »Objekte« der reflektierenden Subjektivität sich andeutet und daß es keinen Sinn hat, einer solchen Antwort mit einer Art Totstell-Reflex zu begegnen. Gerade die naheliegende Realitätsverleugnung müßte das verstärken, was abgewehrt wird: den verkappten Omnipotenzwahn, dem die Antwort der Objekte gilt. Dadurch wiederum könnte die transzendentale Einsamkeit der »Wissenden« nur noch grausiger werden und das Todesritual jener Weltuntergangsphantasie, die der modernen Wissenschaft seit Erfindung der Atombombe im Nacken sitzt, wäre unausweichlich.

Deshalb möchte ich dafür plädieren, auch und gerade in den hochspezialisierten Wissensfeldern der fortgeschrittenen Wissenschaften für die genannte Antwort sensibel zu werden. In Anbetracht der schier totalen Immanenz ist das »Denken des Draußen« (Foucault) [2] nötiger denn je. Das gilt auch für die Naturwissenschaften. Nachdem die Gerüchte der Methodologie ihre Faszination verloren haben, ist doch dreierlei klar geworden (oder mindestens dabei, klar zu werden): erstens: eine Theorie kann nicht an der Erfahrung scheitern; zweitens: Wahrheit beruht auf einer (vergessenen) Vereinbarung; drittens: die menschliche Wirklichkeit – und nicht nur sie – paßt sich bis zu einem gewissen Grade den

Unterstellungen an, die man macht. (Die nötigen Korrekturen der Denkmodelle sind, sofern sie von außen kommen, immer katastrophisch.)

Gesetzt, man läßt solche Klarheiten zu, dann wird es interessant, sich mit dem phantasmatischen Anteil der Wissenschaftsparadigmata zu befassen, wie es gegenwärtig bereits in verschiedenen Hinsichten passiert. Auch als eine mythische Realität unter anderen ist Wissenschaft Arbeit am Mythos, mithin eine Verarbeitungsform der tiefsitzenden Angst der Menschen.

Nach allem, was man über das Zustandekommen der menschlichen Angst, in biographischer und zivilisationsgeschichtlicher Rücksicht weiß, bezieht sie sich auf einen ursprünglichen Verlust, der jedoch nur durch Verdrängung dessen erträglich wird, was man verloren hat. Die Verdrängung zudem »schafft« Subjektivität durch Zurichtung des Verlorenen zum »Objekt«. Das ist das »Geheimnis« der Menschwerdung, das für die handelnden und wissenden Subjekte gerade durch seine Unkenntlichkeit faszinierend bleibt. Derart nüchtern betrachtet, entschleiert sich das Objektive als zugerichtetes Mütterliches/Weibliches. Und in der »Antwort der Objekte« wären die Stimmen zu vernehmen, die von den nachdenklichen Frauen der Gegenwart seit einigen Jahren erhoben werden. Ich halte es für unmöglich, daß Männer sich diese Stimmen anmaßen. Es ist jedoch unerläßlich, daß sie es lernen, darauf zu hören, was wohl nur mit Hilfe von Traumkräften gelingen mag. Denn die totale Verdrängung des verlorenen Mütterlichen/Weiblichen ins Objektive schafft eine Fremdheit, die schlimmer ist als die Angst, die mit dem Vergessen einhergeht. Ich möchte vorschlagen, die Verbindung zur Herkunft zu intensivieren, ohne den Weg der männlichen Usurpation des Gegebenen noch einmal zu gehen.

II Der Nihilismus der Immanenz und das Geheimnis

Nach Heideggers Charakterisierung ist der Denkweg der abendländischen Metaphysik (und der aus ihr sich ergebenden Wissenschaften) seit den Griechen ein unentwegter Gang in den Nihilismus. Der Schlüsselbegriff »Seinsvergessenheit« paßt genau in den dargelegten Mechanismus der Genese von Angst. Dabei unterstellt Heidegger, daß es keinen wirklichen Ausweg gegeben hat, wenn man von einem gelegentlichen »Hören« auf das Seyn absieht. Der Nihilismus sei nichts, was hätte vermieden werden können. Er habe die Gestalt eines säkularen Schicksals, das erst von seinem Ende her adäquat begriffen zu werden vermag. Als einen der Türspalte, durch den ein Blick zurück in die Konstruktionsprinzipien der Kirchen und Tempel europäischer Philosophie möglich sei, nennt Heidegger (neben Nietzsche) den späten Schelling, *den* Philosophen der Romantik.

Darauf will ich die Schrift einer Frau beziehen, die den Titel »Rätsel« hat und als Motto angibt: »Ich schaue in den geheimnisvollen Raum eines verschollenen Denkens, dessen Tür die Romantik einen Spalt geöffnet hat.« [3] Margaretha Huber wählte die philosophische Frühromantik, um deren Verhältnis zum »Geheimnis« bloßzulegen. Die poetische Phantasie, die in ihrer Essenz nirgends so präsent ist wie in den Fragmenten Friedrich Schlegels und Friedrich von Hardenbergs, der sich Novalis nannte, wird als unfreiwillig verräterische Anordnung männlicher Wünsche enträtselt, ohne daß schließlich – nach Art bisheriger »Entlarvungen« – die Leere und der Mangel universal gesetzt werden. Die poetische Phantasie der philosophischen Frühromantik in ihrer Beziehung zum »Rätsel« ist kein »fauler Zauber«, aber doch Indiz für eine verhängnisvoll einseitige Bestimmung des Geschlechtsverhältnisses, wie es in den Grundlagen des europäischen Denkens bis auf den heutigen Tag wirksam ist. Dabei wird die These des Novalis: »Alles was man denken kann, denkt selbst« in einer bisher unerhörten Weise ernstgenommen. Margaretha Huber stellt sich bzw. sieht sich gestellt auf den Punkt des »Objekts« der im wesentlichen männlichen Subjektivität der Wissenschaft (auch schon Fichtes, Hegels und Schellings). Sie entdeckt an der Objektivierung ebenso allgemeine wie besondere Ausschlußprozesse, Abwehrhaltungen, Realitätsverleugnungen und sie dekuvriert diese als »Verrätselungen«. Das zentrale Thema der romantischen, d. h. hier erinnernden Erkenntnis – schon von Schiller her als das »Bild zu Sais« apostrophiert – ist die »verrätselte« Frau. Die oft zitierte Grenze, die zu überschreiten der neuen poetischen Philosophie der Romantik aufgegeben ist, wird als die Existenz des Weiblichen reklamiert – und zwar persönlich. Insofern ist einer der Vorsprüche der Schrift, der als bloße analoge Figuration verharmlost werden könnte, in vollem Ernst gültig:

»Dieses rätselhafte Sein ist *nichts* als die Verdrängung des Weiblichen, es ist seine Existenz. Die Philosophin überschreitet die Grenze nicht, *sie* ist die Grenze. Wer hätte das gedacht?« Das Rätsel, das den Romantikern so viel Mühe und Seligkeit bereitet hat, ist in Gesellschaft und Natur noch einmal die verschwindende Spur der aus der männlichen Welt verdrängten Frau – auch der konkreten Frau, welche die Schrift verfaßt hat.

Weniger ein Szenario als eine Collage, in der Ernst, Satire, Ironie und tiefere Bedeutung durchgespielt werden, stellt das Buch Margaretha Hubers einen Versuch dar, die immer noch maßgeblichen Kulissen, mit denen sich eine mächtige Generation von Philosophen in die Bewältigung der gesellschaftlichen Nöte eingeschaltet hat (neben den bereits genannten sind auch die »Hegelianer« Marx und Kierkegaard gemeint), vollständig zu ruinieren und ihre Maskeraden, die von den diversen Schulen längst für das wahre Gesicht genommen werden, endgültig zu durchschauen. Dabei geht es um ein Zerbrechen jenes »archaischen Zwanges, der die Zirkularität des Denkens ausmacht« und der sich – dialektisch totalisierend – in der Mentalität noch der vorurteilsfreiesten Wissenschaftler an der Macht hält. Es geht um die Befreiung (auch der Männer) vom männlichen Prinzip der Erkenntnis, das als Logozentrismus und Phallozentrismus eine überfällige Obsession ist. »Das Gehirn gleicht den Hoden« (Novalis). Die herrschende Logik ist absolut verkleidete, leerlaufende männliche Lust.

III Das Verschwinden der Frauen

Die Frage bleibt, was denen bevorsteht, die dahintergekommen sind. Jenseits des Rätsels sich aufzuhalten, spottet jeder Beschreibung. Doch selbst das kann vorerst nur beschrieben werden. Die Frage bleibt, ob man weiterhin über dem »Wasser des Denkens« einschlafen kann, im Vertrauen darauf, daß die Materie, Matrix, Mater das Festland abgibt, auf dem man sich ausruhen kann. Es deutet sich an, daß die Frauen, die ein solches Wissen – daß sie die Grenze sind – erreicht haben, aus der Immanenz der reflektierenden Subjektivität der Männer verschwinden und sich damit weigern, weiterhin den nicht existenten Grund der männlichen Welt zu »bilden«. Man stelle sich vor, die anonyme Hilfe, die den Hundert- und Tausendschaften der Philosophen und Wissenschaftler an der vordersten Front von ihren Frauen, Freundinnen und Geliebten allein durch deren Existenz zuteil wird, fiele weg – und man hat ein Desaster unvorstellbarer Verstörung vor sich. Aber man (Mann) wird es sich vorstellen müssen.

Vor die Wahl gestellt, völlig im Suchbild eines kraftlos gewordenen Nihilismus aufzugehen oder sich aus den Zwangsritualen der männlichen Kopflust zurückzuziehen, wählen immer mehr Frauen – unter dem Druck der zugespitzten Alternative – das Aussteigen, einige sang- und klanglos, die meisten unter dem lauten Vorwand, sich verwirklichen oder »emanzipieren« zu wollen. Neuerdings wird sogar am Schicksal der »Bilderbuchfrauen«, die im »Objektiv« des männlichen Blickes sich bewegen (sei es wohlangezogen oder obszön entkleidet), ein neues Kapitel der Geschichte deutlich: die forcierte Bereitschaft, präzise die »Puppen« zu werden, die den abstrakten Projektionen der Männer vorschweben, kann als die maskierte Fortschreibung jener »Schwindsucht« verstanden werden, die von den Romantikern treffend als »Furie des Verschwindens« tituliert worden ist.

IV »Am Ende angekommen« [4]

Ria Endres hat in ihrer Kritik an Thomas Bernhard insofern den Richtigen getroffen, als es kaum jemand unter den Schriftstellern der Gegenwart gibt, der genauer das Schicksal der reflektierenden, mutterlosen Männlichkeit, wie es aus dem 19. Jahrhundert als Kehrseite der Romantik überkommen ist, beschrieben hätte. Noch einmal bewährt sich die Annahme, daß die Wahrheit über Philosophie und Wissenschaft heute in der Kunst verhandelt wird. Thomas Bernhard ist aber deshalb von allen moralischen Vorwürfen auszunehmen. Denn er hat im Unterschied zu den Frauen keine Wahl. Was in seinen Büchern endlos wiederholt wird, ist die Klemme, in der die poetische Einbildungskraft steckt. Es ist immer seltener möglich, ihren Wunsch zu vollziehen, den Flaubert benannte: »bis in den Grund der Materie hinabsteigen – Materie werden.« In der grauenhaften Immanenz des wissenschaftlichen Bewußtseins hat sich jede Ausflucht verstellt. Die zehrende Einstellung, die alles unterschiedslos dem Verzehr aller preisgibt, kann nicht mehr geändert, nur noch zum Ausdruck gebracht werden. Also kreist der Dichter in sich selbst und beschreibt imaginierte Todeswünsche anhand des Materials, das er kennt, anhand von geschriebenen oder nicht geschriebenen Büchern.

Zwar findet sich – ich gebe es zu – die Banalität dieser männlichen Apokalypse außerhalb der Buchdeckel (wie Ria Endres am Ende ihres Buches festhält), aber das ist nichts als die Wahrheit. Zwischen den Buchdeckeln herrscht sie noch: die apokalyptische Phantasie mit ihrer neuen Genauigkeit, von der zu hoffen ist, daß sie nicht das letzte Wort behält.

»Das 19. Jahrhundert hat eine Region der Einbildungskraft entdeckt, deren Kraft frühere Zeitalter sicher nicht einmal geahnt haben. Diese Phantasmen haben ihren Sitz nicht mehr in der Nacht, dem Schlaf der Vernunft, der ungewissen Leere, die sich vor der Sehnsucht auftut, sondern im Wachzustand, in der unermüdlichen Aufmerksamkeit, im gelehrten Fleiß, im wachsamen Ausspähen. Das Chimärische entsteht jetzt auf der schwarzen und weißen Oberfläche der gedruckten Schriftzeichen, aus dem geschlossenen staubigen Band, der, geöffnet, einen Schwarm vergessener Wörter entläßt; es entfaltet sich säuberlich in der lautlosen Bibliothek mit ihren Buchkolonnen, aufgereihten Titeln und Regalen, die es nach außen ringsum abschließt, sich nach innen aber den unmöglichsten Welten öffnet. Das Imaginäre haust zwischen dem Buch und der Lampe. Man trägt das Phantastische nicht mehr im Herzen, man erwartet es auch nicht mehr von den Ungereimtheiten der Natur; man schöpft es aus der Genauigkeit des Wissens; im Dokument harrt sein Reichtum. Man braucht, um zu träumen, nicht mehr die Augen zu schließen, man muß lesen. Das wahre Bild ist Kenntnis. Es sind die bereits gesagten Worte, die überprüften Texte, die Massen an winzigen Informationen, Parzellen von Monumenten, Reproduktionen von Reproduktionen, die der modernen Erfahrung die Mächte des Unmöglichen zutragen. Nur noch das ständige Raunen der Wiederholung kann uns überliefern, was nur ein einziges Mal stattgefunden hat. Das Imaginäre konstituiert sich nicht mehr im Gegensatz zum Realen, um es abzuleugnen oder zu kompensieren; es dehnt sich von Buch zu Buch zwischen den Schriftzeichen aus, im Spielraum des Nocheinmal-Gesagten und der Kommentare; es entsteht und bildet sich heraus im Zwischenraum der Texte. Es ist ein Bibliotheksphänomen.«

(Michel Foucault: Nachwort zu Gustave Flauberts »Die Versuchung des Heiligen Antonius«.) [5]

16. Wiederverzauberung der Welt? Das Problem einer »poetischen« Anthropologie

> »Die Welt wird nicht geschaffen von Gott, nicht von der Umgebung, von den ökonomischen Bedingungen, sondern allein durch die Einbildungskraft des Menschen.«
>
> Oskar Kokoschka (1974)

Das Problematische an der Phantasie ergibt sich heute aus dem tendenziellen Zusammenfall des Imaginären und des Realen in der menschlichen Erfahrung [1], so daß das quasi selbstverständliche Realitätsprinzip der Moderne fortschreitend außer Kraft gesetzt wird. Anscheinend sind Wunsch und Wirklichkeit, Traum und Leben, Einbildung und Dingwelt dabei, eine andere anthropologische Ordnung einzugehen, was beim Festhalten an den Normen der bürgerlichen Anthropologie wie die schlimme Wiederkehr der »Anarchie«, der »Barbarei«, der »Wildnis« anmutet. Im aktuellen Fall einer Übermacht des Fiktiven in Kunst, Literatur, Film – aber auch in der wissenschaftlichen Grundlagenforschung, scheint es schließlich überhaupt keine Orientierung mehr zu geben.

Hier täte eine treffende Unterscheidung not: nach der Prüfung einiger Re-Visionen vor- und außerbürgerlicher Erfahrung (anhand einer kleinen einschlägigen Bibliothek) und der genaueren Musterung von Um-Kehrungen vermeintlicher Identität in historischen und interkulturellen Prozessen wird im folgenden der Versuch unternommen, das »Poetische« der neuen Anthropologie mit Hilfe einer Differenzierung von Magie und Imagination zu entschlüsseln. Während dabei ein Kontinuum der Macht zwischen vor- und außermoderner Magie und moderner Wissenschaft behauptet wird, zeigt sich der Bruch der Normalität, der aufs neue eine Produktivität der Menschen ermöglicht, gerade im gefürchteten Überhang des Leidens, des »Chocs« einer katastrophischen Geschichte [2]. Erst nach dem Untergang der Phantastik, jener säkularen Vermischung von blinder Anschauung und leerem Verstand, die in der fortgeschrittenen Technologie des Lebens kulminiert, kann die Einbildungskraft wieder ihre »poiesis«, ihre lebendige Kreativität entfalten. Eine solche Entfaltung besteht nicht in der Wiederverzauberung der Welt.

I. Die Ambivalenz einer Kritik der Moderne

Bekannt geworden ist Max Webers Diktum von der »Entzauberung der Welt durch Wissenschaft«. [3] Das meint das unaufhaltsame Schwinden hieratischer Strukturen in der menschlichen Erfahrung und deren Ersatz durch Konstrukte der Vernunft: »Rationalisierung« heißt hier das Stichwort, Rationalisierung des Denkens *und* der Verhältnisse, bis in die letzten Winkel des Herzens und die äußersten Vorposten gesellschaftlicher Institutionen. Was jedoch vom großen alten Mann der deutschen Soziologie noch mit einer seltsamen Mischung aus Entdeckerfreude und Bedauern ausgesprochen wurde, das lehrt die sensiblen Zeitgenossen inzwischen nichts als das Fürchten. Das Schreckgespenst einer innen und außen restlos entzauberten Welt läßt genau das zurückkehren, was durch das unerhört folgenreiche Unternehmen der europäischen Aufklärung überwunden werden sollte: die Angst vor den Haftbanden unbegriffener Mächte.

Das »Heilige«, vor Jahren noch eine klare Umschreibung für »Priestertrug« und »notwendig falsches Bewußtsein«, ist dagegen wieder – wie Rudolf Otto es zu Beginn des 20. Jahrhunderts voraussah [4] – zu einem »ens fascinosum« geworden und hat angesichts der Aussichtslosigkeit der Moderne eine Attraktivität zurückgewonnen, die nicht mehr ohne weiteres als regressiv abgetan werden kann. Dabei scheinen sich zwei Strömungen gegenseitig zu verstärken, die man lange Zeit für unüberbrückbar divergent angesehen hatte: ein nach wie vor unaufgeklärter Widerstand der »schweigenden Mehrheit« gegen die rastlose Ausbreitung neuer Technologien und eine radikale Skepsis an der Spitze der Wissenschaften vom Menschen, die ein weiteres Fortschreiten instrumenteller Rationalisierung inzwischen für selbstmörderisch hält. (Was sich unter dem unspezifischen Terminus »Bürgerinitiativen« verbirgt, mag von daher als Spitze eines Eisberges gegen das Fortschrittsschiff »Titanic« interpretiert werden.)

Es mehren sich die Stimmen, die aus dem Bruch der Zuversicht stammen, es könnten die Probleme, die sich im Umfeld von Verwissenschaftlichung und Technisierung ergeben haben, durch Wissenschaft und Technik selbst gelöst werden: nach Horkheimers und Adornos Warnung vor der geradezu »mythischen« Zwangsherrschaft der Begriffe in der Lebenspraxis [5] neuerdings Blumenbergs These vom bruchlosen Übergang des mythischen in das wissenschaftliche Erkennen, die einem langgehegten und liebgewordenen Topos modernen Selbstverständnisses die Berechtigung abspricht. [6] Solche Stimmen sind wahrlich nicht mehr auf die alte Formel vom konservativ-reaktionären Anti-Modernismus zu vereidigen. Es geht vielmehr (nach Nietzsche) um eine progressive Kritik der Moderne, um eine Rückkehr aus Sackgassen, damit so etwas wie Zukunft überhaupt noch möglich ist.

Dieser Bruch des Fortschrittsoptimismus, der Verwertungsapparaturen bürgerlicher Ökonomie, des europäisch-amerikanischen Ethno-Zentrismus, der Strategien totaler Kontrolle, der Logo-Phallo-Kratie »männlicher« Erkenntnis usf. wirkt sich gegenwärtig in einer eigenartigen Inversion der Wahrnehmung aus, die offensichtlich in mehreren Etappen abläuft und die Betroffenen deshalb unterschiedlich weit führt. Es ist wahrscheinlich nur ein kleiner Blickwechsel, aufgezwungen durch irgendeinen Zufall, der »die Sache ins Rollen bringt«, d. h. die ganze bekannte Szenerie der gewohnten Welt verändert und fremd und bedrohlich macht. Gerade die Momente, die bis dahin am meisten der Stützung des umfänglichen Selbstverständnisses einer Herrschaft durch Berechnung dienten (Mikro- und Makrophysik, Medizin, Naturausbeutung, Verkehr, Ökonomie der Zeit usf.), werden wie durch ein kaum merkliches Erdbeben ver-rückt und damit zu Indizien einer schon lange maroden Entwicklung, einer lebensgefährlichen, »atemberaubenden« Übertreibung der Macht. In breiter Form kommt es zu einer unbeliebigen Antwort der »Objekte«, die nicht mehr in die Logik »transzendentaler Subjektivität« zu übersetzen ist. Gerade die Wirklichkeit als Gegenstand wissenschaftlicher Begriffsbildung geht in »Irrealität«, in »Fiktivität« über, ohne daß ein Innehalten der Bewegung des Übergangs erkennbar wäre. Keineswegs gibt es ein leichtes Erwachen aus dem Traum einer Selbstvergöttlichung. Vielmehr sträuben sich die meisten zuerst, das gewohnte Sehen aufzugeben und Abstriche an ihrer Perspektive zu machen. Dabei verstricken sie sich umsomehr in pure Realitätsverleugnung, je weiter sie in den Konstrukten abstrakter Weltbewältigung verloren sind.

Wenn aber der erste und der zweite Schritt rückwärts aus der Sackgasse getan sind, scheint es für viele kein Halten mehr zu geben.

Statt den Kopf weiterhin auf den Schultern zu tragen, der Umsicht und der nachdenklichen Wachsamkeit wegen, geht es nun Hals über Kopf in die »Alternative«, nicht ahnend, daß das pure Gegenteil der Vernunft von Anfang an zum Konzept einer »Entzauberung der Welt« dazugehörte. Seit Foucaults Mikroanalysen dürfte bekannt sein, daß die Ordnung des Wissens, jener deutlichste und hartnäkkigste Effekt der Macht in Europa, sowohl durch Einvernahme als auch durch Ausschluß zustandekam. [7]

Der Jünger der Irrationalität trägt den Stempel der Aufklärung so gut wie der Vernunftgläubige. Der Bürger und der Anti-Bürger sind seit jeher Typen einer einzigen Anthropologie. So betrachtet macht es keinen Unterschied, ob man auf der Seite der rationalen Kontrolle des Lebens oder auf der des kontrollierten Lebens steht. In der Dimension der Alternative, gleichsam auf der Projektionsfläche des Abstrakten, bleibt es unmöglich, aus dem Ver-rücktwerden der gegenwärtigen Weltgeschichte eine transzendierende Konsequenz zu ziehen.

Eine solche Falle als Signum des Endes der Neuzeit dient den folgenden Überlegungen zur Diskriminante. Bei dem, was man probeweise »Wiederverzauberung der Welt« nennen könnte, gilt es zu beachten, ob und wieweit die entsprechenden Strategien bloß alternativ sind und derart historisch und kulturgeographisch immer schon praktizierten Projektionen aufsitzen. Zwar sind Rückkehrbewegungen zu frühen geschichtlichen Entscheidungen und Exkursionen an den Rand der abendländischen Zivilisation notwendig, aber nicht um da oder dort festzumachen und die geschehene Geschichte und die vollzogene Entbarbarisierung zu überspringen – das Mittelalter ist geschichtlich so unwiederbringlich wie jede untergegangene primitive Kultur –, sondern um in der Tiefe die unaufgegangenen »Reste« und die scheinbar fremden »Marginalien« aufzuspüren und auf ihre Zukunftsträchtigkeit hin zu prüfen. Es ist für den Weg ins dritte Jahrtausend unabdingbar, die von der Neuzeit »verworfenen« Bestände der Überlieferung des Menschengeschlechts anders zu sichten. Dieses eminent reichhaltige Archiv des Symbolischen, Imaginären und Realen enthält insofern alle Schlüsselzeichen, die für den Fortbestand eines lohnenden Lebens auf Erden benötigt werden.

Gerade eine progressive Kritik der Moderne kann auf die schwere Arbeit prüfender Erkenntnis nicht verzichten; und es ist keineswegs ausgemacht, daß die Kriterien solcher Prüfung durch ein aufs Ganze gegangenes System ausnahmslos obsolet sind (wie einige Revolten pessimistischer, kritizistischer, regionalistischer, anarchistischer, feministischer Provenienz anzunehmen scheinen). Auch das Denken eines historischen »A-priori« und eines kulturellen »Außen« bleibt ein Denken, obwohl sein Status in Horizont und Methode zunächst unvordenklich, nicht hintergehbar, »originär« ist. Fordere also niemand von den laufenden Dekonstruktionen der Vernunftkonstrukte eine kommensurable »Vernünftigkeit« oder eine homogene »Plausibilität«. Die Strategien der »Wiederverzauberung« sind durchweg skandalös und heterogen. Sie stellen für jeden gewohnheitsmäßig Erkennenden jeweils eigenartige Zumutungen dar.

Deshalb dürfte es riskant sein, eine Reihe aufzumachen, obwohl vielfältige Querverbindungen, Allianzen, Bezugnahmen und Absetzungen an der folgenden Probe aufs Exempel einer »poetischen« Anthropologie schon länger beobachtet werden. Es geht mit Hilfe einer Kurzcharakterisierung um die Markierung eines Übergangsfeldes, auf dem sowohl die Realität der obengenannten Falle (vom Ende der Neuzeit) als auch die Erinnerung unterirdisch tradierter Schlüsselzeichen sich abspielt. Berücksichtigt werden nur solche Schriften, die über eine »wissenschaftliche« Wirkung hinausgegangen sind und die für das angezielte Projekt der Wiederverzauberung eine »hohe« Bedeutung haben. Die »Subjektivität« der Auswahl und der Reihenfolge ist gewollt und zugleich lektürebiographisch erzwungen.

II. Re-Visionen vor- und außerbürgerlicher Erfahrung

Der Terminus »poetische« Anthropologie wurde im bisherigen Kontext zuerst von Helmut Heißenbüttel [8] für die Anstrengungen Hubert Fichtes gebraucht, der seinerseits lieber von »Ethnopoesie« spricht. Auch ist von »Ethnopoetik« oder »neuem Exotismus« [9] die Rede. Hans Jürgen Heinrichs hat die inzwischen schon vertrackten Zusammenhänge mehrfach sehr genau verdeutlicht [10].

Hier wird vorgeschlagen, den Terminus zu erweitern auf alle wissenschaftlichen und künstlerischen Versuche, die ihren »Gegenstand« erst erschaffen müssen, ehe sie ihn beschreiben können

– oder die ihn beschreibend erschaffen... Diese Betonung des »kreativen« Aspektes der Anthropologie, der zunächst noch zwischen projektiver Beschwörung und poetischer Hervorbringung oszilliert, soll dabei sowohl in historischer Rück-Sicht als auch in ethnologisch-anthropologischer Um-Sicht gelten. Die fällige Kritik bürgerlicher Anthropologie hat nämlich insofern zwei Fronten, als der geschichtliche Bruch zum Mittelalter der eigenen Kultur dieselben Strukturen zeigt wie der kulturelle Bruch zur »Gegenwart« fremder Kulturen. Das wäre zu beachten:

Georges Bataille; Der heilige Eros [11]

Anfangen muß man bei Bataille, der es sehr früh unternommen hat, die bürgerliche Logik der beschränkten Ökonomie durch Hinweis auf bestimmte Gesetzmäßigkeiten des Lebens wie unbeschränkte »Verausgabung« und maßlose »Ausschweifung« zu entsetzen. Hier geht es um die Paradoxien der menschlichen Erotik, die »in der Zustimmung zum Leben bis in den Tod« bestehen und von daher die Macht des simplen auf Vorteil bedachten Tausches und der parasitären Verwertung, die um ihrer selbst willen nie bis zum Äußersten gehen kann, unterlaufen. Sie machen zudem deutlich, daß mit einer Kontinuität des »Wunderbaren« auch im Zeitalter der aufgeblähten Berechenbarkeit gerechnet werden muß.

Norman O. Brown; Love's Body [12]

Norman O. Brown nimmt genau diesen Gedanken auf: den des unentwegten Weiterwirkens einer einzigen Grundkraft auch unter der tiefgreifenden Veränderung durch säkulare Spaltungen und Trennungen. Der Bruch vom Mittelalter zur Neuzeit wird für nicht annähernd mächtig genug gehalten, jene »Einbildungskraft« zu lähmen, die das Mysterium des »Lebens des Geistes« ausmacht. Das Buch versammelt Zitate und Kommentare unter 16 Stichworten und will als Fundgrube benutzt werden.

Mircea Eliade; Schamanismus und archaische Ekstasetechnik [13]

Was Bataille und Brown bezweifeln, weist Eliade in seinem Standardwerk über den Schamanismus nach: daß es Experten der Ekstase gegeben hat und gibt, die ein gesamtgesellschaftliches Vermögen konservieren und praktizieren. Es geht dabei um den symbolischen Austausch mit dem Tod, der ein geregeltes soziales Leben überhaupt erst ermöglicht. Mit einer Fülle von Material wird belegt, daß zur Regeneration von Kreativität der vorübergehende

Verlust aller Ordnung, daß zur Hierarchie die riskierte Anarchie als conditio sine qua non gehört.

Edmund Wilson; Abbitte an die Irokesen [14]

Das Buch bricht mit der Vergeßlichkeit eines rechthaberischen Kolonialismus dort, wo er wahrscheinlich am weitesten getrieben wurde (nämlich bis zum Vergessen des Vergessens der Gewaltsamkeit): in den Vereinigten Staaten, im normalen Umgang mit den Indianern, die sich noch einmal zu Wort melden. Ein Romancier und Literaturwissenschaftler wird durch einen biographischen Umstand gezwungen, sich »ethnologisch« zu erinnern und kommt durch wachsende Anerkennung seitens der Irokesen sehr schnell an den Punkt, wo einzig eine vorerst ohnmächtige, aber beispielhafte »Abbitte« noch weiterhilft, angesichts der Fähigkeit der Indianer, mit erlittener Gewalt und erduldetem Unrecht bis heute umzugehen.

Carlos Castaneda; Die Lehren des Don Juan. Ein Yaqui-Weg des Wissens [15]

Dem Autor ist es gelungen, auf die »andere Seite« zu gelangen und somit Wilsons vorläufige Lösung erheblich zu überbieten. Ähnlich angezogen von einer äußerlich betrachteten kaum attraktiven Lebensweise der Yaqui-Indianer wird der junge Anthropologe Castaneda Schüler eines Zauberers, der sich Don Juan nennt, und auf eine von ihm nicht bestimmbare, oft krude Art in ein anderes Universum initiiert. Dabei haben die magischen Praktiken das für Anthropologen »Unverständliche« zunächst den Vorrang der Aufmerksamkeit; sie leiten jedoch ihrerseits zunehmend zur mühseligen Erfahrung untergegangener Weisheiten des Menschengeschlechts über.

Claude Lévi-Strauss; Traurige Tropen [16]

Lévi-Strauss' berühmtes Buch, Ergebnis einer Revision seiner Feldforschungen auf einer Reise, zwanzig Jahre danach, hält genau die Mitte zwischen den Extremen, zwischen dem Wunsch, um Verzeihung zu bitten und dem Überlaufen auf die Seite der malträtierten »Wilden«. Diese Mitte ist die Trauer in der ausweglosen Lage, daß auch das tiefere analytische Verstehen der fremden Kultur eine Weise zerstörerischer Aneignung ist und indirekt ihren Untergang provoziert, daß deshalb jede mögliche Hilfe für die untergehende Kultur nur ihr Verschwinden beschleunigt.

Georges Devereux; Angst und Methode in den Verhaltenswissenschaften [17]

Indem Devereux die Sensibilität von Lévi-Strauss und das Gegenübertragungstheorem Sigmund Freuds kombiniert, findet er seine Generalthese, daß jedwede Methode der Realitätsprüfung in den Verhaltenswissenschaften Angst vor den Objekten verrät und demzufolge schon in ihre Konstitution Momente der Wahrnehmungsverfälschung einbaut. Damit verliert die Grenze zwischen den Kulturen ihre Neutralität: es wird einerseits nötig, die erkenntnisbehindernden Projektionen zu revidieren, andererseits möglich, die vor-wissenschaftliche Phantasietätigkeit der Forschung trotz der Konstruktivität der Vernunft wieder zuzulassen.

Salvador Dali; Die Unabhängigkeitserklärung der Phantasie [18]

Von der künstlerischen Seite her hat Dali – der »kritische Paranoiker« (Gorsen) [19] –, der mit seiner bis zum Äußersten getriebenen methodischen Schizophrenie das politische Selbstverständnis der Surrealisten sprengte, eine vergleichbare Strategie verfolgt. Durch Mobilisierung von Exotismus und Esoterik ist es ihm gelungen (um den Preis zwar der Lächerlichkeit, von Zeit zu Zeit), die spezifische Macht magischer und imaginärer Erfahrungen der normiert-bornierten Empirie der bürgerlichen Vernunft entgegenzustellen.

Carl Einstein; Die Fabrikation der Fiktionen [20]

Typen wie Dali wird Carl Einstein bei seiner fulminanten Intellektuellenschelte im Blick gehabt haben. Ihn interessierte das Willkürliche, das »Rationale« an der Fabrikation von Fiktionen und die schrittweise Usurpation der erlittenen Wirklichkeit durch »abstrakte« Bilder. Das nur im Rohentwurf vorhandene Werk enthält keine Verteidigung der Wissenschaft, sondern ist auf der Suche nach einer Diskriminante, um das Magisch-Imaginäre vom Symbolisch-Wirklichen unterscheiden, die Phantastik des Logischen von der wirkenden Einbildungskraft abheben zu können.

Paul Feyerabend; Erkenntnis für freie Menschen [21]

Feyerabend steht am anderen Ende der Front, blickt aber in dieselbe Richtung: wie ist eine Kritik der wissenschaftlichen Abstraktion mit ihrem Erkenntnismonopol und ihrer Komplizenschaft mit der Macht, ihren formalen Zwangsritualen objektiver Kontrolle und subjektiver Selbstkontrolle möglich? Auch er verweist auf andere, tiefer liegende und verlaufende Traditionsströme, die zur Begrenzung der Wissenschaften zu retten seien, scheint jedoch durch die Art seines Angriffs (gewissermaßen aus dem

Innersten des Zyklons) ins Schwarze getroffen zu haben, wie die Massivität der Konterattacken beweist.

Hans Peter Duerr; Traumzeit. Über die Grenzen zwischen Wildnis und Zivilisation [22]

Unterstützung hat Feyerabend bei Duerr gefunden, der mit seinem Buch historische und kulturelle Grenzüberschreitungen auf erstaunlich gelassene Weise unternimmt. Mit Hexendingen und den Angelegenheiten der Wilden in gleicher Intensität (auf der Basis auch extensiver Lektüre) vertraut, geht es ihm um eine Vielfalt von Erfahrungen und Welten in einer Person. Über die Grenze hinauszusein heißt nichts einzelnes mehr, aber alles wunderbar zu finden, auch die wissenschaftliche Tradition. Duerr schafft es, eine Kette von z. T. abstrusen Fremdheiten in die Fülle innerer menschlicher Möglichkeiten zurückzuholen.

Günter Metken; Spurensicherung. Kunst als Anthropologie und Selbsterforschung. Fiktive Wissenschaften in der heutigen Kunst [23]

Um eine andere Wiederaneignung handelt es sich bei den von Metken klug zusammengestellten, vielfältigen Versuchen einer Anthropologie der eigenen vergessenen oder verdrängten Kultur, wie sie von Künstlern wie Boltanski, Poirier, Simonds, Lang, Gerz u. a. unternommen werden. Durch realisierte Fiktionen, kommt das Fingierte und Fiktive der Realität beispielhaft zum Vorschein. Die Spuren verweisen nicht auf eine ohne sie existente Wirklichkeit, sondern evozieren und produzieren das, wovon sie ein Abdruck zu sein vorgeben. Durch diese Inversion mag es gelingen, Archäologie und Ethnologie aus ihrer Gegenstandsbesessenheit zu erlösen.

Rolf Dieter Brinkmann; Rom, Blicke [24]

Als ein besonders gelungenes Beispiel der archäologischen Bestandsaufnahme der fremd gewordenen Moderne darf man das posthum erschienene Buch von Brinkmann ansehen. Hier wird die Chance eines Stipendiums in der Villa Massimo so genutzt, daß auf die perfekten Pläne der Stadt Rom (und andere Gegenden) eine private Geographie gelegt und im vollen Terminkalender eines Stipendiaten eine eigene Zeit (mit der Frau, mit sich) zur Geltung gebracht wird. Die damit d. h. im Medium von Texten, Fotos, Fotokopien vollzogene Entfremdung einer entfremdeten Erfahrung führt nahe heran an das Skandalon einer Geburt der Realität aus bitteren Träumen.

Hubert Fichte; Petersilie [25]

Für Fichte ist die herkömmliche Ethnographie gerade wegen ihrer »Wissenschaftlichkeit« ungeeignet, die spezifische Realität ihres »Gegenstandes« zu erfassen. Sein Gegenmodell: »nicht zu poetisieren, sondern poetisch freilegen«, hat er seit längerer Zeit an manchem Beispiel vor allem aus den afroamerikanischen Religionen erprobt. Das Wort »Petersilie« (spanisch Perejil) wurde 1937 in der Dominikanischen Republik zu einer Losung des Todes gemacht: wer es nicht aussprechen konnte, wurde niedergemetzelt. Fichte ist so an der gegenwärtigen Realität in Santo Domingo, Venezuela, Miami, Grenada usf. interessiert. Er schreibt – unkonventionell bis kategorisch, aber hart an den Ereignissen – und bringt exzessive Collagen aus Reisenotizen, Interviews und religiösen Litaneien zusammen.

Michel Leiris; Phantom Afrika [26]

Anfang der dreißiger Jahre begleitete Leiris den Ethnologen Griaule und gibt hier einen schonungslosen Bericht über die Praktiken der europäischen Ethnologie. Gleichzeitig ist das Buch das Dokument einer großen Enttäuschung, »groß«, weil ihr eine große Selbsttäuschung vorausgeht: Wissenschaft als Jagdbesessenheit, als Identifizierungsritual, das nicht trifft, wird mit einem »Phantom-Gegenstand« konfrontiert, der sich als vergessenes Produkt von Ritualen und Mythen erweist. Nicht nur, daß die originale Wirklichkeit unantreffbar ist, die nachträgliche Entdekkung, die daneben geht, wird ihrerseits als Form der Magie durchschaut. Leiris' Strategie, »aus jedem Holz Feuer zu machen«, gerät unter dieser Ent-täuschung ambivalent.

Antonin Artaud; Die Tarahumaras – Revolutionäre Botschaften [27]

Kurze Zeit nach Leiris' Afrikadurchquerung, nämlich im Oktober 1936, hat Artaud in Mexiko eine andere Initiation erfahren. Sie kostete ihn endgültig die Normalität. Seine Erfahrung war schon vor dem Peyotl-Ritus so intensiv, daß die Felsformationen der mexikanischen Hochebene zu sprechen begannen. Später hat er dieselben Botschaften bei den Tarahumaras vernommen: geheime, betreffende, verändernde Zeichen, die ihre abgespaltene Bedeutung wieder einbrachten in einen einzigen Kosmos des Sinnes. Artauds Buch bietet den erschütternden Beweis, daß die volle Rückkehr des Verdrängten nur durch die Schizophrenie hindurch möglich ist.

Im Hinblick auf eine derart im Kreis angelegte Bibliothek (mit 16 Titeln, die sich schier beliebig vermehren ließen) taucht die Frage nach dem inneren Zusammenhang der in ihren Beispielen doch sehr heterogenen »poetischen« Anthropologie verstärkt wieder auf. (Die Formel von einem anderen, »produktiven« oder »kreativen« Umgang mit der Realität dürfte zwar zutreffen, ist jedoch noch zu unbestimmt, um aufschlußreich sein zu können.)

Folgendes ist inzwischen klar: es geht um die mehr oder weniger fortgeschrittene Weigerung, das cartesianische Konstruktionsmodell einer unausgedehnten und außerzeitlichen Subjektivität und einer raumzeitlichen Objektivität weiterhin auf Sachverhalte anzuwenden, die selbst »reflexiv« sind, d. h. Bedeutungsebenen und Sinnstrukturen darstellen, welche zu dem, was Wissenschaft heißt, zumindest in Konkurrenz stehen, wenn nicht sogar eine überlegene Position einnehmen. Statt sich der Verlängerung einer im wesentlichen »zehrenden«, »ausbeutenden«, »vernichtenden« Erkenntnisstellung zum Objektiven zu unterwerfen, wird auf »Rettung« und »Wiederherstellung«, gelegentlich ausdrücklich auf »Heiligung« (mit Hilfe vor-bürgerlicher Überlieferungen) gesetzt. Auch wird die quasi-außergeschichtliche Trennung zwischen der Darstellung der Realität, die ihrerseits nur »verweist«, und der dargestellten Realität, auf die »verwiesen« wird, entschieden relativiert: sie ist ein Erfahrungsmodell unter vielen. So betrachtet bestünde das »Poetische« der neuen Anthropologie also einerseits in einer wissenschaftskritischen Aufdeckung der (vergessenen) Normen bürgerlicher Weltaneignung (bis in die Wahrnehmung) und andererseits im fortlaufenden Ersatz dieser normativen Konstrukte durch die Effekte einer tätig-leidenden und leidend-tätigen Einbildungskraft.

Um eine solche Betrachtung fundamentieren zu können, sind weitere und tiefere Überlegungen notwendig: zunächst eine wissenschaftsgeschichtliche Exkursion mit typisierender Absicht, dann eine Konstitutionsanalyse der normativ genannten bürgerlichen Anthropologie, beides unter dem Titel der »Um-Kehrung«.

III. Um-Kehrungen historischer und kultureller Identität

Unterstellt zwar, daß die Bedingungen für die jeweils eigenartige Veränderung von Wahrnehmungen und die letztlich unvergleichliche Neuartigkeit von Erfahrungen in einem faktischen Auflösungsprozeß liegen, der sich »poetisch« niederschlägt, so lassen sich doch Ressourcen, Trends und Konjunkturen angeben, die die Umrisse der »poetischen« Anthropologie deutlicher hervortreten lassen.

Da ist zunächst der Umkreis des Surrealismus, aber doch eher die Phalanx der frühen Abtrünnigen (Artaud, Bataille, Dali); auch hält sich das von Bataille, Caillois und Leiris 1936 entworfene »Collège de Sociologie« [28], das mit durchaus strengen Mitteln auf eine »heilige Soziologie« hinauswollte, als ein verbindlicher Horizont bis heute durch (sowohl Einstein als auch Benjamin unterhielten zu Bataille längere Kontakte!); eher schon oberflächlich stimmt das Etikett »anarchistische Erkenntnistheorie« für Feyerabend, Duerr und (cum grano salis) Brown; Ethnologen (Eliade, Castaneda, Lévi-Strauss, Devereux) und Schriftsteller (Wilson, Fichte, Leiris) verbindet die Kritik an den kolonialistischen Gesten der Ethnologie und die Bemühungen, sie zu unterbrechen; schließlich ist die »Spurensicherung«, die nach exotischen Exkursen nun die eigene Kultur in Vergangenheit und Gegenwart archäologisch entschlüsseln will, ein weitreichender Name (Brinkmann u. a.), der allerdings ungenau ist, weil er den Akzent von der Produktivität auf die Nachträglichkeit verschiebt.

Im Blickwechsel von den Ressourcen auf das, was fließt und wie es fließt, fällt auf, daß die einzelnen Ansätze der »Wiederverzauberung« unterschiedlich weit gehen (in Korrespondenz wohl zu den oben skizzierten Stärken der Erschütterung). Nach ihrer methodologischen Wende [29] hat sich die bürgerliche Anthropologie konsequenterweise der Grenze ihrer Zersetzung genähert, die gegenwärtig von diesseits und jenseits zum Anlaß kaum noch überbrückbarer Auseinandersetzungen wird. Was für die einen der Untergang, ist für die anderen die Rettung. Auf dem Spiel steht eine historische und kulturelle Identität, an der sehr viel hängt, vielleicht jeweils eine Welt. Ob aber widerstrebend oder zustimmend, die herkömmliche Anthropologie, die das »Menschliche« als Unterscheidungsmerkmal benutzt hat, ist dabei, die Beteiligung an der Zerstörung ihres »Gegenstandes« zur Kenntnis zu nehmen. Diese Kenntnisnahme hat verschiedene, typisierbare Varianten:

Der erste Schritt liegt gleichsam in der Konsequenz einer überfallartigen, durchdringenden Hellsicht, daß die wissenschaftliche Gegenstandsvermittlung verheerende Späteffekte hat, also in der kühlen Bilanzierung der Verwicklungen, in denen sich die Anthropologie als Macht-Komplize verfing, und in der minutiösen Kostenrechnung über das Verstehen des Fremden als einer subtilen Vernichtung; dann taucht jene bodenlose Trauer auf, in der die methodischen Gewinne und die sachlichen Verluste noch in der Schwebe bleiben und die Forschung zwischen Sensibilität bis zum Selbstmitleid und Solidarität mit den Opfern schwankt; drittens ist es eine Art »Verkafferung« bzw. »Verhexung«, die als Lösung vorschwebt: eine Suspendierung des »Eigenen« und eine Initiation in das mysteriöse »Fremde« seitens der stärkeren »Objekte«, die trotz aller Verwundungen noch immer geheimnisvoll lebensfähig sind; als vierter Schritt kann etwas wie ein praktischer Nihilismus angenommen werden, der mit ent-täuschter Selbsttäuschung auskommen muß und sich in der stattgehabten Verwüstung der Welt keinerlei Wiedergutmachung mehr zutraut; schließlich – gleichsam schon nach dem Ende der Subjekt-Objekt-Anthropologie und jenseits jeder Theorie-Praxis-Spaltung – kommt eine poetische Wiedererfindung in Betracht, die im Äußersten des Verlustes und ohne Rücksicht auf die »wahre Wirklichkeit« einer »Poiesis« (statt der Technik des Herstellens) dient und von der Anthropologie bzw. Soziologie produktive Aktivitäten (statt der »passiv« verstandenen Beobachtungen der Vernunft) verlangt.

Einer solchen, fünffächerigen Typisierung, die querschnitt- nicht längsschnittorientiert ist, liegt ein übergangenes Problem zugrunde, das nun – indem ein paar Stufen tiefer angesetzt wird – zur Sprache gebracht werden soll. Was Bitterli [30], Kramer [31], Defert [32] u. a. für die unaufhaltsame Rücknahme einer anthropologischen Negativ-Projektion des Bürgertums an den Rändern seiner Kultur aufgewiesen haben, wäre mit dem zusammenzusehen, was Foucault in seiner mikrologischen Geschichte des Wissens entdeckt hat (Foucault [33]): daß nämlich der Begriff *des* Menschen sich in Unterscheidung zu einem Außer- oder Un-Menschlichen (für welche Unterscheidung wiederum Menschen mit Leib und Seele Matrize sein mußten: Wilde, Hexen usw.) gebildet hat und daß er sich durch das Verschwinden dieser Unterscheidung selbst auflöst – wie eine Zeichnung im Sand. Die Einsicht in die Historizität der bürgerlichen Anthropologie mit ihrem Identitätswahn bedeutet nichts Geringeres als das Ende eines säkularen Traumes. Auch der Mensch der Norm, der Subjekt sein soll in seiner Welt, der das bürgerlich angestrebte Herrschaftsmodell über die Natur körperlich und geistig zu realisieren hat, der Selbstkontrolle üben muß, um Arbeitsenergie zur Verfügung zu haben, ist »nur« eine Erfindung.

Dadurch, daß sich längerhin die Differenz zwischen dem Eigenen und dem Fremden nicht halten läßt – denn sie markiert jene verlöschende Grenze –, schwindet die Norm. Dabei tut sich die »Leere des verschwundenen Menschen« auf (Foucault), aber nur für einen entscheidenden Moment: die Projektionsmechanismen der alten Magie sind immer noch mächtig und nirgends so voreilig wie an den »Abgründen des Nichts«. Wer ihnen allerdings nicht verfällt, müßte die Chance haben, die variierenden Stationen der Identitäts-Auflösung durch genaue Rekonstruktion der tätigen Normierung von Mensch und Welt zu Beginn der Moderne gleichsam spiegelbildlich zu begreifen. »Wildnis«, »Heidentum«, »Zauberei« oder *der* Mensch gegenüber den Trollen, Elfen, Teufeln und Hexen einerseits, den Wilden, Ungeheuern, Halbaffen, Fabeltieren andererseits wären die Stichworte des Themas, unter dem die Wiederkehr des ausgeschlossenen Fremden Revue passieren kann.

Am Ende dürfte klar sein, daß sich aus der Relativierung der »wirklichen Wirklichkeit« als einer phantasiegeborenen Fiktion für die Einbildungskraft ein anderer historischer Stellenwert ergibt. Sie wäre gegen ihre Verleugnung im Zeitalter der Vernunft der »wahre Schoß der Geburten«, die Urgestalt menschlicher Produktivität, der Ort des Aufgangs und des Untergangs von Geschichten und Kulturen.

»Fremd« ist nämlich keine Geschichte und Kultur auf Erden, es sei denn die eigene. Die intime Einheit des Menschengeschlechts ist nicht mehr ernsthaft zu bestreiten. Lediglich jene Abgrenzungsmanie wissenschaftlicher Begriffsbildung, die auf der hypothetischen Grundlage einer Magie der Aneignung verfährt, hat noch die Verwirrungen um sich, welche die Betroffenen in die Dunstkreise ihrer Undurchschaubarkeit bannt. Demgegenüber scheint von nun an die Hauptarbeit der Humanwissenschaften in der entgegengesetzten Richtung zu verlaufen: in der Aufklärung über die verworrenen Wirkungen der Aufklärung, im beweglichen Begreifen der hart gewordenen Begriffe und im neuen Umgang mit der Phantasie, die unter der Ägide der Vernunft nur ein kümmerliches Dasein fristete, doch offensichtlich trotzdem wirksam blieb.

IV. Die Unterscheidung der Einbildungskraft

Die Annahme, daß durch die Geschichte der neuzeitlichen Wissenschaft hindurch das Reale selbst imaginär wird, findet eine Stütze in Baudrillards These von den »Simulacra«, den schleichend eingeschmuggelten Ersatzgöttern in einer radikal menschlichen Welt.

Die Unabwendbarkeit einer Auflösung der Normen in (totale Geltung beanspruchenden) Simulationen sieht Baudrillard im Beispiel jenes Eingeborenenstammes der »Tasaday« [34], der kürzlich ein eigenartiges Schicksal hatte: unmittelbar nach seiner Entdeckung wurde auf Bitten von Ethnologen und Naturschützern behördlicherseits jeder Kontakt mit ihm untersagt und unmöglich gemacht. In solcher Art »Rettung« und »Wiederverzauberung« triumphiert nach Baudrillard die Simulationsstrategie endgültig.

Soweit es bei dem Vorfall um die »Gewissensberuhigung« der genannten Allianz ging, ist der Einschätzung Baudrillards zuzustimmen. Doch hängt die pure Identifikation der Fiktionen mit den Simulacra noch zu sehr an den Normen des Realen, die im Schwinden begriffen sind. Auch bleibt das herangezogene Phantasiekonzept dürftig und undifferenziert. Vor allem ist es mit Baudrillard unmöglich, aus dem Verfall der Geschichte der Bourgeoisie herauszukommen. Dabei wird es ohne Rekurs auf die verdrängte Einbildungskraft zunehmend rätselhafter, wie die Menschheit überhaupt in die Moderne hineingekommen ist.

Man kann nämlich das Problem der trotz ihres Ausschlusses wirksamen Einbildungskraft an der Unterscheidung von Magie und Imagination verdeutlichen. Beide beruhen zwar auf einem Vorrang des Imaginären vor dem Realen und wollen das als Wirklichkeit erfahrene »mixtum compositum« der Welt nicht als unüberbietbar akzeptieren. Während jedoch die Magie ohne eine dritte Größe auszukommen versucht und nur ihren Veränderungswillen mit dem Widerstand der Materie konfrontiert, untersteht die Imagination dem Unbeliebigen einer »symbolischen Ordnung« [35]. Sie ist unendlich mehr Leiden als Tun und lediglich um solchen Preis produktiv.

Damit sind das Dis-Kontinuum der Macht, der Bruch der Normalität, der »Choc« des plötzlichen Verrücktwerdens als die Bedingungen genannt, unter der jener (von Kokoschka formulierte) Sachverhalt der erschaffenden Phantasie einzig gilt: erst der

Zusammenbruch der Konstruktionen magischer *und* wissenschaftlicher Weltbewältigung setzt die Produktivität frei. Das ist der Inbegriff einer (nach)katastrophischen Geschichte.

Zwar war auch in den großen Geheimlehren der Magie klar, daß Zauberei nur ein notwendiger Umweg sein kann: der gesuchte Stein der Weisen ist der »innere Mensch« ... aber dieses »Ende« wurde bei der Herauslösung der neuzeitlichen Wissenschaften aus den spätmittelalterlichen Projekten buchstäblich »vergessen«. Und genau in derart äußerlichen, »endlosen« Formen ist Magie durch Wissenschaft hoffnungslos überboten worden. Deshalb wäre ein ernsthaftes Wiederanknüpfen an vor-bürgerliche Praktiken von Hexerei, Schamanismus, Beschwörung usf. zum Zwecke des Machtgewinns bloß lächerlich. Gleichzeitig ist die Spaltung der Einbildungskraft in einen magischen und einen imaginären Anteil irreversibel geworden. In Rücksicht darauf muß das prüfende Erkennen den Unterschied, der existiert, genau treffen. Die Phantastik, die an den Horizonten des modernen Lebens gegenwärtig wieder sichtbar wird, ist abzuheben von der Einbildungskraft in den Fundamenten der menschlichen Erfahrung.

Auf der Ebene der Rationalität und ihrer bloßen Kehrseite, des Irrationalen, findet sich überall und immer nur die Magie der Bilder und mit ihr eine unaufhaltsame Selbstfesselung des sich emanzipierenden Willens zur Macht in den transzendentalen Voraussetzungen seines Willens. Die aktuellen Haftbanden der Bilderflut sind nicht das Gegenteil, sondern die Verdopplung der Herrschaft als Knechtschaft, die der abstrakte Verstand heraufgeführt hat. Erst jene auf einen »dritten Weg« verpflichtete Imagination, die den Zwang der Alternative überhaupt wahrzunehmen gestattet, leitet in den Produktionsprozeß zurück, in dem die Menschen ihre Verhältnisse erschaffen. »Poetische« Anthropologie *nach* dem Bruch des Empiriemonopols der Wissenschaften vom Menschen hat also mit Zauberei (sei es auch bloß im Sinne der Sprachmagie) nichts mehr zu tun. Sie ist eine Realisation der Phantasie, ein Leben aus der grundlegenden Einbildungskraft (»l'imagination fondatrice«), welche die Differenz des Realen und des Imaginären erst aufzumachen gestattet.

Deshalb geht es nicht um »Wiederverzauberung der Welt«. Überhaupt ist die Idee der Welt sosehr mit dem Bürgertum verbunden (und mit der Norm *des* Menschen), daß es wohl notwendig ist, diesen Focus liebgewordener Konnotationen eines Überall und Immer zu suspendieren. Diese »Welt« ist durch Magie und Wissenschaft aufgeteilt und geographisch, kulturell, ideologisch, politisch derart mit Macht besetzt, daß die Phantastik nun schon ausgreifen muß, bis ins zeitlose Weltall, um noch »Material« für ihre Traktate zu finden. (Nicht zufällig, eher ironischerweise heißt solche Literatur »science fiction«.)

Die Gegenwart der Phantasie, die sich – nach dem Stillstand der Weltgeschichte – aus erfahrungsfähiger Anschauung und selbstmächtigem Verstand ergibt, braucht nicht viel: nur ein wenig eigene Zeit. Es geht mithin um nichts Größeres als darum, Zeit zu gewinnen. Zeit ist der schönste Name der Einbildungskraft und gegenüber dem zu Tode beherrschten Weltraum das offene Geheimnis der Wildnis im innersten Kern der Zivilisation.

Anmerkungen

1. Die Phantasie an die Macht?

1 Ulrich Sonnemann: Negative Anthropologie, Reinbek 1969
2 a. a. O., S. 307
3 vgl. im übrigen die Dokumente der französischen Mai-Revolte, die unter dem Titel »La chienlit« von Lebel, Brau und Merlhès herausgegeben wurden (deutsch: Darmstadt 1969)
4 Novalis, Fragmente I, Heidelberg 1957, S. 86
5 Novalis, Fragmente I, a. a. O., S. 451f
6 Novalis, Fragmente II, a. a. O., S. 147f
7 Richard Faber: Novalis: Die Phantasie an die Macht, Stuttgart 1970
8 Herbert Marcuse: Die Permanenz der Kunst. Wider eine bestimmte marxistische Ästhetik, München 1977
9 a. a. O., S. 18
10 a. a. O., S. 14f
11 Peter Schneider: Die Phantasie im Spätkapitalismus und die Kulturrevolution, in: Kursbuch 16, 1969
12 Manfred Pohlen, Lothar Wittmann: Die Unterwelt bewegen. Versuch über Wahrnehmung und Phantasie in der Psychoanalyse, Frankfurt/M. 1980 – Pohlens und Wittmanns Versuch ist insofern überzeichnet, als die Fruchtbarkeit des Freudschen Phantasiekonzeptes, wie es sich im folgenden auch gegen seine Intention erweist, herabgespielt wird: es ist weder auf Lorenzers Überlegungen zu Symbol, Klischee, Zeichen, noch auf Lacans Konzept der »symbolischen Ordnung« weiter eingegangen worden; weder Melanie Kleins Inanspruchnahme der Phantasie bei der Kleinkinderanalyse noch Sandor Ferenczis außerordentliche spekulative Einbildungskraft ist überhaupt erwähnt.
13 a. a. O., S. 36f
14 Oskar Negt/Alexander Kluge: Öffentlichkeit und Erfahrung. Zur Organisationsanalyse von bürgerlicher und proletarischer Öffentlichkeit, Frankfurt/M. 1972
15 a. a. O., S. 66f
16 a. a. O., S. 68
17 a. a. O., S. 69f
18 In diesem Zusammenhang erwähnen möchte ich auch ein kleines Buch, das einige Jahre später dieselbe Spur wieder aufnimmt: Richter, Dieter und Merkel, Johannes: Märchen, Phantasie und soziales Lernen, Berlin 1974
19 Ernst Bloch: Geist der Utopie (1923), Frankfurt/M. 1964, S. 343f
20 Hans Magnus Enzensberger: Bemerkungen zum Weltuntergang, in: Kursbuch 52, 1978
21 Pier Paolo Pasolini: Die Freibeuterschriften, Berlin 1979
22 Nicolas Born: Vorbemerkung zu: Literaturmagazin 3, Reinbek 1975, S. 11
23 Herbert Marcuse: Der eindimensionale Mensch, Neuwied und Berlin 1967

24 vgl. das Kapitel »Kulturindustrie. Aufklärung als Massenbetrug« in Horkheimer/Adorno: Dialektik der Aufklärung. Philosophische Fragmente, Frankfurt/M. 1969
25 Wolfgang Fritz Haug: Kritik der Warenästhetik, Frankfurt/M. 1977[6], S. 11
26 Guy Debord: Die Gesellschaft des Spektakels (1967), Hamburg 1978
27 a. a. O., S. 18
28 a. a. O., S. 20
29 a. a. O., S. 6
30 a. a. O., S. 6
31 a. a. O., S. 10
32 a. a. O., S. 11
33 a. a. O., S. 15
34 a. a. O., S. 16
35 Jean Joseph Goux: Freud, Marx. Ökonomie und Symbolik, Frankfurt/M. 1975
36 vgl. das Schema, a. a. O., S. 105
37 Jean-Baptiste Pontalis (Hrsg.): Objekte des Fetischismus, Frankfurt/M. 1976
38 Jean Baudrillard: Agonie des Realen, Berlin 1978, S. 7f
39 a. a. O., S. 14f
40 Goux, a. a. O., S. 61ff
41 Roland Barthes: Lektion, Frankfurt/M. 1980
42 a. a. O., S. 21f
43 a. a. O., S. 27
44 Robert Musil: Der Mann ohne Eigenschaften, Hamburg 1952
45 vgl. den Titel, den Martin Jay seiner Geschichte der »Frankfurter Schule« gegeben hat: Dialektische Phantasie. Die Geschichte der Frankfurter Schule und des Instituts für Sozialforschung 1923–1950, Frankfurt/M. 1976
46 Roland Barthes: Lektion, Frankfurt/M. 1980, S. 65f
47 a. a. O., S. 69f

2. Die Wiederkehr des Körpers

1 Hegel, Georg Wilhelm Friedrich: Enzyklopädie der philosophischen Wissenschaften (1830), Dritter Teil § 389
2 Horkheimer, Max und Adorno, Theodor W.: Dialektik der Aufklärung. Philosophische Fragmente, Frankfurt/M. 1971; vgl. insbesondere die Fragmente im Anhang
3 Die Diskussion wurde schon in den dreißiger Jahren von Elias eröffnet; vgl. Elias, Norbert: Über den Prozeß der Zivilisation, 2 Bände, Frankfurt/M. 1978[2]. In der Folge waren es vor allem Rudolf zur Lippe: Naturbeherrschung am Menschen, Frankfurt/M. 1974 und Dietmar Kamper/Volker Rittner (Hrsg.): Zur Geschichte des Körpers, München 1976, die die Spur von Elias aufnahmen, ohne seine kaum gebrochene aufklärerische Grundlinie des Fragens zu teilen.
4 vgl. Foucault, Michel: Überwachen und Strafen. Die Geburt des Gefängnisses, Frankfurt/M. 1977
5 vgl. Schipperges, Heinrich: Am Leitfaden des Leibes. Zur Anthropologik und Therapeutik Friedrich Nietzsches, Stuttgart 1975

6 vgl. Goethes Wilhelm Meister, speziell die »Wanderjahre«, die eine solche Theorie der »exakten Phantasie« als Ausweg aus den Verhängnissen der Bourgeoisie andeuten.
7 vgl. Adorno, Theodor W.: Negative Dialektik, Frankfurt/M. 1966

3. Arbeit und Angst

1 vgl. Bataille, Georges: Der Begriff der Verausgabung, in: ders.: Das theoretische Werk, München 1975, S. 9ff. Die auf Darwins Selektionstheorie gemünzte Kritik Nietzsches lautet am prägnantesten: »Anti-Darwin. – Was den berühmten »Kampf ums Leben« betrifft, so scheint er mir einstweilen mehr behauptet als bewiesen. Er kommt vor, aber als Ausnahme; der Gesamt-Aspekt des Lebens ist nicht die Notlage, die Hungerlage, vielmehr der Reichtum, die Üppigkeit, selbst die absurde Verschwendung« – Nietzsche, Friedrich: Götzendämmerung, in: ders.: Werke III, München 1969[6], S. 444
2 vgl. Oppitz, Michael: Notwendige Beziehungen. Abriß der strukturalen Anthropologie, Frankfurt/M. 1975, der noch immer hilfreichste Führer durch die komplexen Resultate und Methoden einer elaborierten wissenschaftlichen Disziplin
3 vgl. Lévi-Strauss, Claude: Strukturale Anthropologie, Frankfurt/M. 1972, hier besonders: Die Wirksamkeit der Symbole, S. 204ff
4 Habermas, Jürgen: Arbeit und Interaktion. Bemerkungen zu Hegels Jenenser »Philosophie des Geistes«, in: ders.: Technik und Wissenschaft als »Ideologie«, Frankfurt/M. 1968
5 Morin, Edgar: Das Rätsel des Humanen. Grundfragen einer neuen Anthropologie, München 1974; hier besonders S. 115ff
6 vgl. Goux, Jean Joseph: Freud, Marx. Ökonomie und Symbolik, Frankfurt/M 1975
7 vgl. Blumenberg, Hans: Arbeit am Mythos, Frankfurt/M. 1979
8 neben Goux, der schon erwähnt wurde (vgl. Anm. 6) wäre – außer einer immensen Anzahl von Sekundärtheoretikern – noch Susanne K. Langer zu nennen, eine Schülerin von Whitehead, die, fasziniert von ihrer Entdeckung, den abstraktiven Bruch im »System der Symbole« übergeht (vgl. Philosophie auf neuem Wege, Frankfurt/M. 1965); dagegen sind Raymond Firth: Symbols. Public and Private, London 1973 und Dan Sperber: Le symbolisme en général, Paris 1974 auf dem Wege zu einer Logik des Konkreten
9 vgl. Baudrillard, Jean: Der Tod tanzt aus der Reihe, Berlin 1979

4. Der Einzelne nach dem Ende des Individuums

1 Rosenstock-Huessy, Eugen: Soziologie, 2 Bde, Stuttgart 1956 und 1958
2 Hauptsächlich wurden folgende Schriften herangezogen:
Darwin, Charles: Die Entstehung der Arten (1859), Stuttgart 1976
ders.: Autobiographie, in: Darwin in Selbstzeugnissen und Bilddokumenten (zusammengestellt J. Hemleben), Reinbek 1968

Marx, Karl: Grundrisse der Kritik der politischen Ökonomie (1857/58), Frankfurt/M. 1959

Freud, Sigmund: Die Zukunft einer Illusion (1927), in: ders.: Studienausgabe Bd. IX, Frankfurt/M. 1974

ders.: Neue Vorlesungen zur Einführung in die Psychoanalyse (1933) in: ders.: Studienausgabe Bd. I, Frankfurt/M. 1976[7]

Nietzsche, Friedrich: Götzendämmerung, in: ders.: Ullstein-Werksausgabe Frankfurt/M. 1975, (ed. Schlechta), Bd. III

ders.: Genealogie der Moral, a. a. O.

ders.: Ecce Homo, a. a. O.

3 vgl. die neuere Disziplin, die sich »evolutionäre Erkenntnistheorie« nennt und die Unterstellung eines »extraterrestrischen point de vue« vollautomatisch vornimmt; vgl. Zimmer, Dieter: Ich bin, also denke ich. Die biologischen Wissenschaften haben sich in die Philosophie eingemischt, in: DIE ZEIT, Nr. 24, 6. Juni 1980

4 Foucault, Michel: Nietzsche, Die Genealogie, die Historie, in: ders.: Von der Subversion des Wissens, München 1974, S. 89

5 Es kann hier nur insgesamt auf die einschlägigen Hauptwerke Eugen Rosenstock-Huessys verwiesen werden; außer der bereits genannten »Soziologie« sind es die folgenden:

Rosenstock-Huessy, Eugen: Die europäische Revolutionen und der Charakter der Nationen, Stuttgart 1961[2]

ders.: Das Geheimnis der Universität. Aufsätze und Reden, Stuttgart 1958

ders.: Die Sprache des Menschengeschlechtes. Eine leibhaftige Grammatik in vier Teilen, Heidelberg 1964

6 vgl. die Einleitung zur Soziologie, insbesondere S. 57ff

7 a. a. O., S. 683ff

5. Romantik in Marburg

1 Zitat aus einer Postwurfsendung für ein Bauprojekt in Marburg, Titel: »Steuerhit 78/79«

2 Alle folgenden Zitate sind – wenn nicht anders angegeben – den nachstehend genannten Quellenwerken entnommen:

Die Philipps-Universität in Marburg 1527–1927. (Hrsg. von H. Hermelink und S. A. Kaehler), Marburg 1927

Brentano-Chronik. Daten zu Leben und Werk. Zusammengestellt von Konrad Feilchenfeldt, München 1978

Briefwechsel zwischen Clemens Brentano und Sophie Mereau, 2 Bde. (Hrsg. von Heinz Amelung), Leipzig 1908

Clemens Brentanos Frühlingskranz aus Jugendbriefen ihm geflochten wie er selbst schriftlich verlangte. (Hrsg. von B. von Arnim 1844), München 1967

Das unsterbliche Leben. Unbekannte Briefe von Clemens Brentano. (Hrsg. von W. Schellberg und F. Fuchs), Jena 1939

Dichter über Dichtungen. Clemens Brentano. (Hrsg. Werner Vordtriede in Zusammenarbeit mit Gabriele Bartenschlager), München 1970

Clemens Brentanos Liebesleben. Eine Ansicht von Lujo Brentano, Frankfurt/M. 1921

weiterhin sind herangezogen worden:

Höck, Alfred: Die Brüder Grimm als Studenten in Marburg, Mbg. 1978

Knetsch, Carl: Der Forsthof und die Ritterstraße zu Marburg (mit Zeichnungen von Ubbelohde), Marburg 1909

Rohde, Erwin (Hrsg.): Friedrich Creuzer und Karoline von Günderrode. Briefe und Dichtungen, Heidelberg 1896

Steig, Reinhold u. Herman Grimm (Hrsg.): Achim von Arnim und die ihm nahestanden. 3 Bde., Stuttgart und Berlin 1894

Stoll, Adolf: Der junge Savigny. Kinderjahre, Marburger und Landshuter Zeit Friedrich Karl von Savignys. Zugleich ein Beitrag zur Geschichte der Romantik, Berlin 1927

3 vgl. de Rougemont, Denis: Die Liebe und das Abendland, Köln 1966

4 Enzensberger, Hans Magnus: Brentanos Poetik, München 1961

5 Huch, Ricarda: Die Romantik. Blütezeit, Ausbreitung und Verfall, Tübingen 1951, S. 504

6. Das Elend der Einbildungskraft

1 Adorno, Theodor W. u. a.: Der Positivismusstreit in der deutschen Soziologie, Neuwied 1969, S. 62f

2 Klages, Ludwig: Der Geist als Widersacher der Seele, Bonn 1960[4], besonders Band III »Die Wirklichkeit der Bilder«

3 Palagyi, Melchior: Theorie der Phantasie, in: ders.: Ausgewählte Werke, Bd. II Leipzig 1925, S. 94

4 Ribot, Théodule: Essai sur l'imagination creatice, Paris 1900

5 Sartre, Jean Paul: Das Imaginäre. Phänomenologische Psychologie der Einbildungskraft, Reinbek 1971

6 Merleau-Ponty, Maurice: Phänomenologie der Wahrnehmung, Berlin 1966

7 ders.: Das Auge und der Geist. Philosophische Essays, Reinbek 1967, S. 132

8 Szilasi, Wilhelm: Über das Einbildungsvermögen, in: ders.: Phantasie und Erkenntnis, Bern und München 1969, S. 64

9 Kunz, Hans: Die anthropologische Bedeutung der Phantasie, Basel 1946, II. Band, S. 309

10 Simon, Josef: Wahrheit als Freiheit. Ein Versuch zur Entwicklung der Wahrheitsfrage in der neueren Philosophie, Berlin 1978

11 Staiger, Emil: Die Zeit als Einbildungskraft des Dichters, Zürich 1939

12 Bachelard, Gaston: Poetik des Raumes, München 1975

13 a.a.O., S. 11

14 a.a.O., S. 28

15 Bornscheuer, Lothar: Topik. Zur Struktur der gesellschaftlichen Einbildungskraft, Frankfurt/M. 1976

16 vgl. Curtius, Ernst Robert: Europäische Literatur und lateinisches Mittelalter, Bern und München 1967[6]

17 vgl. Hocke, Gustav René: Manierismus in der Literatur. Sprachalchimie und

esoterische Kombinationskunst. Beiträge zur vergleichenden europäischen Literaturgeschichte, Reinbek 1959

18 Starobinski, Jean: Psychoanalyse und Literatur, Frankfurt/M. 1973, S. 20

19 a. a. O., S. 23

20 Cassirer, Ernst: Philosophie der symbolischen Formen, 3 Bde., Darmstadt 1974[7]

21 a. a. O., Bd. 2, S. XI

22 Jung, Carl Gustav: Der Mensch und seine Symbole, unter Mitarbeit von Marie-Louise von Franz, Joseph L. Henderson, Jolande Jacobi, Aniela Jaffé, Olten 1979[9]

23 Blumenberg, Hans: Arbeit am Mythos, Frankfurt/M. 1979

24 vgl. Fuhrmann, Manfred (Hrsg.): Terror und Spiel. Probleme der Mythenrezeption, München 1971, und
Bohrer, Karl-Heinz: Die gefährdete Phantasie oder Surrealismus und Terror, München 1970

25 Schilling, Hans: Bildung als Gottesebenbildlichkeit. Eine motivgeschichtliche Studie zum Bildungsbegriff, Freiburg 1961

26 vgl. hier und bei den folgenden Stichworten: Kluge, Friedrich: Etymologisches Wörterbuch, Berlin 1963[19]

27 vgl. Savinkov, Chantal: Genèse de l'Icône, in: Les imaginaires (ed. Jean Duvignaud, Paris 1979)

28 vgl. 13. Körper des Königs (in diesem Band)

29 vgl. 9. Das Marburger Religionsgespräch (in diesem Band)

30 Pawek, Karl: Das optische Zeitalter. Grundzüge einer neuen Epoche, Olten 1963

31 Ritter, Joachim u. a. (Hrsg.): Historisches Wörterbuch der Philosophie, Darmstadt 1971 ff

32 Jonas, Hans: Gnosis und spätantiker Geist I, Göttingen 1964[3]

33 Warnke, Martin (Hrsg.): Bildersturm. Die Zerstörung des Kunstwerks, München 1973

34 Schrader, Hubert: Die Wirklichkeit des Bildes, München 1965, S. 15

35 Benjamin, Walter: Über den Begriff der Geschichte, in: ders.: Illuminationen, Frankfurt/M. 1977, S. 251 ff

36 Lichtenstein, Ernst: Zur Entwicklung des Bildungsbegriffs von Meister Eckhart bis Hegel, Heidelberg 1966

37 aus dem »Buch der göttlichen Tröstung«, in: Eckhart, Tauler, Seuse: Ein Textbuch der altdeutschen Mystik. Hrsg. von H. Kunisch, Reinbek 1958, S. 70 f

38 vgl. Jung, Carl Gustav: Paracelsica. Zwei Vorlesungen über den Arzt und Philosophen Theophrastus, Zürich u. Leipzig 1942 und: Theophrast von Hohenheim: Fünf Bilder über die unsichtbaren Krankheiten, eingeleitet und hrsg. von Richard Koch und Eugen Rosenstock, Stuttgart 1923

39 vgl. Benz, Ernst: Der vollkommene Mensch nach Jakob Böhme, Stuttgart 1937

40 Pascal, Blaise: Über die Religion (Pensées), Heidelberg 1954, S. 248 f: »Seit ungefähr abends zehneinhalb bis ungefähr eine halbe Stunde nach Mitternacht Feuer«

41 Schaarschmidt, Ilse: Der Bedeutungswandel der Worte Bilden und Bildung (1931), in: W. Klafki (Hrsg.): Beiträge zur Geschichte des Bildungsbegriffes, Weinheim 1965

42 Fichte, Johann Gottlieb: Die Anweisung zum seligen Leben, Berlin 1912, S. 136

43 Pleines, Jürgen-Eckhardt: Hegels Theorie der Bildung, in: Vierteljahrsschrift für wissenschaftliche Pädagogik, Heft 3, 1980, S. 350ff
44 Hegel, Georg Wilhelm Friedrich: Geist des Christentums. Schriften 1796–1800, hrsg. von W. Hamacher, Frankfurt/M. 1978
45 ders.: Die Wissenschaft der Logik (Ausgabe Larsson), Leipzig 1934², S. 56
46 Ball, Hugo: Byzantinisches Christentum, Einsiedeln 1958², S. 63ff
47 de Fiore, Joachim: Das Reich des Heiligen Geistes, München-Planegg 1955
48 vgl. Cohn, Norman: Das Ringen um das Tausendjährige Reich. Revolutionärer Messianismus im Mittelalter und sein Fortleben in den modernen totalitären Bewegungen. München 1961
49 vgl. u. a. Gorsen, Peter: Kunst und Krankheit. Metamorphosen der ästhetischen Einbildungskraft, Frankfurt/M. 1981
50 vgl. z. B. beim entsprechenden Stichwort im »Historischen Wörterbuch der Philosophie«, a. a. O.
51 Wolff, zitiert nach »Historisches Wörterbuch der Philosophie« a. a. O.
52 vgl. Anm. 5
53 Vico, Giambattista: Die neue Wissenschaft über die gemeinschaftliche Natur der Völker (1744), Reinbek 1966, S. 241f
54 Descartes, René: Meditationen über die Erste Philosophie, Stuttgart 1971, besonders die erste und die zweite Meditation
55 vgl. zum folgenden auch Inciarte, Fernando: Die Einbildungskraft im transzendentalen Idealismus, Bonn 1970
56 Kant, Immanuel: Kritik der reinen theoretischen Vernunft (Ausgabe von 1781), Köln o. J., S. 76ff
57 ders.: Anthropologie in pragmatischer Absicht, § 29
58 Heidegger, Martin: Kant und das Problem der Metaphysik, Bonn 1929, S. 161
59 Herder, Johann Gottfried: Ideen zur Philosophie der Geschichte der Menschheit, in: ders.: Werke (Ausgabe Suphan) Bd. 13, Berlin 1881, S. 307f
60 ders.: Werke (Ausgabe Suphan) Bd. 23, a. a. O., S. 312f
61 Fichte, Johann Gottlieb: Über das Verhältnis der Logik zur Philosophie oder Transzendentale Logik, in: ders.: Auswahl in sechs Bänden (hrsg. von F. Medicus), Bd. VI
62 vgl. Drechsler, Julius: Fichtes Lehre vom Bild, Stuttgart 1955, S. 229ff.
63 Schelling, Friedrich Wilhelm Joseph: Philosophie der Kunst (1859), Darmstadt 1976, S. 39
64 vgl. Heidegger, Martin: Kant und das Problem der Metaphysik, a. a. O., S. 167f
65 vgl. Anm. 44
66 vgl. Theunissen, Michael: Hegels Lehre vom absoluten Geist als theologisch-politischer Traktat, Berlin 1970

7. Traum, Gelächter, Wahnsinn ...

1 Bataille, George: L'expérience intérieure, Paris 1967, S. 71, zitiert nach: Derrida, Jacques: Die Schrift und die Differenz, Frankfurt/M. 1972, S. 383
2 Zitiert wird nach Theorie-Werkausgabe des Suhrkamp-Verlages, hrsg. von E. Moldenhauer und K. M. Michel, Frankfurt/M. 1970, Bd. 10

8. Methodische Schizophrenie

1 mitgeteilt von Christa Wolf: Der Schatten eines Traumes. Karoline von Günderrode – ein Entwurf, in: dies.: Lesen und Schreiben. Neue Sammlung, Darmstadt u. Neuwied 1980, S. 282

2 vgl. die Schriften des englischen Psychiaters Ronald D. Laing: Das Selbst und die Anderen, Köln 1973 und: Das geteilte Selbst, Köln 1974, der eine entsprechende Therapie als »Reisebegleitung« auffaßt.

3 Bahnson, C. B. and Bahnson, M. B.: Cancer as an Alternative to Psychosis, London 1964

4 Willms, Bernhard: Revolution und Protest, Stuttgart 1969

5 Das Duden-Lexikon übersetzt Liquidation mit »Abwicklung der Rechtsgeschäfte eines aufgelösten Vereins«

6 vgl. 12. Kierkegaards Ende (in diesem Band)

7 Adorno, Theodor W.: Aufsätze zur Gesellschaftstheorie und Methodologie, Frankfurt/M. 1970, S. 60

8 Foucault, Michel: Die Ordnung der Dinge, Frankfurt/M. 1974, S. 412

9 a. a. O.

10 Ein extremes Beispiel für diese aufgesetzte Haltung, dadurch aber unfreiwillig aufschlußreich für die Nervenpunkte der Krise, ist »Literaturmagazin« 9, Der neue Irrationalismus, Reinbek 1978

11 Lévi-Strauss, Claude: Das wilde Denken, Frankfurt/M. 1968, S. 295

12 a. a. O., S. 284

13 Lacan, Jacques: Das Spiegelstadium als Bildner der Ichfunktion, in: ders.: Schriften I, Olten 1973

14 Foucault, Michel: Von der Subversion des Wissens, München 1974, S. 89f

15 vgl. Deleuze, Gilles und Guattari, Félix: Anti-Ödipus. Kapitalismus und Schizophrenie I, Frankfurt/M. 1974

16 so Habermas im Vorwort zu »Entwicklung des Ich« (Hrsg. von Döbert, Habermas, Nunner-Winkler), Köln 1977

17 Adorno, Theodor W.: Zum Verhältnis von Soziologie und Psychologie, in: ders.: Aufsätze zur Gesellschaftstheorie und Methodologie, a. a. O., S. 21

18 Foucault, Michel, a. a. O., S. 106

19 Horkheimer, Max und Adorno, Theodor W.: Dialektik der Aufklärung. Philosophische Fragmente, Frankfurt/M. 1971, S. 33

20 Bataille, George, hier zitiert nach: Antikenprojekt der Schaubühne am Halleschen Ufer, Berlin 1974, S. 37f

21 vgl. Klein, Melanie, Das Seelenleben des Kleinkindes, Stuttgart 1962

22 Lacan, Jacques: Schriften I, Olten 1973, S. 67f

23 Kott, Jan: Gott-Essen, München 1975, hier zitiert nach Antikenprojekt, a. a. O., S. 17f

24 Frazer, James: Der goldene Zweig, Köln 1968

25 Eliade, Mircea: Das Mysterium der Wiedergeburt, Zürich 1961, S. 45

26 vgl. Plügge, Herbert: Vom Spielraum des Leibes. Klinisch-phänomenologische Erwägungen über »Körperschema« und »Phantomglied«, Salzburg 1970

27 Ferenczi, Sandor: Schriften zur Psychoanalyse II, Frankfurt/M 1972, S. 333

28 dabei folge ich im wesentlichen Pierre Grimal: Mythen der Völker, 3 Bde.,

Frankfurt/M. 1967. Zusätze in Klammern stammen von Frazer (vgl. Anm. 23) und Robert Ranke-Graves: Griechische Mythologie. Quellen und Deutung, 2 Bde., Reinbek 1960
29 Grimal Bd. I a. a. O., S. 52f
30 Grimal Bd. I a. a. O., S. 222f
31 Grimal Bd. III a. a. O., S. 57f und S. 64
32 Grimal Bd. III a. a. O., S. 185f
33 vgl. die Überlegungen zur »endgültigen Inversion« des Opfers in 12. Kierkegaards Ende (in diesem Band)

9. Das Marburger Religionsgespräch zwischen Luther und Zwingli

1 Peuckert, Will-Erich: Die große Wende. Das apokalyptische Säkulum und Luther (1948), Darmstadt 1976
2 vgl. Eco, Umberto: Das offene Kunstwerk, Frankfurt/M. 1973
3 vgl. Barthes, Roland: Lust am Text, Frankfurt/M. 1974
4 vgl. Derrida, Jacques: Randgänge der Philosophie, Frankfurt/M. 1976
5 Virilio, Paul: Geschwindigkeit und Politik, Berlin 1980
6 Cioran, E. M.: Geschichte und Utopie, Stuttgart 1965
7 Derrida, Jacques: Die Stimme und das Phänomen, Frankfurt/M. 1979, S. 95f
8 Heller, Erich: Die abenteuerliche Geschichte der modernen Poesie, in: ders.: Studien zur modernen Literatur, Frankfurt/M. 1963
9 Lévi-Strauss, Claude: Mythologica, Bd. IV »Der nackte Mensch«, Frankfurt/M. 1975
10 Das Gespräch wird im folgenden extensiv zitiert, weil auch die Einzelheiten wichtig sind. Zusätze sind als Einschübe kenntlich gemacht.
Vgl. die Reformation in Augenzeugenberichten (hrsg. von H. Junghans, München 1980[2], S. 393ff)
11 de Negri, Enrico: Offenbarung und Dialektik. Luthers Realtheologie, Darmstadt 1973, S. 178ff
12 a. a. O., S. 193
13 vgl. Kott, Jan: Gott-Essen. Interpretationen griechischer Tragödien, München 1975
14 mitgeteilt bei de Negri, a. a. O., S. 208
15 vgl. dazu die bekannte Protestantismusthese Max Webers
16 Otto, Rudolf: Das Heilige. Über das Irrationale in der Idee des Göttlichen und sein Verhältnis zum Rationalen (1917), München 1936
17 Heidegger, Martin: Sein und Zeit (1927), Tübingen 1963[10]
18 Ganz unkonventionelle Ansätze einer solchen Neuorientierung findet man in dem Buch einiger Literaturwissenschaftler: Kittler, Friedrich A. und Turk, Horst (Hrsg.): Urszenen, Frankfurt/M. 1977

10. Der leidende Gottmensch

1 Kunz, Hans: Die anthropologische Bedeutung der Phantasie, 2 Bde., Basel 1946
2 Kassner, Rudolf: Die Geburt Christi, Zürich 1951, S. 78
3 ders.: Transfiguration, Zürich 1950, S. 65
4 Peuckert, K. W.: Rudolf Kassner und die Metaphysik (Dissertation), Freiburg 1960
5 Kassner, Rudolf: Das 19. Jahrhundert, Zürich 1950, S. 230
6 ders.: Melancholia (1908), Zürich 1953[3], Nachwort
7 ders.: Die Geburt Christi, a. a. O., S. 80
8 ders.: Zahl und Gesicht (1918), Wiesbaden 1956
9 ders.: Melancholia, a. a. O., S. 121
10 ders.: Zahl und Gesicht, a. a. O., S. 107
11 ders.: Physiognomik, Wiesbaden 1951
12 ders.: Die Geburt Christi, a. a. O., S. 49
13 ders.: Der Gottmensch und die Weltseele, Zürich 1960, S. 92
14 ders.: Die Nacht des ungeborenen Lebens, Wiesbaden 1950, S. 159
15 Ziegler, Leopold: Menschwerdung Bd. III, Olten 1948, S. 238
16 ders.: Überlieferung, Darmstadt 1936, S. 337f
17 ders.: Menschwerdung, a. a. O., S. 238f
18 ders.: Überlieferung, a. a. O., S. 381f
19 vgl. zum weiteren Umfeld dieses Bedingungsgefüges: Dietmar Kamper: Die Anthropologie Leopold Zieglers (Dissertation) München 1964
20 Kassner, Rudolf: Physiognomik, a. a. O., S. 199

11. Die Abstraktion des Herzens

1 Gorsen, Peter: Intersexualismus und Subkultur. Zum Abbau der Geschlechterspannung, in: Masculin – Feminin (Anita Albus, Frank Böckelmann u. a.), München 1972, S. 135f
2 vgl. Amendt, Günther: Sexfront (erweiterte Auflage), Frankfurt/M. 1980
3 vgl. Foucault, Michel: Geschichte der Sexualität, Bd. I, Frankfurt/M. 1979
4 Es ist auffallend, wie weit die Analogie in der Beschränktheit geht: die geregelte Erkenntnis unterscheidet sich in ihrer einfallslosen Bewegungsform kaum noch von den stereotypen Gesten, die immer aufs neue in den Pornographien anzutreffen sind
5 Bruckner, Pascal und Finkielkraut, Alain: Die neue Liebesunordnung, München 1979, S. 139
6 vgl. dazu den folgenden Text von Franz von Baader, entnommen aus Bd. I der von H. Grassl herausgegebenen Werke, München 1953, S. 161ff
»Die Schrift nennt den Bruch des ersten Menschen mit Gott einen Ehebruch (Ehe = Bund). – Des Menschen erste Sünde bestand in dem Versuche, von seinem paradiesischen, nichttierischen Fortpflanzungsvermögen einen Mißbrauch zu machen. Damit verlor er dieses Vermögen; er wurde selber zerbrochen und aus ihm das Weib gebaut. Adam beging mit seiner weiblichen (gebärenden)

Eigenschaft jene Untreue. Unter dieser weiblichen Eigenschaft ist nicht die himmlische Jungfrau selber (idea oder Ideal der Menschheit) zu verstehen, die als ewige idea Gottes in ihm erst kreatürlich wesenhaft werden sollte. Sie sollte die Möglichkeit der Nicht-Union der männlichen und weiblichen Eigenschaft, die nach der Schaffung in Temperatur standen, in die effektive Einleibigkeit bringen. Aber Adam, der zudem die Möglichkeit der irdischen Leibwerdung noch in sich hatte, entschied anders. Das Gegenteil geschah. Die Jungfrau wich von ihm. Und nicht aus ihr, sondern aus der weiblichen Eigenschaft wurde das Weib gebaut. Daß Adam selbst dadurch zum Manne verstaltet war, trat erst effektiv mit jenem zweiten Moment der Sünde hervor, welchen die Genesis als Genuß der verbotenen Frucht bezeichnet. Von dieser großen Katastrophe genügt hier zu sagen, daß der Weltgeist (der nach Abfall Lucifers in die Schöpfung fuhr, das Heile zu verstören) nach der himmlischen Jungfrau in Adam lüsterte. Adam nun ließ ihn in sich ein; was zur Folge hatte, daß die Androgyne (die Übergeschlechtlichkeit, *nicht* das Zwittertum wie Hermaphroditismus) in Adam auseinanderfiel. Die zwei Tinkturen zersetzten sich: Die männliche Eigenschaft ward zum Zornfeuer, gegen dessen weiteren Ausbruch und Erhebung ward die weibliche Eigenschaft zu Wasser, wie bei einem großen Weltbrand Wasser kommt, um dem Feuer seine Pracht zu legen. So sah der Mann seine Sünde im Weibe, diese ihre Sünde im Manne objektiviert. Wie durch das Weib die Sünde vollendet ward (nicht angefangen), so konnte in demselben Weibe die Restauration wieder beginnen, aus Eva Ave kommen.

Es ist falsch, das Verhältnis des Menschen zu Gott, wie das des Mannes zum Weibe darzustellen, da Gott der Androgyne innewohnt, weder dem Manne noch dem Weibe.

Adam war es aufgegeben (seine Sendung), die Androgyne oder die Union beider Geschlechtspotenzen in sich zu fixieren, hiemit aber auch sich als Gottesbild festzuhalten. Sein erster Stand war ein Stand der Versuchung. Hätte er nämlich das posse animal fieri (die Möglichkeit Tier zu werden, d. h. Mann und Frau) radikal in sich getilgt, so hätte er auch den Weltgeist überwunden, und wäre Herr und König der äußeren Welt geworden, denn nur dem Sieger wird die Krone gegeben.

Der Begriff der Androgyne ist der Zentralbegriff der Religion, weil es der Begriff des Bildes Gottes ist. Deshalb ist die Madonna in ihrer himmlisch jungfräulichen, englisch-androgynen Natur mit Recht das Hauptthema der abendländisch-christlichen Malerei. Diesem Thema konnten aber kaum, selbst die größten Meister nicht genügen. Deshalb die Abkehr vom eigentlichen Sujet zurück zur heidnischen Bildnerei, von welcher behauptet wird, daß der Mittelpunkt ihrer Gestaltungen gerade die der Androgyne entgegengesetzte hermaphroditische Gestalt ist, die beide Geschlechtspotenzen in ihrer polarischen Opposition und Entzündung zusammenfaßt. Das ist nicht verwunderlich, denn das Geschlechtsverhältnis hat, ohne den Exorzismus der (religiösen) Liebe betrachtet, eben dieses Gesicht: Keineswegs, wie heidnische Philosophen träumten, ein Streben zur Rückkehr in die Androgyne (als der Integrität der Natur in Mann und Weib), sondern physisch wie psychisch dasselbe orgastische, lieblose, egoistische Streben des Mannes wie des Weibes, jedes in sich und für sich eine hermaphroditische Doppelglut zu entzünden, und eines dem anderen das zu entreißen, was jedes in dieser Entzündung in sich bedarf. Denn in der liebeleeren Kopula sucht die höchste Selbstsucht des Mannes wie des Weibes ihre Befriedigung und das Weib ist dem Manne, der Mann dem Weibe hierzu Werkzeug. Deshalb besteht die Befriedigung des Geschlechtstriebes nicht nur mit Verachtung der Persönlichkeit, sondern sogar mit deren Haß zugleich.«

7 vgl. die folgenden Passagen aus den Pensées, zitiert nach Blaise Pascal: Über die Religion, Heidelberg 1954[5], S. 284ff: »Wir erkennen die Wahrheit nicht nur durch die Vernunft, sondern auch durch das Herz; in der Weise des letzteren kennen wir die ersten Prinzipien, und vergeblich ist es, daß die urteilende Vernunft, die hieran nicht beteiligt ist, sie zu bekämpfen versucht. Vergeblich bemühen sich die Skeptiker, die keinen andern Gegenstand haben. Wir wissen, daß wir nicht träumen, wie unfähig wir auch immer sein mögen, das durch Vernunftgründe zu beweisen. Diese Unfähigkeit läßt nur auf die Schwäche unserer Vernunft, aber nicht, wie sie vorgeben, auf die Ungewißheit all unserer Kenntnisse schließen. Denn die Erkenntnis der ersten Prinzipien, z. B. es gibt Raum, Zeit, Bewegung, Zahlen ist ebenso gewiß wie irgendeine, die uns die urteilende Vernunft vermittelt. Und es ist dieses Wissen des Herzens und des Instinkts, auf das sich die Vernunft stützen muß, auf das sie alle Ableitungen gründet. Das Herz spürt, daß es drei Dimensionen im Raum gibt und daß die Zahlen unendlich sind, während die Vernunft nachher beweist, daß es nicht zwei Quadratzahlen gibt, von denen die eine das Doppelte der andern ist. Die Prinzipien lassen sich erfühlen, die Lehrsätze lassen sich erschließen, und beides mit Sicherheit, obgleich auf verschiedene Weise. Es ist ebenso unnütz wie lächerlich, wenn die Vernunft, um zuzustimmen, vom Herzen Beweise für seine ersten Prinzipien verlangt, wie es lächerlich sein würde, wenn das Herz von der Vernunft, um allen Lehrsätzen, die sie beweist, zuzustimmen, ein Gefühl fordern würde. Diese Unfähigkeit hat folglich nur den Zweck, die Vernunft zu demütigen, die über alles urteilen möchte, nicht aber den, unsere Gewißheit zu erschüttern. So, als wäre nur die Vernunft fähig, uns zu belehren! Gefiele es Gott, daß wir sie im Gegenteil niemals nötig hätten und alle Dinge instinktiv und durch das Gefühl erkennten. Die Natur aber hat uns dies Vermögen verweigert, im Gegenteil, sie hat uns nur wenige Erkenntnisse dieser Art geschenkt; alle anderen können nur durch die Vernunft erworben werden. Und deshalb sind die, denen Gott den Glauben als Gefühl des Herzens gegeben hat, sehr glücklich und völlig rechtmäßig überzeugt. Denen aber, die es nicht haben, können wir ihn nur durch Überlegung vermitteln, und darauf wartend, daß Gott ihnen den Glauben als Gefühl des Herzens geben wird, denn sonst ist er menschlich und ohne Nutzen für das Heil.

Anordnung; gegen den Einwurf, der Schrift fehle es an Ordnung. Das Herz hat seine Ordnung; der Geist hat die seine, die besteht in Grundsätzen und Beweisen.

Das Herz hat eine andere. Man beweist nicht, daß man uns lieben solle, durch geordnete Darlegung der Ursachen der Liebe, das würde lächerlich sein.

Jesus Christus, Paulus folgen der Ordnung der Gottesliebe, nicht der des Geistes; sie wollten nicht unterrichten, sondern entzünden; ebenso Augustinus: diese Ordnung besteht hauptsächlich darin, daß man bei jedem Punkt ausführlich ist, der in Bezug zu dem Ziel steht, um immer darauf zu weisen.«

8 Bataille, George: Der Heilige Eros, Neuwied 1963
9 Baader, Franz von: Sätze aus der erotischen Philosophie, zitiert nach Stopczyk, Annegret (Hrsg), Was Philosophen über Frauen denken, München 1980, S. 150f
10 vgl. 8. Methodische Schizophrenie, Teil III und IV in diesem Band
11 Brown, Norman O.: Love's Body, München 1977, collagiert aus S. 154, S. 195, S. 230
12 vgl. auch die Herzkulte von Ägypten bis Mexiko in der Publikation »Das Herz«, 3 Bde. Biberach an der Riß 1965 (mit Beiträgen von Eschmann, Peuckert, Rüdiger, Vonessen)
13 Adorno, Theodor W.: Minima Moralia. Reflexionen aus dem beschädigten Leben, zitiert nach: Freibeuter 4, Berlin 1980, S. 125
14 Sichtermann, Barbara: Kommentare zu Adornos Constanze, in: Freibeuter 4, Berlin 1980
15 vgl. Anm. 16
16 Irigaray, Luce: Speculum. Spiegel des anderen Geschlechts, Frankfurt/M. 1980, S. 184f
17 Frank, Manfred: Steinherz und Geldseele. Ein Symbol im Kontext, in: Das kalte Herz und andere Texte der Romantik (Insel-Taschenbuch), Frankfurt/M. 1978, S. 357

12. Kierkegaards Ende

1 Adorno, Theodor W.: Kierkegaard, Frankfurt/M. 1962, S. 211
2 zitiert nach Kierkegaard, Sören: Der Einzelne und sein Gott, Freiburg 1961, S. 146
3 Das Folgende wird berichtet und zitiert nach: Sören Kierkegaard in Selbstzeugnissen und Bilddokumenten, dargestellt von Peter P. Rohde, Reinbek 1959
4 zitiert nach Adorno, Theodor W.: Kierkegaard a. a. O., S. 152

13. Der Körper des Königs

1 Tibon-Cornillot, Michel: Von der Schminke zu den Prothesen, in: Tumult 2, Berlin 1979, S. 25
2 a. a. O., S. 44
3 a. a. O., S. 40
4 a. a. O., S. 40
5 von Gierke, Otto: Deutsches Genossenschaftsrecht, III. Band, Berlin 1891
6 Rosenstock-Huessy, Eugen: Königshaus und Stämme in Deutschland zwischen 911 und 1250, Leipzig 1914
7 Foucault, Michel: Überwachen und Strafen. Die Geburt des Gefängnisses, Frankfurt/M. 1976, S. 40f
8 Kantorowicz, Ernst Hartwig: The King's Two Bodies. A Study in Mediaval Political Theology, Princetown 1957, S. 141f (eigene Übersetzung)
9 de Lubac, Henri: Corpus mysticum. Kirche und Eucharistie im Mittelalter. Eine historische Studie, Einsiedeln 1969

10 Guénon, René: Der König der Welt, München-Planegg 1956
11 von den Steinen, Wolfram: Homo Caelestis. Das Wort der Kunst im Mittelalter, Bern und München 1965
12 Ziegler, Leopold: Überlieferung, Leipzig 1936
13 Eisler, Robert: Weltenmantel und Himmelszelt, München 1910
14 vgl. Warnke, Martin (Hrsg.): Bildersturm. Die Zerstörung des Kunstwerks, München 1973
15 Brown, Norman O.: Love's Body, München 1977, S. 79
16 a. a. O., S. 120
17 a. a. O., S. 95
18 a. a. O., S. 105
19 a. a. O., S. 126
20 a. a. O., S. 123ff
21 a. a. O., S. 125
22 Lacan, Jacques: Das Spiegelstadium als Bildner der Ichfunktion, in: ders.: Schriften I, Olten 1973
23 a. a. O., S. 63
24 a. a. O., S. 64f
25 a. a. O., S. 67
26 a. a. O., S. 70
27 vgl. Mauss, Marcel: Die Techniken des Körpers, in: ders. Soziologie und Anthropologie, Bd. II, München 1975
28 so der Titel eines Buches von Heinrich Schipperges über Nietzsches Philosophie des Leibes
29 Klein, Melanie: Das Seelenleben des Kleinkindes, Stuttgart 1962
30 Mahler, Margaret: Symbiose und Individuation, Stuttgart 1972
31 Irigaray, Luce: Speculum. Spiegel des anderen Geschlechts, Frankfurt/M. 1980
32 Schilder, Paul: Das Körperschema, Berlin/Leipzig 1923
33 Pankow, Gisela: Gesprengte Fesseln der Psychose, München/Basel 1968
34 Schramm, Percy Ernst: Herrschaftszeichen und Staatssymbolik, Stuttgart 1954
35 Tibon-Cornillot, Michel: a. a. O., S. 46

14. Kunst-Geschichte als Bild-Denken

1 etwa folgende Schriften wären zu nennen:
Casper, Bernhard: Das dialogische Denken. Rosenzweig, Ebner, Buber, Freiburg 1967
Langemeyer, Bernhard: Der dialogische Personalismus in der evangelischen und katholischen Theologie der Gegenwart, Paderborn 1963
Theunissen, Michael: Der Andere. Studie zur Sozialontologie der Gegenwart, Berlin 1965

2 vgl. etwa:
Buber, Martin: Die Schriften über das dialogische Prinzip, Heidelberg 1954
Ebner, Ferdinand: Das Wort und die geistigen Realitäten, Wien 1952[2]
Rosenzweig, Franz: Der Stern der Erlösung, Heidelberg 1954[3]
Rosenstock-Huessy, Eugen: Soziologie, 2 Bände, Stuttgart 1956 und 1958

3 vgl. Wartenberg, Gerd: Logischer Sozialismus, Frankfurt/M. 1976
4 Rombach, Heinrich: Leben des Geistes. Ein Buch der Bilder zur Fundamentalgeschichte der Menschheit, Freiburg 1977
5 Jähnig, Dieter: Welt-Geschichte: Kunst-Geschichte. Zum Verhältnis von Vergangenheitserkenntnis und Veränderung, Köln 1975
6 vgl. auch Bohrer, Karl-Heinz: Der Irrtum des Don Quixote. Das Problem der ästhetischen Grenze, in: Literaturmagazin 12, Reinbek 1980; dort heißt der Tenor: »Die Philosophie verlor und die Kunst gewann«
7 Rombach, a. a. O., S. 8
8 Rombach legt im Vorwort zwar Wert auf solche Leser, die nicht durch Vorkenntnisse gehindert werden, aber das nützt einem nichts, falls man welche hat.
9 vgl. etwa die folgenden Schriften:
Enzensberger, Christian: Größerer Versuch über den Schmutz, München 1968
Foucault, Michel: Geschichte der Sexualität, Frankfurt/M. 1979
Kamper, Dietmar und Rittner, Volker: Zur Geschichte des Körpers, München 1976
Schivelbusch, Wolfgang: Geschichte der Eisenbahnreise, München 1977
10 Rombach, a. a. O., S. 302
11 vgl. besonders Rombach, Heinrich: Strukturontologie. Eine Phänomenologie der Freiheit, Freiburg/München 1971, Schlußkapitel: Der Mensch und das eine.
12 Rombach, Heinrich: Leben des Geistes a. a. O., S. 43
13 a. a. O., S. 52
14 a. a. O., S. 53
15 a. a. O., S. 65
16 a. a. O., S. 72
17 a. a. O., S. 87
18 a. a. O., S. 94
19 a. a. O., S. 96
20 a. a. O., S. 102
21 a. a. O., S. 104
22 a. a. O., S. 110
23 a. a. O., S. 110
24 a. a. O., S. 115
25 siehe auch S. 76
26 a. a. O., S. 143
27 a. a. O., S. 147
28 a. a. O., S. 148
29 a. a. O., S. 153
30 a. a. O., S. 156
31 a. a. O., S. 170
32 a. a. O., S. 190
33 a. a. O., S. 174
34 a. a. O., S. 217
35 a. a. O., S. 284
36 Rombach, Heinrich: Strukturontologie, a. a. O., S. 357
37 a. a. O., S. 354

38 vgl. Leben des Geistes, a. a. O., S. 46
39 Horkheimer, Max und Adorno, Theodor W.: Dialektik der Aufklärung, Philosophische Fragmente, Frankfurt/M. 1971, besonders S. 42ff »Odysseus oder Mythos und Aufklärung«
40 vgl. Leben des Geistes, a. a. O., S. 195
41 a. a. O., S. 128
42 Mumford, Lewis: Die Stadt. Geschichte und Ausblick, Köln 1963
Morin, Edgar: Das Rätsel des Humanen, München 1974
Böckelmann, Frank: Die urbane Katastrophe, in: Tumult 1, Berlin 1979
43 Ipoustéguys Berliner Großplastik »Ekbatane«, die nachträglich in »Der Mensch segnet seine Stadt« umbenannt wurde, hält eine solche Verflüchtigung anschaulich fest
44 Jähnig, Dieter, a. a. O., S. 26
45 Bataille, Georges: Die Tränen des Eros, in: Lo Duca: Eros im Bild, München 1968

15. Jenseits des Rätsels

1 Weiß, Konrad: Prosadichtungen, München 1948, S. 109
2 Foucault, Michel: Das Denken des Draußen, in: ders.: Schriften zur Literatur, Frankfurt/M. 1979
3 dieses und die folgenden Zitate aus: Huber, Margaretha: Rätsel (mit Bildern von Magdalena Palfrader), Frankfurt/M. 1978
4 Endres, Ria: Am Ende angekommen, Frankfurt/M. 1980
5 Foucault, Michel: Un »fantastique« de bibliothèque, in: ders.: Schriften zur Literatur, Frankfurt/M. 1979

16. Wiederverzauberung der Welt?

1 Baudrillard, Jean: Agonie des Realen, Berlin 1978
2 Benjamin, Walter: Geschichtsphilosophische Thesen, in: ders.: Zur Kritik der Gewalt und andere Aufsätze, Frankfurt/M. 1965
3 Weber, Max: Wissenschaft als Beruf, Berlin 1959[4], besonders S. 17
4 Otto, Rudolf: Das Heilige, München 1936
5 Horkheimer, Max und Adorno, Theodor W.: Dialektik der Aufklärung, Frankfurt/M. 1971
6 Blumenberg, Hans: Arbeit am Mythos, Frankfurt/M. 1979
7 Foucault, Michel: Wahnsinn und Gesellschaft. Eine Geschichte des Wahns im Zeitalter der Vernunft, Frankfurt/M. 1969
ders.: Überwachen und Strafen. Die Geburt des Gefängnisses, Frankfurt/M. 1976
8 Heißenbüttel, Helmut: Zur Theorie der Moderne. Aufsätze und Anmerkungen 1964–1971, Neuwied/Berlin 1972
9 Wedewer, Rolf: Neuer Exotismus, in: Das Kunstwerk 5 XXXII, 1980

10 Heinrichs, Hans-Jürgen: Exotismus und Ethnopoetik bei Michel Leiris, in: Akzente Heft 3, Juni 1977
11 Bataille, Georges: Der heilige Eros, Neuwied 1963
12 Brown, Norman O.: Love's Body, München 1977
13 Eliade, Mircea: Schamanismus und archaische Ekstasetechnik, Frankfurt/M. 1980
14 Wilson, Edmund: Abbitte an die Irokesen, München 1974
15 Castaneda, Carlos: Die Lehren des Don Juan. Ein Yaqui-Weg des Wissens, Frankfurt/M. 1973
16 Lévi-Strauss, Claude: Traurige Tropen, Köln 1960
17 Devereux, Georges: Angst und Methode in den Verhaltenswissenschaften, München 1973
18 Dali, Salvador: Die Unabhängigkeitserklärung der Phantasie, in: ders.: Gesammelte Schriften, München 1974
19 Gorsen, Peter: Der »kritische Paranoiker«, Kommentar und Rückblick in: Dali, S.: Gesammelte Schriften, München 1974
20 Einstein, Carl: Die Fabrikation der Fiktionen. Gesammelte Werke in Einzelausgaben, Reinbek 1973
21 Feyerabend, Paul: Erkenntnis für freie Menschen (veränderte Ausgabe), Frankfurt/M. 1980
22 Duerr, Hans Peter: Traumzeit. Über die Grenze zwischen Wildnis und Zivilisation, Frankfurt/M. 1978
23 Metken, Günter: Spurensicherung, Köln 1977
24 Brinkmann, Rolf Dieter: Rom, Blicke; Reinbek 1979
25 Fichte, Hubert: Petersilie, Frankfurt/M. 1980
26 Leiris, Michel: Phantom Afrika. Tagebuch einer Expedition von Dakar nach Djibouti 1931–1933, hrsg. von H. J. Heinrichs, Frankfurt/M. 1980
27 Artaud, Antonin: Die Tarahumaras – Revolutionäre Botschaften, München 1975
28 Caillois, Roger: Programme pour une collège de sociologie, in: ders.: Approches de l'Imaginaire, Paris 1974
29 Kamper, Dietmar: Geschichte und menschliche Natur, München 1973
30 Bitterli, Urs: Die »Wilden« und die »Zivilisierten«, München 1976
31 Kramer, Fritz: Verkehrte Welten. Zur imaginären Ethnologie des 19. Jahrhunderts, Frankfurt/M. 1977
32 Defert, Daniel: Colonies perdues. Mondes à trouver, in: Magazine litteraire No. 164, September 1980
33 Foucault, Michel: Die Ordnung der Dinge. Eine Archäologie der Humanwissenschaften, Frankfurt/M. 1974
34 Nance, John: Tasaday. Steinzeitmenschen im philippinischen Regenwald, München 1977
35 Lacan, Jacques: Schriften I und II, Olten 1974 und 1975

Widmungen

Dieses Buch wurde geschrieben

zunächst und vor allem anderen für Silvia B., vielleicht auch gegen sie

dann (mit Blick auf die 16 Essays)

erstens:	für Ulrich S., von dem ich Hilfe zur rechten Zeit erfahren habe
zweitens:	mit der Aufgabe einer zulänglichen Theorie des Körpers vor Augen
drittens:	in Erinnerung an Peter S. und die Marburger »Kanale«
viertens:	um die Riegel der Esoterik zu sprengen
fünftens:	im Vorblick auf diejenigen in Berlin, mit denen ich mich ins Gespräch vertiefen kann
sechstens:	für meinen einzigen Lehrer der Philosophie, Max M., früher München
siebtens:	um Manfred C. nicht zu vergessen und die anderen, die den Weg ins Weite nicht mehr finden
achtens:	für Elke S., die es offenbar in zwei getrennten Welten aushält
neuntens:	in Dankbarkeit für Erika O., die mitgeschrieben hat
zehntens:	um die Verbindung zu einer frühen Denkerfahrung wieder aufzunehmen, und für Martha S.-F.
elftens:	in Gedanken an Christiane M. und Dominique G.
zwölftens:	damit die Kinder nicht mehr durch das Äußerste gehen müssen
dreizehntens:	zu Ehren von Wilhelm B., der oft mitfuhr in die Vergangenheit Europas
vierzehntens:	für Heinz T., der eine Brücke mehr nach Würzburg kennt
fünfzehntens:	in Achtung vor den Versuchen eines »weiblichen Denkens«
sechzehntens:	wegen des letzten, immer noch offenen Wunsches

Nachweise

Die meisten Teile des Buches sind Originalbeiträge. Folgende Essays sind in gleicher bzw. ähnlicher Form bereits publiziert oder für eine Publikation vorgesehen:

1. Die Phantasie an die Macht? in: »Sabotage des Schicksals«. Festschrift für Ulrich Sonnemann (hrsg. von W. D. Schmied-Kowarzik und G. Heinemann); erscheint 1982
2. Die Wiederkehr des Körpers, teilweise unter dem Titel »Der Körper und der Geist der Zeit«, in: Westermann Pädagogische Beiträge, Juni 1981
8. Methodische Schizophrenie, teilweise unter dem Titel: »Die Auflösung der Ich-Identität«, in: Friedrich A. Kittler (Hrsg.): Austreibung des Geistes aus den Geisteswissenschaften, Paderborn 1980
11. Die Abstraktion des Herzens, in: Konkursbuch 6, Tübingen 1981
12. Kierkegaards Ende, in: Tumult 1, Berlin 1979
16. Wiederverzauberung der Welt? in: Alfred Schöpf (Hrsg.): Das anthropologische Problem der Phantasie, Würzburg 1981